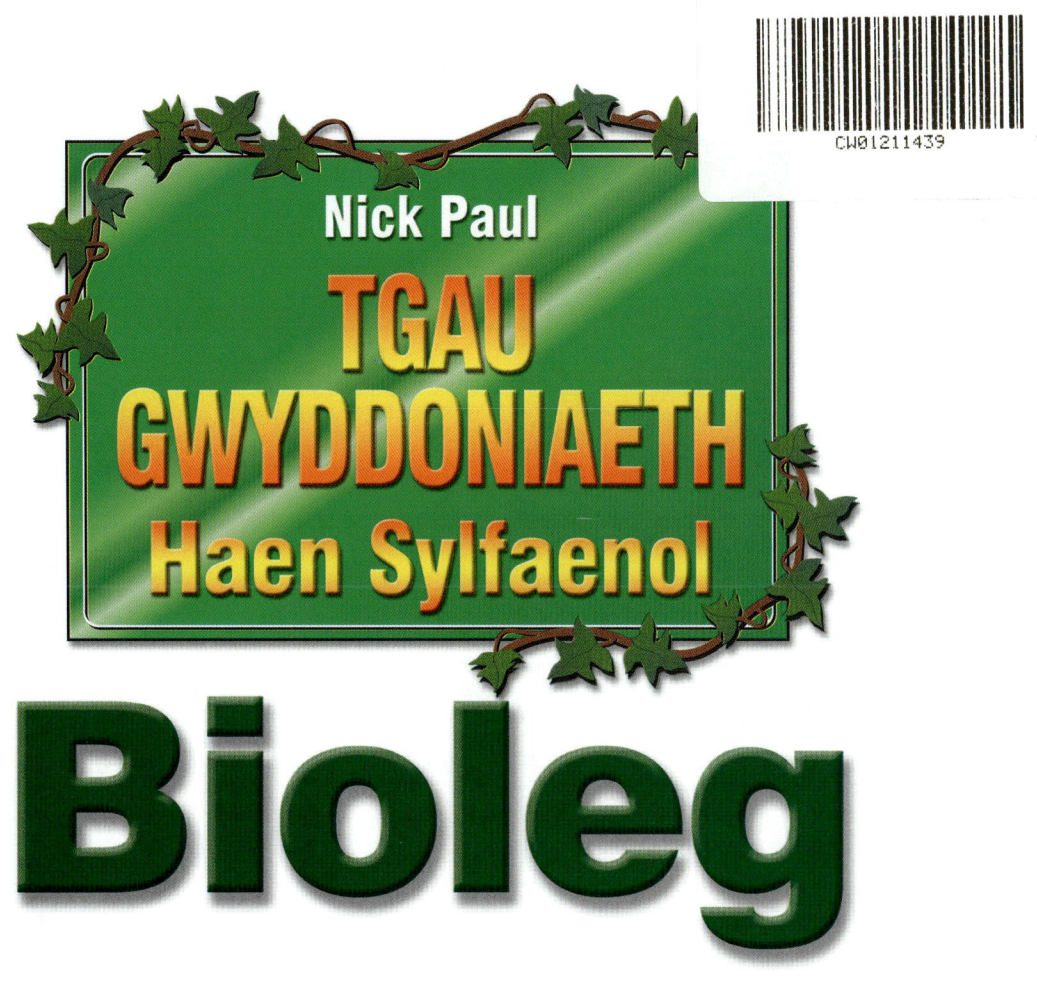

Bioleg

Addaswyd i'r Gymraeg gan Siân Gruffudd

Cyhoeddwyd dan nawdd
Cynllun Cyhoeddiadau Cyd-bwyllgor Addysg Cymru

DREF WEN

TGAU Gwyddoniaeth Haen Sylfaenol : Bioleg
Addasiad Cymraeg o *Science for You : Biology* gan Nick Paul a gyhoeddwyd yn wreiddiol yn Saesneg gan Nelson Thornes Limited, Delta Place, 27 Bath Road, Cheltenham GL53 7TH UK

Comisiynwyd â chymorth ariannol
Awdurdod Cymwysterau, Cwricwlwm ac Asesu Cymru

Cyhoeddwyd dan nawdd
Cynllun Cyhoeddiadau Cyd-bwyllgor Addysg Cymru

Cyhoeddwyd yng Nghymru gan Dref Wen Cyf.
28 Church Road, Yr Eglwys Newydd, Caerdydd CF14 2EA
Cyhoeddwyd trwy gydweithrediad Nelson Thornes Ltd

Testun gwreiddiol © Nick Paul 2002
Lawrie Ryan oedd golygydd cyfres *Science for You*
Darluniau gwreiddiol © Nelson Thornes Ltd 2002
Addasiad Cymraeg © ACCAC/CBAC 2005
Addasiad Cymraeg: Siân Gruffudd

Mae Nick Paul wedi mynnu'r hawl i gael ei adnabod fel awdur y gwaith hwn yn unol â Deddf Hawlfraint, Dyluniadau a Phatentau 1988.

Cedwir pob hawl. Ni chaniateir atgynhyrchu unrhyw ran o'r cyhoeddiad hwn mewn unrhyw ffurf na thrwy unrhyw gyfrwng, yn electronig nac yn fecanyddol, gan gynnwys llungopïo, recordio neu unrhyw system storio ac adfer gwybodaeth, heb ganiatâd ysgrifenedig o flaen llaw gan y cyhoeddwr neu yn unol â thelerau trwyddedau yr Asiantaeth Drwyddedu Hawlfraint Cyfyngedig / The Copyright Licensing Agency Limited, 90 Tottenham Court Road, Llundain W1T 4LP.

Gall unrhyw un sy'n gweithredu heb awdurdod mewn perthynas â'r cyhoeddiad hwn fod yn agored i erlyniad troseddol a hawliadau sifil am iawndal.

Argraffiad Cymraeg cyntaf 2005

Mae cofnod catalog ar gael gan y Llyfrgell Brydeinig

ISBN 1-85596 695-6

Argraffwyd yn yr Emiradau Arabaidd Unedig

Yn gydymaith i *Science For You Biology*, mae gan Nelson Thornes CD-ROM i gefnogi athrawon (*Biology Teacher Support* 0 7487 6789 4). Mae'r CD-ROM yn darparu cyfarwyddyd am waith ymarferol a TGCh, atebion i gwestiynau, a deunyddiau ar gyfer Gw1 – Sgiliau Ymchwiliol. Hefyd, mae gwefan (**www.scienceforyou.co.uk**) sy'n cynnig cymorth ychwanegol i athrawon a myfyrwyr, gan gynnwys cysylltu cynnwys y llyfr â manylebau CBAC.

Cyflwyniad

Mae TGAU *Gwyddoniaeth Haen Sylfaenol : Bioleg* wedi ei gynllunio i helpu disgyblion sy'n astudio Gwyddoniaeth Ddwyradd neu Radd Unigol ar yr Haen Sylfaenol.

Mae trefn y llyfr yn hawdd ei dilyn, gyda phob syniad newydd yn cael ei drafod ar dudalen ddwbl newydd. Rydym wedi ceisio cyflwyno gwybodaeth mewn ffyrdd diddorol. Byddwch hefyd yn dod ar draws digonedd o gartwnau i'ch helpu i fwynhau'r gwaith. Mae pob gair biolegol newydd wedi ei argraffu mewn print trwm ac mae pwyntiau pwysig wedi eu gosod mewn blychau melyn.

Mae cwestiynau byr wedi eu cynnwys yn y testun, yn ogystal ag ychydig o gwestiynau ar ddiwedd pob tudalen ddwbl. Pwrpas y rhain yw eich helpu i wneud yn siŵr eich bod yn deall y gwaith wrth weithio drwyddo. Pwrpas y cwestiynau ar ddiwedd pob pennod yw eich annog i edrych yn ôl dros y bennod a defnyddio'r syniadau newydd y byddwch wedi eu dysgu. Ar ddiwedd pob adran, mae nifer o gwestiynau o hen bapurau arholiad i'ch helpu i adolygu. Mae'r rhain i'w gweld ar y tudalennau lliw trwy'r llyfr.

Ar ddiwedd pob pennod, cewch grynodeb defnyddiol o'r ffeithiau pwysig y bydd angen i chi eu gwybod. Gallwch roi prawf ar eich gwybodaeth trwy ateb Cwestiwn 1 sy'n dilyn pob crynodeb.

Wrth i chi ddarllen trwy'r llyfr, byddwch yn sylwi ar yr arwyddion hyn:

Mae hwn yn dangos bod cyfle i chi ddefnyddio cyfrifiadur i ddod o hyd i wybodaeth neu wylio efelychiadau.

Mae hwn yn dangos lle gallwch wneud arbrofion er mwyn eich helpu i ddeall y gwaith yn well.

Mae yna adran ychwanegol ar ddiwedd y llyfr. Yn hon cewch help â'ch gwaith cwrs, eich adolygu, sefyll eich arholiadau, a Sgiliau Allweddol.

Dylai defnyddio'r llyfr hwn wneud eich gwaith bioleg yn haws ei ddeall a dod â llwyddiant i chi yn eich arholiad.

Yn olaf, gobeithio y cewch chi hwyl wrth astudio bioleg – mae'r rhan fwyaf ohonom yn mwynhau'r pethau rydym ni'n gallu eu gwneud yn dda!

Dymuniadau gorau!

Nick Paul

Cynnwys

Cyflwyniad   3

1 Seiliau Bioleg: celloedd   6
1a Blociau adeiladu   6
1b Sut fath o bethau yw celloedd?   8
1c Gwaith gwahanol, celloedd gwahanol   10
1ch Cydweithio   12

Adran Un
Bodau dynol yn organebau

2 Bwyd a threuliad   16
2a Bwyd   16
2b Treuliad   18
2c Ensymau   20
2ch Yr amodau cywir   22

3 Anadlu   26
3a Beth yw anadlu?   26
3b Y system anadlu   28
3c Cyfnewid nwyon   30
3ch Resbiradaeth anaerobig   32

4 Cludiant   34
4a Y system gylchrediad   34
4b Y galon   36
4c Gwaed   38

5 Afiechyd   42
5a Microbau ac afiechyd   42
5b Lledaenu afiechyd   44
5c Brechu   46

Rhagor o gwestiynau am Fodau dynol yn organebau   48

Adran Dau
Cynnal bywyd

6 Bywyd planhigion   54
6a Ffotosynthesis   54
6b Ffactorau cyfyngol   56
6c Bwyd planhigion   58
6ch Cludiant mewn planhigion   60
6d Dail   62
6dd Cyfradd trydarthiad   64

7 Y system nerfol   68
7a Canfod ein byd   68
7b Cyd-drefnu   70
7c Gweithredoedd atgyrch   72
7ch Y llygad   74

8 Cadw rheolaeth   77
8a Sychu   78
8b Codi'r gwres   80
8c Rheolaeth hormonaidd   82
8ch Hormonau a siwgr yn y gwaed   84
8d Ymatebion planhigion   86
8dd Defnyddio hormonau planhigol   88

9 Cyffuriau   90
9a Beth yw cyffuriau?   90
9b Tybaco   92
9c Alcohol   94
9ch Hydoddyddion   96

Rhagor o gwestiynau am Gynnal bywyd   98

Adran Tri
Amgylchedd

10 Cynefinoedd — 104
10a Yr amgylchedd — 104
10b Amgylcheddau eithafol — 106
10c Rhagor o addasiadau — 108
10ch Cystadleuaeth — 110
10d Rhagor am gystadlu — 112
10dd Rheoli maint poblogaeth — 114
10e Ysglyfaethwyr ac ysglyfaethau — 116

11 Perthnasoedd bwydo — 120
11a Cadwynau bwydydd — 120
11b Gweoedd bwydydd — 122
11c Diagramau pyramid — 124
11ch Llif egni — 126

12 Ailgylchu maetholynnau — 130
12a Marw a phydru — 130
12b Defnyddio dadelfennu — 132
12c Y gylchred garbon — 134

13 Pobl a'r amgylchedd — 136
13a Meddiannu'r tir — 136
13b Problemau poblogaeth — 138
13c Llygru'r aer — 140
13ch Yr effaith tŷ gwydr — 142
13d Llygredd dŵr — 144
13dd Cadwraeth — 146

Rhagor o gwestiynau am yr Amgylchedd — 150

Adran Pedwar
Etifeddiad a detholiad

14 Amrywiad — 156
14a Beth sy'n wahanol? — 156
14b Cromosomau a genynnau — 158
14c Glasbrint bywyd! — 160
14ch Mwtaniadau — 162
14d Gregor Mendel – arloeswr ym maes etifeddiad — 164

15 Etifeddiad — 166
15a Cromosomau a rhyw — 166
15b Etifeddiad nodweddion — 168
15c Clefydau etifeddol — 170
15ch Anaemia cryman-gell — 172
15d Cynghori genetig — 174

16 Atgynhyrchu ac atgenhedlu — 176
16a Atgynhyrchu anrhywiol — 176
16b Atgenhedlu rhywiol — 178
16c Ffrwythloniad — 180
16ch Y gylchred fislifol — 182
16d Rheoli ffrwythlondeb — 184

17 Bridio detholus — 186
17a Dethol artiffisial — 186
17b Clonio — 188
17c Rhagor am glonio — 190
17ch Peirianneg genetig — 192
17d Bwydydd GM — 194

18 Esblygiad — 196
18a Beth yw esblygiad? — 196
18b Ffosiliau — 198
18c Esblygiad a detholiad naturiol — 200
18ch Detholiad peryglus — 202

Rhagor o gwestiynau am Etifeddiad a detholiad — 204

Gwneud eich gwaith cwrs — 209

Sgiliau allweddol — 213

Adolygu a sefyll eich arholiadau — 215

Geirfa — 217

Mynegai — 219

Cydnabyddiaeth — 223

PENNOD 1 Celloedd

▶▶▶ 1a Blociau adeiladu

Edrychwch trwy'r ffenestr. Yn ôl pob tebyg, bydd y rhan fwyaf o'r adeiladau y gallwch eu gweld wedi eu gwneud o flociau adeiladu sy'n cael eu galw'n friciau.

Mae pob peth byw wedi ei wneud o flociau adeiladu sy'n cael eu galw'n **gelloedd**.

Mae angen microsgop i weld celloedd. Ond peidiwch â meddwl, am eu bod nhw mor fach, nad ydyn nhw'n bwysig.

Edrychwch ar y llun rhyfeddol ar waelod y dudalen. Mae'n dangos bwndel bach o gelloedd o dan ficrosgop pwerus. **Embryo dynol** yw hwn. Dyma'r cam cyntaf yn nhwf bod dynol newydd.

Mae'n siŵr eich bod wedi clywed am fabanod tiwbiau profi. Cewch awgrym yn yr enw o beth sy'n digwydd: mae gwyddonwyr yn cymryd cell wy o fenyw a'i chymysgu â chelloedd sberm o wryw mewn dysgl fach.
Os bydd un o'r sbermau yn asio â'r wy yna bydd embryo yn tyfu.
Er mwyn gwneud hyn mae'n rhaid i wyddonwyr wybod llawer am sut y mae celloedd yn gweithio.

Gosod y blociau at ei gilydd.

a) Beth yw'r gair am yr hyn sy'n digwydd wrth i gell sberm asio â chell wy?

Beth arall allwn ni ei wneud â chelloedd?

Erbyn hyn mae gwyddonwyr yn gallu tyfu celloedd croen dynol er mwyn helpu gydag impiadau croen. Mae angen impiadau ar bobl sydd wedi colli llawer o'u croen wrth losgi mewn tân.

Mae gwyddonwyr hefyd yn gallu defnyddio celloedd i dyfu planhigion cyfan. Bydd grŵp bach o gelloedd sydd wedi eu cymryd o un planhigyn yn gallu tyfu i fod yn blanhigyn newydd os byddan nhw'n cael eu cadw o dan yr amodau iawn. Bydd gan y planhigyn newydd hwn holl nodweddion da y planhigyn gwreiddiol.

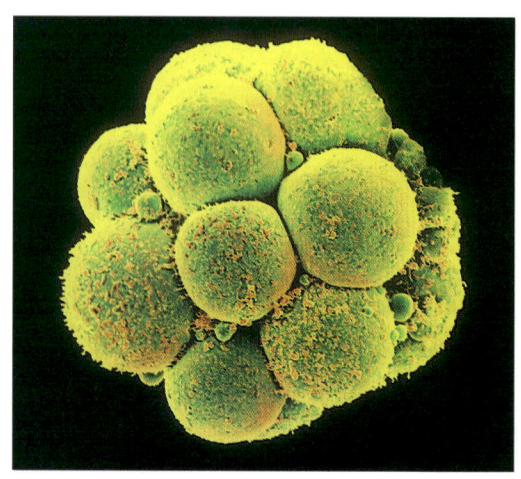

Embryo dynol.

Sut y gwyddom ni fod celloedd yn bodoli?

Rhaid cael microsgop i allu gweld celloedd.
Cafodd un o'r microsgopau cyntaf ei gynhyrchu gan wyddonydd o Ynys Wyth, Lloegr, o'r enw Robert Hooke.
Ym 1665 defnyddiodd Hooke ei ficrosgop i edrych ar stribedi wedi eu torri o gorcyn.

b) O ble rydym ni'n cael corcyn?

Gwelodd Hooke lawer o siapiau bach iawn, tebyg i focsys, ac fe'u galwodd nhw'n gelloedd.
Cymerodd bron i ddau gan mlynedd i wyddonwyr werthfawrogi pa mor bwysig oedd ei waith.
Ym 1838 awgrymodd dau wyddonydd o'r Almaen fod popeth byw wedi eu gwneud o gelloedd.

Mae'n siŵr bod y microsgop rydych chi'n ei ddefnyddio yn yr ysgol heddiw yn debyg i hwn:

c) Pam, yn eich barn chi, y mae hwn yn cael ei alw'n ficrosgop golau?

Mae'r rhan fwyaf o'r microsgopau sy'n cael eu defnyddio mewn ysgolion yn gallu chwyddhau hyd at tua 400x.
Mae hyn yn gwneud i wrthrych edrych 400 gwaith yn fwy na'i faint go iawn.
Mae hyn yn ddigon o chwyddhad i chi allu gweld adeiledd sylfaenol cell.
Mae yna ficrosgop sy'n llawer mwy pwerus.
Mae'r microsgop electron yn gallu chwyddhau hyd at 500 000 gwaith!
Yn lle golau, mae hwn yn defnyddio paladr o electronau.
Nid trwy sylladur y gwelwch chi'r ddelwedd, ond ar sgrîn deledu.
Mae microsgopau electronau yn ddrud iawn, ond yn dangos llawer mwy o fanylion.

Microsgop cynnar.

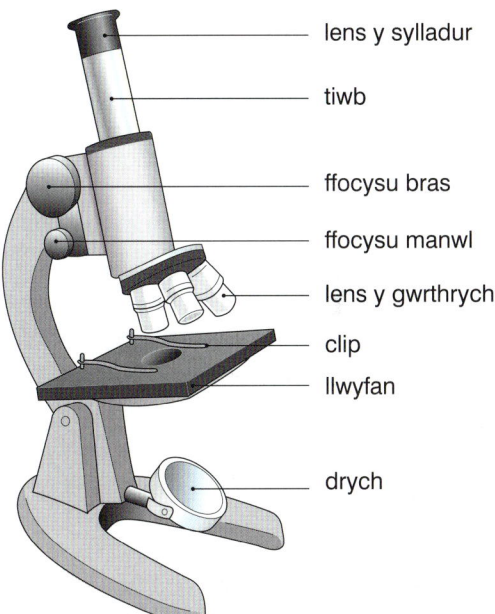

lens y sylladur
tiwb
ffocysu bras
ffocysu manwl
lens y gwrthrych
clip
llwyfan
drych

I'ch atgoffa!

1 Copïwch a chwblhewch:

Mae pob peth byw wedi ei wneud o ……

Gallwn weld y rhain trwy …… yn unig.

Mae'n bosibl tyfu …… newydd er mwyn rhoi impiadau …… i bobl sydd wedi cael llosgiadau difrifol. O dan yr amodau cywir mae'n bosibl tyfu …… cyfan o ychydig o gelloedd yn unig.

2 Eglurwch pam nad oedd gwyddonwyr wedi gallu gweld celloedd cyn 1665.

3 Ewch ati i ddarganfod mwy am Robert Hooke. Sut y meddyliodd am yr enw 'celloedd'?

1b Sut fath o bethau yw celloedd?

Ar dudalen 6 gwelsom mai celloedd yw 'blociau adeiladu bywyd'.

Ond mae'n amlwg eu bod yn bethau mwy cymhleth na briciau. Mewn cell nodweddiadol o anifail, mae'r nodweddion hyn:

- **cnewyllyn** – mae hwn yn rheoli popeth sy'n digwydd y tu mewn i'r gell, ac yn cynnwys gwybodaeth am etifeddiad.
- **cytoplasm** – sylwedd tebyg i jeli yw hwn. Mae llawer o adweithiau cemegol yn digwydd ynddo.
- **cellbilen** – hon yw'r haen denau ar y tu allan. Mae'n rheoli beth sy'n mynd i mewn ac allan o'r gell.

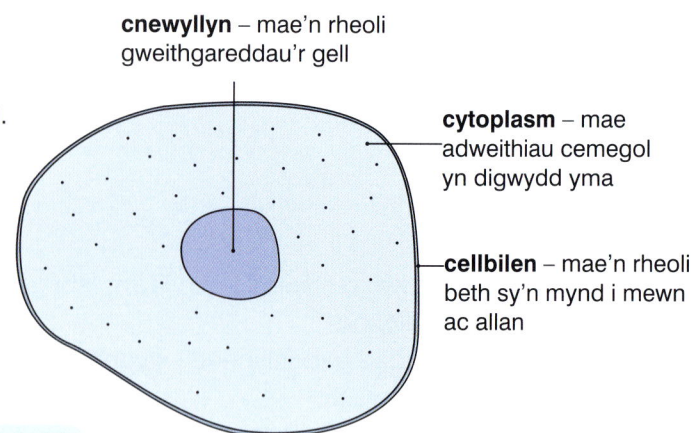

a) Mewn cell anifail, ble mae'r cnewyllyn fel arfer?

Mae golwg ychydig yn wahanol ar gell nodweddiadol o blanhigyn. Y rheswm dros hyn yw bod ganddi'r ffurfiadau canlynol yn ogystal â chnewyllyn, cytoplasm a chellbilen:

- **cellfur** – mae hwn yn rhoi cryfder i'r gell.
- **cloroplastau** – ffurfiadau arbennig yn y cytoplasm yw'r rhain. Eu gwaith yw dal golau haul er mwyn helpu'r planhigyn i wneud bwyd.
- **gwagolyn** – coden fawr yw hon wedi ei llenwi â hylif dyfrllyd o'r enw cellnodd. Pan fydd y goden yn llawn bydd yn helpu'r gell i aros yn gadarn.

b) Pa broses bwysig sy'n digwydd mewn cloroplastau?

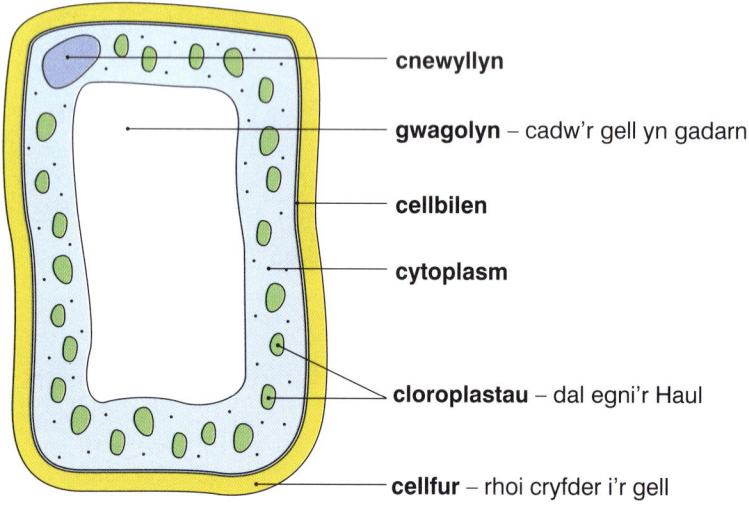

Sut olwg sydd ar gelloedd?

Mae'n siŵr eich bod wedi dyfalu erbyn hyn nad oes y fath bethau â chelloedd **nodweddiadol**.

Ffordd o ddangos yr holl rannau yn glir i chi yw'r lluniadau ar dudalen 8.

Defnyddiodd gwyddonwyr ficrosgopau tebyg i'r rhai ar dudalen 7 i gynhyrchu'r lluniadau hyn.

Dyma ddau ffotograff sy'n dangos celloedd o dan ficrosgop.

Mae hwn yn dangos celloedd o du mewn boch person.

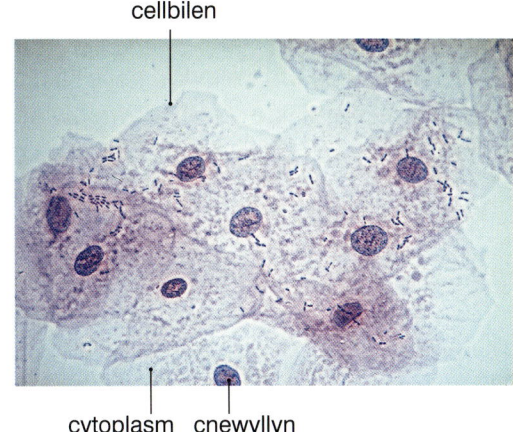

a) Beth sy'n tynnu eich sylw?
Ydy siâp pob cell yr un fath?

Yn wahanol i'r celloedd y tu mewn i'ch boch, mae'r celloedd hyn yn edrych yn las. Mae hyn oherwydd eu bod wedi eu staenio.

b) Pam, yn eich barn chi, y mae'r celloedd wedi eu staenio?

Mae'r llun hwn yn dangos celloedd o nionyn.

Edrychwch yn ofalus arnyn nhw:

Mae gan y celloedd hyn siâp mwy rheolaidd na'r celloedd o'r foch.

I'w gwneud yn haws eu gweld, mae'r celloedd hyn hefyd wedi eu staenio.

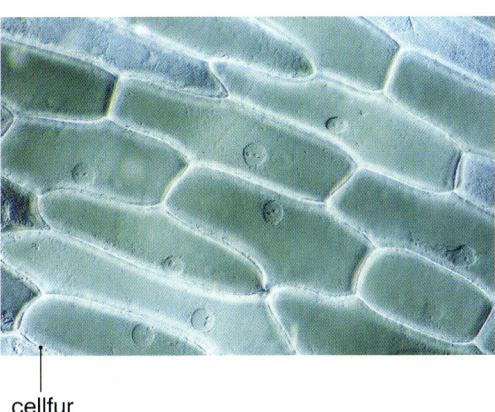

Gallwch edrych ar gelloedd fel y rhain trwy ficrosgop.

Pan fyddwch yn gwneud hynny, ceisiwch dynnu eu llun ond cofiwch y rheolau syml hyn:

- defnyddio pensil
- tynnu llun dwy neu dair o bob math yn unig
- labelu'r gwahanol rannau
- tynnu llun yr hyn a welwch drwy'r microsgop, ac nid yr hyn sydd i'w weld yn y ffotograff.

I'ch atgoffa!

1 Copïwch a chwblhewch:

Er mwyn gweld celloedd yn glir mae angen ...... Mae cell yn cynnwys ...... sy'n rheoli ei gweithgareddau. Yn y ...... y mae'r holl adweithiau cemegol yn digwydd. Mae'r gellbilen yn rheoli beth sy'n mynd ...... ac ...... o'r gell.

2 Nodwch dri gwahaniaeth rhwng y celloedd o anifail a'r celloedd o blanhigyn sydd yn y ffotograffau.

3 Mae celloedd ein croen yn cael eu rhwbio ymaith drwy'r amser.
Pam felly nad yw ein croen ni'n diflannu?

▶▶▶ 1c Gwaith gwahanol, celloedd gwahanol

Gwelsom eisoes fod celloedd anifeiliaid a chelloedd planhigion yn wahanol i'w gilydd. Ond, mewn gwirionedd, mae yna lawer o wahanol fathau o gelloedd anifeiliaid.

a) Pam mae gennym wahanol fathau o gelloedd? Pa wahanol fathau o waith maen nhw'n ei wneud?

Dychmygwch eich bod yn nerfgell yn cysylltu bawd eich troed â'ch ymennydd.
Pa siâp fyddai angen i chi fod?
Efallai y byddai bod yn hir a thenau yn syniad da, sef siâp tebyg i wifren.

A beth am gell sberm?
Cell fach iawn yw hon, ac mae'n gorfod nofio'n bell iawn.

Edrychwch ar y rhestr hon o'i nodweddion arbennig:
- cynffon hir i'w helpu i nofio
- siâp llilin
- rhan ganol sy'n gwneud llawer o egni.

b) Pam, yn eich barn chi, y mae angen llawer o egni ar gelloedd sberm?

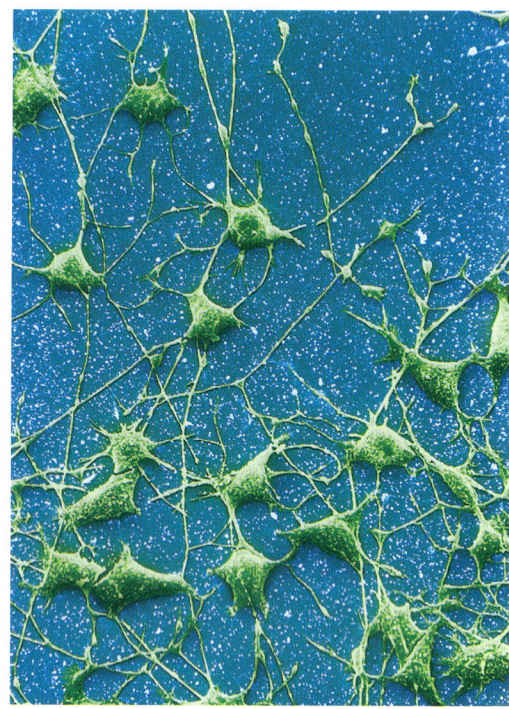

Mae nerfgelloedd yn hir a thenau.

Wrth i chi weithio trwy'r llyfr hwn byddwch yn dod ar draws celloedd eraill sy'n gelloedd anifeiliaid ac wedi **ymaddasu** i wneud rhyw waith arbennig.

Er enghraifft:
- celloedd coch y gwaed, sydd heb gnewyllyn ac sy'n gallu cludo llwyth mawr o ocsigen
- celloedd gwyn y gwaed, sy'n gallu amgylchynu a dinistrio bacteria
- celloedd cyhyr, sy'n gallu cyfangu (mynd yn fyrrach).

Dywedwn fod organebau sydd wedi eu gwneud o lawer o gelloedd yn anifeiliaid **amlgellog**.

Dywedwn fod yr organebau byw symlaf, sydd wedi eu gwneud o un gell yn unig, yn **ungellog**.

Cewch ddarllen am organeb ungellog ar dudalen 12.

Mae gan gelloedd sberm gynffonnau hir

A oes gan blanhigion lawer o wahanol gelloedd hefyd?

Oes yw'r ateb, am yr un rheswm yn union.
Mae gwahanol gelloedd planhigion yn gwneud gwahanol fathau o waith.

Dyma ddwy enghraifft:

Celloedd palis deilen yw'r rhain. Maen nhw i'w cael yn agos at yr arwyneb uchaf, sef yn y rhan o'r ddeilen sy'n derbyn y mwyaf o oleuni. Maen nhw'n llawn cloroplastau ar gyfer dal yr holl olau haul defnyddiol hwn.

Enghraifft arall yw cell **gwreiddflewyn**. Os edrychwch yn fanwl ar blanhigion ifanc (fel eginblanhigion berwr) byddwch yn sylwi bod blewiach mân ar eu gwreiddiau. Celloedd yw'r blew hyn mewn gwirionedd. Eu gwaith yw gwneud arwyneb y gwreiddyn yn fwy na hyd yn oed ei faint arferol.

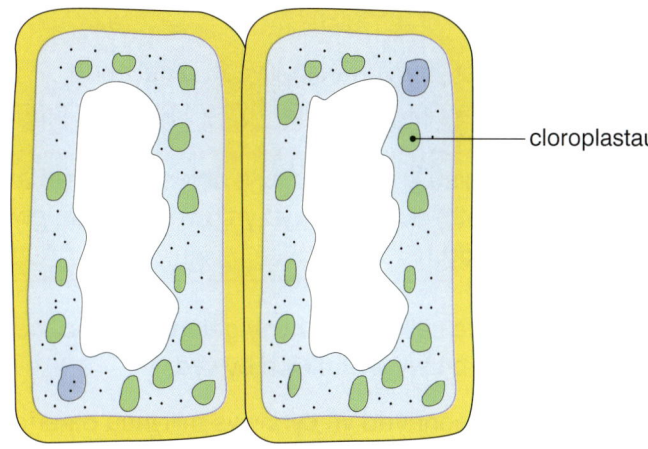

mae celloedd palis deilen yn llawn cloroplastau

c) Pam y mae hyn yn ddefnyddiol?
ch) Pam y mae'n rhaid bod yn ofalus wrth drawsblannu eginblanhigion o wely hadau i botiau ar wahân?

Mae ar blanhigion ifanc angen llawer o ddŵr i'w helpu i dyfu. Trwy'r gwreiddiau y mae'r planhigyn yn derbyn y dŵr hwn.

Mae yna lawer o enghreifftiau eraill a byddwn yn edrych ar rai yn ddiweddarach yn y llyfr hwn:

- Celloedd sy'n wag y tu mewn ac sy'n uno gan wneud tiwbiau hir. Mae'r rhain yn helpu'r planhigyn i godi dŵr i'r dail. Yr enw ar y celloedd hyn yw celloedd **sylem**.

- Yr enw ar grŵp arall o gelloedd sy'n ffurfio tiwbiau yw **celloedd ffloem**. Mae'r tiwbiau hyn yn cludo bwyd i bob rhan o'r planhigyn.

- Yn y dail hefyd mae celloedd sy'n agor a chau tyllau mân. Mae'r celloedd hyn yn caniatáu i nwyon ac anwedd dŵr dreiddio trwyddyn nhw. Yr enw ar y tyllau yw **stomata**, a'r enw ar y celloedd siâp selsig sy'n eu hagor a'u cau yw **celloedd gwarchod**.

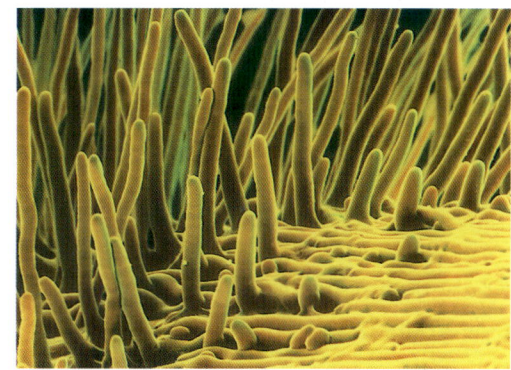

Gwreiddflew mân ar eginblanhigyn.

I'ch atgoffa!

1 Pam nad yw pob cell yr un fath?

2 Pam y mae gan gelloedd sberm gynffonnau?

3 Ym mha ffyrdd y mae nerfgelloedd yn wahanol i gelloedd o'r foch?

4 Pam y mae celloedd palis dail yn cynnwys llawer o gloroplastau?

5 Pam y mae angen gwreiddiau ag arwyneb mawr ar blanhigion ifanc?

▶▶▶ 1ch Cydweithio

Mae bodau dynol yn cynnwys biliynau o gelloedd.
Wrth gwrs, nid yw'r holl gelloedd hyn yn gweithio'n annibynnol.

> Yr enw ar grwpiau o gelloedd sy'n union yr un fath â'i gilydd (yn unfath) ac sydd i gyd yn gwneud yr un gwaith yw **meinweoedd**.

Er enghraifft, mae celloedd cyhyr y galon yn ffurfio meinwe arbennig y galon, sy'n curo trwy gydol eich bywyd.

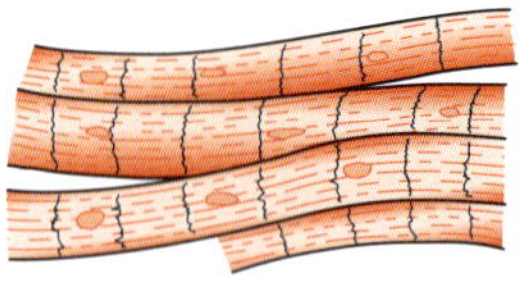

Mae meinwe'r ymennydd yn cynnwys miliynau o nerfgelloedd. Rhoi trefn ar wybodaeth a'i storio yw gwaith y rhain.

> Mae nifer o wahanol fathau o feinweoedd yn cyfuno i ffurfio **organ**.

Er enghraifft, mae'r galon yn cynnwys meinwe cyhyrol, meinwe gwaed a meinwe nerfol.

Mae'r meinweoedd hyn i gyd yn gwneud gwaith gwahanol ond maen nhw hefyd yn cydweithio fel tîm wrth i'r galon bwmpio gwaed o amgylch y corff.

Mae'r stumog yn organ pwysig arall.
Mae'n eich helpu i dreulio'r bwyd rydych yn ei fwyta.

> Mae nifer o organau sy'n cydweithio yn ffurfio **system**.

Er enghraifft, mae'r galon a'r pibellau gwaed yn ffurfio'r system gylchrediad.

Os rhowch chi'r holl systemau gyda'i gilydd beth gewch chi?
Bod dynol fel chi, wrth gwrs!

a) Nawr lluniwch restr o'r holl systemau yn y corff dynol rydych chi wedi clywed amdanyn nhw.

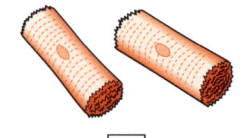
celloedd cyhyr unigol

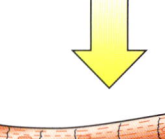

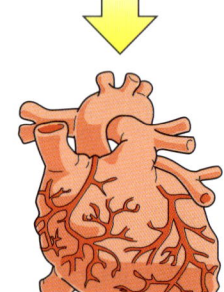
grŵp o gelloedd cyhyr yn ffurfio **meinwe** cyhyrol

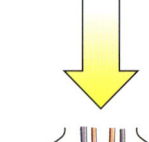

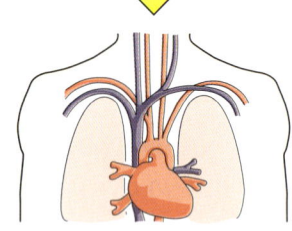
y galon – **organ** wedi ei wneud o wahanol feinweoedd, gan gynnwys meinwe cyhyr

y **system** gylchrediad

Mae rhai pethau byw yn llawer symlach.
Un gell yn unig sydd mewn creaduriaid fel **amoeba**.
Nid oes gan y creadur hwn feinweoedd, organau na systemau, ond eto mae'n gallu byw bywyd normal.
Er enghraifft, mae'n gallu bwydo, cyfnewid nwyon, symud a hefyd atgynhyrchu ei hun.

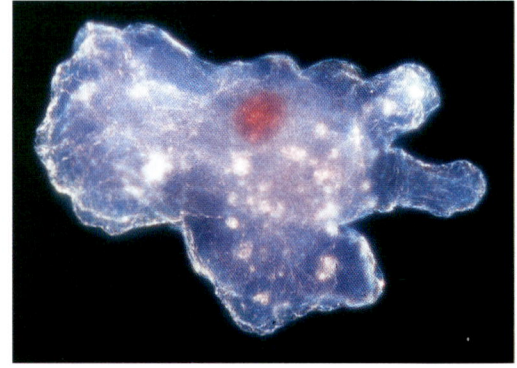
Amoeba.

I mewn ac allan

Pam y mae larwm tân yn gallu canu hyd yn oed os bydd y tân mewn ystafell arall?

Mae'r mwg yn ymledu trwy broses o'r enw **trylediad**.

> **Trylediad yw symudiad gronynnau o grynodiad uchel i grynodiad isel hyd nes eu bod wedi eu gwasgaru'n gyfartal.**

Mwg yn tryledu i fyny at y larwm.

Trwy broses trylediad y mae celloedd yn casglu sylweddau defnyddiol. Dyma sut y mae celloedd yn cael gwared â rhai defnyddiau gwastraff hefyd.

> **b)** Beth, yn eich barn chi, y mae angen i gelloedd eu casglu o'r tu allan?

Mae angen bwyd ac ocsigen i wneud egni.
Mae llif y gwaed yn cludo'r rhain i bob rhan o'ch corff.

I gyrraedd y gell, maen nhw'n **tryledu** trwy'r **gellbilen**.

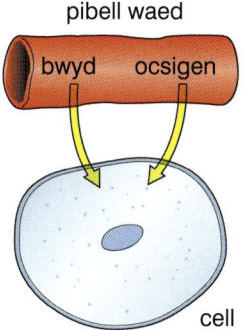

> **c)** I ba ran o'r gell y maen nhw'n mynd, yn eich barn chi?
> (Awgrym: edrychwch eto ar dudalen 7.)

Mae celloedd yn cynhyrchu defnyddiau gwastraff, er enghraifft carbon deuocsid.
Rhaid cael gwared â'r defnyddiau hyn cyn iddyn nhw wneud niwed i'r celloedd.
Mae carbon deuocsid a defnyddiau gwastraff eraill yn tryledu **allan** o'r gell.
Maen nhw'n symud **o'r** gell **i'r** gwaed.

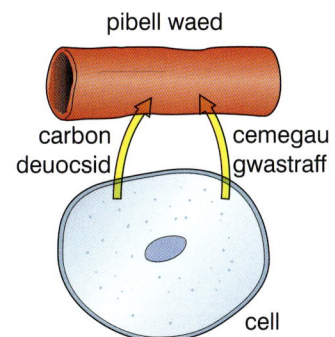

I'ch atgoffa!

1 Copïwch a chwblhewch:

Mae'r galon yn enghraifft o ……
Casgliad o …… yn cydweithio yw organ.
Mae …… yn cynnwys nifer o organau yn cydweithio.

2 Beth sy'n tryledu:
a) i mewn i gell?
b) allan o gell?

3 Trwy ba ran o gell anifail y mae'n rhaid i'r defnyddiau hyn dryledu?

Crynodeb

Mae pob peth byw wedi ei wneud o **gelloedd**.
Mae gan y rhan fwyaf o gelloedd **gnewyllyn**, **cytoplasm** a **chellbilen**.
Mae gan gelloedd planhigion **gellfur**, **gwagolyn** a **chloroplastau** hefyd.

Mae gwahanol gelloedd wedi eu cynllunio i wneud gwahanol fathau o waith.

Grwpiau o gelloedd sydd i gyd yn gwneud yr un gwaith yw **meinweoedd**.
Mae **organ** yn cynnwys nifer o feinweoedd yn cydweithio.
Mewn **system**, mae nifer o organau yn gweithio gyda'i gilydd.

Trwy broses **trylediad**, mae sylweddau defnyddiol yn cyrraedd celloedd.

Cwestiynau

1 Copïwch a chwblhewch:

Mae pob peth byw wedi ei wneud o ......

Mae'r rhain mor fach fel bod angen ...... arnom er mwyn eu gweld. Mae'r rhan fwyaf o gelloedd yn cynnwys ...... sy'n rheoli beth sy'n digwydd ...... y gell. Maen nhw hefyd yn cynnwys ...... a ...... Mae celloedd planhigion hefyd yn cynnwys ...... sy'n dal egni'r Haul. Mae gan y planhigyn ...... sy'n rhoi cryfder i'r gell.

2 Dyma lun cell o du mewn boch person.

a) Labelwch y rhannau A, B ac C.

b) Beth yw gwaith rhannau B ac C?

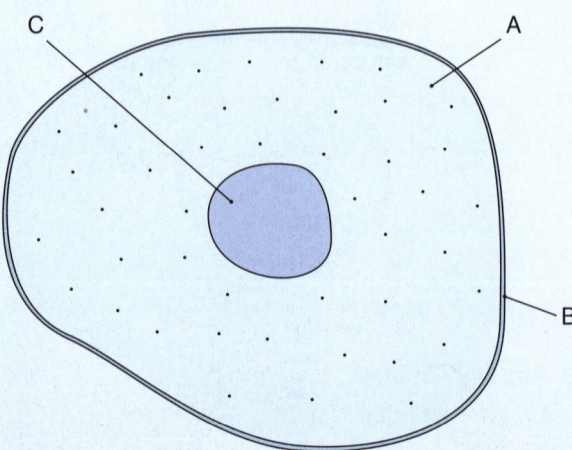

3 Lluniwch 'fap meddwl' i ddangos popeth a wyddoch chi am gelloedd.

4 Dyma gell o blanhigyn:

a) Labelwch y rhannau A, B ac C.

b) Pa ddwy ran sydd i'w cael mewn celloedd planhigion yn unig?

c) Beth yw gwaith rhan C?

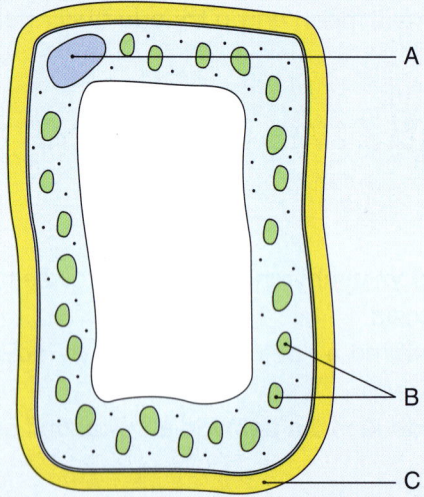

5 Edrychwch eto ar y lluniau ar dudalen 8.

Yna copïwch a chwblhewch y tabl hwn i ddangos tri gwahaniaeth rhwng celloedd planhigion a chelloedd anifeiliaid.

	Planhigion	Anifeiliaid
1		
2		
3		

Adran Un
Bodau dynol yn organebau

Yn yr adran hon byddwch yn dysgu am dair system bwysig yn y corff dynol, sef y systemau treulio, anadlu a chylchrediad. Byddwch hefyd yn darganfod sut y mae'r corff yn ei amddiffyn ei hun rhag haint.

PENNOD 2	**Bwyd a threuliad**
PENNOD 3	**Anadlu**
PENNOD 4	**Cludiant**
PENNOD 5	**Afiechyd**

PENNOD 2

▶▶▶ 2a Bwyd

Beth y mae pobl yn ei olygu wrth sôn am ddiet? Fel arfer mae pobl yn meddwl mai'r ystyr yw mynd heb fwyd er mwyn colli pwysau. Ond mae'n golygu rhywbeth gwahanol i feddygon a gwyddonwyr. Ein **diet** yw popeth rydym yn ei fwyta.

a) Rhestrwch eich diet ar gyfer diwrnod nodweddiadol yn yr ysgol.

Er mwyn byw'n iach, mae'n bwysig bod ein diet yn **gytbwys**. Rhaid i ddiet cytbwys gynnwys nifer o wahanol fwydydd. Yn enwedig, mae'n rhaid inni fwyta'r meintiau cywir o'r bwydydd hyn:
- **Carbohydradau** (startsh a siwgr)
- **Proteinau**
- **Brasterau**.

Hefyd, mae arnom angen ychydig bach o **fwynau** a **fitaminau**, ynghyd â **bwydydd garw** (ffibr) a digonedd o **ddŵr**.

b) Allwch chi gofio pam y mae angen y bwydydd hyn arnom ni, ac o ble y gallwn ni eu cael? Ymchwiliwch ac yna cwblhewch y tabl isod.

'Ai dyma eich diet pob-dydd chi?'

Math o fwyd	Pam mae ei angen?	I'w gael ym mha fwyd?
Carbohydradau		
Proteinau		
Brasterau		
Mwynau		
Fitaminau		
Bwydydd garw		

Beth am ddŵr?

Mae dŵr yn bwysig oherwydd bod holl adweithiau cemegol eich corff yn digwydd mewn hydoddiant.

Mewn gwirionedd, dŵr yw tua 70% o'ch corff!

c) Nawr edrychwch eto ar eich ateb i gwestiwn a). Ydy eich diet pob-dydd chi'n ymddangos yn gytbwys?

Faint yw digon?

Mae'n ddigon hawdd dweud y dylem fwyta diet cytbwys, ond faint yn union o fwyd sydd ei angen arnom?

Mae faint o fwyd sydd ei angen ar berson yn dibynnu ar nifer o ffactorau, fel:
- oedran
- ydy'r person yn tyfu ai peidio
- pa mor egnïol yw'r person.

ch) Ceisiwch restru rhai ffactorau eraill.

Mae'r holl ffactorau hyn yn dylanwadu ar faint o egni y mae arnoch ei angen. Ond nid egni yw'r unig reswm dros ein hangen am fwyd.

d) Ceisiwch restru rhai rhesymau eraill.

Fel arfer bydd egni'n cael ei fesur mewn cilojouleau (kJ). Mae'r tabl hwn yn cymharu faint o egni y mae ei angen ar nifer o wahanol bobl bob dydd.

	Anghenion egni dyddiol (kJ)	
	Gwrywod	Benywod
Plant 8 oed	8500	8500
Disgyblion Blwyddyn 10	12 500	9800
Athrawon gwyddoniaeth	11 000	9700
Gweithwyr llaw (oedolion)	15 000	12 500

dd) Pam, yn eich barn chi, y mae angen mwy o egni ar y disgyblion na'r athrawon? (Dau reswm posibl)

e) Pam y mae angen gwahanol faint o egni ar fechgyn a merched o'r un oedran?

Gallwch brynu diodydd sydd wedi eu cynllunio'n arbennig er mwyn rhoi hwb i'ch egni.

I'ch atgoffa!

1 Copïwch a chwblhewch:

Rhaid i ddiet cytbwys gynnwys brasterau, …… a …… Mae mwynau a …… yn bwysig hefyd. Mae 70% o'n corff wedi ei wneud o ……

Mae bwyd yn rhoi …… inni. Mae faint o egni y mae arnom ei angen yn dibynnu ar ein …… a pha mor …… ydym ni.

2 Lluniwch 'fap meddwl' i ddangos popeth a wyddoch am ddiet pobl.

3 Ewch ati i chwilio am wybodaeth am y clefyd diffyg sy'n cael ei alw'n llwg neu'r sgyrfi.

▶▶▶ 2b Treuliad

Fyddwch chi weithiau'n bwyta nes eich bod wedi cael llond eich bol go iawn? Dydy stumog lawn ddim yn golygu bod y bwyd y tu mewn iddi yn gwneud lles i chi.

Er mwyn cael y budd o'r daioni sydd yn y bwyd rhaid iddo fod yn llif eich gwaed. Wedyn bydd yn bosibl ei gludo i'ch celloedd i gyd.

Mae'n amlwg nad yw darn cyfan o siocled yn gallu ffitio yn eich pibellau gwaed.

Yn gyntaf rhaid iddo gael ei **dreulio**.

> **Treuliad yw dadelfennu bwyd yn foleciwlau bach a fydd yn hydoddi'n hawdd.**

Wedi i bryd o fwyd gael ei dreulio mae'n gallu mynd i lif y gwaed. Yr enw ar y broses hon yw **amsugniad**.

Mae hyn i gyd yn digwydd mewn rhan o'ch corff sy'n cael ei galw'n **system dreulio**.

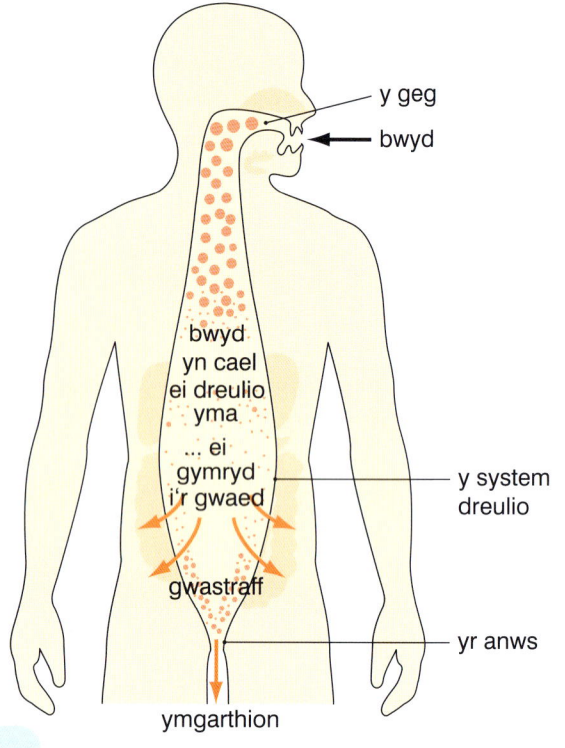

a) Rhestrwch yr holl rannau yn y system hon y gallwch eu cofio.

Yn syml, tiwb â'i hyd yn 6 metr yw'r system dreulio. Mae eich ceg ar un pen a'ch anws ar y pen arall.

b) Pa mor dal ydych chi (mewn metrau)?

Yn sicr, mae eich taldra yn llawer llai na 6 metr!

c) Edrychwch ar lun y system dreulio ar y dudalen nesaf. Eglurwch sut y mae'n gallu ffitio yn eich corff.

Mae bwyd yn gallu cymryd hyd at dri diwrnod i symud yr holl ffordd trwy'r corff. Mae'n dibynnu ar y math o bryd bwyd rydych wedi ei fwyta. Mae'n rhaid i'r system dreulio fod mor hir â 6 m gan fod angen cymaint o amser i dreulio rhai prydau bwyd.

Y system dreulio

Ar y dudalen hon byddwn yn edrych ar lun o system dreulio bodau dynol.

Peidiwch â phoeni, fydd dim rhaid i chi dynnu llun tebyg mewn arholiad! Ond wrth i chi ddysgu rhagor am dreuliad, bydd gwybod ble mae'r prif rannau a beth maen nhw'n ei wneud yn help i chi.

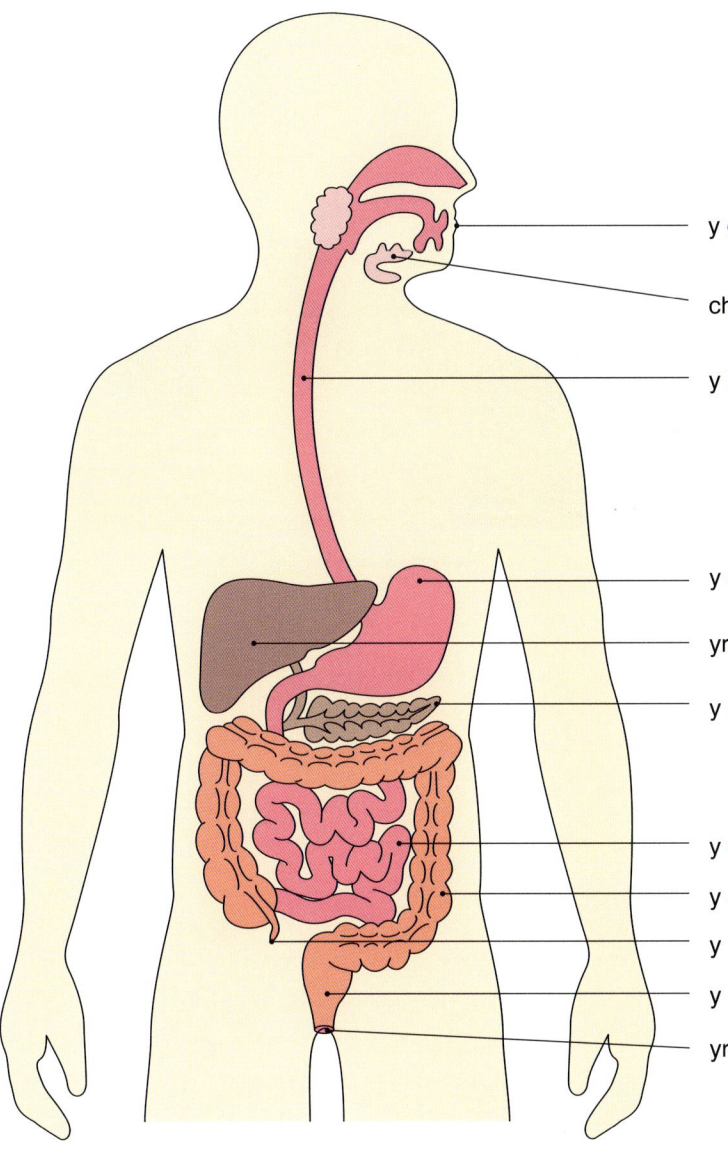

y geg – mae treuliad yn cychwyn yma

chwarennau poer – sy'n gwneud ensymau treulio

y llwnc (oesoffagws) – tiwb o gyhyr

y stumog – lle mae protein yn cael ei dreulio mewn baddon o asid

yr iau/afu – sy'n prosesu bwyd wedi'i amsugno ac yn gwneud bustl

y pancreas – sy'n gwneud ac yn rhyddhau ensymau treulio

y coluddyn bach – lle mae treuliad ac amsugniad yn cael eu cwblhau

y coluddyn mawr – sy'n amsugno dŵr o fwyd heb ei dreulio

y pendics – rhan o'r coluddyn mawr sydd heb ddefnydd bellach

y rectwm – sy'n storio ymgarthion

yr anws – agoriad o gyhyr ar gyfer rhyddhau ymgarthion

I'ch atgoffa!

1. Beth yw ystyr y gair treulio?
2. Pam y mae angen treulio bwyd?
3. Pan fydd bwyd yn cael ei amsugno, beth sy'n digwydd iddo?
4. Pam y mae'r system dreulio mor hir?
5. Ble mae treuliad yn cychwyn?
6. Sut y mae bwyd yn symud ar hyd y system dreulio?
7. Beth yw'r enw ar fwyd sydd heb ei dreulio?

▶▶▶ 2c Ensymau

Sut y mae bwyd yn cael ei ddadelfennu?
Mae'r broses yn cychwyn yn y **geg**.
Mae'r dannedd yn malu'r bwyd yn ddarnau mân.
Ond, am eiliad neu ddau yn unig y bydd rhywbeth fel sglodyn yn aros yn eich ceg.

- Mae'r rhan fwyaf o'r gwaith treulio yn cael ei wneud gan gemegau o'r enw **ensymau**.
- Mae ensymau yn dadelfennu cemegau **mawr anhydawdd** yn rhai **bach hydawdd**.

Celloedd ym muriau'r system dreulio sy'n gwneud ensymau treulio. Eu gwaith yw cyflymu treuliad bwyd.

> **a)** Mewn cemeg, beth yw'r enw ar gemegyn sy'n cyflymu adwaith?

Defnyddio ensymau

Nid yw ensymau yn fyw ond maen nhw'n bwysig iawn i bethau byw.
Maen nhw hefyd wedi datblygu i fod yn ddefnyddiol iawn inni mewn sawl ffordd arall.

Ydych chi erioed wedi meddwl pam y mae rhai powdrau golchi yn cael eu galw'n rhai 'Bio'?
Mae hyn oherwydd eu bod yn cynnwys ensymau sy'n helpu i lacio staeniau bwyd er mwyn eu codi o ddillad.

Mae ensymau hefyd yn cael eu defnyddio wrth wneud caws.
Mae caws yn cael ei wneud o ran solid llaeth wedi ceulo.
Defnyddir ensymau o'r enw proteasau i geulo'r llaeth.

Ensymau sy'n gyfrifol am siocledi â chanol meddal hefyd.
I ddechrau bydd y tu mewn yn solid ond yna bydd yn cael ei feddalu gan ensymau.

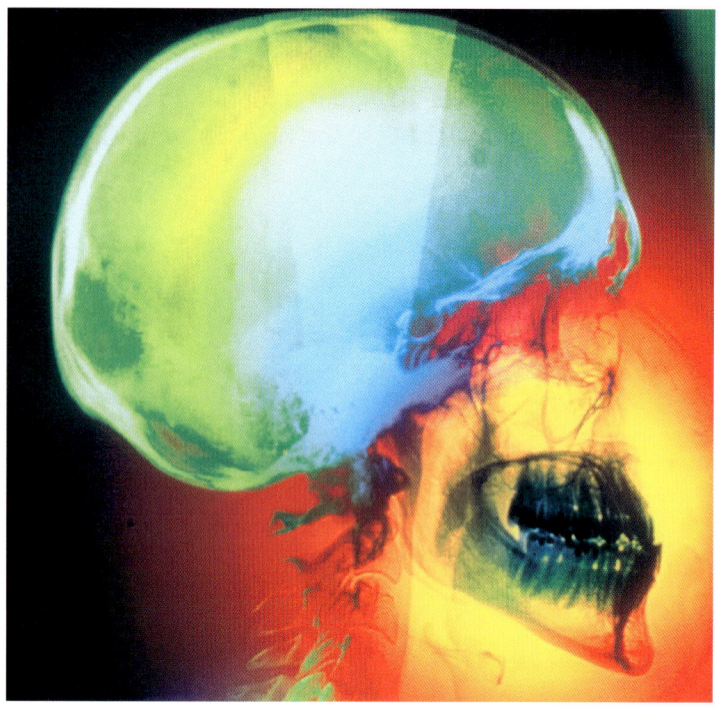

Mae treuliad yn cychwyn yma yn y geg.

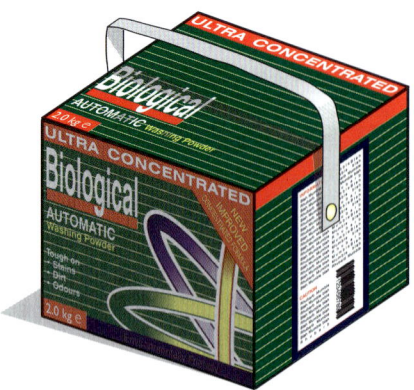

Ffordd gyfarwydd o ddefnyddio ensymau.

Yr ensym cywir ar gyfer y gwaith

Un math yn unig o ensym sydd yna ar gyfer pob un o'r tri phrif fath o fwydydd yn eich corff.

b) Beth yw'r tri phrif fath o fwydydd yn ein diet?

Mae **carbohydrasau** (e.e. amylas) yn cael eu gwneud yn y **chwarennau poer**, y **pancreas** a'r **coluddyn bach**. Maen nhw'n dadelfennu **startsh** yn **siwgrau syml**.

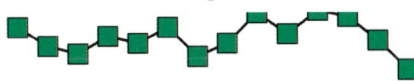

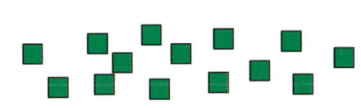

Mae **proteasau** yn cael eu gwneud yn y **stumog**, y **pancreas** a'r **coluddyn bach**. Maen nhw'n dadelfennu **proteinau** yn **asidau amino**.

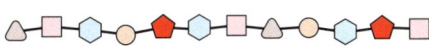
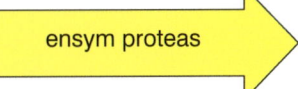
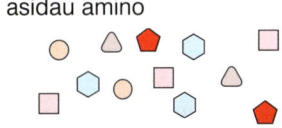

Mae **lipasau** yn cael eu gwneud yn y **pancreas** a'r **coluddyn bach**. Maen nhw'n dadelfennu **brasterau** yn **asidau brasterog** a **glyserol**.

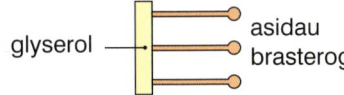
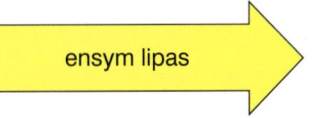
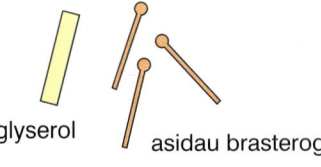

I'ch atgoffa!

1. Sut mae ensymau yn helpu treuliad?
2. Ble mae ensymau yn cael eu gwneud?
3. Ym mha ran o'r system dreulio y mae'r tri gwahanol fath o ensym i'w cael?
4. Gosodwch wybodaeth y dudalen hon mewn tabl crynodeb fel hwn:

Moleciwl mawr	Ensym	Moleciwl bach

▶▶▶ 2ch Yr amodau cywir

Mae rhywfaint o debygrwydd rhwng ensymau ac ambell i berson – maen nhw'n anodd eu plesio!

A bod yn fanwl, mae pob gwahanol fath o ensym yn gweithio orau o dan amodau union gywir. Fel arfer mae hyn yn golygu amodau sydd naill ai'n asidig neu'n alcalïaidd.

Mae'r stumog yn enghraifft dda o hyn.

a) Pa fath o ensym sydd i'w gael yn y stumog? (Edrychwch ar y diagram ar dudalen 21.)

Mae'r stumog yn cynnwys asid cryf iawn. Byddwch wedi sylwi ar hyn oherwydd pan fyddwch chi'n chwydu bydd eich gwddf yn llosgi. Mae'r ensymau proteas sydd yn eich stumog yn gweithio'n dda iawn o dan yr amodau hyn. Ond os rhowch chi nhw yn y coluddyn bach, sy'n alcalïaidd, fyddan nhw ddim yn gweithio o gwbl.

b) Pa waith arall sydd gan asid cryf yn y stumog? (Awgrym: mae'n gysylltiedig ag amddiffyn rhag afiechyd. Edrychwch ym Mhennod 5.)

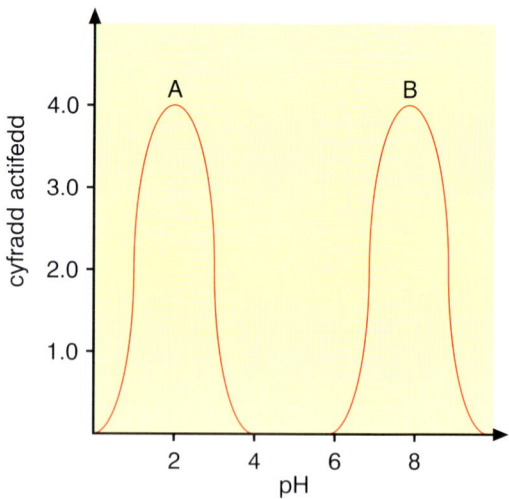

Pa ensym sy'n gweithio orau o dan amodau asidig, A neu B?

Meddyliwch am hyn:
Os yw'r system dreulio yn un tiwb hir, sut y mae asid cryf yn y stumog yn sydyn yn troi'n alcalïaidd yn y coluddyn bach?

Bustl sy'n gyfrifol am hyn.
Mae bustl yn cael ei wneud yn yr **iau/afu** a'i storio yng **nghoden y bustl**.

Mae'n mynd i'r system dreulio yn agos at ben uchaf y coluddyn bach. Mae'n gwneud dau beth pwysig yma:

1 mae'n **niwtralu** asid cryf y stumog.

Mae'n rhaid gwneud hyn oherwydd, yn wahanol i'r stumog, mae'r ensymau yma yn gweithio orau o dan amodau alcalïaidd.

2 mae'n helpu i chwalu globylau mawr o fraster yn ddefnynnau bach (proses o'r enw **emwlseiddio**).

Nid ensym yw bustl ond mae'n gwneud gwaith ensymau lipas yn haws.

Os bydd y globylau mawr o fraster yn cael eu chwalu'n rhai llai, bydd arwynebedd arwyneb y braster yn fwy.
Mae hyn yn golygu y bydd y braster yn cael ei dreulio yn gyflymach.

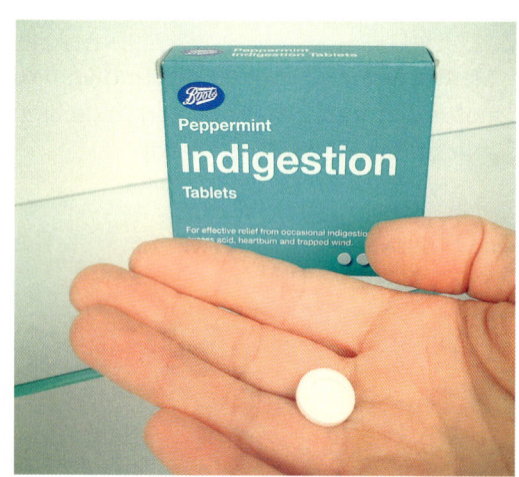

Mae tabledi diffyg traul yn gwneud gwaith tebyg i fustl.

Amsugniad

Nid yw'r corff yn gallu defnyddio'r moleciwlau bach o fwyd nes eu bod wedi cael eu hamsugno i lif y gwaed.

> **c)** Beth yw enwau'r tri moleciwl bach o fwyd?
> (Awgrym: edrychwch ar dudalen 21.)

Yn y coluddyn bach y mae amsugniad yn digwydd. Yma, mae'r moleciwlau yn mynd trwy ei fur tenau. Mae hyn yn digwydd pan fydd y moleciwlau yn symud o grynodiad uchel yn y system dreulio, i grynodiad is yn y gwaed.

> **ch)** Beth yw'r enw ar y math hwn o symudiad?
> (Awgrym: edrychwch eto ar dudalen 13.)

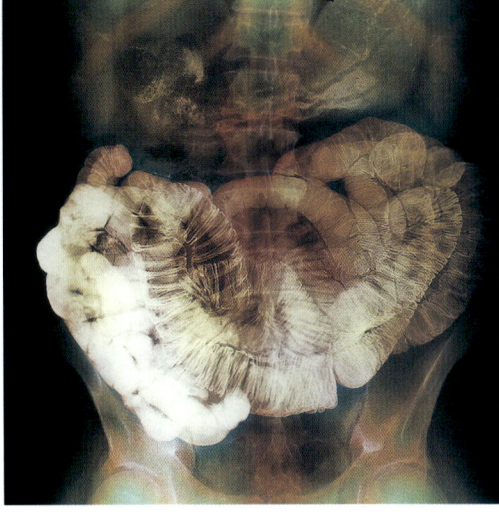

Mae bwyd yn cael ei amsugno yma.

Mae'r coluddyn bach wedi ei gynllunio'n dda ar gyfer amsugno bwyd. Dyma restr o'i nodweddion arbennig:
- mae'n hir iawn, felly mae ganddo **arwynebedd arwyneb mawr**
- mae ganddo **fur tenau** sy'n galluogi bwyd i fynd trwyddo'n hawdd
- mae ganddo **gyflenwad gwaed da** i dderbyn y bwyd
- mae ganddo filoedd o **filysau** sy'n cynyddu arwynebedd yr arwyneb ymhellach.

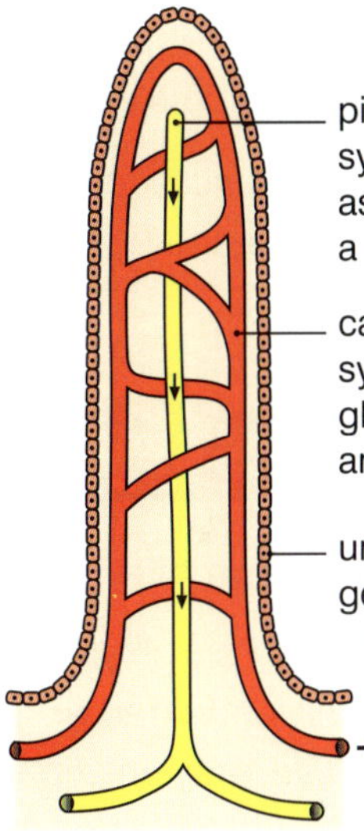

Beth yw filws?

Ffurfiadau tebyg i fysedd mân iawn yn ymestyn i ganol y coluddyn bach yw filysau. Mae pob filws yn gallu amsugno gronynnau o fwyd wedi'i dreulio.

Ac yn olaf!

Mae'r bwyd nad yw'n bosibl i'r corff ei dreulio yn symud ymlaen i'r coluddyn mawr.
Yma y mae'r rhan fwyaf o'r **dŵr** sy'n weddill yn cael ei amsugno gan ei fod yn rhan bwysig o'r diet.
Yr enw ar y gweddillion yw **ymgarthion**, a'r rhain fydd yn cael eu gwaredu i lawr y toiled.

I'ch atgoffa!

1. Copïwch a chwblhewch:

   Mae …… cryf yn y stumog. Mae hwn yn helpu'r ensymau, a hefyd yn lladd …… Mae bustl yn …… asid y stumog ac yn helpu'r ensymau …… Mae filysau yn rhoi arwynebedd arwyneb …… i'r coluddyn bach. Mae hyn yn gwneud …… yn haws. Yr enw ar fwyd heb ei dreulio yw ……

2. Pam y mae arnom angen bustl er mwyn chwalu gronynnau braster?

3. Sut y mae filysau yn rhoi arwynebedd arwyneb mor fawr i'r coluddyn bach?

Crynodeb

Y tri phrif fath o fwyd yw carbohydradau, proteinau a brasterau.

Mae **treuliad** yn golygu dadelfennu bwyd yn foleciwlau bach hydawdd.
Mae cemegau arbennig o'r enw **ensymau** yn cyflymu treuliad.
Mae'r cemegau hyn yn cael eu gwneud yn y chwarennau poer,
y pancreas a'r coluddyn bach.

Mae **carbohydrasau** yn dadelfennu **carbohydradau** yn **siwgrau**.
Mae **proteasau** yn dadelfennu **proteinau** yn **asidau amino**.
Mae **lipasau** yn dadelfennu **brasterau** yn **asidau brasterog** a **glyserol**.

Mae angen gwahanol amodau ar wahanol ensymau i weithio.
Mae tu mewn y stumog yn asidig. Mae'r asid yn helpu'r ensymau i
ddadelfennu protein. Mae hefyd yn lladd bacteria.

Mae **bustl** yn cael ei wneud yn yr iau/afu a'i storio yng nghoden y bustl.
Mae tu mewn y coluddyn bach yn alcalïaidd. Mae bustl yn niwtralu asid y
stumog ac yn helpu'r ensymau lipas i dreulio braster.

Mae bwyd sydd wedi ei dreulio yn symud o'r coluddyn bach i lif y gwaed.
Yr enw ar y broses hon yw **amsugniad**.

Mae bwyd sydd heb ei dreulio yn symud i'r coluddyn mawr. Mae'r rhan fwyaf
o'r dŵr yn cael ei amsugno ohono. Yr enw arno erbyn hyn yw **ymgarthion**.

Cwestiynau

1 Copïwch a chwblhewch:

Mae startsh a siwgr yn enghreifftiau o ……
Mae angen proteinau ar gyfer …… ac mae
brasterau yn rhoi …… inni.

Mae treuliad yn dadelfennu bwyd yn foleciwlau
…… Wedyn mae'r rhain yn cael eu …… i lif y
gwaed. Mae ensymau yn gwneud i dreuliad
ddigwydd yn …… Y tri math o ensym yw: ……
…… a ……

Mae ensymau proteas yn dadelfennu proteinau
o dan amodau …… Mae bustl yn helpu treuliad
…… Mae'r rhan fwyaf o fwyd yn cael ei
amsugno yn y …… ……

2 Ysgrifennwch enw bwyd sy'n cynnwys llawer o:

a) protein

b) carbohydrad

c) braster

ch) mwynau a fitaminau.

3 Pam y mae rhedwyr marathon yn bwyta llawer
o basta yn ystod y diwrnodau cyn ras?

4 Eglurwch pam y mae'n rhaid i fwyd gael ei
dreulio.

5 Ewch ati i ddarganfod beth sydd mewn tabledi diffyg traul. Ar ba ran o'r system dreulio y maen nhw'n gweithio?

6 Pa 'fwyd' pwysig sy'n cael ei amsugno gan y coluddyn mawr?

7 Beth yw'r enw ar y gwastraff rhannol solid sydd ar ôl?

8 Ewch ati i ddysgu am 'ddiffyg traul' neu 'losg cylla'. Beth yw cysylltiad hyn â threuliad?

9 Mae'r llun hwn yn dangos rhan o'r coluddyn bach:

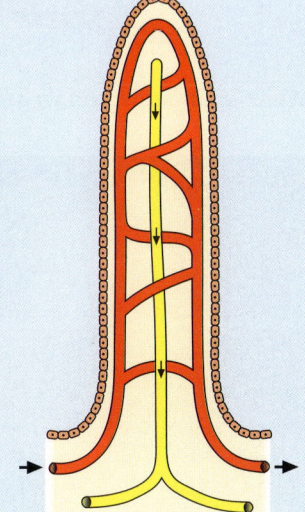

a) Beth mae'n cael ei alw?

b) Nodwch dair o nodweddion y coluddyn bach sy'n ei wneud yn dda am amsugno bwyd.

10 Mae ensym o'r enw Pectinas yn cael ei ddefnyddio i helpu i wneud sudd ffrwythau. Mae pectinas yn dadelfennu sylwedd o'r enw pectin. Mae pectin yn gwneud sudd ffrwythau yn niwlog.

Eglurwch pam y mae pectin yn cael ei ddefnyddio wrth gynhyrchu sudd ffrwythau.

11 Edrychwch ar y diagram hwn o'r system dreulio:

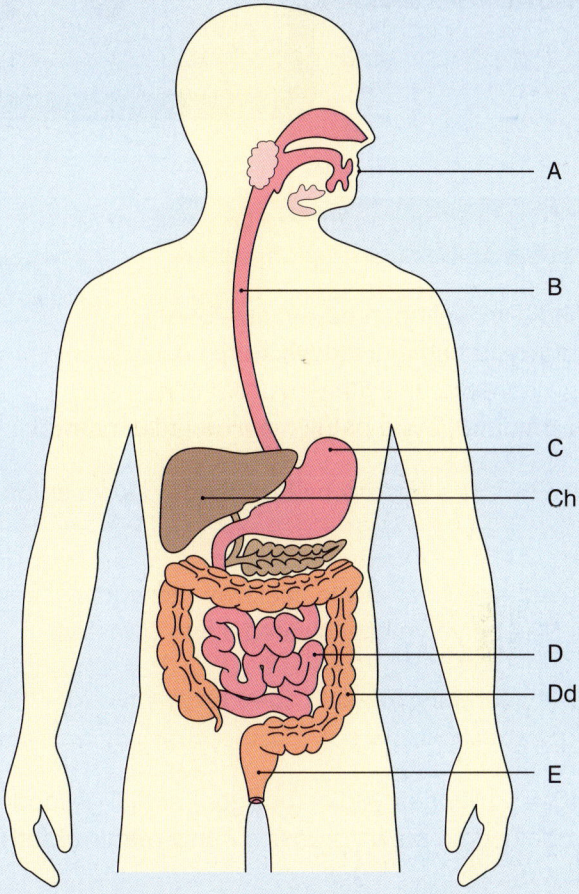

a) Ysgrifennwch enwau y rhannau A–E.

b) Pa ran:
   i) sy'n cynnwys asid
   ii) sy'n diwb o gyhyr
   iii) sy'n amsugno dŵr
   iv) sy'n gwneud bustl
   v) sy'n amsugno y rhan fwyaf o'r bwyd
   vi) sy'n gwneud alcali?

12 Ar dymheredd uwch na thua 45 °C mae ensymau'n cael eu dinistrio.

Eglurwch pam y mae'r cyfarwyddiadau ar bowdrau golchi Biolegol yn dweud: 'golchwch ar dymheredd isel yn unig'.

PENNOD 3 Anadlu

▶▶▶ 3a Beth yw anadlu?

Mae anadlu yn weithgaredd anymwybodol. Mae'n digwydd heb inni feddwl amdano. Mewn gwirionedd, unwaith y byddwn ni'n meddwl amdano, bydd patrwm ein hanadlu'n newid.

a) Sawl gwaith y byddwch chi'n anadlu mewn munud?

Mae'n rhaid anadlu er mwyn cael nwy defnyddiol i mewn i'r corff. Mae hefyd yn cael gwared â nwy gwastraff.

b) Allwch chi gofio enwau'r ddau nwy hyn?

Weithiau mae person yn anadlu yn araf ...

Mae angen y nwy defnyddiol (ocsigen) ar holl gelloedd y corff. Mae'n cael ei ddefnyddio mewn proses o'r enw **resbiradaeth aerobig**.

> **Resbiradaeth aerobig** yw'r enw ar yr adwaith cemegol sy'n rhyddhau egni o fwyd.
>
> Gallwn grynhoi hyn yn yr hafaliad geiriau hwn:
>
> **Glwcos + ocsigen ➔ carbon deuocsid + dŵr + egni**

Ym Mhennod 2 gwelsom fod carbohydradau yn fwydydd sy'n rhoi egni. Mae glwcos yn enghraifft o garbohydrad sy'n storfa dda o egni.

c) Allwch chi enwi unrhyw fwydydd eraill sydd hefyd yn rhoi llawer o egni?

... ac weithiau yn gyflym.

Mae'r adwaith hwn yn debyg i losgi – ond heb y fflamau! Bydd rhywfaint o'r egni sy'n cael ei wneud yn cael ei ryddhau ar ffurf gwres. Mae hyn yn eich helpu i gadw'n gynnes.

Nwy gwastraff yw'r **carbon deuocsid**. Nid oes ei angen ar y corff.

ch) Mae angen y nwy hwn ar rai pethau byw – pa rai?

Mae'r dŵr yn cael ei ryddhau ar ffurf anwedd. Nid hwn yw'r dŵr rydych yn ei ryddhau mewn chwys nac mewn troeth.

Gallwch weld eich anadl ar fore oer.

Pam y mae arnom angen egni?

Os gofynnwch chi i ffrindiau pam y mae arnom angen egni, fel arfer fe fyddan nhw'n ateb 'i'n cadw ni'n fyw'. Ydy, mae hynny'n wir, ond nid yw'n ateb gwyddonol iawn.

Mae'r egni sy'n cael ei ryddhau gan resbiradaeth yn cael ei ddefnyddio i dri phrif bwrpas:

- Mae'n ein galluogi i symud, trwy roi egni ar gyfer cyfangu cyhyrau.
  Mae miloedd o gelloedd unigol ym mhob cyhyr.
  Mae angen cyflenwad o glwcos ac ocsigen ar bob cell er mwyn iddi allu trosglwyddo egni.
  Nid cyhyrau eich breichiau a'ch coesau yn unig sydd angen egni. Cyhyr yw eich calon ac mae arni hithau angen egni er mwyn dal ati i guro.

Egni ar gyfer symud.

d) Allwch chi feddwl am unrhyw gyhyrau eraill sy'n gweithio trwy'r amser (yn union fel y galon)?

- Mae angen egni hefyd i'n helpu ni i dyfu.
  Mae'n rhaid i'ch corff adeiladu moleciwlau mawr o rai bach, ac mae hyn yn defnyddio llawer o egni.

Egni ar gyfer tyfu.

dd) Moleciwlau mawr yw proteinau, sy'n cael eu defnyddio ar gyfer tyfu. Beth yw'r enw ar y moleciwlau bach y mae proteinau wedi eu hadeiladu ohonyn nhw?

- Mae angen egni hefyd i'n helpu ni i gadw tymheredd ein corff yn gyson.
  Mae resbiradaeth yn rhyddhau egni gwres ac mae hyn yn ein helpu ni i gadw'n gynnes, hyd yn oed ar ddiwrnodau oer iawn.

Egni ar gyfer cadw tymheredd cyson.

e) Beth yw tymheredd arferol y corff dynol?

I'ch atgoffa!

1 Copïwch a chwblhewch:

   Mae anadlu yn dod ag ...... i'r corff, ac yn cael gwared â .... Mae ocsigen yn cael ei ddefnyddio yn ystod .... er mwyn rhyddhau'r ..... sydd mewn ....

   Mae angen egni ar y corff ar gyfer cynhesrwydd, ... a ....

2 Eglurwch pam y mae resbiradaeth yn debyg iawn i losgi.

3 Ewch ati i ddarganfod:
   a) pa nwyon eraill sydd yn yr atmosffer.
   b) a yw rhai o'r nwyon hyn yn ddefnyddiol ac, os felly, sut.

3b Y system anadlu

Casgliad o diwbiau yw'r system anadlu.
Mae hi wedi ei hamgylchynu gan y frest neu'r **thoracs**.
Gwaith y system yw dod ag aer i mewn ac allan o'r corff.
O'r aer hwn y bydd ocsigen yn mynd i'r gwaed.
Ar yr un pryd bydd carbon deuocsid yn mynd o'r gwaed.

> Awgrym ar gyfer yr arholiadau:
> Cofiwch **nad** yr un peth yw anadlu a resbiradaeth.

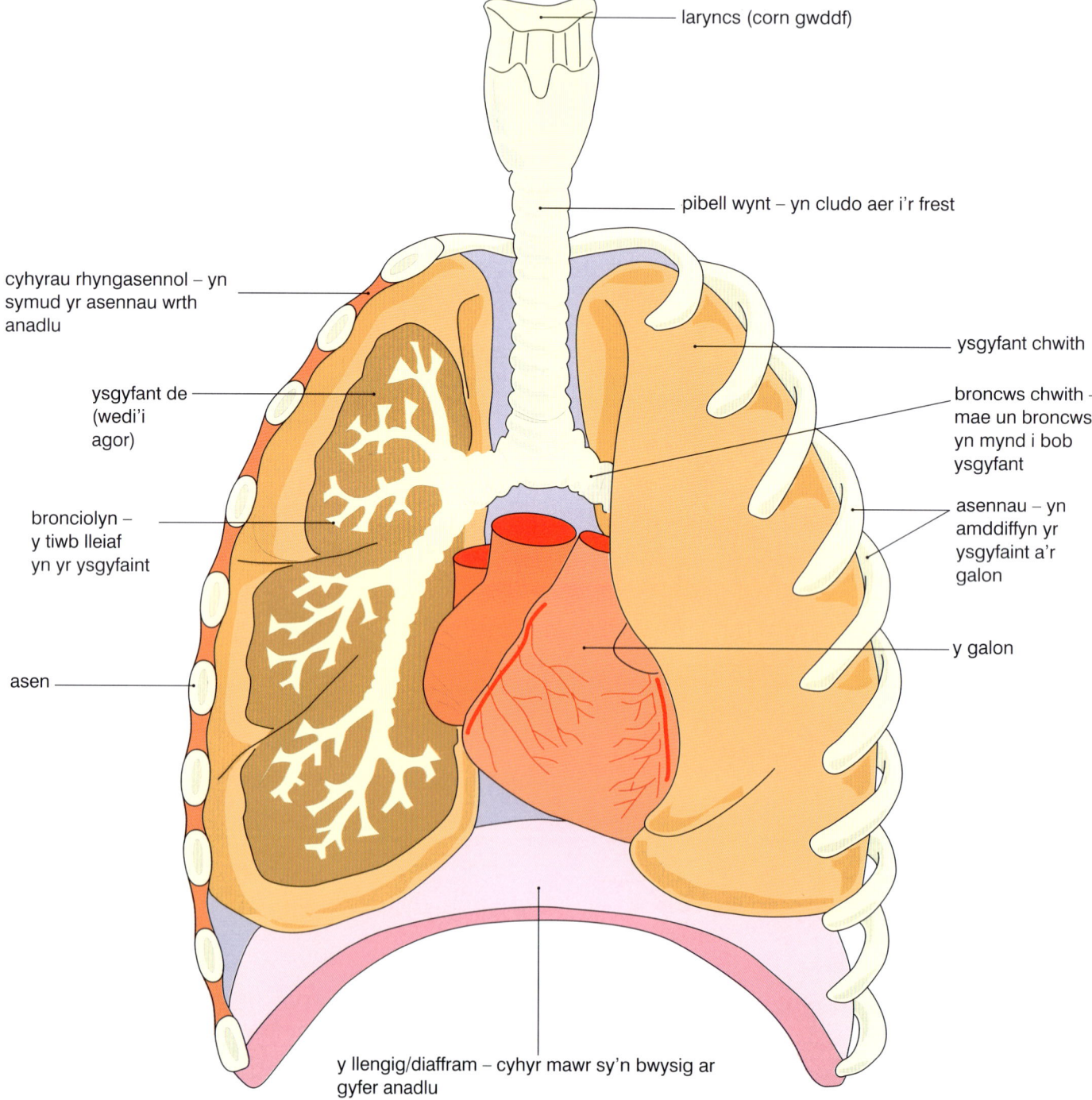

Sut rydym ni'n anadlu?

- Rhowch eich llaw ar eich brest.
  Anadlwch i mewn yn ddwfn.

a) I ba gyfeiriad(au) y mae eich brest yn symud?

Mae'r cyhyrau rhwng eich asennau (y rhai **rhyngasennol**) yn cyfangu. Mae hyn yn tynnu eich cawell asennau i fyny ac at allan.

Ar yr un pryd mae eich **llengig** hefyd yn cyfangu a mynd yn fflat.

Mae'r ddau symudiad hyn yn gwneud y lle gwag sydd y tu mewn i'ch brest yn fwy.

O ganlyniad, mae aer yn cael ei dynnu i mewn er mwyn gwneud i'ch ysgyfaint lenwi'r lle gwag hwnnw. Dyma beth yw **mewnanadlu**.

- Rhowch eich llaw ar eich brest unwaith eto.
  Y tro hwn anadlwch allan gymaint ag y gallwch.

b) I ba gyfeiriad(au) y mae eich brest yn symud?

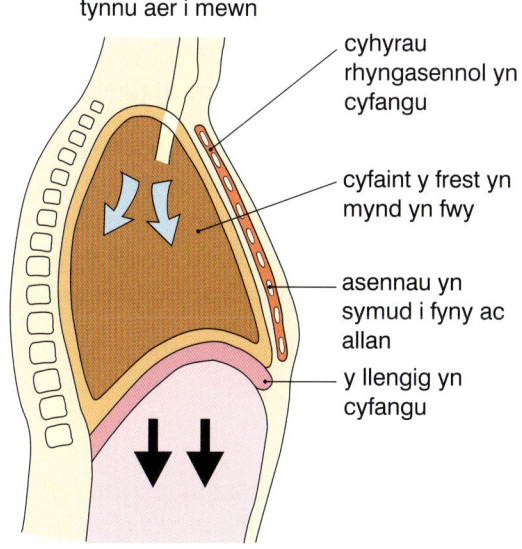

Y tro hwn mae eich cyhyrau rhyngasennol wedi ymlacio. Mae hyn yn gwneud i'ch asennau symud i lawr a thuag at i mewn.

Hefyd, mae eich llengig wedi ymlacio, ac wedi mynd yn siâp cromen eto.

Mae'r ddau symudiad hyn yn gwneud y lle gwag sydd y tu mewn i'ch brest yn llai.

O ganlyniad, mae aer yn cael ei wthio allan o'ch ysgyfaint. Dyma beth yw **allanadlu**.

I'ch atgoffa!

1 Copïwch a chwblhewch:

   Mae'r ysgyfaint i'w cael yn y ......

   Maen nhw'n cael eu hamddiffyn gan yr ......

   Wrth i ni fewnanadlu mae'r asennau yn symud ...... Mae hyn yn helpu gwneud cyfaint y frest yn ......

2 Pa ddwy ran o'r corff sy'n cael eu gwahanu gan y llengig?

3 Sut y mae siâp y llengig yn newid wrth i chi allanadlu?

▶▶▶ 3c Cyfnewid nwyon

Sut olwg sydd ar y tu mewn i'ch ysgyfaint chi tybed?
Yr ateb arferol yw eu bod yn debyg i ddwy falŵn fawr.
Byddech yn nes at y gwir petaech chi'n dweud eu bod fel sbwng neu far siocled Aero.

Mae'r ysgyfaint yn cynnwys miliynau o ffurfiadau mân tebyg i swigod.
Codennau aer o'r enw **alfeoli** yw'r rhain.
Eu gwaith yw gadael i nwyon gael eu cyfnewid rhwng yr aer a'r gwaed.

Mae'r alfeoli hyn wedi eu cynllunio'n dda ar gyfer cyfnewid nwyon:
- mae ganddyn nhw **furiau tenau**
- maen nhw wedi eu hamgylchynu gan **bibellau gwaed**
- maen nhw'n **llaith** (felly mae'r nwyon yn gallu hydoddi)
- mae ganddyn nhw **arwynebedd arwyneb enfawr**.

Dychmygwch petai'r holl godennau aer yn eich ysgyfaint yn cael eu gosod yn fflat. Byddai eu harwynebedd yn ddigon i orchuddio cwrt tennis!

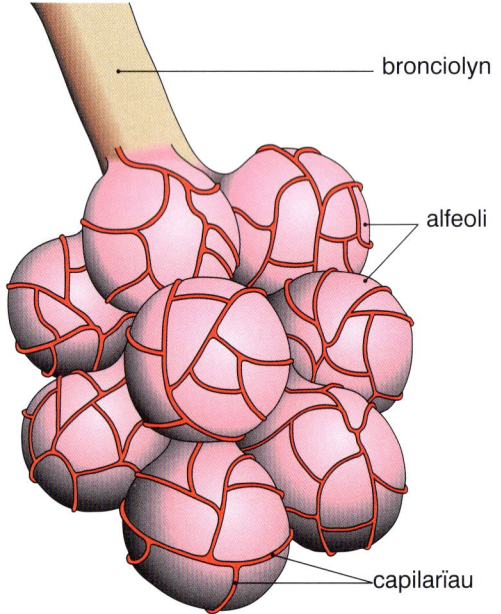

Grŵp o alfeoli.

> **a)** Pa broses sy'n galluogi nwyon i fynd i mewn ac allan o'ch gwaed? (Awgrym: edrychwch eto ar Bennod 1.)

Newid yr aer

Mae'r aer rydym ni'n ei allanadlu yn wahanol i'r aer rydym ni'n ei fewnanadlu.

Edrychwch ar y tabl hwn.

Nwy	Aer sy'n cael ei fewnanadlu	Aer sy'n cael ei allanadlu
Ocsigen	21%	16%
Carbon deuocsid	0.04%	4%
Nitrogen	79%	79%
Anwedd dŵr	Amrywio	Dirlawn

> **b)** Pa nwy sy'n cael ei gynhyrchu?
> **c)** Pam yr ydym ni'n allanadlu llai o ocsigen nag yr ydym ni'n ei fewnanadlu?

Mae lefel y nitrogen yn aros yn gyson.

> **ch)** Beth mae hyn yn ei ddweud wrthych am ddefnyddio nitrogen yn ein cyrff?

Sylwch fod llawer mwy o garbon deuocsid yn yr aer rydych yn ei allanadlu.

Mae hyn yn gallu bod yn ddefnyddiol iawn.

Os bydd rhywun wedi stopio anadlu, gallwn roi triniaeth 'ceg wrth geg' (resbiradaeth artiffisial) iddyn nhw.

Mae hyn yn golygu ein bod ni'n anadlu allan i'w hysgyfaint nhw.

Mae'r carbon deuocsid ychwanegol y maen nhw'n ei gael fel hyn yn aml yn eu helpu i ailddechrau anadlu.

Trin yr aer

Mae mur eich brest wedi ei gynllunio ar gyfer amddiffyn eich ysgyfaint.

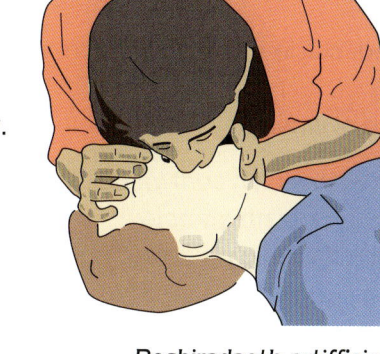

Resbiradaeth artiffisial.

d) Sut y mae'n gwneud hyn?

Ar wahân i amddiffyn eich ysgyfaint rhag niwed corfforol, mae eich system anadlu yn glanhau'r aer.

Mae tu mewn eich trwyn yn cynnwys llaweroedd o bibellau gwaed mân iawn. Wrth i aer symud trwy eich trwyn, mae'n cael ei gynhesu gan y gwaed.

Hefyd, mae'r trwyn yn llaith ac mae hyn yn gwneud aer sych yn llaith. Mae aer cynnes a llaith yn llai o sioc i'r ysgyfaint nag aer sych ac oer.

Y tu mewn i'ch pibell aer mae yna filiynau o flewiach mân o'r enw **cilia** a llawer o **fwcws** gludiog. Bydd gronynnau baw yn cael eu dal yn y mwcws. Wedyn bydd y blewiach yn siglo yn ôl ac ymlaen gan symud y mwcws budr i fyny i'r gwddf.

Mae cilia yn cadw eich ysgyfaint yn lân.

Mae ysmygu yn niweidio'r blewiach hyn ac yn eu hatal rhag gweithio. Dyma pam y mae gan bobl sy'n ysmygu'n drwm 'beswch ysmygwyr'. Y rheswm dros hyn yw bod baw yn crynhoi ac yn achosi cosi poenus yn eu codennau aer.

Mae hyn yn gallu arwain at glefydau fel emffysema a chanser yr ysgyfaint.

dd) Eglurwch sut y byddwn ni'n tynnu baw o'r aer rydym ni'n ei fewnanadlu.

e) Sut y mae ysmygu yn niweidio eich system resbiradaeth?

I'ch atgoffa!

1 Copïwch a chwblhewch:

Mae'r ysgyfaint yn cynnwys …… mân o'r enw alfeoli. Mae'r rhain yn …… iawn ac yn gorchuddio arwynebedd …… …… Trwy'r broses …… mae nwyon yn symud i mewn ac allan o'r gwaed. Cyn i'r nwyon fynd i'r gwaed maen nhw'n …… yn y lleithder sydd yn leinio'r alfeoli.

2 Eglurwch pam yr ydym ni'n allanadlu mwy o ddŵr nag yr ydym yn ei fewnanadlu.

3 Ewch ati i chwilio am wybodaeth am y clefyd emffysema. Sut y mae'n effeithio ar y codennau aer?

3ch Resbiradaeth anaerobig

Ydych chi erioed wedi ceisio rhedeg yn gyflym **ac** anadlu'n ddwfn ar yr un pryd?
Nid yw'n beth hawdd ei wneud!

Mae hyn oherwydd nad yw eich corff yn gallu cael digon o ocsigen ar gyfer resbiradaeth aerobig.
Yn ffodus rydych chi'n dal i allu rhyddhau egni yn y cyhyrau hyd yn oed heb ocsigen.
Enw hyn yw **resbiradaeth anaerobig**.

> Rydym yn gallu crynhoi resbiradaeth anaerobig fel hyn:
>
> Glwcos → asid lactig + egni

a) Nodwch ddau wahaniaeth arall, ar wahân i ddiffyg ocsigen, rhwng resbiradaeth aerobig a resbiradaeth anaerobig.

Mae resbiradaeth anaerobig yn ddefnyddiol ar gyfer rhyddhau egni yn gyflym. Ond mae dwy broblem fawr ynglŷn â hyn:
- am gyfnod byr yn unig y bydd eich celloedd yn gallu resbiradu
- mae'n cynhyrchu llawer llai o egni na resbiradaeth aerobig.

O ganlyniad, am gyfnodau byr yn unig y gallwch chi wneud ymarfer corff egnïol iawn fel rhedeg yn gyflym.

Y prif sylwedd gwastraff mewn resbiradaeth anaerobig yw **asid lactig**.
Mae'r cemegyn hwn yn crynhoi yn eich cyhyrau, a'u gwneud yn boenus.
Yn y pen draw mae'n gallu achosi poen miniog iawn, sy'n cael ei alw'n 'bigyn yn eich ochr'.

Yr unig ffordd o gael gwared â'r poen hwn yw trwy roi'r gorau i'r ymarfer corff ac anadlu'n ddwfn.
Mae hyn yn mynd ag ocsigen ychwanegol i gelloedd y cyhyrau. Yna mae'r ocsigen hwn yn cael ei ddefnyddio i ddadelfennu'r asid lactig yn garbon deuocsid a dŵr.

Byddwn yn dweud bod y **ddyled ocsigen** yn cael ei thalu trwy gasglu'r ocsigen ychwanegol hwn.

Llai na 10 eiliad yn ddiweddarach!

b) Pam y mae eich cyhyrau yn mynd yn boenus pan fyddwch chi'n gwneud llawer o ymarfer corff?

c) Sut y gallwch chi gael gwared â'r 'pigyn yn eich ochr' a gewch chi wrth redeg ras draws gwlad yn yr ysgol?

Crynodeb

Mae'r system anadlu yn symud nwyon i mewn ac allan o'r corff.

O'r aer hwn, bydd ocsigen yn **tryledu** i'r gwaed, a charbon deuocsid yn tryledu ohono.

Mae'r **ysgyfaint** wedi eu lleoli yn y **thoracs** ac mae'r **asennau** yn eu hamddiffyn.

Pan fyddwch yn mewnanadlu bydd eich **asennau** yn symud **allan** a bydd eich **llengig** yn mynd yn **fflat**. Mae hyn yn gwneud y lle gwag sydd yn eich brest **yn fwy** a bydd aer yn rhuthro **i mewn**.

Dyma grynodeb o **resbiradaeth aerobig**:

| glwcos + ocsigen → carbon deuocsid + dŵr + egni |

Os bydd prinder ocsigen, byddwn yn resbiradu'n anaerobig.
Dyma grynodeb o **resbiradaeth anaerobig**:

| glwcos → asid lactig + (llai o) egni |

Er mwyn cael gwared â'r asid lactig mae'n rhaid i'r corff gasglu rhagor o ocsigen.

Mae egni o resbiradaeth yn cael ei ddefnyddio ar gyfer:
- ein cadw ni'n gynnes
- gwneud i gyhyrau gyfangu
- adeiladu moleciwlau mawr o rai bach (ein helpu ni i dyfu).

Cwestiynau

1 Copïwch a chwblhewch:

Mae anadlu yn eich helpu i gael …… i lif eich gwaed. Mae angen hwn ar gyfer …… Mae'r broses hon yn rhyddhau ……

Mae nwy gwastraff o'r enw …… …… yn cael ei gynhyrchu. Rydym ni'n allanadlu'r nwy hwn, ynghyd ag …… …… Heb egni ni fyddai ein …… yn cyfangu a byddai'n ymdrech fawr i ni ddal i …… . Mae resbiradaeth yn gallu digwydd heb …… ond mae hyn yn gwneud llawer yn llai o …… Yr enw ar y broses hon yw …… ……

Mae nwyon yn symud i mewn ac allan o'r corff trwy'r broses ……

2 a) Eglurwch beth yw'r gwahaniaeth rhwng anadlu a resbiradaeth.

b) Beth yw'r gwahaniaeth rhwng cyfnewid nwyon ac anadlu?

3 Beth yw eich cyfradd anadlu arferol mewn anadliadau y munud?

4 Eglurwch pam y gallwch weld eich anadl ar fore oer.

5 Mae rhedwyr marathon yn gallu dal ati am oriau, ond am eiliadau yn unig y mae gwibwyr yn rhedeg.

Eglurwch beth yw'r gwahaniaeth rhyngddyn nhw.

PENNOD 4

▶▶▶ 4a Y system gylchrediad

Ydych chi wedi bod yn siopa yn ddiweddar?
Byddwch wedi sylwi bod silffoedd siopau bob amser yn llawn pethau.
Mae hyn oherwydd bod yna system gludiant dda.
Mae lorïau a threnau yn sicrhau bod cyflenwadau da o bethau i'w gwerthu mewn siopau.

Mae gan y corff dynol system gludiant dda hefyd.
Ei henw yw'r **system gylchrediad**.

Mae'n sicrhau bod gan eich holl gelloedd gyflenwad o'r pethau angenrheidiol. Mae hefyd yn cael gwared â'u sylweddau gwastraff.

Mae siopau yn dibynnu ar system gludiant dda.

a) Nodwch ddau beth y mae ar bob cell eu hangen ar gyfer resbiradaeth. (Awgrym: edrychwch ar dudalen 26.)

> Mae'r system gylchrediad wedi ei gwneud o dair prif ran: **gwaed**, **pibellau gwaed** a'r **galon**.

Edrychwch ar y diagram gyferbyn.
Allwch chi weld bod gennym ni ddwy system gylchrediad?
• Mae un system yn mynd â gwaed o'r galon i'r ysgyfaint.
  Dyma lle mae nwyon yn cael eu cyfnewid rhwng yr aer a'r gwaed.

b) Pa nwy sy'n mynd i'r gwaed o'r ysgyfaint?
(Awgrym: edrychwch ar dudalen 28.)

• Ar ei ffordd yn ôl i'r galon mae'r gwaed yn cael ei bwmpio o amgylch yr holl gorff.
  Mae hyn yn cludo ocsigen a bwyd i'r celloedd.
  Ar y daith hon hefyd bydd yn casglu carbon deuocsid a sylweddau gwastraff eraill.

Credwch neu beidio, llai na munud mae'r daith o amgylch y ddwy system yn ei gymryd.

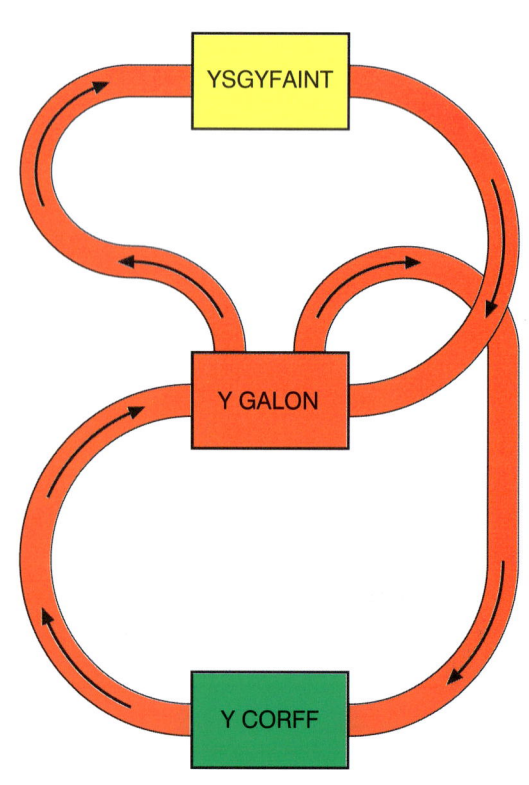

Pibellau gwaed

Pibellau yw'r enw ar y tiwbiau sy'n ffurfio'r rhan fwyaf o'r system gylchrediad.

Mae yna dri math o bibellau gwaed. Ydych chi'n gwybod beth yw eu henwau?

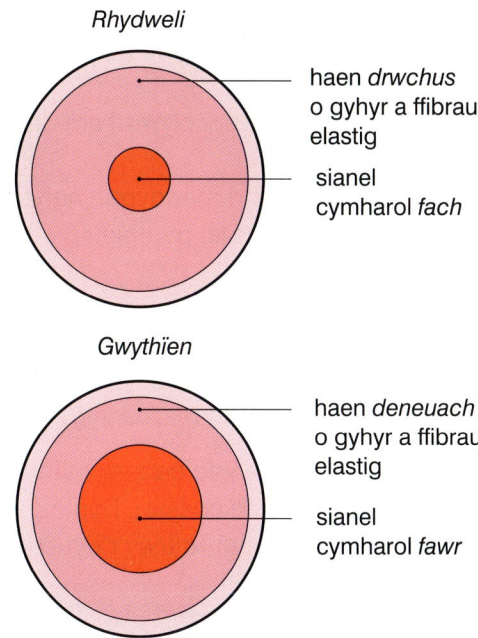

> Mae **rhydwelïau** yn cludo gwaed *i ffwrdd* oddi wrth y galon.

- Mae gan y rhain furiau cryf a thrwchus. Mae'r muriau hyn yn cynnwys llawer o gyhyr a ffibrau elastig.

Mae gwaed sy'n llifo trwy'r rhydwelïau o dan wasgedd uchel. Dyma pam y mae'n rhaid i'w muriau fod mor gryf.

> Mae **gwythiennau** yn cludo gwaed *tuag at* y galon.

- Mae muriau'r rhain yn llawer teneuach. Mae hyn oherwydd bod y gwaed sydd mewn gwythiennau o dan wasgedd llawer is.

c) Ym mha fath o bibell y gallwn ni deimlo curiad ein calon (ein pwls)?

Mae gan wythiennau ffurfiadau arbennig o'r enw **falfiau**. Pwrpas falf yw sicrhau bod hylif yn llifo i un cyfeiriad yn unig. Mae'n gallu bod yn anodd i'r gwaed deithio'n ôl i'r galon. Mae hyn oherwydd bod y gwasgedd (sy'n cael ei alw'n bwysedd gwaed) yn isel yn y gwythiennau.
Mae'r falfiau yn atal y gwaed rhag llifo yn ôl i lawr tuag at eich traed.

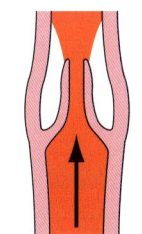 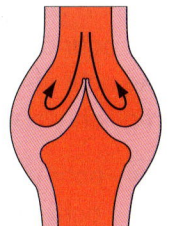

falfiau yn agor i adael i'r gwaed lifo tuag at y galon

falfiau yn cau i atal y gwaed rhag llifo'n ôl

> Pibellau gwaed bach iawn yw **capilarïau**. Maen nhw'n gwahanu oddi wrth y rhydwelïau ac yn ailymuno yn y pen draw gan ffurfio gwythiennau.

- Mae muriau capilarïau yn denau iawn. Mae hyn yn gadael i sylweddau defnyddiol fynd trwyddyn nhw i'r celloedd. Gall sylweddau gwastraff hefyd symud trwyddyn nhw o'r celloedd.

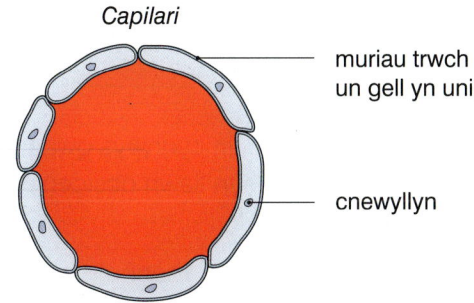

I'ch atgoffa!

Copïwch a chwblhewch:

1 Mae gan fodau dynol …… system gylchrediad. Mae un yn casglu …… o'r …… Mae'r llall yn cludo ocsigen a …… i'r celloedd. Mae rhydwelïau yn cludo gwaed …… …… oddi wrth y galon ac mae …… yn cludo gwaed tuag at y galon.

2 Eglurwch pam y mae'n rhaid i furiau'r capilarïau fod yn denau iawn.

3 Pa air sy'n disgrifio sut y mae sylweddau yn symud i mewn ac allan o'r gwaed?

▶▶▶ 4b Y galon

Mae'n siŵr eich bod wedi clywed am drawsblaniadau'r galon.
Ond a wyddech chi fod meddygon hefyd wedi rhoi cynnig ar ddefnyddio pympiau mecanyddol?

> Eich calon yw'r pwmp sy'n cadw'r gwaed i lifo o amgylch eich corff.

Mae wedi ei gwneud o fath arbennig o gyhyr.

Mae'n arbennig oherwydd nad yw byth yn blino, yn wahanol i gyhyrau eich coesau. Dyma pam y mae'r galon yn gallu dal ati i guro trwy'r dydd, bob dydd.

a) Cyfrifwch gyfradd curiad eich calon mewn curiadau y munud.

Dau bwmp mewn un

Ar dudalen 34 gwelsom fod yna ddwy system gylchrediad. Mae'r galon wedi ei rhannu'n ddau bwmp, ochr yn ochr.
- Mae ochr dde'r galon yn pwmpio gwaed i fyny i'r ysgyfaint.
- Mae ochr chwith y galon yn pwmpio gwaed yr holl ffordd o amgylch y corff.

Mae dwy ochr y galon yn hollol ar wahân.
- Mae'r ochr dde yn cynnwys y gwaed sydd wedi dod yn ôl o gelloedd y corff. Nid oes llawer o ocsigen yn weddill ynddo. Mae hwn yn cael ei alw'n waed **diocsigenedig**.

b) O ble mae'r galon yn cael cyflenwadau newydd o ocsigen? (Awgrym: edrychwch ar dudalen 28.)

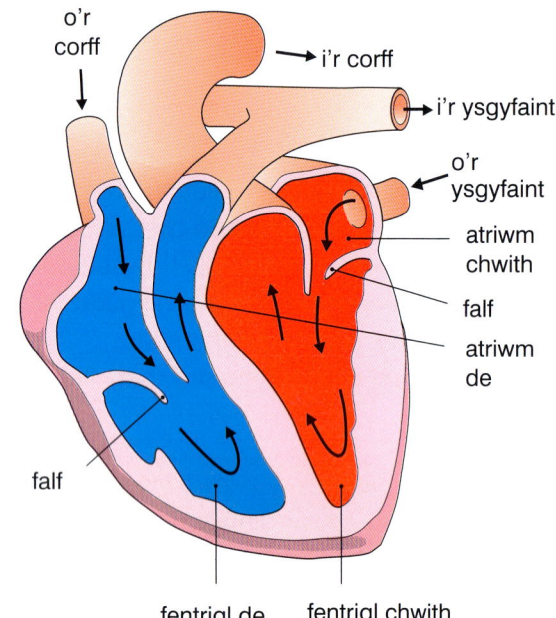

- Mae'r ochr chwith yn cynnwys gwaed **ocsigenedig**. Mae'r gwaed hwn yn llawn ocsigen, yn barod i'w gludo i'r celloedd.

Mae'r galon hefyd wedi ei rhannu'n bedair siambr.
Enwau'r ddwy uchaf yw'r **atria**.
Mae'r rhain yn derbyn gwaed o'r gwythiennau ac yna'n cyfangu.
Mae hyn yn gwasgu'r gwaed i'r ddwy siambr isaf.
Enwau'r rhain yw'r **fentriglau**.

Dau bwmp – un weithred

Er mwyn cadw'r gwaed i lifo'n llyfn, mae'n rhaid i ddwy ochr y galon gydweithio.

1 Yn gyntaf mae'r ddwy siambr uchaf yn llenwi â gwaed.

c) Beth yw enw'r ddwy siambr uchaf?

2 Pan fyddan nhw'n llawn, bydd y ddwy siambr yn cyfangu gyda'i gilydd.
Mae hyn yn gwthio'r holl waed i'r ddwy siambr isaf.

ch) Beth yw enw'r ddwy siambr isaf?

3 Yna bydd y ddwy siambr hyn yn cyfangu gyda'i gilydd. Effaith y weithred hon yw gwthio'r gwaed allan o'r galon. Mae'n mynd i ddwy rydweli; un yn mynd i'r ysgyfaint a'r llall yn mynd i weddill y corff.

Edrychwch eto ar lun y galon.
Pam nad yw'r gwaed yn mynd yn syth yn ôl i'r atria wrth i'r fentriglau gyfangu?

Y rheswm yw bod y galon yn cynnwys falfiau hefyd.

Pan fydd y fentriglau yn cyfangu, bydd y pwysedd gwaed yn cau falfiau'r galon. Mae hyn yn gorfodi'r holl waed i adael y galon.

Mae gan fentriglau'r galon furiau mwy trwchus na'r atria. Hefyd, mae cyhyr y fentrigl chwith yn fwy trwchus na chyhyr y fentrigl de.

d) Pam y mae angen cyhyr cryfach ar y fentrigl chwith?

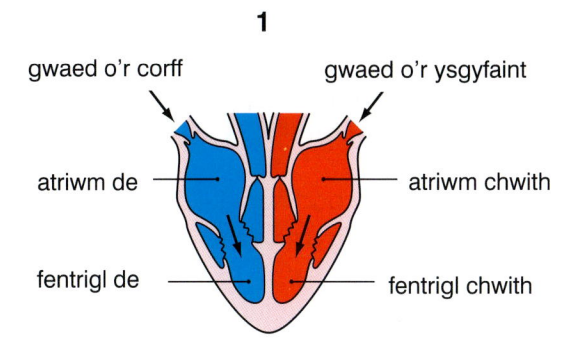

1
gwaed o'r corff — gwaed o'r ysgyfaint
atriwm de — atriwm chwith
fentrigl de — fentrigl chwith

Yr atria yn llenwi â gwaed.

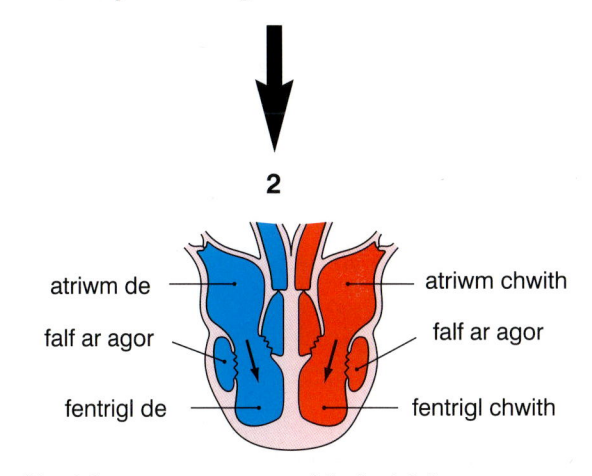

2
atriwm de — atriwm chwith
falf ar agor — falf ar agor
fentrigl de — fentrigl chwith

Yr atria yn gwasgu gwaed i'r fentriglau.

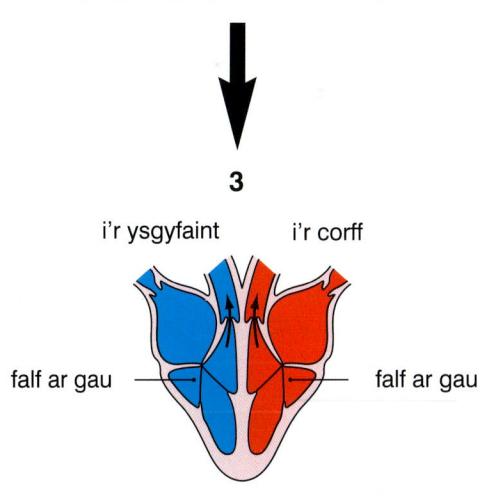

3
i'r ysgyfaint — i'r corff
falf ar gau — falf ar gau

Y fentriglau nawr yn gwasgu gwaed allan o'r galon.

I'ch atgoffa!

Copïwch a chwblhewch:

1 …… yw'r galon, wedi ei wneud o …… Gwaed sy'n …… o ocsigen sy'n mynd trwy'r ochr …… Yr enw ar y siambrau uchaf yw …… a'r enw ar y rhai isaf yw ……

2 Pam y mae angen falfiau y tu mewn i'r galon?

3 Cyfradd arferol curiad y galon yw tua 70 curiad y munud. Enwch ddwy sefyllfa sy'n debygol o gynyddu hyn.

▶▶▶ 4c Gwaed

Gwaed yw'r hylif sy'n cludo sylweddau o amgylch y corff.

Mae yna oddeutu 5 litr o waed yn eich corff.
Mae celloedd gwaed newydd yn cael eu gwneud trwy'r amser.
Y rheswm yw bod hen gelloedd yn marw.
Ym **mêr yr esgyrn** y mae celloedd newydd yn cael eu gwneud yn bennaf.
Y mêr yw canol meddal esgyrn, y rhan y mae cŵn yn hoffi ei bwyta.

Os cewch chi ddamwain neu lawdriniaeth fawr bydd arnoch angen **trallwysiad gwaed**. Dyna sy'n digwydd pan gewch chi waed i gymryd lle'r gwaed rydych wedi ei golli.

Nid yw eich corff yn gallu derbyn unrhyw fath o waed.
Mae gwaed pob person yn perthyn i un o bedwar grŵp sy'n cael eu galw yn: **A**, **B**, **AB** ac **O**.
Petai person yn derbyn gwaed o'r grŵp anghywir, gallai ei ladd.

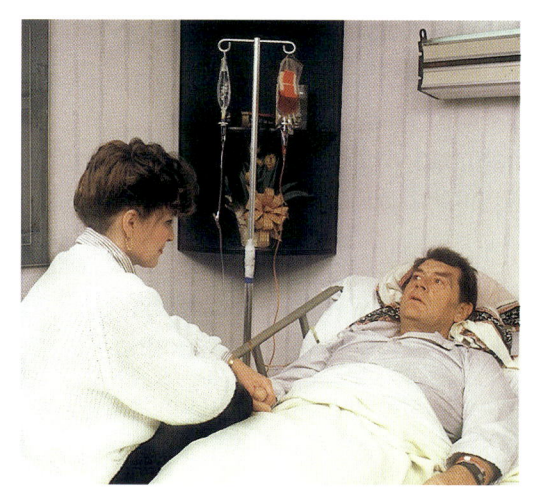

Dwyt ti ddim yn cael fy mêr i

a) A ydych chi'n gwybod i ba grŵp gwaed rydych chi'n perthyn?

> Mae gwaed yn cynnwys **celloedd coch**, **celloedd gwyn**, a darnau o gelloedd sy'n cael eu galw'n **blatennau**. Mae'r rhain i gyd yn cael eu cludo mewn hylif o'r enw **plasma**.

Celloedd coch

Mae celloedd coch yn cynnwys cemegyn sy'n rhoi lliw i'r gwaed.
Mae yna 5 000 000 o gelloedd coch mewn 1 cm^3 o waed.
Mae siâp celloedd coch yn debyg i fintys Polo, ond bod pant yn hytrach na thwll yn y canol.

Edrychwch ar y llun hwn o gell goch.

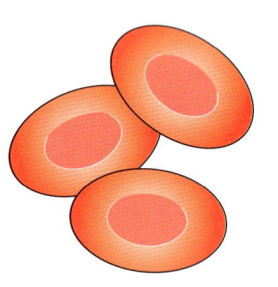

Trallwysiad gwaed i achub bywyd.

b) Beth sydd ar goll, rhywbeth y byddech yn disgwyl ei weld mewn cell anifail?

> Gwaith celloedd coch yw cludo ocsigen o'r ysgyfaint i holl gelloedd y corff.

Gan nad oes cnewyllyn yn y gell mae yna fwy o le ar gyfer ocsigen. Hefyd, mae siâp arbennig y celloedd coch yn rhoi arwynebedd arwyneb mawr iddynt, fel eu bod yn gallu casglu llawer o ocsigen.

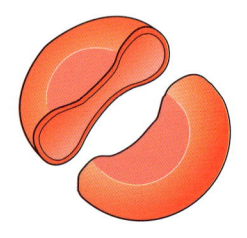

Celloedd coch y gwaed.

Cell goch wedi ei thorri trwy ei chanol.

Celloedd gwyn

Mae yna lawer llai o gelloedd gwyn nag o gelloedd coch. Ond mae'r celloedd gwyn yn llawer mwy ac **y mae** ganddyn nhw gnewyllyn.

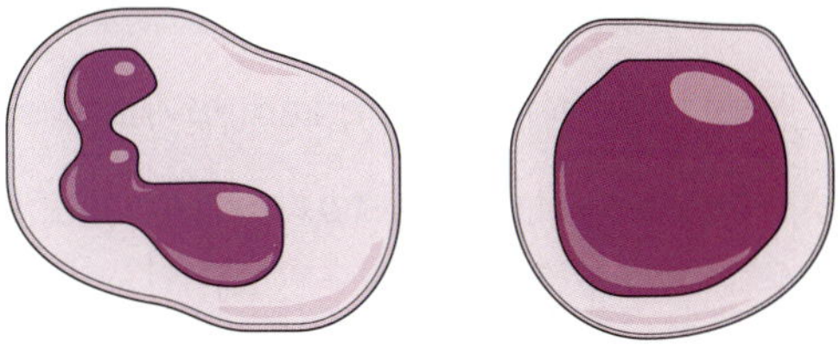

> Gwaith celloedd gwyn yw helpu'r corff i ymladd micro-organebau (e.e. bacteria a firysau) sy'n achosi afiechyd.

Mae gan gelloedd gwyn y gwaed gnewyllyn mawr neu un â siâp rhyfedd yn aml.

Platennau

Mewn gwirionedd, darnau bach o gelloedd yw platennau. Fel y celloedd coch, nid oes ganddyn nhw gnewyllyn.

> Mae platennau yn helpu'r gwaed i geulo fel bod clwyfau yn stopio gwaedu.

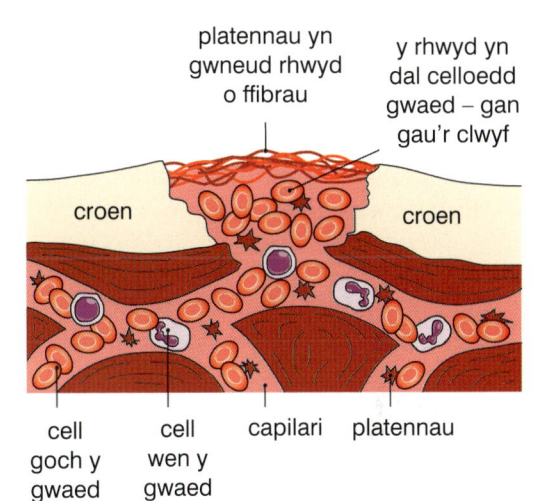

Mae'r platennau yn helpu i ffurfio rhwyd o ffibrau mân iawn dros y clwyf.
Yna bydd y rhwyd hon yn dal celloedd coch, gan gau'r clwyf ac atal y gwaedu.
Tolchen yw'r enw ar yr haen sy'n cau clwyf, ac mae'n caledu i ffurfio crachen. O dan y grachen, bydd croen newydd yn tyfu ac yn y diwedd bydd y grachen yn dod yn rhydd.

Plasma

Plasma yw **ychydig dros hanner** eich gwaed.
Mae'n hylif lliw melyn golau; dŵr yw'n bennaf, yn ogystal â sylweddau wedi eu hydoddi fel:
- carbon deuocsid sy'n cael ei gludo o'r celloedd i'r ysgyfaint
- bwyd wedi ei dreulio sy'n cael ei gludo o'r coluddion i'r celloedd
- wrea (sylwedd gwastraff) sy'n cael ei gludo o'r iau/afu i'r arennau.

Mae plasma yn bwysig iawn.
Os oes prinder hylif yn eich gwythiennau bydd eich calon yn rhoi'r gorau i weithio.
Bydd meddygon yn aml yn rhoi plasma i'w cleifion tra byddan nhw'n ceisio darganfod beth yw eu grŵp gwaed.

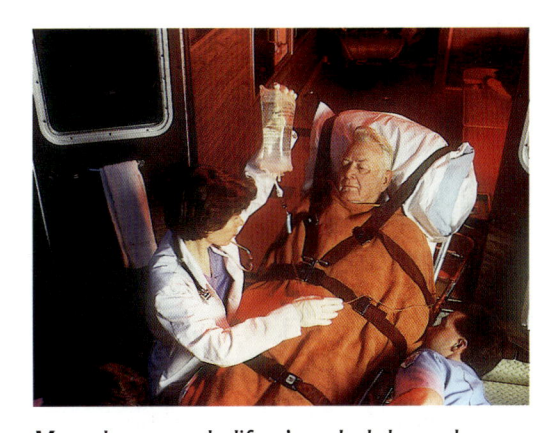

Mae plasma yn hylif sy'n achub bywyd.

c) Beth yw plasma?

I'ch atgoffa!

Copïwch a chwblhewch:

1 …… yw enw'r hylif sydd mewn gwaed. Mae hefyd yn cynnwys celloedd …… a …… Mae gwaed yn helpu i …… sylweddau o amgylch y corff, ac i …… afiechyd.

Mae …… yn helpu atal gwaedu o glwyfau.

2 Eglurwch pam y mae celloedd coch yn addas ar gyfer cludo ocsigen.

3 Sut y mae crachen dros glwyf yn helpu i'w atal rhag cael ei heintio (mynd yn ddrwg)?

4 Lluniwch 'fap meddwl' i ddangos popeth a wyddoch chi am waed.

Crynodeb

Mae'r system gylchrediad yn cludo sylweddau o amgylch y corff.

Mae rhai o'r sylweddau hyn yn ddefnyddiol, er enghraifft bwyd wedi'i hydoddi ac ocsigen. Mae eraill, er enghraifft carbon deuocsid, yn gynnyrch gwastraff.

Mae **rhydwelïau** yn cludo gwaed **i ffwrdd** oddi wrth y galon a **gwythiennau** yn cludo gwaed **tuag at** y galon.

Mae **rhydwelïau** â **muriau trwchus o gyhyr** ond mae gwythiennau yn llawer teneuach.

Mae **gwythiennau** â **falfiau** er mwyn atal gwaed rhag llifo'n ôl.

Mae **capilarïau** â **muriau tenau iawn** sy'n gadael i sylweddau **dryledu** trwyddyn nhw.

Mae gan fodau dynol **system gylchrediad ddwbl**.
Mae un system yn cludo gwaed i'r ysgyfaint er mwyn casglu ocsigen.
Mae'r system arall yn cludo'r gwaed hwn i holl gelloedd y corff.

Mae gwaed yn cael ei bwmpio gan y **galon**, sydd wedi ei gwneud o gyhyr.
Mae'r **atria** yn cyfangu gan orfodi gwaed i'r **fentriglau**.
Mae'r fentriglau yn cyfangu gan orfodi gwaed allan o'r galon.

Mae gwaed yn cynnwys **plasma** (sy'n hylif), **celloedd coch**, **celloedd gwyn** a **phlatennau**.
Mae plasma yn cludo sylweddau wedi'u hydoddi, er enghraifft carbon deuocsid a bwyd. Mae celloedd coch yn cludo ocsigen, mae celloedd gwyn yn ymladd afiechyd, ac mae platennau yn helpu i gau clwyfau.

Cwestiynau

1 Copïwch a chwblhewch:

Mae ar y system gylchrediad angen pwmp, a'i enw yw'r …… Mae hon wedi ei gwneud o …… yn bennaf. Mae …… yn dod â gwaed i'r galon, ac mae …… yn mynd â gwaed o'r galon. Mae'r galon yn cynnwys …… er mwyn cadw'r gwaed i lifo i'r cyfeiriad cywir. Yr enw ar ran hylifol y gwaed yw …… Mae'n cludo sylweddau sydd wedi eu ……, er enghraifft carbon deuocsid. Mae celloedd coch yn cludo nwy ……

Mae celloedd gwyn y gwaed yn …… na'r celloedd coch. Mae'r rhain yn helpu'r corff i ymladd ……

2 Copïwch a chwblhewch y tabl hwn:

Rhydwelïau	Capilarïau	Gwythiennau
Mae eu muriau yn ……	Mae eu muriau yn …… iawn	Mae eu muriau yn ……
Maen nhw'n cludo gwaed …… o'r galon	Maen nhw'n uno …… a ……	Maen nhw'n cludo gwaed …… …… y galon
Nid oes …… ganddyn nhw	Nid oes …… ganddyn nhw	Mae …… ganddyn nhw
Mae pwls ganddyn nhw	Dim ……	Dim ……

3 Edrychwch ar y diagram hwn o galon bod dynol.

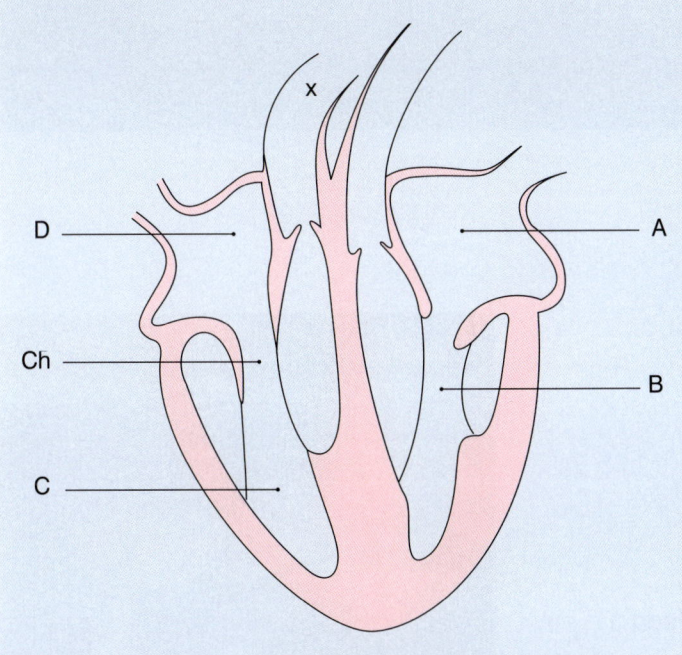

i) Enwch y rhannau sydd wedi eu labelu'n A i D.
ii) Pam y mae'r fentrigl chwith yn fwy trwchus na'r un de?
iii) Mae pibell x yn gadael ochr dde'r galon. I ble y mae'n cludo gwaed?

4 i) Tynnwch lun cell goch y gwaed a chell wen y gwaed er mwyn dangos dau wahaniaeth rhyngddyn nhw.

ii) Beth yw'r prif wahaniaeth rhwng y celloedd hyn a phlatennau?

5 Ar dir uchel iawn, mae llai o ocsigen yn yr aer. Mae gan bobl sy'n byw ar dir uchel iawn fwy o gelloedd coch yn eu gwaed.
Mae'r tabl hwn yn cymharu nifer y celloedd coch yng ngwaed 3 o bobl:

	Person 1	Person 2	Person 3
Nifer y celloedd coch (mm^3)	8,000,000	5,000,000	2,000,000

a) Pa un o'r bobl hyn sy'n byw yn y lle uchaf?
b) Eglurwch eich ateb.
c) Pam y mae'n fantais cael mwy o gelloedd coch os ydych ar dir uchel iawn?

6 Ymchwiliwch i glefyd y galon ac atebwch y cwestiynau hyn:
i) Pa fath o bobl sydd fwyaf tebygol o ddioddef gan glefyd y galon?
ii) Sut fath o ffordd o fyw y dylech chi ei dilyn er mwyn osgoi clefyd y galon?
iii) Cynlluniwch boster yn crynhoi'r cyngor hwn.

7 Tynnwch lun capilari a dangoswch yn glir:
i) sut y mae wedi ei gynllunio i adael i sylweddau fynd trwyddo'n hawdd.
ii) pa sylweddau sy'n mynd i mewn iddo o'r celloedd.
iii) pa sylweddau sy'n mynd o'r celloedd i'r gwaed.

8 Lluniwch ddiagram syml i ddangos beth yw ystyr system gylchrediad ddwbl.

9 Ymchwiliwch i system gylchrediad pysgodyn.
Ym mha ffordd y mae hon yn wahanol i system bodau dynol?

PENNOD 5
AFIECHYD

▶▶▶ 5a Microbau ac afiechyd

Mae'r rhan fwyaf o glefydau yn cael eu hachosi gan bethau byw bach iawn o'r enw **microbau**. Fel y mae eu henw'n awgrymu, trwy ficrosgop yn unig y mae'n bosibl eu gweld.

Yn ystod 2001 trawodd clwy'r traed a'r genau ffermydd ledled gwledydd Prydain. Canlyniad y clefyd oedd i filoedd o wartheg a defaid gael eu difa.

Mae'r clefyd hwn yn cael ei achosi gan un math o ficrob sy'n cael ei alw'n **firws**. Penderfynodd y llywodraeth fod rhaid lladd a llosgi anifeiliaid oedd yn dioddef gan y clefyd. Pwrpas hyn oedd ceisio cael gwared â'r firws.

Roedd yn rhaid cynnau tanau anferth i losgi anifeiliaid oedd wedi eu heintio.

a) Pam y cafodd anifeiliaid ar ffermydd cyfagos eu lladd hefyd?
b) Allwch chi enwi unrhyw glefydau mewn pobl sy'n cael eu hachosi gan firysau?

Y prif fath arall o ficrob sy'n achosi afiechyd yw **bacteria**.

c) Allwch chi enwi unrhyw glefydau mewn pobl sy'n cael eu hachosi gan facteria?

Microbau eraill

Mae yna ddau fath arall eto o ficrobau:
- **ffyngau** – nid madarch mawr, ond celloedd microsgopig. Mae rhai ffyngau yn gallu achosi afiechyd.
  Er enghraifft, mae tarwden y traed (troed y campwr) yn digwydd pan fydd celloedd ffyngau mân yn tyfu rhwng bodiau eich traed.
- **Organebau ungellog**. Mae malaria, er enghraifft, yn cael ei achosi gan fosgitos sy'n chwistrellu'r organebau mân hyn i'ch gwaed.

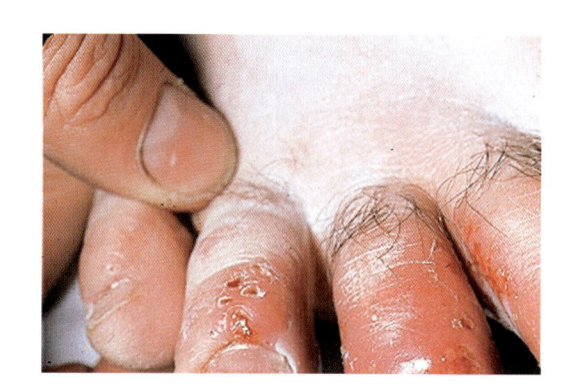

Tarwden y traed.

Bacteria a firysau

Mae bacteria yn debyg i gelloedd anifeiliaid. Mae ganddyn nhw gellbilen a chytoplasm. Ond mae yna dri gwahaniaeth mawr hefyd:
- **nid oes** cnewyllyn ynddyn nhw
- **mae** ganddyn nhw gellfur y tu allan i'r gellbilen
- maen nhw'n llai o lawer.

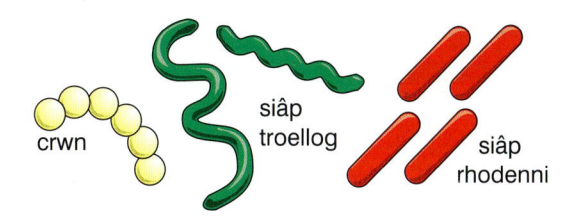

Mae gan facteria amryw o wahanol siapiau. (crwn, siâp troellog, siâp rhodenni)

ch) Mae cellfur gan gelloedd planhigion hefyd (er ei fod o fath gwahanol). Beth yw pwrpas cellfur?

Mewn gwirionedd mae firysau yn ddigon annhebyg i gelloedd. Cot o brotein sy'n amgylchynu ychydig o enynnau yw firysau yn y bôn.

Genynnau yw'r ffurfiadau sy'n cadw yr holl wybodaeth am sut y mae pethau byw wedi'u cynllunio.
Yn wahanol i facteria, y tu mewn i gelloedd byw eraill yn unig y mae firysau yn gallu byw ac atgynhyrchu. Hefyd, mae firysau yn llawer llai na bacteria.

Mae bacteria a firysau fel ei gilydd yn gallu atgynhyrchu yn gyflym iawn. Er enghraifft, os yw'r amodau yn addas, mae bacteria'n gallu atgynhyrchu mor aml ag unwaith bob 20 munud.

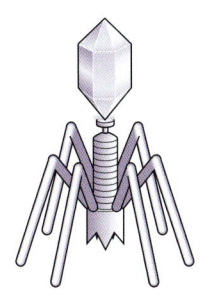

Mae golwg firysau yn gallu bod yn rhyfedd iawn – yn gwbl annhebyg i gelloedd!

Sut mae bacteria a firysau yn effeithio arnom ni?

Mae'r microbau hyn yn gallu gwneud inni deimlo'n sâl mewn dwy ffordd.
- Trwy achosi niwed i feinwe byw (e.e. bydd firws y ffliw yn niweidio'r celloedd yn y trwyn a'r gwddf).
- Trwy gynhyrchu **tocsinau** (gwenwynau) hefyd, sy'n gwneud inni deimlo'n sâl.
  Er enghraifft, mae'r bacteria sy'n rhoi gwenwyn bwyd inni yn gwneud digonedd o'r gwenwynau hyn.

I'ch atgoffa!

Copïwch a chwblhewch:

1 Yr enw ar bethau byw microsgopig yw ......
Mae rhai ohonyn nhw'n gallu achosi ......

Y ddau brif ficrob sy'n achosi afiechyd yw ...... a ...... Mae'r ddau fath yn beryglus oherwydd eu bod yn ...... yn gyflym iawn.

2 Pam y dylem ni bob amser goginio cig yn drylwyr?

3 Lluniwch dabl i ddangos tri gwahaniaeth rhwng bacteria a firysau.

▶▶▶ 5b Lledaenu afiechyd

Mewn cymunedau mawr fel ysgolion, os bydd y ffliw ar un person, yna bydd llawer o bobl yn dueddol o'i ddal. Mae hyn yn digwydd oherwydd bod clefydau yn lledaenu'n hawdd mewn mannau lle mae nifer fawr o bobl gyda'i gilydd.

Mae afiechyd hefyd yn lledaenu'n hawdd os bydd safon hylendid yn isel.
Mewn gwledydd tlawd, mae pobl yn gorfod yfed dŵr budr yn aml.
Efallai fod miloedd o facteria yn y dŵr hwnnw ac felly bydd afiechyd yn lledaenu'n gyflym iawn.

Yn ffodus mae gan ein cyrff nifer o ffyrdd o rwystro microbau rhag mynd i mewn iddo:

Mae pesychu a thisian yn lledaenu clefydau!

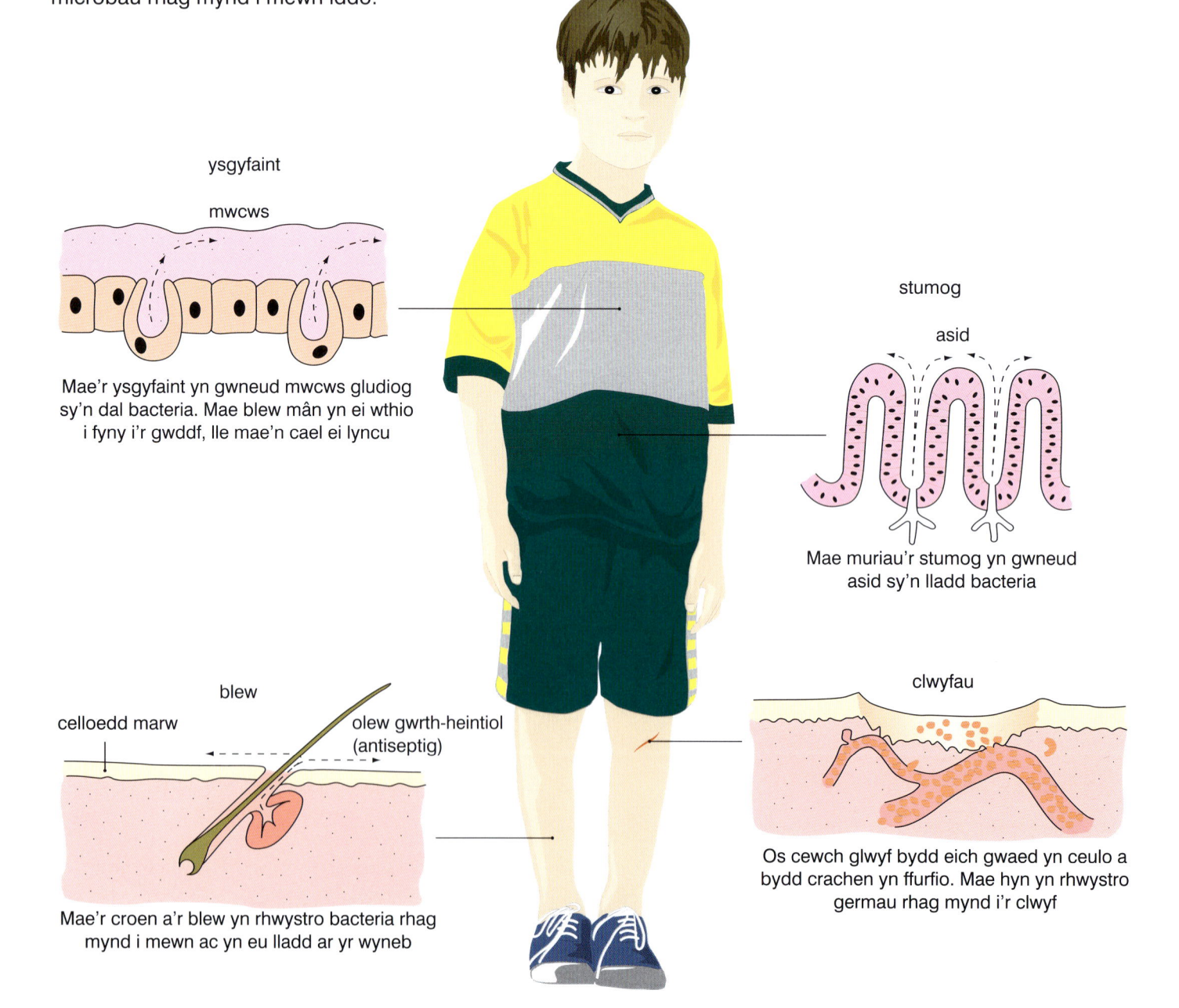

ysgyfaint
mwcws

Mae'r ysgyfaint yn gwneud mwcws gludiog sy'n dal bacteria. Mae blew mân yn ei wthio i fyny i'r gwddf, lle mae'n cael ei lyncu

stumog
asid

Mae muriau'r stumog yn gwneud asid sy'n lladd bacteria

blew
celloedd marw
olew gwrth-heintiol (antiseptig)

Mae'r croen a'r blew yn rhwystro bacteria rhag mynd i mewn ac yn eu lladd ar yr wyneb

clwyfau

Os cewch glwyf bydd eich gwaed yn ceulo a bydd crachen yn ffurfio. Mae hyn yn rhwystro germau rhag mynd i'r clwyf

Y gwaed yn ymladd yn ôl!

Os bydd microbau sy'n achosi afiechyd yn cyrraedd ein cyrff, gallwn ddibynnu ar y gwaed i'n helpu ni. Mae'r corff yn gallu cynhyrchu niferoedd mawr o gelloedd gwyn y gwaed er mwyn helpu i ladd microbau.

Glywsoch chi rywun yn dweud wrthych chi rywdro bod eich 'chwarennau wedi chwyddo'? Pan fyddwch chi'n sâl, mae chwarennau yn eich gwddf yn cynhyrchu llawer o gelloedd gwyn y gwaed. O ganlyniad maen nhw'n chwyddo ac yn mynd yn boenus.

a) Beth sy'n symptom cyffredin arall o fod yn sâl?

> Mae celloedd gwyn y gwaed yn helpu i ymladd haint.

Maen nhw'n gwneud hynny mewn nifer o ffyrdd:
- Trwy **amlyncu** (bwyta) y microbau. Maen nhw'n gallu gwneud hyn oherwydd bod eu cytoplasm yn gallu llifo, sy'n ei gwneud hi'n bosibl iddyn nhw amgylchynu bacteria. Yna maen nhw'n gallu dinistrio'r bacteria ag ensymau cryfion.

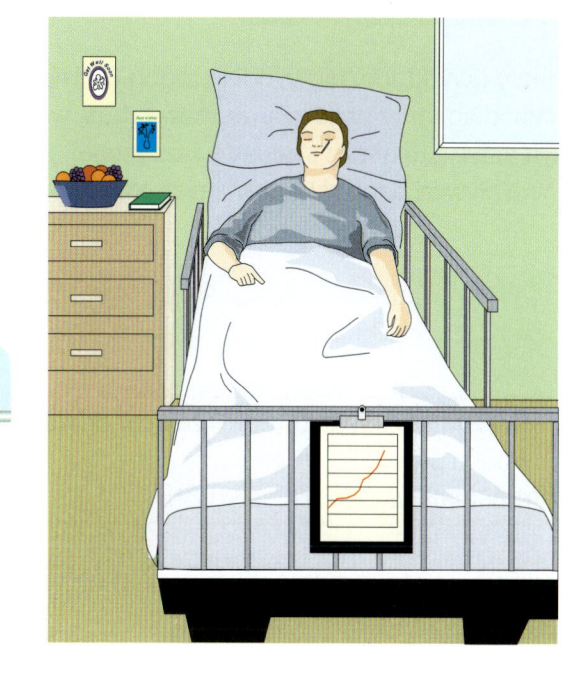

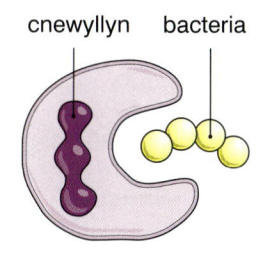

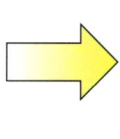

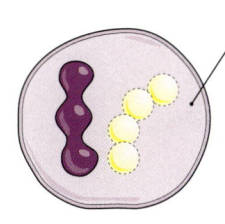

- Trwy wneud cemegau arbennig o'r enw **gwrthgyrff**. Mae'r cemegau hyn yn glynu wrth y microbau, sy'n eu gwneud yn haws eu dinistrio.
  Maen nhw hefyd yn gallu aros yn y gwaed am amser hir. Mae hyn yn rhoi amddiffyniad inni dros dymor hir.

- Trwy wneud cemegau eraill o'r enw **gwrthwenwynau**. Mae'r rhain yn gwrthweithio effeithiau'r gwenwynau (tocsinau) sy'n cael eu gwneud gan y microbau.

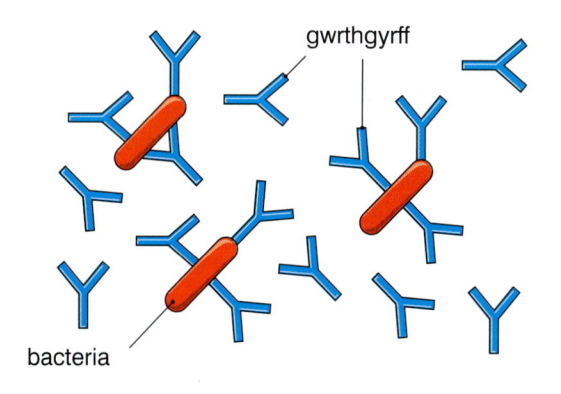

I'ch atgoffa!

Copïwch a chwblhewch:

1 Mae safon hylendid isel ac amodau byw ...... yn berffaith ar gyfer lledaenu ...... Mae ein ...... yn dda iawn am gadw microbau o'n cyrff. Os bydd microbau yn cyrraedd y corff, bydd celloedd ...... ein gwaed yn gwneud eu gorau i'n hamddiffyn.

2 Yn gryno, disgrifiwch y tair ffordd y mae celloedd gwyn y gwaed yn ymladd haint.

3 Ewch ati i ddarganfod pa glefydau sy'n aml yn cael eu lledaenu trwy ddŵr budr.

Pam nad yw'r clefydau hyn yn gyffredin yng ngwledydd Prydain?

▶▶▶ 5c Brechu

Fel y gwyddoch, digwyddiad digon cyffredin yw cael brechiad yn yr ysgol. Pawb mewn rhes, wedi torchi llawes, yn sefyll y tu allan i'r neuadd neu ystafell y nyrs. Yna clywed galw eich enw – eich tro chi i gael y pigiad!

a) Beth oedd enw'r brechiad olaf a gawsoch chi?

> **Brechiad** yw pigiad (chwistrelliad) o facteria wedi marw neu wedi'u gwanhau. Yr enw ar y pigiad yw **brechlyn** a bydd yn rhoi math ysgafn o'r clefyd ichi.

Un brechiad cyffredin iawn yw'r un rhag y bacteria sy'n achosi tetanus (gên-glo).

Er bod y bacteria'n wan, bydd celloedd gwyn eich gwaed yn eu hadnabod. Yna bydd y celloedd hyn yn gwneud gwrthgyrff er mwyn ymladd y bacteria.

Bydd y gwrthgyrff hyn yn aros yn eich gwaed am fisoedd os nad blynyddoedd.

Y tro nesaf y byddwch yn dal yr un bacteria bydd y gwrthgyrff hyn yn barod i ymosod arnyn nhw. Mae hyn yn golygu na fyddwch yn dioddef unrhyw **symptomau** er bod y bacteria'n mynd i'ch corff.

Mae'n bosibl cael brechiadau hefyd rhag firysau, fel y ffliw neu'r frech goch.

Ar ôl cael brechiad, efallai y byddwch yn teimlo ychydig yn sâl. Mae hyn oherwydd bod y bacteria, er eu bod yn wan, yn gallu achosi symptomau cyn iddyn nhw gael eu dinistrio.

Fuoch chi erioed ar wyliau ecsotig?

Cyn mynd dramor i wledydd fel Affrica, fel arfer bydd angen brechiadau arnoch.

Pwrpas y rhain yw eich amddiffyn rhag clefydau fel colera sy'n anghyffredin yng ngwledydd Prydain.

Ar ôl i chi gael brechiad, dywedwn eich bod yn **imiwn** i'r clefyd.

b) Ceisiwch egluro pam mai anaml y byddwch yn dal clefydau fel y frech goch fwy nag unwaith (hyd yn oed heb i chi gael brechiad).

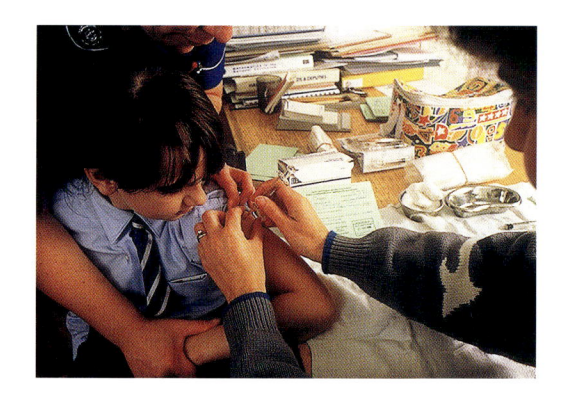

Crynodeb

Mae clefydau yn aml yn cael eu hachosi gan ficrobau sy'n mynd i'r corff.
Y microbau mwyaf cyffredin sy'n achosi afiechyd yw **bacteria** a **firysau**.

Celloedd yw **bacteria**, yn cynnwys cytoplasm, pilen a chellfur, ond **heb** gnewyllyn.
Mae **firysau** yn llai o lawer ac yn cynnwys cot o brotein ac ychydig o enynnau yn unig.

Mae microbau'n gallu atgynhyrchu yn gyflym iawn.
Maen nhw hefyd yn gallu lledaenu'n gyflym os bydd yr amodau'n anhylan (budr) neu'n llawn pobl.

Mae'r corff yn dda iawn am atal microbau rhag mynd i mewn iddo.
Mae'r croen, y system anadlu a'r gwaed yn gweithredu fel rhwystrau i ficrobau.

Mae **celloedd gwyn y gwaed** yn gallu dinistrio microbau neu wneud
gwrthgyrff yn eu herbyn.
Maen nhw hefyd yn gallu gwneud **gwrthwenwynau**,
sy'n gweithio yn erbyn y gwenwynau (tocsinau) y mae'r microbau yn eu cynhyrchu.
Yn aml, y gwenwynau hyn sy'n achosi symptomau clefyd.

Mae **brechiadau** yn amddiffyn pobl rhag afiechyd.
Maen nhw'n cynnwys microbau wedi'u gwanhau, sy'n rhoi math ysgafn o'r clefyd ichi.
Mae'r microbau gwan hyn yn gwneud i gelloedd gwyn eich gwaed
gynhyrchu gwrthgyrff yn erbyn y clefyd.
Mae'r gwrthgyrff hyn yn gallu aros yn eich gwaed am flynyddoedd.
Maen nhw'n rhoi **imiwnedd** i chi rhag clefyd.

Cwestiynau

Copïwch a chwblhewch:

1. Mae bacteria a …… yn ficrobau sy'n achosi …… Mae'r microbau hyn yn gallu …… yn gyflym iawn o dan amodau …… Mae celloedd …… y gwaed yn dda iawn am ymladd …… Maen nhw'n gallu dinistrio microbau trwy eu …… Gallant hefyd wneud …… Mae'r rhain yn gallu aros yn y gwaed am amser …… Yn aml, y …… y mae'r microbau'n eu rhyddhau sy'n achosi symptomau clefyd. Mae'n bosibl defnyddio brechiadau i roi …… rhag clefyd. Mae'r rhain yn cynnwys microbau ……

2. Mae'r termau hyn i gyd yn sôn am afiechyd. Ewch ati i ddarganfod eu hystyr:
   a) symptomau
   b) cyfnod deori
   c) heintus
   ch) cyffwrdd-ymledol.

3. Disgrifiwch, gan gynnwys lluniau, sut y mae celloedd gwyn y gwaed yn amlyncu microbau. (Awgrym: edrychwch ar dudalen 45.)

4. Eglurwch pam y mae ysgolion yn lleoedd delfrydol i glefydau fel y ffliw allu lledaenu.

5. Eglurwch sut y mae eich stumog yn atal bacteria rhag mynd i'ch gwaed. (Awgrym: edrychwch ar dudalen 44.)

6. Pwy oedd Edward Jenner a Jonas Salk? Beth oedd eu cyfraniad nhw tuag at ddatblygu brechlynnau?

7. Ceisiwch ddarganfod rhag pa glefydau y mae'r brechlyn MMR yn eich amddiffyn.

Rhagor o gwestiynau am Fodau dynol yn organebau

▶ **Bwyd a threuliad**

1 Mae'r diagram yn dangos y system dreulio ddynol.

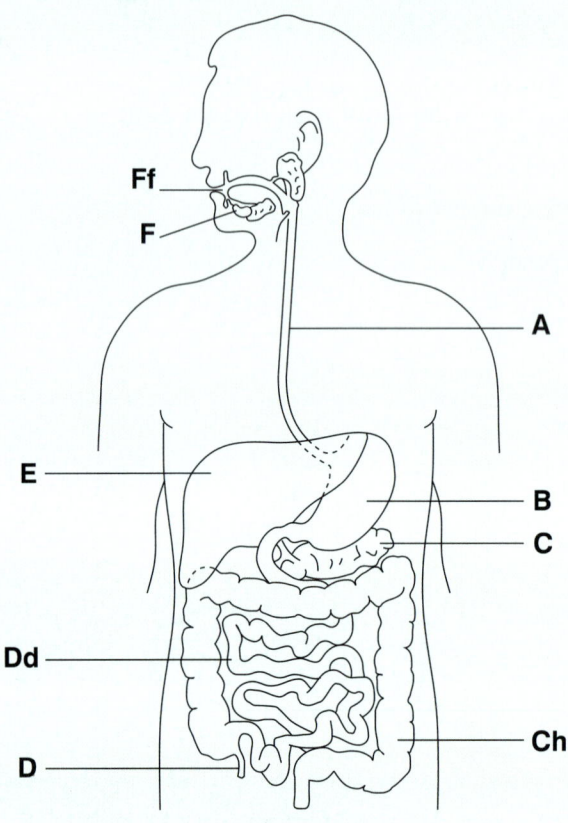

(Labelau ar y diagram: Ff, F, A, E, B, C, Dd, D, Ch)

(a) Enwch rannau **A**, **Ch** ac **Dd**. (3)

(b) Disgrifiwch **ddau** beth sy'n digwydd i fwyd yn y system dreulio. (2)

(c) Defnyddiwch y llythrennau o'r diagram i ddangos:
   (i) lle mae asid hydroclorig yn cael ei gynhyrchu (1)
   (ii) lle mae dŵr yn cael ei amsugno (1)
   (iii) lle mae carbohydrasau yn cael eu cynhyrchu. (1)

(ch) Beth yw gwaith carbohydrasau yn y system dreulio? (2)

(AQA (NEAB) 1999)

2 (a) Mae llaeth yn cynnwys carbohydrad, protein a braster. Rhowch **un** rheswm pam y mae ar y corff dynol angen:
   (i) carbohydradau; (1)
   (ii) proteinau; (1)
   (iii) brasterau. (1)

(b) Nid yw llaeth yn cynnwys ffibr. Pam mae'n bwysig bod diet person yn cynnwys rhywfaint o ffibr? (2)

(c) Mae'r tabl yn dangos rhai o'r maetholynnau sydd mewn llaeth buwch ac mewn llaeth soya. Mae llaeth soya yn cael ei wneud o gynhyrchion planhigion.

Maetholyn	Màs a gynhwysir mewn 100 g o laeth (g)	
	Llaeth buwch	Llaeth soya
Carbohydrad	4.8	5.0
Protein	3.1	3.7
Braster dirlawn	2.5	0.2
Braster annirlawn	1.4	1.5

Weithiau bydd pobl yn cael eu cynghori i yfed llaeth soya yn hytrach na llaeth buwch oherwydd eu hiechyd. Eglurwch pam y mae llaeth soya yn iachach na llaeth buwch. (3)

(AQA 2001)

3 Mae'r tabl hwn yn dangos beth sy'n digwydd i'r bwyd rydych yn ei fwyta.

Rhan y corff	Amser y mae bwyd yn aros yno
y geg	ychydig eiliadau
y llwnc	ychydig eiliadau
y stumog	2 – 4 awr
y coluddion	10 – 20 awr

(a) Dewiswch eiriau o'r rhestr hon i gwblhau'r brawddegau sy'n dilyn.

   anws   gwaed   coluddyn bach   stumog

Mae'r bwyd rydych yn ei fwyta yn cael ei ddadelfennu yn sylweddau hydawdd. Yna bydd y sylweddau hyn yn cael eu hamsugno trwy furiau eich ...... fel eu bod yn gallu mynd i'ch ...... Mae bwyd sydd heb ei dreulio yn dod allan o'ch corff trwy eich ......

(b) (i) Ym mha ran o'ch system dreulio y mae bwyd yn aros am y mwyaf o amser? Dewiswch o'r rhestr hon.

   y geg   y llwnc   y coluddion   y stumog

   (ii) Faint o amser sydd ei angen i fwyd fynd yr holl ffordd trwy eich system dreulio? (2)

(AQA 2001)

Rhagor o gwestiynau am Fodau dynol yn organebau

4 Mae'r tabl yn dangos faint o garbohydrad, braster a phrotein sydd mewn dognau 100 g o bump o fwydydd, A–D.

Bwyd	Màs mewn dogn 100 g o'r bwyd (g)		
	Carbohydrad	Braster	Protein
A	0	1	20
B	50	2	8
C	0	82	0
Ch	12	0	1
D	20	0	2

(a) Pa fwyd:

  (i) sy'n cynnwys y mwyaf o garbohydrad;

  (ii) yw menyn;

  (iii) yw'r gorau ar gyfer adnewyddu celloedd? (3)

(b) Mae person yn bwyta 50 g o fwyd D. Faint o garbohydrad y mae'r person yn ei fwyta? (1)

(c) Disgrifiwch yn fanwl beth sy'n digwydd i'r protein ar ôl i fwyd A gael ei lyncu. (4)

(AQA (NEAB) 2000)

5 Mae peth o'r bwyd rydym ni'n ei fwyta yn cael ei dreulio ac yna yn cael ei amsugno i'r gwaed. Mae gweddill y bwyd yn cael ei waredu o'r corff ar ffurf ymgarthion.

Mae'r siartiau cylch yn dangos beth sy'n digwydd i'r bwyd mewn dau bryd bwyd gwahanol.

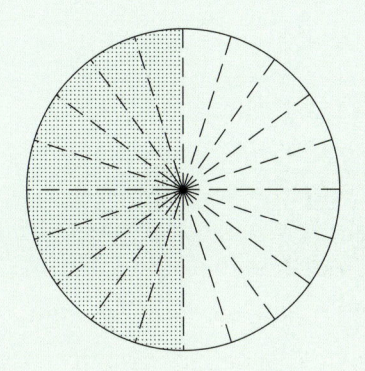

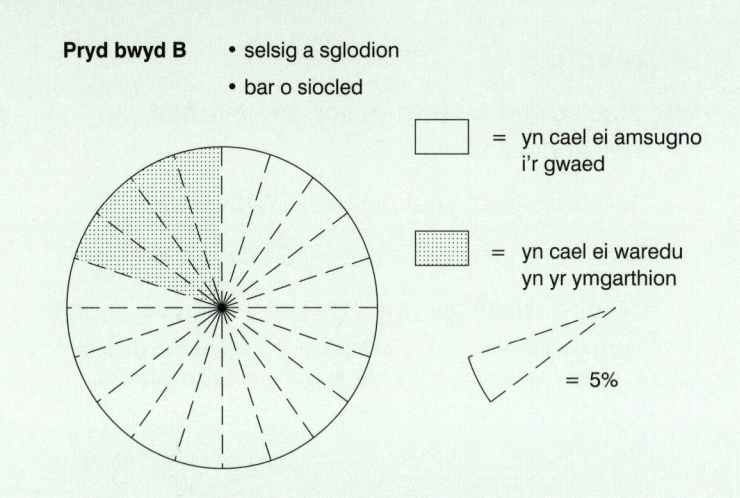

Pryd bwyd A
- ffa ar dost
- afal

Pryd bwyd B
- selsig a sglodion
- bar o siocled

☐ = yn cael ei amsugno i'r gwaed

▨ = yn cael ei waredu yn yr ymgarthion

= 5%

[Rydym ni hefyd yn amsugno'r rhan fwyaf o'r dŵr sydd mewn bwyd. Nid yw'r siartiau cylch yn dangos hyn.]

(a) Copïwch a chwblhewch y tabl.

	Canran (%) yn cael ei amsugno	Canran (%) yn yr ymgarthion
Pryd bwyd A		
Pryd bwyd B		

(3)

(b) Awgrymwch reswm dros y gwahaniaeth yn y ffigurau. (1)

(AQA (NEAB) 1998)

Rhagor o gwestiynau am Fodau dynol yn organebau

▶ **Anadlu**

6 Mae'r cwestiwn hwn yn sôn am gelloedd yn defnyddio egni.

Mae'r diagram yn dangos cell gyhyr yn gweithio.

Mae'r gell yn rhyddhau egni o adwaith cemegol.

Mae'r adwaith hwn yn digwydd y tu mewn i'r gell.

| defnyddiau crai ar gyfer yr adwaith | cell gyhyr yn gweithio | cynnyrch gwastraff yr adwaith |

adwaith cemegol yn y gell
$A + B \rightarrow$ carbon deuocsid + dŵr

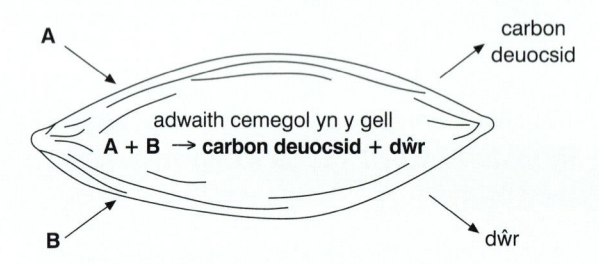

(a) Ysgrifennwch enw'r adwaith cemegol sy'n rhyddhau'r egni. (1)

(b) Edrychwch ar y diagram. Ysgrifennwch enwau'r defnyddiau crai **A** a **B**. (2)

(c) Disgrifiwch beth sy'n digwydd i'r carbon deuocsid sy'n cael ei wneud yn y gell gyhyr. (2)

(OCR 1999)

7 Mae'r diagram yn dangos rhan o'r system anadlu mewn bod dynol.

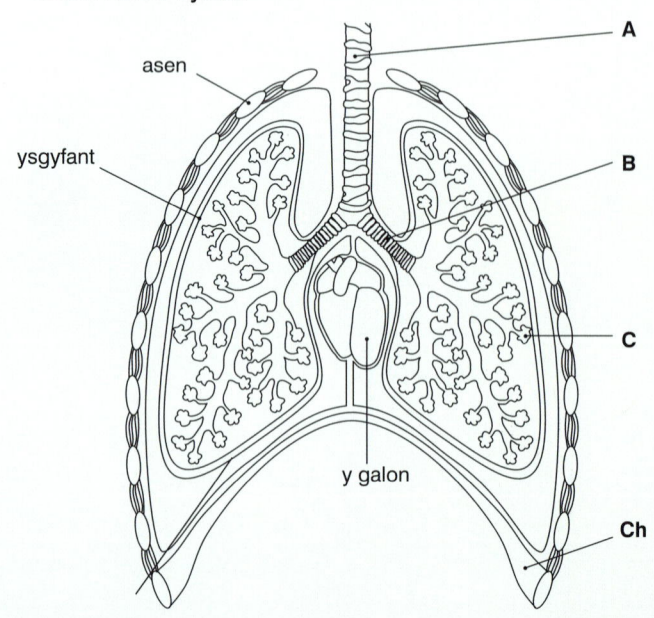

(a) Defnyddiwch eiriau o'r rhestr i enwi rhannau **A–Ch**.

alfeoli   bronciolyn   broncws
llengig   tracea (pibell wynt)   (4)

(b) Ble yn yr ysgyfaint y mae ocsigen yn mynd i'r gwaed? (1)

(AQA (NEAB) 1999)

8 Yn **Rhestr A** mae enwau pump o rannau'r system anadlu.

Yn **Rhestr B** mae gwybodaeth am bob un o'r rhannau hyn, ond maen nhw mewn trefn wahanol.

Rhestr A	Rhestr B
alfeolws	amddiffyn yr ysgyfaint
broncws	cludo aer trwy'r gwddf
llengig	lle mae ocsigen yn mynd i'r gwaed
cawell asennau	rhannu'n ganghennau llai
tracea	gwahanu'r ysgyfaint oddi wrth yr abdomen

Copïwch y ddwy restr.
Tynnwch linellau syth i gysylltu pob un o'r rhannau yn **Rhestr A** â'r wybodaeth gywir am y rhan honno yn **Rhestr B**. (4)

(AQA (NEAB) 1999)

Rhagor o gwestiynau am Fodau dynol yn organebau

▶ **Cludiant**

9 (a) Beth yw gwaith y galon? (2)

(b) Mae'r diagram yn dangos trawstoriad trwy'r galon.

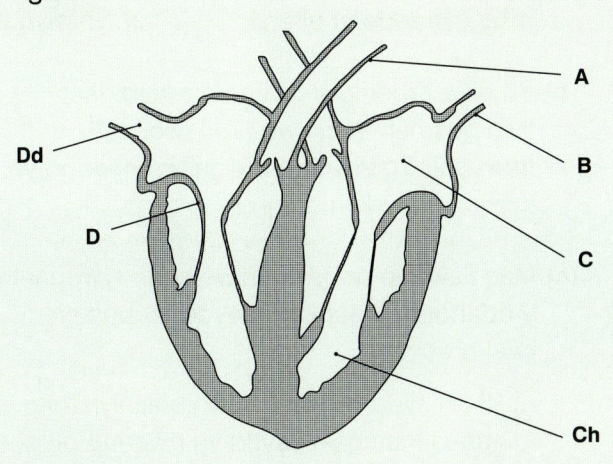

Defnyddiwch eiriau o'r rhestr i enwi'r rhannau sydd wedi eu labelu'n **A** i **Ch**.

| rhydweli | atriwm | capilari |
| falf | gwythïen | fentrigl | (4)

(c) Beth yw gwaith rhan **D**? (2)

(ch) Mae'r gwaed yn rhan **B** yn dod o'r ysgyfaint. Mae'r gwaed yn Rhan **Dd** yn dod o'r corff. Copïwch a chwblhewch y brawddegau hyn sy'n sôn am gyfansoddiad y gwaed yn rhannau **B** ac **Dd**.

Mae'r gwaed yn rhan **B** yn cynnwys crynodiad uwch o .... na'r gwaed yn rhan **Dd**.
Mae'r gwaed yn rhan **B** yn cynnwys crynodiad is o ...... na'r gwaed yn rhan **Dd**. (2)

(AQA (NEAB) 2000)

10 Mae gwaed yn cynnwys llawer o rannau.

(i) Copïwch a chwblhewch y tabl i ddangos gwaith pob rhan o'r gwaed.
Mae'r ateb cyntaf wedi ei wneud ichi.

Rhan y gwaed	Gwaith
plasma	cludo sylweddau o amgylch y corff
platen	
cell goch y gwaed	

(2)

(ii) Mae'r plasma yn cludo llawer o sylweddau o amgylch y corff.
Nodwch enw **un** ohonyn nhw. (1)

(OCR 1999)

11 Mae'r lluniau yn dangos adeiledd tri math o bibell waed, **A**, **B** ac **C**. Maen nhw wedi cael eu dylunio wrth y graddfeydd sy'n cael eu nodi.

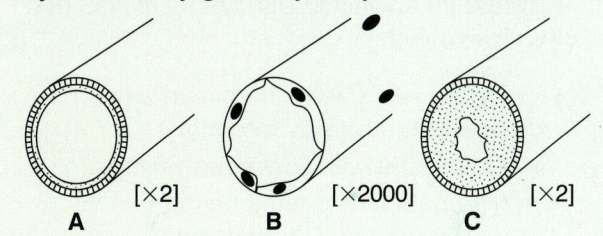

(a) Enwch y **tri** math o bibell waed. (3)

(b) Disgrifiwch waith y bibell waed **B**. (2)

(AQA (NEAB) 2000)

51

Rhagor o gwestiynau am Fodau dynol yn organebau

▶ **Afiechyd**

12 Mae'r diagram yn dangos trawstoriad trwy firws. Mae'r firws hwn yn atgynhyrchu y tu mewn i gelloedd iau/afu pobl.

(a) (i) Enwch y rhannau **A** a **B**. (2)

(ii) Enwch **ddwy** ran o gell iau/afu **nad** ydynt yn bod mewn firws. (2)

(b) Ar ôl i'r firws luosi y tu mewn i'r gell iau/afu, bydd y gell yn chwalu gan ryddhau firysau i'r gwaed.
Disgrifiwch sut y mae celloedd gwyn y gwaed yn adweithio pan fydd y firysau hyn yn bresennol. (2)

(c) Mae pobl sy'n gaeth i heroin yn aml yn chwistrellu eu hunain â'r cyffur.
Mae'r firws hwn yn llawer mwy cyffredin ymhlith pobl sy'n gaeth i heroin nag yw yn y boblogaeth yn gyffredinol.
Awgrymwch eglurhad dros hyn. (2)
(AQA (NEAB) 2000)

13 Darllenwch y darn hwn:

> **A oes pla modern o'r ddarfodedigaeth ar fin ein taro?**
>
> Mae rhywogaeth newydd beryglus o'r bacteria sydd yn achosi'r clefyd ysgyfeiniol, y ddarfodedigaeth (twbercwlosis), wedi cael ei darganfod yng ngwledydd Prydain yn ddiweddar. Er i'r dioddefwyr gael eu trin yn llwyddiannus, mae meddygon yn ofni y gallai'r rhywogaeth newydd ledaenu cyn hir. 'Petai rhywun wedi'i heintio â'r rhywogaeth newydd yn pesychu mewn lle fel sinema, gallai fod yn ddigon i wneud i'r clefyd ledaenu fel tân gwyllt,' meddai un arbenigwr ar y ddarfodedigaeth. 'Nid oes neb yn imiwn i'r rhywogaeth newydd, a byddai llawer o'r bobl a fyddai'n mewnanadlu'r bacteria yn datblygu'r clefyd.'

(a) Haint ar yr ysgyfaint yw'r ddarfodedigaeth. Nid yw'r rhan fwyaf o'r bacteria rydym ni'n eu mewnanadlu yn cyrraedd yr alfeoli yn yr ysgyfaint.
Disgrifiwch sut y mae'r corff yn atal bacteria rhag cyrraedd yr alfeoli. (2)

(b) Yn ôl yr arbenigwr ar y ddarfodedigaeth 'Nid oes neb yn imiwn i'r rhywogaeth newydd'. Eglurwch sut y gallwn ni ddod yn imiwn i glefyd yn naturiol. (3)

(c) Mae llawer o bobl yn imiwn i hen rywogaeth y ddarfodedigaeth oherwydd eu bod wedi cael brechlyn.

(i) Beth sydd i'w gael mewn brechlyn rhag y ddarfodedigaeth sydd yn gwneud person yn imiwn i'r clefyd? (2)

(ii) Mae'n rhy hwyr rhoi brechlyn i berson sydd eisoes wedi cael ei heintio â'r ddarfodedigaeth.
Beth mae meddygon yn gallu ei roi mewn pigiad er mwyn atal y clefyd rhag datblygu? (1)
(AQA (NEAB) 2000)

14 Mae yna ddau fath o ficrob: bacteria a firysau. Pan fydd microbau niweidiol yn mynd i'n cyrff, maen nhw'n gallu ein gwneud yn sâl.

(a) Nodwch dair ffordd y mae microbau niweidiol yn gallu mynd i'n cyrff. (3)

(b) Mae celloedd gwyn y gwaed yn helpu i amddiffyn ein cyrff rhag bacteria a firysau. Disgrifiwch ddau beth y mae celloedd gwyn y gwaed yn gallu eu gwneud er mwyn ein hamddiffyn ni rhag microbau niweidiol. (4)
(Cwestiwn enghreifftiol CGP)

Adran Dau

Cynnal bywyd

Yn yr adran hon byddwch yn cael gwybod am y systemau sy'n cadw bodau dynol yn fyw.
Byddwch yn cael gwybod am y systemau sy'n cadw planhigion yn fyw.
Byddwch hefyd yn dysgu am effeithiau cyffuriau ar y corff dynol.

PENNOD 6	**Bywyd planhigion**
PENNOD 7	**Y system nerfol**
PENNOD 8	**Cadw rheolaeth**
PENNOD 9	**Cyffuriau**

PENNOD 6

Bywyd Planhigion

▶▶▶ 6a Ffotosynthesis

Mae goleuni yn ffynhonnell bwysig o egni.

Gallwch brynu cyfrifiannell sydd ag egni solar yn ei weithio. Uwchben ei sgrin mae rhes o gelloedd goleusensitif (sy'n ymateb i olau). Mae'r celloedd hyn yn newid egni goleuni yn egni trydanol, a hwn sy'n gweithio'r cyfrifiannell. Mewn gwledydd poeth, fel Sbaen, mae gan amryw o gartrefi baneli solar ar eu toeon. Mae'r rhain yn amsugno golau haul ac mae'n ddull rhad o wresogi'r tŷ.

Mae goleuni yn ffynhonnell egni bwysig ar gyfer planhigion hefyd.

a) Pa ran o blanhigyn sy'n gweithredu fel panel solar?

Egni solar – ffynhonnell egni rad.

Yn wahanol i anifeiliaid, mae'n rhaid i blanhigion wneud eu bwyd eu hunain. Er mwyn gwneud hyn mae angen defnyddiau crai a ffynhonnell egni arnyn nhw.

Y defnyddiau crai y mae eu hangen ar blanhigion yw:
- nwy carbon deuocsid
- dŵr.

b) O ble y bydd y planhigyn yn cael dŵr?

Goleuni yw ei ffynhonnell egni, ond nid yw'n gallu ei amsugno heb gemegyn arbennig o'r enw **cloroffyl**.

Mae lliw cloroffyl yn wyrdd ac mae i'w gael mewn llawer o gelloedd planhigion. Mewn ffurfiadau bach iawn o'r enw **cloroplastau** yn y gell y mae'r cloroffyl.

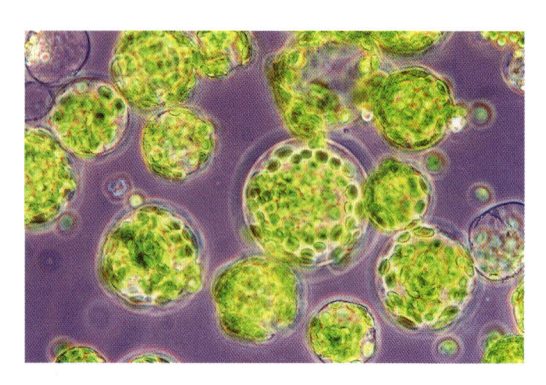

> Yr enw ar y broses o blanhigion yn gwneud eu bwyd eu hunain yw **ffotosynthesis**. Gallwn grynhoi'r broses fel hyn:
>
> Carbon deuocsid + dŵr (+egni goleuni) → glwcos + ocsigen

Mae'r glwcos sy'n cael ei wneud yn cael ei newid yn startsh yn gyflym iawn. Mae startsh yn llawer haws ei storio gan ei fod yn foleciwl mawr ac nid yw'n hydoddi'n hawdd.

Mae'r celloedd dail hyn yn cynnwys llawer iawn o gloroplastau.

c) Mewn planhigyn, nwy gwastraff yw ocsigen, ond ym mha ffordd y mae'n bwysig iawn i anifeiliaid?

Defnyddio'r bwyd

Mae'r glwcos y mae planhigyn yn ei wneud yn cael ei ddefnyddio mewn amryw o ffyrdd.

- Mae rhywfaint ohono'n cael ei drawsnewid yn **startsh**. Yna bydd yn cael ei storio ar gyfer ei ddefnyddio yn nes ymlaen. Mae tatws a hadau yn ddwy enghraifft dda o storfeydd startsh. Pan fydd angen egni ar y planhigyn er mwyn tyfu, mae'r startsh yn cael ei newid yn ôl yn glwcos eto.
- Mae'n bosibl trawsnewid glwcos yn **olewau** a **brasterau** hefyd. Gellir storio'r rhain hefyd, er enghraifft mewn hadau llin.

ch) I beth y mae cricedwyr yn defnyddio olew had llin?

Mae cellfuriau planhigion yn wydn iawn. Mae hyn oherwydd eu bod yn cynnwys sylwedd o'r enw **cellwlos**. Mae cellwlos yn gemegyn arall y gellir ei wneud o glwcos.

Ym Mhennod 2 gwelsom sut y mae angen proteinau ar gyfer tyfu. Mae anifeiliaid yn bwyta protein yn eu diet ond mae planhigion yn gallu cynhyrchu protein trwy ddefnyddio glwcos. Er mwyn gwneud hyn mae angen **mwynau** arnyn nhw hefyd. Cemegau yw'r rhain ac y mae planhigion yn eu hamsugno o'r pridd.

Mae planhigion yn resbiradu hefyd

Peidiwch ag anghofio bod angen i blanhigion ryddhau egni. Maen nhw'n gwneud hyn yn union yr un ffordd â ni, trwy resbiradu. Mae rhywfaint o'r glwcos sy'n cael ei wneud trwy ffotosynthesis yn cael ei ddefnyddio yn y broses hon.

d) Ysgrifennwch yr hafaliad ar gyfer resbiradaeth.

Yn y golau yn unig y mae ffotosynthesis yn digwydd ond mae resbiradaeth yn digwydd trwy'r amser.

I'ch atgoffa!

1. Copïwch a chwblhewch:

   Mae planhigion yn gwneud bwyd trwy broses o'r enw ...... Golau haul sy'n rhoi'r egni ar gyfer y broses hon. Hefyd, mae ar y planhigyn angen .... o'r aer, a ...... o'r pridd. Mae nwy ...... yn cael ei gynhyrchu a'i ryddhau i'r ......

2. Ysgrifennwch yr hafaliadau ar gyfer ffotosynthesis a resbiradaeth, un uwchben y llall.

   Beth sy'n tynnu eich sylw ynglŷn â'r ddau?

3. Pam y mae'n haws storio startsh na siwgr mewn celloedd?

   (Yn eich ateb defnyddiwch syniadau am faint moleciwlau, a hydoddedd.)

▶▶▶ 6b Ffactorau cyfyngol

Ydych chi wedi ymweld â thŷ gwydr mewn canolfan arddio? Os ydych chi, byddwch wedi gweld gwresogyddion a lampau. Ni fydd y rhain yn cael eu defnyddio ar ddiwrnod hir a chynnes yn yr haf. Ond yn y gwanwyn cynnar pan fydd y dydd yn fyrrach ac yn oerach, maen nhw'n ddefnyddiol iawn.

Er mwyn i blanhigion dyfu'n gyflym mae angen i'w **cyfradd** ffotosynthesis fod mor uchel â phosibl. Gallwn fesur y gyfradd trwy sylwi ar faint o glwcos sy'n cael ei wneud yn ystod cyfnod penodol.

Rydym yn gwybod bod glwcos yn cael ei ddefnyddio er mwyn hybu twf. Felly, os bydd y ffotosynthesis yn gyflymach, bydd mwy o glwcos yn cael ei wneud a bydd y planhigion yn tyfu'n fwy.

Yr amodau'n cael eu rheoli'n ofalus.

> Mae yna dair **ffactor** sy'n effeithio ar gyfradd ffotosynthesis:
> - faint o olau sydd yna
> - y tymheredd
> - faint o garbon deuocsid sydd yna.
>
> Y rhain yw'r **ffactorau cyfyngol**.

Pam maen nhw'n cael eu galw'n ffactorau cyfyngol? Oherwydd, os bydd un yn brin, bydd hwnnw'n **cyfyngu ar** gyfradd y ffotosynthesis (yn ei arafu).

a) Ym mha rannau o'r byd y mae ffactorau cyfyngol yn llai pwysig, yn eich barn chi?

Amodau da ar gyfer ffotosynthesis trwy'r flwyddyn.

Pam y mae golau'n bwysig?

Golau yw ffynhonnell yr egni goleuni ar gyfer ffotosynthesis. Felly, bydd y ffotosynthesis yn gyflymach os bydd yna fwy o olau.

Edrychwch ar y graff gyferbyn:

Wrth i lefel y golau godi mae lefel y ffotosynthesis yn codi hefyd. Ond yn y pen draw bydd y graff yn mynd yn wastad ac ni fydd golau ychwanegol yn gwneud rhagor o wahaniaeth.

Ar y pwynt hwn mae rhywbeth arall yn **cyfyngu ar** y gyfradd.

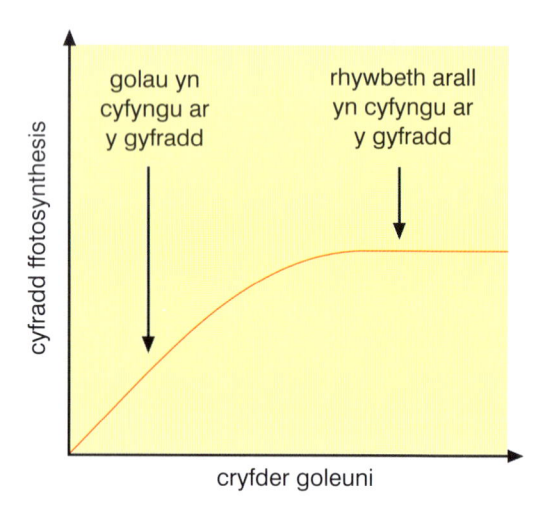

b) Beth yw ystyr 'cyfyngu ar y gyfradd'?

Sut y mae golau yn effeithio ar ffotosynthesis.

Pam y mae carbon deuocsid yn bwysig?

Mae carbon deuocsid yn ffactor gyfyngol arall.
Carbon deuocsid yw un o ddefnyddiau crai ffotosynthesis.

c) Beth yw'r defnydd crai arall?

Os byddwn yn darparu rhagor o garbon deuocsid, bydd ffotosynthesis yn gallu digwydd yn gyflymach. Unwaith eto mae hyn yn golygu bod rhagor o fwyd yn gallu cael ei wneud.

Nid oes llawer o garbon deuocsid yn yr atmosffer, tua 0.04% yn unig. Mewn tai gwydr bach, mae gwresogyddion paraffin yn cael eu defnyddio. Mae'r rhain yn rhyddhau carbon deuocsid wrth i'r tanwydd losgi.

ch) Beth yw mantais arall defnyddio'r gwresogyddion hyn?

Bydd tai gwydr masnachol yn cael eu cyflenwad o garbon deuocsid trwy bibellau o danciau mawr.

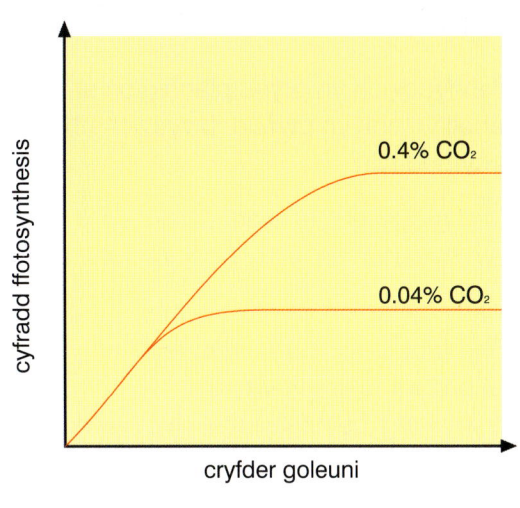

Sut y mae CO_2 yn effeithio ar ffotosynthesis.

Pam y mae'r tymheredd yn bwysig?

Os bydd y tymheredd yn rhy isel, ni fydd ychwanegu carbon deuocsid yn gwneud unrhyw wahaniaeth.
Tua 25 °C yw'r tymheredd delfrydol ar gyfer ffotosynthesis. Adwaith cemegol yw ffotosynthesis ac mae'n cael ei reoli gan ensymau.
Gwelsom ym Mhennod 2 fod ensymau yn sensitif i dymheredd:
- rhy isel ac nid yw'r ensymau yn gweithio'n dda iawn
- rhy uchel ac efallai y byddan nhw'n cael eu dinistrio.

Felly, er mwyn cael y gyfradd ffotosynthesis orau gallwn weld bod angen cyfuniad o hyn:
- digon o olau
- cyflenwad da o garbon deuocsid
- amodau cynnes.

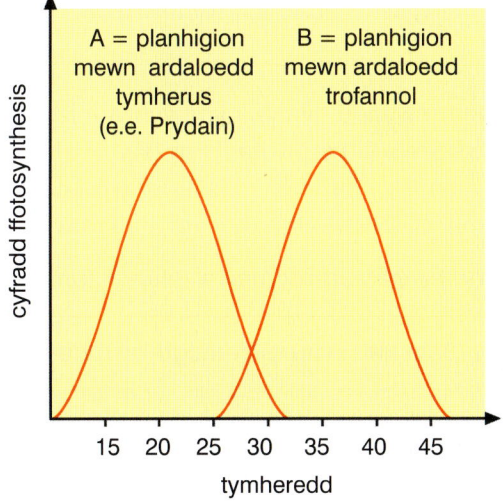

Mae gan ffotosynthesis dymheredd optimwm (delfrydol).

I'ch atgoffa!

1. Copïwch a chwblhewch:

   Mae ...... ffotosynthesis yn dibynnu ar dair ffactor .... Y ffactorau hyn yw .... a ......
   Mae tyfwyr planhigion yn gallu rheoli'r ffactorau hyn yn hawdd mewn ....

2. Beth fydd yn digwydd i ffotosynthesis os bydd y tymheredd yn rhy uchel?

   Eglurwch eich ateb.

3. Eglurwch yn llawn pam nad yw planhigion yn tyfu'n dda iawn yn y gaeaf.

▶▶▶ 6c Bwyd planhigion

Pan fyddwch yn prynu planhigion ar gyfer y tŷ bydd y labeli yn aml yn dweud 'bwydwch nhw'n rheolaidd yn ystod y cyfnod tyfu'.

Ond rydym eisoes wedi gweld sut y mae planhigion yn gwneud eu bwyd eu hunain. Felly beth yw ystyr hyn?

Mae planhigion yn gallu gwneud glwcos trwy ffotosynthesis. Ond mae angen cemegau eraill arnyn nhw er mwyn gwneud pethau fel proteinau ar gyfer tyfu.
Yr enw ar y cemegau eraill hyn yw halwynau mwynol (mwynau).

Nyrs! Brysiwch, dewch â magnesiwm i mi!

a) O ble y bydd planhigyn yn cael y mwynau hyn?

Y prif fwynau y mae eu hangen ar blanhigion yw:

- **nitradau**
  ar gyfer dail iach a thyfu yn gyffredinol

- **ffosffadau**
  ar gyfer gwreiddiau iach

- **potasiwm**
  ar gyfer blodau a ffrwythau iach.

Mae'r mwynau hyn yn cynnwys yr elfennau **nitrogen (N)**, **ffosfforws (P)** a **photasiwm (K)**.
Dyna pam y byddwn ni fel arfer yn defnyddio eu symbolau cemegol **(NPK)** wrth gyfeirio atyn nhw.

Elfen bwysig arall y mae ar blanhigion ei hangen yw **magnesiwm**.

b) Beth yw'r symbol cemegol ar gyfer magnesiwm?

Mae angen magnesiwm ar gyfer gwneud cloroffyl.
Hebddo bydd gan blanhigion ddail melyn na fyddant yn gallu cyflawni ffotosynthesis.

Os bydd diffyg mwynau ar blanhigion, mae'n golygu bod eu diet yn anghytbwys.
Felly, yn union fel pobl, bydd ganddyn nhw glefydau diffyg.

Bob gwanwyn bydd llawer o arddwyr yn rhoi **gwrteithiau** ar eu lawntiau. Maen nhw'n gwneud hyn er mwyn rhoi hwb i'r glaswellt dyfu ar ôl y gaeaf.

Planhigyn yn dioddef o ddiffyg maetholynnau.

c) Pa fwyn yn arbennig sydd i'w gael mewn gwrtaith lawnt?

Gwrteithiau

Nid garddwyr yn unig sy'n rhoi mwynau i'w planhigion.
Bydd ffermwyr yn rhoi llwythi o wrtaith i'w cnydau. Pwrpas gwneud hyn yw cael y twf gorau posibl.
Y mwyaf o gnydau y byddan nhw'n eu cynhyrchu, y mwyaf o arian y byddan nhw'n ei ennill.

Yr un elfennau sydd eu hangen ar ffermwyr ag sydd eu hangen ar arddwyr.
Ond, wrth gwrs, mae ffermydd yn llawer mwy na gerddi.
Felly mae ffermwyr yn defnyddio peiriannau i ychwanegu'r cemegau, er enghraifft chwistrellwyr sy'n cael eu cysylltu wrth dractorau.

Pobl sy'n gwneud y gwrteithiau y mae'r rhan fwyaf o ffermwyr a garddwyr yn eu defnyddio.
Gwrteithiau artiffisial yw'r enw cyffredin arnyn nhw.

Ond mae yna ffynhonnell wrtaith fwy naturiol.
O anifeiliaid y daw gwrteithiau naturiol yn bennaf – o'u **tail**!
Mae'r tail hwn yn wrtaith rhad a hawdd ei gael.

Mae'n well gan y rhan fwyaf o ffermwyr wrteithiau artiffisial, oherwydd
- eu bod yn gwybod yn union pa elfennau sydd ynddyn nhw
- eu bod yn haws eu cludo
- eu bod yn haws eu taenu ar y tir
- nad oes digon o dail i'w gael.

Ond mae'n rhaid i ffermwyr sy'n cynhyrchu **cnydau organig** ddefnyddio gwrteithiau naturiol **yn unig**.
Dywedir bod blas gwell ar y cnydau hyn nag ar y rhai sy'n cael eu tyfu gan ddefnyddio gwrteithiau artiffisial.
Ond maen nhw'n ddrutach eu prynu gan ei bod yn fwy anodd tyfu cyflenwadau mawr ohonyn nhw.

Tail – drewllyd ond effeithiol.

ch) Beth yw cnydau organig?
d) Pam y mae pobl yn prynu bwydydd organig er eu bod yn ddrutach?

I'ch atgoffa!

1. Copïwch a chwblhewch:

   Mae ar blanhigion angen …… er mwyn tyfu'n iawn. Y prif fwynau yw …… …… a ……
   Mae magnesiwm hefyd yn bwysig er mwyn gwneud ……

2. Pa ran o'r planhigyn sy'n casglu mwynau o'r pridd?

3. Pam y mae magnesiwm mor bwysig i blanhigion?

4. Lluniwch 'fap meddwl' i grynhoi'r wybodaeth sydd ar y ddwy dudalen hyn.

▶▶▶ 6ch Cludiant mewn planhigion

Ydych chi erioed wedi bwyta seleri?
Os ydych chi, mae'n debyg eich bod wedi teimlo'r darnau ffibrog yn glynu rhwng eich dannedd. Mewn gwirionedd, bwndeli o bibellau cludo yw'r darnau ffibrog hyn.

Yn union fel anifeiliaid, mae angen system gludiant ar blanhigion hefyd.

a) Pa sylweddau y mae angen eu cludo o amgylch planhigyn?

Pibellau sylem

Mae'r pibellau sylem yn cludo dŵr, a halwynau mwynol wedi'u hydoddi, o'r gwreiddiau, i fyny'r coesyn ac i'r dail.

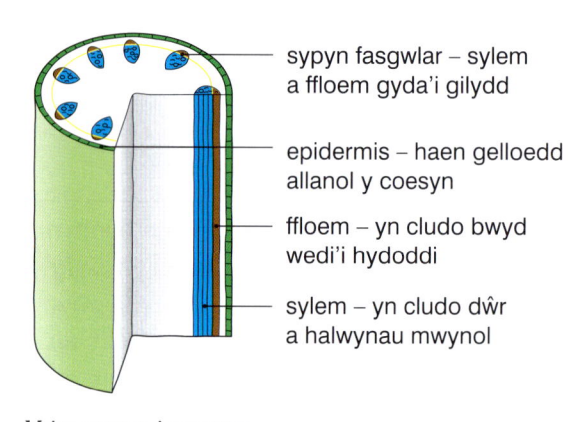

Pibellau ffloem

Mae'r pibellau hyn yn cludo cynhyrchion ffotosynthesis.
Mae pethau fel glwcos (ac asidau amino) yn cael eu gwneud yn y dail.
Mae'r pibellau ffloem yn cludo'r defnyddiau hyn i holl rannau'r planhigyn, yn enwedig i'r tyfbwyntiau (blagur), a hefyd i organau storio, fel cloron tatws.

- sypyn fasgwlar – sylem a ffloem gyda'i gilydd
- epidermis – haen gelloedd allanol y coesyn
- ffloem – yn cludo bwyd wedi'i hydoddi
- sylem – yn cludo dŵr a halwynau mwynol

Y tu mewn i goesyn.

Un gwahaniaeth rhwng sylem a ffloem yw cyfeiriad y cludiant.
Yn y sylem, mae dŵr yn llifo i un cyfeiriad yn unig, o'r gwreiddiau i'r dail.
Ond yn y ffloem, mae bwyd wedi'i hydoddi yn llifo i'r ddau gyfeiriad.

Edrychwch ar y llun hwn o ddeilen:
Welwch chi wythiennau'r ddeilen yn ymestyn dros ei harwyneb?
Mewn gwirionedd, sypynnau o bibellau sylem a ffloem yw gwythiennau dail.
Mae'r rhain yn dod â dŵr yr holl ffordd i gelloedd y dail.

Gwreiddiau

Heb system wreiddiau dda, nid yw planhigion yn gallu tyfu.
Mae'r gwreiddiau yn ymledu yn y pridd ac yn amsugno dŵr.

> **b)** Beth arall maen nhw'n ei amsugno gyda'r dŵr?

Mae system wreiddiau dda hefyd yn **angori** planhigyn yn gadarn yn y pridd.
Mae hyn yn arbennig o bwysig ar gyfer coed mawr.

Er mwyn eu helpu i amsugno dŵr, mae gan y gwreiddiau **wreiddflew** hefyd.
Blew mân iawn sy'n tyfu ar du allan y gwreiddyn yw'r gwreiddflew.
Maen nhw'n rhoi **arwynebedd arwyneb** llawer mwy i'r gwreiddyn.
Y mwyaf yw arwynebedd yr arwyneb, y mwyaf o ddŵr y bydd y gwreiddiau'n gallu ei amsugno.

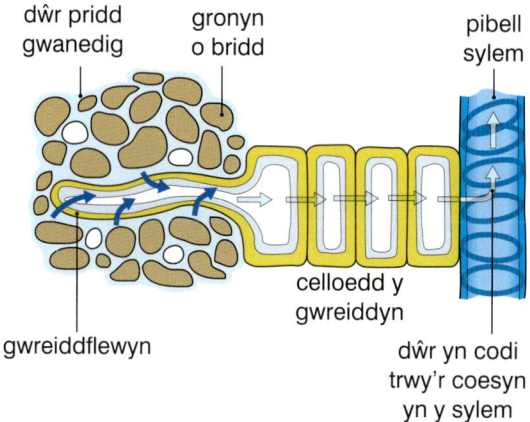

Sut y mae dŵr yn mynd i'r gwreiddiau?

Mae dŵr yn mynd i'r gwreiddiau trwy **osmosis**.

> **Tryediad** dŵr yw osmosis. Mae **moleciwlau dŵr** yn symud o **hydoddiant gwanedig** i un **mwy crynodedig**.
> Mae hyn yn digwydd trwy **bilen ledathraidd**.

Dŵr yn mynd i'r gwreiddyn trwy osmosis.

Felly, math arbennig o dryediad yw osmosis.
Moleciwlau dŵr **yn unig** sy'n symud.

Mae'r hydoddiant sydd yn y pridd bob amser yn fwy gwanedig na'r hydoddiant y tu mewn i gelloedd y gwreiddyn.
Felly mae dŵr yn symud trwy gellbilen y gwreiddyn ac i gelloedd y gwreiddyn.
Sylwch ein bod yn dweud bod y gellbilen yn **lled** athraidd.
Mae hyn oherwydd mai dim ond moleciwlau bach (fel rhai dŵr) sy'n cael mynd trwyddi.

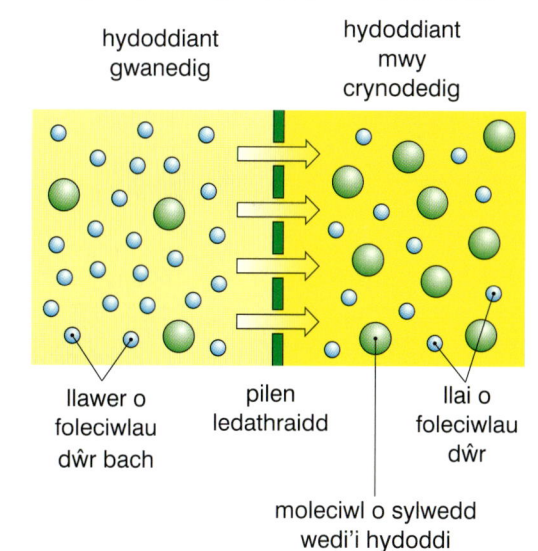

> **c)** Beth yw ystyr y gair 'athraidd'?

Symudiad moleciwlau dŵr yw osmosis.

I'ch atgoffa!

1. Copïwch a chwblhewch:

    Mae gan blanhigion systemau cludiant ...... Mae'r tiwbiau ...... yn cludo dŵr o'r gwreiddiau i'r ......

    Mae'r tiwbiau ...... yn cludo bwyd o'r ...... i holl rannau'r planhigion.

2. Pam y mae gwreiddflew mor bwysig i blanhigion ifanc sy'n tyfu?

3. Pam y mae systemau gwreiddiau hir iawn gan yr ychydig blanhigion sy'n tyfu mewn diffeithdiroedd?

▶▶▶ 6d Dail

Y ddeilen yw un o rannau pwysicaf y planhigyn.

> Mae'r rhan fwyaf o'r ffotosynthesis yn digwydd yn y dail.

a) Pam y mae'r ddeilen yn arbennig o addas ar gyfer ffotosynthesis?

Edrychwch ar y llun hwn o drawstoriad trwy ddeilen:

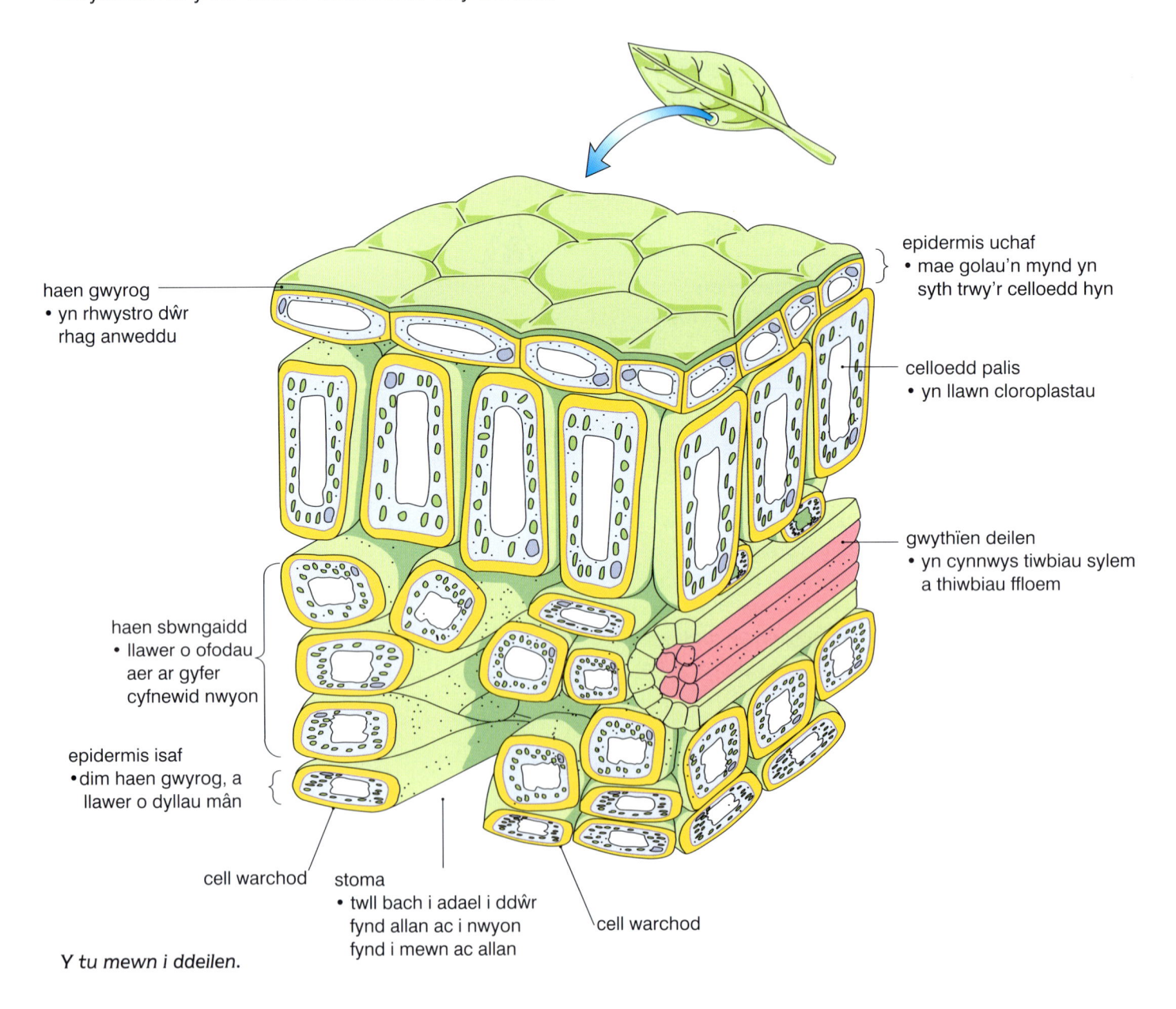

- **haen gwyrog**
  - yn rhwystro dŵr rhag anweddu
- **haen sbwngaidd**
  - llawer o ofodau aer ar gyfer cyfnewid nwyon
- **epidermis isaf**
  - dim haen gwyrog, a llawer o dyllau mân
- **cell warchod**
- **stoma**
  - twll bach i adael i ddŵr fynd allan ac i nwyon fynd i mewn ac allan
- **cell warchod**
- **epidermis uchaf**
  - mae golau'n mynd yn syth trwy'r celloedd hyn
- **celloedd palis**
  - yn llawn cloroplastau
- **gwythïen deilen**
  - yn cynnwys tiwbiau sylem a thiwbiau ffloem

Y tu mewn i ddeilen.

Trydarthiad

> **Mae planhigion yn colli anwedd dŵr o arwyneb eu dail.
> Trydarthiad** yw'r enw ar y colli dŵr hwn.

Mae'r dŵr yn **tryledu** trwy dyllau bach iawn o'r enw **stomata**.
O dan y ddeilen y mae'r rhan fwyaf o'r tyllau hyn.
Mae stomata yn gallu agor a chau. Y **celloedd gwarchod** siâp selsig o'u cwmpas sy'n gwneud hyn yn bosibl.

Wrth i'r celloedd gwarchod chwyddo, maen nhw'n agor y stomata. Mae hyn yn gadael i'r anwedd dŵr fynd allan.

Tra bo'r stomata ar agor maen nhw hefyd yn gadael i nwy carbon deuocsid fynd i mewn.

b) Pam y mae angen y nwy hwn ar blanhigion?

Nid oes stomata ar arwyneb uchaf dail. Mae hyn yn sicrhau nad ydyn nhw'n colli gormod o ddŵr.

Mae ochr uchaf y ddeilen yn wynebu'r Haul yn uniongyrchol.
Mae hyn yn golygu bod yr ochr uchaf yn mynd yn llawer poethach na'r ochr isaf.
Petai yna stomata ar yr ochr uchaf, byddai gormod o ddŵr yn anweddu.

Mae gan y rhan fwyaf o blanhigion haen o gwyr ar arwyneb uchaf eu dail.
Mae'r cwyr hwn yn ffurfio haen wrth-ddŵr.
Pwrpas hon yw atal dŵr rhag anweddu – nid ei atal rhag mynd i mewn.

Os bydd planhigyn yn colli dŵr yn gyflymach nag y mae'n gallu casglu dŵr yn ei le, bydd yn **gwywo**.

c) Sut y mae planhigyn yn cael dŵr yn lle'r hyn a gollodd trwy drydarthiad?

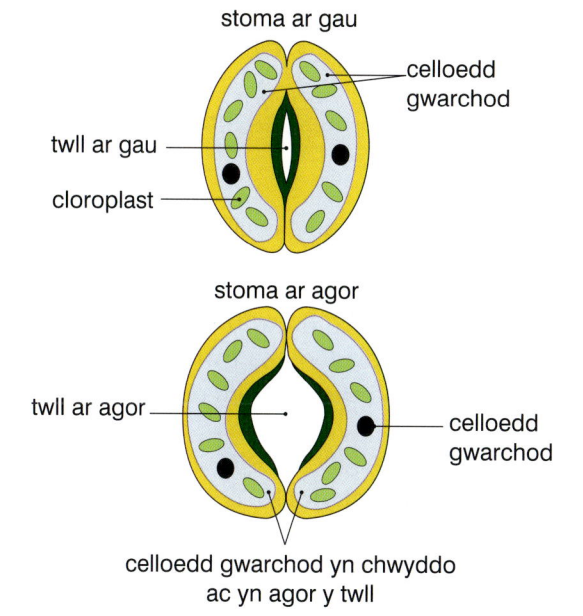

Mae'r planhigyn hwn wedi colli gormod o ddŵr.

I'ch atgoffa!

1. Copïwch a chwblhewch:

    Mae'r rhan fwyaf o …… yn digwydd yn y dail.
    Mae dail yn llydan, yn …… , ac yn wynebu'r …… yn uniongyrchol. Mae dŵr yn cael ei golli o'r dail trwy …… Yr enw ar y broses hon yw …… Mae dŵr yn gadael trwy'r tyllau bach o'r enw ……

2. Eglurwch sut y mae carbon deuocsid yn mynd i'r dail ac i'w celloedd.

3. Pam y mae'r haen o gwyr ar arwyneb uchaf y dail yn bwysig?

4. Eglurwch pam y mae gan blanhigion mewn gwledydd poeth/sych haen fwy trwchus o gwyr.

▶▶▶ 6dd Cyfradd trydarthiad

Ai chi fydd yn golchi dillad gartref?
Go brin!
Ond rydych chi'n sicr o fod wedi gweld dillad yn sychu ar y lein.

a) Beth yw'r amodau gorau ar gyfer sychu dillad?

Tybed pam y mae cysylltiad rhwng golchi dillad a thrydarthiad?

Mae dillad yn sychu wrth i ddŵr **anweddu** ohonyn nhw. Trwy anweddiad y mae dŵr yn cael ei golli o ddail. Felly mae diwrnod sychu da yn ddiwrnod trydarthu da hefyd.

> Bydd planhigion yn colli mwy o ddŵr ar ddiwrnod **sych**, **gwyntog** a **chynnes**. O dan yr amodau hyn mae **cyfradd** trydarthiad yn gyflymach.

Os yw'r amodau yn addas, gallai coeden fawr golli bron i 200 litr o ddŵr mewn diwrnod.
Mae hyn yr un cyfaint â 600 o ganiau pop!

Mae mwy o drydarthiad yn digwydd yn ystod y dydd nag yn ystod y nos.
Mae hyn oherwydd bod golau yn gwneud i'r stomata agor.
Os yw'r stomata ar gau, nid oes unrhyw ddŵr yn cael ei golli.

b) Pam y mae stomata yn cau o dan amodau sych iawn?

Bydd y goeden hon yn colli litrau o ddŵr bob dydd trwy drydarthiad.

Pam y mae dŵr mor bwysig i blanhigion?

Gwyddom fod angen dŵr ar gyfer ffotosynthesis.
Ond mae ei angen hefyd ar gyfer **cynhaliad** (cynnal y planhigyn).

Os bydd planhigion yn brin o ddŵr fe fyddan nhw'n **gwywo** (mynd yn llipa).
Pan fydd celloedd planhigion yn llawn dŵr maen nhw'n gadarn iawn.
Mae hyn oherwydd bod y dŵr yn gwthio yn erbyn y cellfur cryf.

Os bydd holl gelloedd y planhigyn yn gadarn, yna bydd y planhigyn yn cael digon o gynhaliad ac yn sefyll yn syth.
Dywedwn fod celloedd sy'n llawn dŵr yn **chwydd-dynn**.

Mae'r cynhaliad hwn yn arbennig o bwysig i blanhigion ifanc.

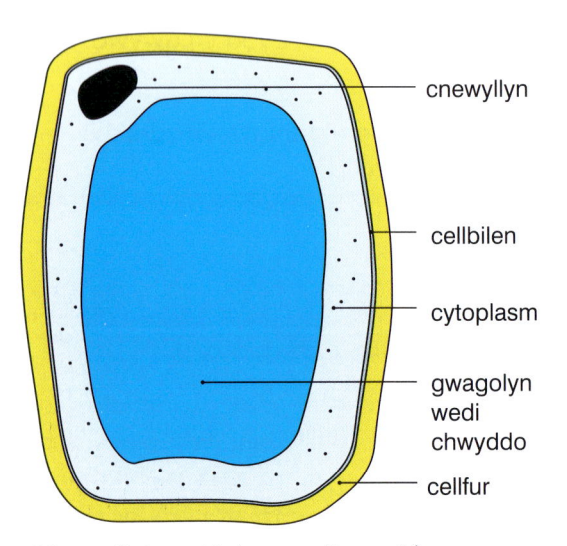

Mae cell chwydd-dynn yn llawn dŵr.

(Tybed ydy'r dillad yna wedi trydarthu eto?)

Pam y mae trydarthiad mor bwysig?

Yn y dail y mae'r rhan fwyaf o ffotosynthesis yn digwydd. Mae angen dŵr ar gyfer y broses hon ac y mae'r dŵr yn dod o'r pridd.

> c) Pam nad yw planhigion yn gallu cael eu dŵr trwy eu dail pan fydd hi'n glawio?

Pan fydd dŵr yn anweddu o'r dail, mae'n achosi sugnedd (yn debyg i welltyn).
Mae hyn yn tynnu dŵr i fyny'r tiwbiau sylem i gelloedd y dail. Wrth i'r dŵr anweddu, mae rhagor yn cael ei dynnu i mewn i'r gwreiddiau.

> ch) Sut y mae dŵr yn mynd i'r gwreiddiau?

Yr enw ar y llif di-dor hwn o ddŵr yw'r **llif trydarthol**. Hebddo ni fyddai dŵr yn cyrraedd y dail lle mae ei angen.

Gwyddom fod trydarthiad yn rym pwerus iawn. Mae'n ddigon cryf i dynnu dŵr i uchder o dros 100 m mewn coed Cochwydd Canada.

Mae trydarthiad hefyd yn gwneud gwaith pwysig arall. Mae'n helpu i rwystro planhigion rhag gorboethi. Mae trydarthiad i blanhigion yr un fath â chwysu i ni. Pan fyddwn ni'n chwysu byddwn yn colli dŵr trwy anweddiad. Mae anweddiad yn trosglwyddo gwres ac yn ein hoeri.

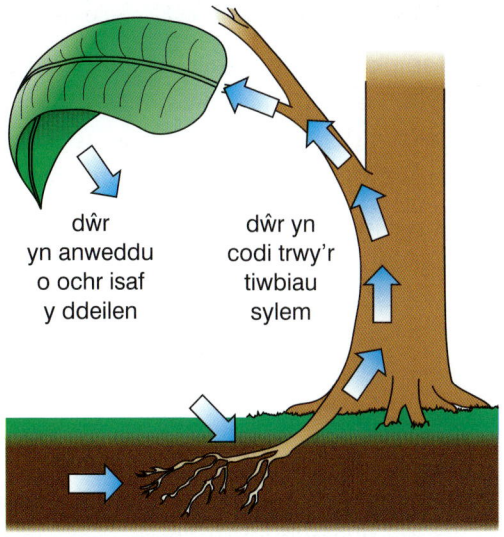

dŵr yn anweddu o ochr isaf y ddeilen
dŵr yn codi trwy'r tiwbiau sylem
dŵr o'r pridd yn mynd i'r gwreiddiau
Y llif trydarthol.

Mae dŵr yn cael ei dynnu yr holl ffordd i'r brig.

I'ch atgoffa!

1 Copïwch a chwblhewch:

Yr amodau gorau ar gyfer trydarthiad yw ……, …… a …… Mae angen golau hefyd, gan fod y …… yn cau yn y tywyllwch. Dywedwn fod celloedd sy'n llawn dŵr yn …… Mae'r celloedd hyn yn helpu i …… y planhigyn. Mae planhigion sy'n brin o ddŵr yn ……

2 Eglurwch pam y mae'r llif trydarthol yn bwysig ar gyfer ffotosynthesis.

3 Eglurwch pam nad oes raid i goed ddibynnu ar ddŵr yn eu celloedd er mwyn cael cynhaliad.

4 Lluniwch 'fap meddwl' i ddangos popeth a wyddoch chi am gludiant mewn planhigion.

Crynodeb

Mae planhigion yn cynhyrchu bwyd trwy **ffotosynthesis**.
Dyma grynodeb o ffotosynthesis:
Carbon deuocsid + dŵr + (egni goleuni) → glwcos + ocsigen
Mae angen cloroffyl hefyd i amsugno'r egni goleuni.

Dyma ffactorau sy'n gallu cyfyngu ar **gyfradd** ffotosynthesis:

- prinder golau
- prinder carbon deuocsid
- tymheredd isel.

Mae'r glwcos sy'n cael ei gynhyrchu yn gallu cael:

- ei ddefnyddio mewn resbiradaeth
- ei storio fel startsh
- ei ddefnyddio i wneud cemegau defnyddiol eraill, e.e. protein a chellwlos.

Mae ar blanhigion angen halwynau mwynol hefyd, e.e. nitradau.
Maen nhw'n amsugno'r rhain o'r pridd trwy eu gwreiddiau.
Mae gan wreiddiau wreiddflew mân sy'n rhoi arwynebedd arwyneb mwy iddyn nhw.

Mae dail yn addas iawn ar gyfer ffotosynthesis.
Maen nhw'n casglu carbon deuocsid trwy dyllau mân o'r enw **stomata**.
Mae'r stomata hyn yn cael eu hagor a'u cau gan y **celloedd gwarchod**.
Maen nhw hefyd yn gadael i anwedd dŵr fynd allan.
Yr enw ar golli'r anwedd dŵr hwn yw **trydarthiad** ac y mae'n digwydd yn gyflymach pan fydd hi'n wyntog, sych a chynnes.

Mae gan blanhigion system gylchrediad sy'n cynnwys

- pibellau **sylem** sy'n cludo dŵr i'r dail
- pibellau **ffloem** sy'n cludo bwyd wedi'i hydoddi o'r dail.

Mae dŵr yn bwysig ar gyfer cynhaliad. Mae planhigion sy'n brin o ddŵr yn gwywo.
Mae dŵr yn mynd i wreiddiau planhigion trwy **osmosis**.
Osmosis yw trylediad dŵr ar draws cellbilenni.

Cwestiynau

1. Copïwch a chwblhewch:

   Yn wahanol i anifeiliaid, mae planhigion yn gwneud eu …… eu hunain. Mae ffotosynthesis yn defnyddio egni …… i wneud …… Mae'r broses hon yn defnyddio …… a nwy …… …… Mae ar blanhigion hefyd angen sylwedd gwyrdd o'r enw …… er mwyn amsugno ……

2. Mae celloedd planhigion yn codi dŵr trwy osmosis.

   i) Beth sy'n eu rhwystro rhag hollti ar agor pan fyddan nhw'n llawn? (Awgrym: Edrychwch yn ôl ar dudalen 8.)

   ii) Nawr eglurwch pam y mae celloedd anifeiliaid **yn** hollti ar agor os ydyn nhw'n cael eu rhoi mewn dŵr.

3 Gallwn dyfu planhigion trwy gydol y flwyddyn mewn tai gwydr.

i) Sut mae tyfwyr yn gallu darparu carbon deuocsid a gwres ychwanegol ar yr un pryd?

ii) Eglurwch pam na fydd gadael y golau wedi ei gynnau trwy'r dydd yn gwneud i'r planhigion dyfu'n well bob amser. Defnyddiwch y syniad o ffactorau cyfyngol yn eich ateb.

iii) Pam na ddylai'r tymheredd mewn tŷ gwydr fynd yn rhy uchel?

4 a) Enwch rannau'r ddeilen sydd wedi eu labelu'n A i Dd.

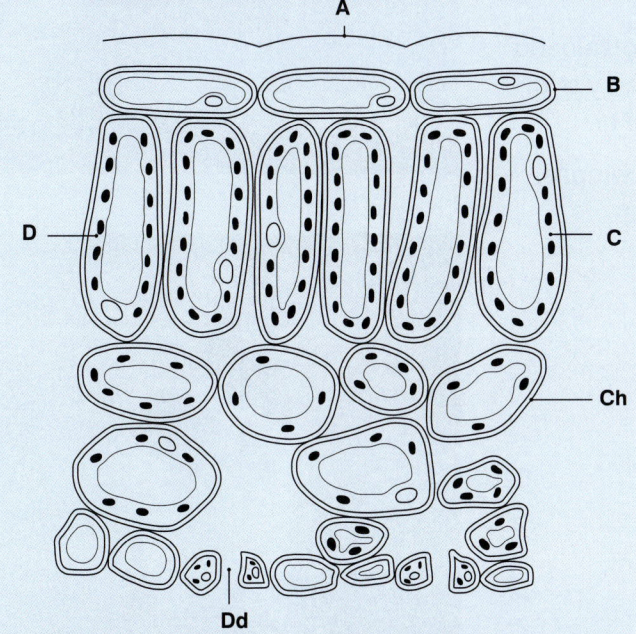

b) Pam y mae ochr uchaf y ddeilen wedi'i gorchuddio â haen o gwyr?

c) Pam y mae'r rhan fwyaf o'r ffotosynthesis yn digwydd yn y celloedd palis?

ch) Pam mai o dan y ddeilen yn unig y mae stomata?

d) Beth sy'n cael ei gludo **i'r** ddeilen yn y pibellau sylem?

5 Yn gynnar yn y gwanwyn bydd llawr y goedwig wedi'i orchuddio â blodau fel clychau'r gog.

Eglurwch pam y mae'n rhaid i'r blodau hyn ymddangos **cyn** i'r coed ddatblygu eu dail nhw. (Meddyliwch sut y mae angen golau ar blanhigion.)

6 Gellir defnyddio'r cyfarpar hwn i gasglu nwy ocsigen o blanhigyn dŵr.

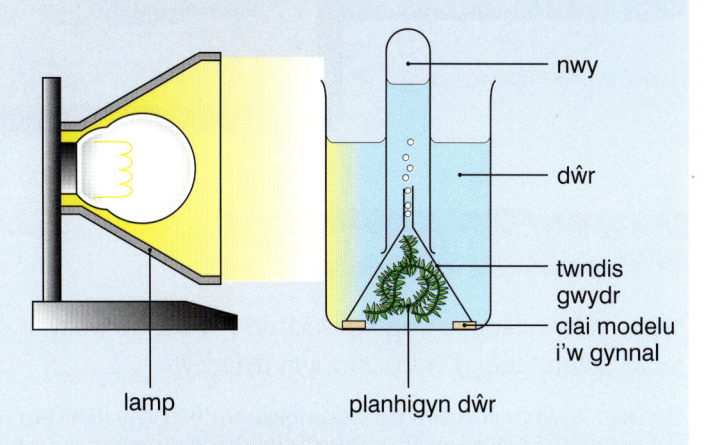

Er mwyn newid cryfder y golau y mae'r planhigyn yn ei gael, cafodd y lamp ei gosod ar wahanol bellteroedd oddi wrth y planhigyn.

Yna cafodd nifer y swigod a gynhyrchwyd bob munud ei gofnodi:

Pellter o'r lamp (cm)	Nifer y swigod bob munud
100	5
80	10
60	15
40	25
20	30

i) Lluniwch graff llinell o'r canlyniadau hyn.

ii) Eglurwch unrhyw batrwm a welwch yn y canlyniadau.

iii) Er mwyn sicrhau bod yr arbrawf hwn yn brawf teg, pa bethau y mae rhaid eu cadw'n gyson bob tro y mae'r lamp yn cael ei symud?

7 Eglurwch yr arsylwadau canlynol:

i) Mae amryw o blanhigion yn storio llawer o fwyd yn yr hydref.

ii) Ychydig iawn o drydarthiad sy'n digwydd yn ystod dyddiau'r gaeaf.

iii) Yn aml, mae llyslau i'w gweld yn bwydo o diwbiau ffloem planhigyn.

iv) Os bydd planhigion tŷ yn cael eu gadael ar silff ffenestr yn yr haul, fe fyddan nhw'n gwywo'n gyflym.

PENNOD 7

Y system nerfol

▶▶▶ 7a Canfod ein byd

Mewn nifer o leoedd yng ngwledydd Prydain fe welwch chi orsafoedd radar anferth tebyg i'r un yn y llun gyferbyn.

Cafodd llawer o'r rhain eu hadeiladu yn ystod y 1960au.
Eu gwaith oedd canfod ymosodiadau gan daflegrau a fyddai'n cael eu lansio yn Rwsia.
Mae'r bygythiad o Rwsia yn llawer llai heddiw, ond mae'r gorsafoedd hyn yn cael eu defnyddio o hyd i fonitro digwyddiadau ledled y byd.
Yn ogystal â radar, maen nhw'n defnyddio technoleg lloerenni.

Rhaid i anifeiliaid hefyd allu canfod beth sy'n digwydd o'u cwmpas.
Er mwyn gwneud hyn mae ganddyn nhw gelloedd arbennig o'r enw **derbynyddion**.
Mae'r celloedd hyn wedi'u cynllunio i ganfod **symbyliadau**.

Newidiadau yn ein **hamgylchedd** (y byd o'n cwmpas) yw symbyliadau.

a) Pa fath o newidiadau y byddwch chi'n eu canfod yn ystod diwrnod arferol?

Nid yw celloedd derbynyddion wedi eu lleoli ar hap yn y corff.
Yn hytrach, maen nhw'n dueddol o fod wedi'u crynhoi mewn organau.
Yr enw ar y rhain yw **organau synhwyro**.

b) Faint o organau synhwyro y gallwch chi eu henwi?

Llygaid

Mae gennych chi gelloedd **goleusensitif** yn eich llygaid.
Mae'r rhain yn sensitif i ba mor llachar yw'r golau.
Felly, rydych yn gallu dweud pryd y bydd hi'n tywyllu.
Maen nhw hefyd yn canfod lliwiau gwahanol.
Mae'r derbynyddion hyn yn anfon yr holl wybodaeth hon i'ch ymennydd.
Yna bydd yr ymennydd yn newid yr wybodaeth yn llun y gallwch chi ei weld.

Mae'r ci hwn yn canfod ei amgylchedd.

Clustiau

Mae clustiau yn cynnwys dau fath o dderbynnydd. Mae gwaith gwahanol gan y ddau.

- Mae rhai o'r celloedd yn sensitif i sŵn. Bydd y rhain yn anfon gwybodaeth i'r ymennydd. Yna bydd yr ymennydd yn prosesu'r wybodaeth gan ffurfio'r synau y byddwch yn eu clywed.
- Mae celloedd eraill, sy'n ddwfn y tu mewn i'ch clust, yn sensitif i newidiadau yn ystum eich corff. Â chymorth eich ymennydd, mae'r rhain yn eich galluogi i gadw eich cydbwysedd.

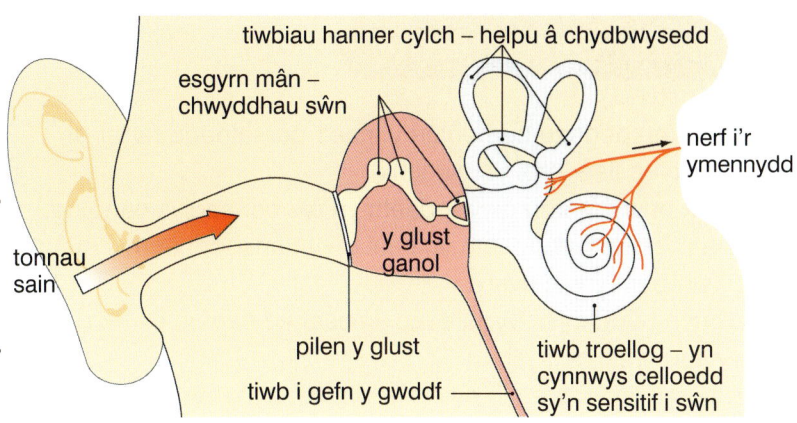

Y glust ddynol.

tiwbiau hanner cylch – helpu â chydbwysedd
esgyrn mân – chwyddhau sŵn
nerf i'r ymennydd
tonnau sain
y glust ganol
pilen y glust
tiwb i gefn y gwddf
tiwb troellog – yn cynnwys celloedd sy'n sensitif i sŵn

c) Pam y byddwch chi weithiau yn teimlo pendro os bydd annwyd trwm arnoch?

Y tafod a'r trwyn

Mae'r ddau organ hyn yn sensitif i gemegau.

- Mae gan y tafod gannoedd o dderbynyddion mân ar ei arwyneb. Mae'r rhain yn sensitif i'r cemegau sydd mewn bwyd a diod. Mae rhannau gwahanol o'r tafod yn sensitif i wahanol flasau, e.e. melys a chwerw.
- Mae'r trwyn yn gwneud gwaith tebyg. Mae ei gelloedd sensitif yn canfod y cemegau sydd mewn nwyon. Mae'r trwyn a'r tafod gyda'i gilydd yn ein galluogi ni i ganfod blasau mewn pryd o fwyd.

ch) Pam nad yw eich synnwyr blasu yn gweithio'n dda iawn pan fydd annwyd arnoch chi?

Mae'r trwyn a'r geg yn bwysig ar gyfer y synnwyr blasu.

Croen

Yn olaf, mae yna dderbynyddion yn eich croen. Mae'r rhain yn sensitif i nifer o bethau. Y rhain sy'n gadael i chi deimlo:

- poen pan fyddwch yn cael anaf
- gwasgedd neu bwysau – mae hyn yn ddefnyddiol pan fyddwch yn codi rhywbeth
- tymheredd – felly gallwch ddweud pan fydd rhywbeth yn boeth
- cyffyrddiad – felly byddwch yn gallu adnabod y gwahaniaeth rhwng pethau garw a rhai llyfn.

Mae pobl ddall yn darllen trwy ddefnyddio eu synnwyr cyffwrdd.

I'ch atgoffa!

1. Copïwch a chwblhewch:

   Mae gan anifeiliaid …… …… er mwyn canfod y byd o'u cwmpas. Mae'r celloedd hyn yn ffurfio'r …… …… Y gair am newid yn yr …… yw ……

2. Petaech chi ddim yn gallu synhwyro gwasgedd, eglurwch pam y byddai bron yn amhosibl i chi gydio mewn wy a'i godi.

3. Pa ran o'r corff sy'n cyd-drefnu eich holl synhwyrau?

7b Cyd-drefnu

Nid ar eu pennau eu hunain y mae'r gorsafoedd radar ar y dudalen flaenorol yn gweithio.
Maen nhw'n anfon gwybodaeth yn ôl i bencadlys canolog.
Yna bydd yr wybodaeth yn cael ei dadansoddi er mwyn gweld beth yw ei hystyr.
Wedyn bydd cyfarwyddiadau yn cael eu hanfon i rannau eraill o'r system.
Yna, mewn ymateb i'r cyfarwyddiadau hyn, bydd pethau'n cael eu gwneud.

Mae eich system nerfol yn gweithio mewn ffordd debyg.
Mae'r derbynyddion yn anfon gwybodaeth i'r brif system nerfol.

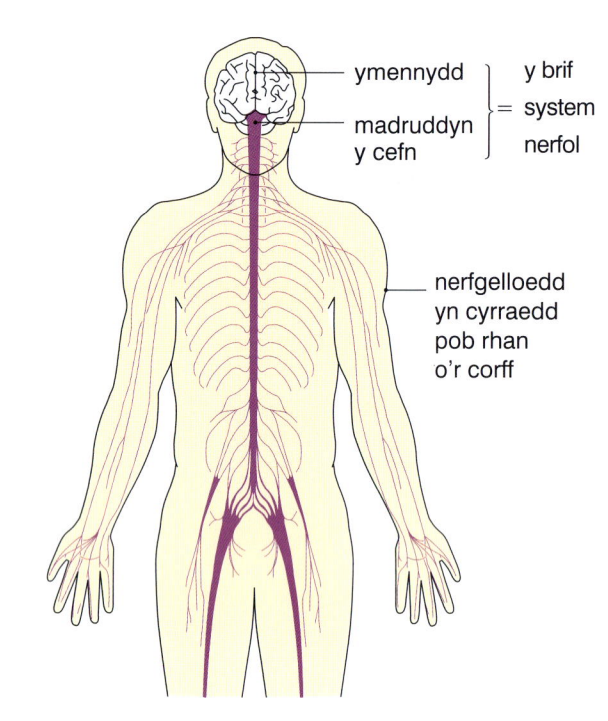

> Mae'r **brif system nerfol** yn cynnwys yr **ymennydd** a **madruddyn y cefn**.

Bydd yr ymennydd yn dadansoddi'r wybodaeth hon.
Yna bydd yn anfon cyfarwyddiadau i **gyhyrau** a **chwarennau**.
Dyma rannau'r corff sy'n rhoi yr **ymatebion** ar waith.

Un o swyddogaethau'r ymennydd a madruddyn y cefn yw **cyd-drefnu** popeth y mae eich corff yn ei wneud.
Ystyr hyn yw eu bod yn sicrhau bod yr holl wahanol rannau yn gweithio gyda'i gilydd yn drefnus.

Dychmygwch mai pêl-droediwr ydych chi.
Mae pêl yn dod tuag atoch chi o gic gornel.
Er mwyn penio'r bêl i'r rhwyd rhaid i chi gyd-drefnu eich gweithredoedd.
Rhaid i chi amseru eich naid yn union mewn pryd i gwrdd â'r bêl.
Meddyliwch am yr holl gyhyrau y mae'n rhaid eu cyd-drefnu er mwyn gwneud hyn!

Hyd yn oed pan fyddwn ni'n cysgu, mae cyd-drefnu'n bwysig.
Mae'n rhaid i ni gyd-drefnu ein llyncu, ein hanadlu a churiad ein calon er mwyn cadw'n fyw.

Y system nerfol ddynol.

Diffyg cyd-drefnu!

a) Pam y mae angen cyd-drefnu da rhwng y llygaid a'r dwylo ar athletwyr mewn ras gyfnewid?
b) Pa chwaraeon eraill sydd angen cyd-drefnu da rhwng y llygaid a'r dwylo?

Nerfau

Ym Mhennod 1 gwelsom fod nerfgelloedd yn fath arbennig o gelloedd.
Mae'r celloedd hyn yn cynnwys y rhan fwyaf o nodweddion celloedd arferol anifeiliaid.
Mae ganddyn nhw gellbilen, cytoplasm a chnewyllyn.
Yr hyn sy'n wahanol yw eu siâp.
Mae cytoplasm nerfgelloedd wedi ei estyn fel edefyn hir a thenau.
Byddwn yn aml yn galw'r edefyn hwn yn **ffibr nerfol**.

> **c)** Pam y mae angen i nerfgelloedd fod yn hir a thenau?

Nerfgell.

Mae yna ddau fath o nerfgell (**niwron**).

> Mae niwronau **synhwyraidd** yn cludo gwybodaeth *o'r* derbynyddion *i'r* brif system nerfol.

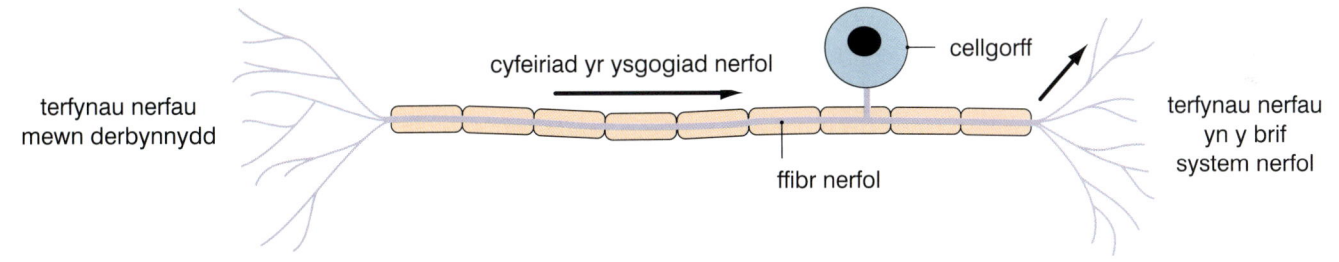

Nerfgell synhwyraidd.

Labels: terfynau nerfau mewn derbynnydd; cyfeiriad yr ysgogiad nerfol; cellgorff; ffibr nerfol; terfynau nerfau yn y brif system nerfol

> Mae niwronau **echddygol** yn cludo gwybodaeth *o'r* brif system nerfol *i'r* cyhyrau a'r chwarennau.

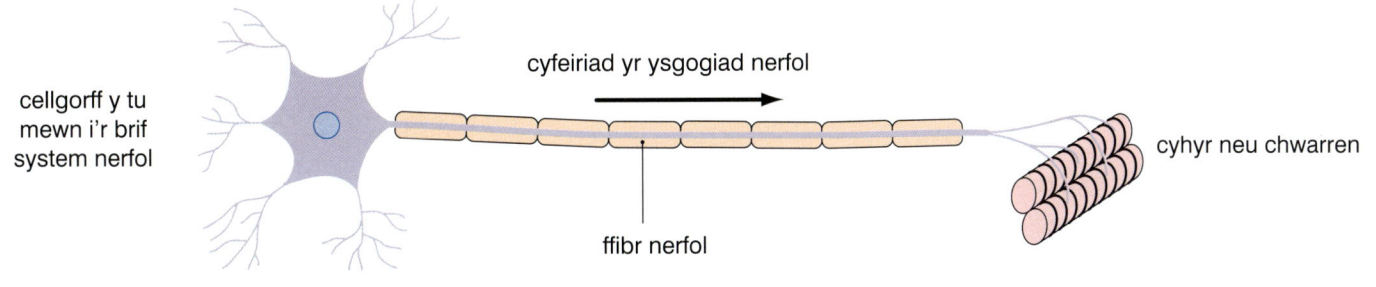

Nerfgell echddygol.

Labels: cellgorff y tu mewn i'r brif system nerfol; cyfeiriad yr ysgogiad nerfol; ffibr nerfol; cyhyr neu chwarren

Yn y ddau achos, mae gwybodaeth yn cael ei chludo ar hyd niwronau ar ffurf signalau trydanol (**ysgogiadau**).

I'ch atgoffa!

1 Copïwch a chwblhewch:

Mae'r ymennydd yn …… popeth y mae'r corff yn ei wneud. Mae gwybodaeth yn symud ar hyd nerfgelloedd …… o'r …… i'r …… Yna bydd hon yn anfon negeseuon ar hyd nerfgelloedd …… i'r …… a'r …… Mae'r ffurfiadau hyn yn rhoi …… ar waith.

2 Pa ran o'r corff sy'n amddiffyn y nerfgelloedd bregus rhag cael eu niweidio?

3 Beth yw ystyr 'y brif system nerfol'?

4 Ym mha ffordd y mae nerfgelloedd yn debyg i wifrau teleffon?

▶▶▶ 7c Gweithredoedd atgyrch

Bydd pobl yn aml yn dweud bod yn rhaid gallu ymateb yn gyflym, ac yn reddfol bron, er mwyn llwyddo ym myd chwaraeon. Gweithredoedd atgyrch yw'r ymatebion hynny.
Maen nhw'n wahanol i ymatebion cyffredin oherwydd eu bod yn **awtomatig**.
Ystyr hynny yw eu bod yn digwydd heb i chi orfod meddwl amdanyn nhw.

a) Enwch ymatebion sy'n awtomatig mewn pobl.

> Mae gweithredoedd atgyrch fel arfer yn gyflym iawn a'u pwrpas yw osgoi niwed.

- Mae pesychu yn enghraifft dda o weithred atgyrch. Pwrpas pesychu yw cael gwared â phethau o'ch pibell wynt. Pan fydd bwyd yn mynd i lawr 'y ffordd anghywir', bydd pesychu'n egnïol yn aml yn ei symud.

- Mae amrantu yn rhywbeth arall na fyddwch fel arfer yn meddwl amdano.
  Ynghyd â'r hylif sy'n gwneud dagrau, mae amrantu yn cadw pelen y llygad yn glir rhag llwch a baw.

Mewn rhai chwaraeon, mae gallu ymateb neu adweithio'n gyflym iawn yn bwysig.
Bydd gôl-geidwad pêl-droed yn aml yn gwneud arbediad adweithiol, e.e. pan fydd rhywun yn anelu at y gôl o bellter agos iawn.
Nid gweithredoedd atgyrch yw'r rhain mewn gwirionedd, ond mae'r gôl-geidwad wedi dysgu adweithio neu ymateb yn sydyn.

b) Pam y mae'n bwysig bod gwibwyr yn gallu ymateb yn gyflym?
c) Ym mha chwaraeon eraill y byddai arnoch angen adweithio'n sydyn?

Yn aml mae gweithredoedd y byddwn ni'n meddwl amdanyn nhw yn cael eu galw'n **weithredoedd gwirfoddol**.
Er enghraifft, codi a darllen y llyfr hwn.
Enw arall ar weithred atgyrch (un na fyddwn yn meddwl amdani) yw **gweithred anwirfoddol**.

Ymateb yn sydyn.

Diolch byth am weithredoedd atgyrch.

Arbediad adweithiol.

Y llwybr atgyrch

Mae'r rhan fwyaf o'r system nerfol, ar wahân i'r rhan o'r ymennydd sy'n meddwl, yn ymwneud â gweithredoedd atgyrch.

ch) Sut y mae'r ffaith hon yn egluro cyflymder gweithredoedd atgyrch?

Edrychwch ar y diagram.
Mae'n dangos y trywydd y mae ysgogiadau nerfol yn ei ddilyn pan fyddwch chi'n codi rhywbeth poeth.
Yr enw ar y trywydd hwn yw **llwybr atgyrch**.

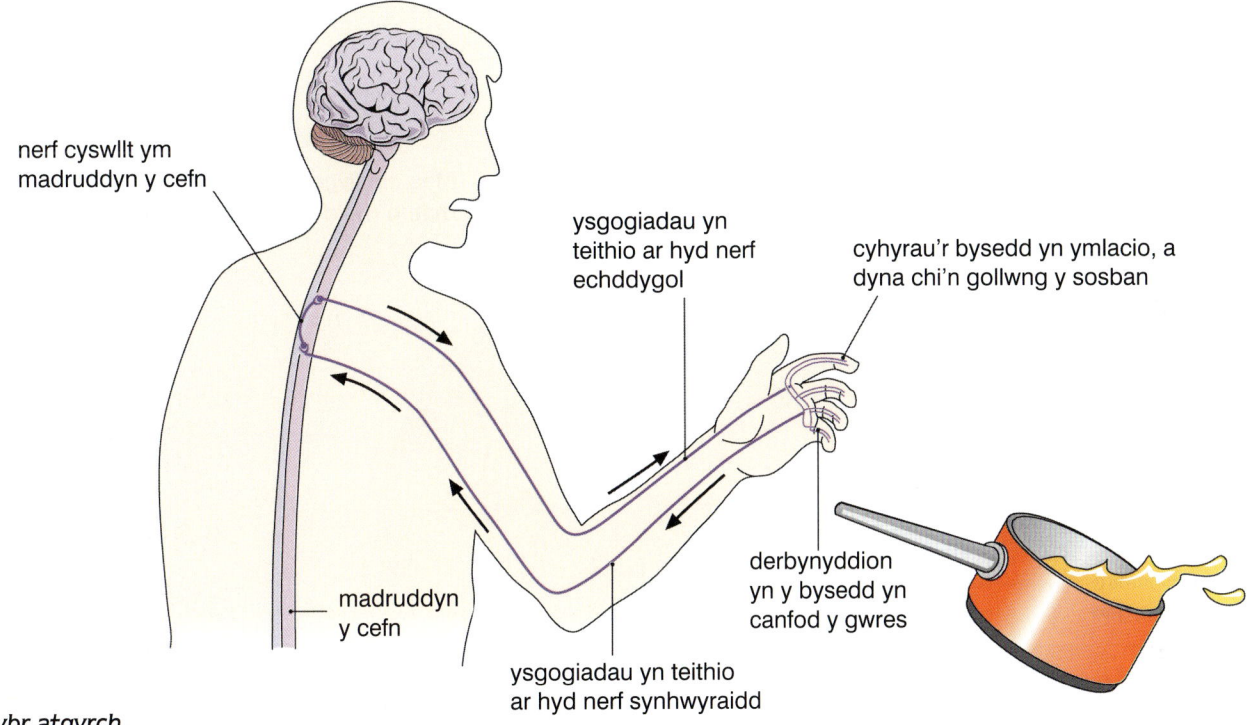

Llwybr atgyrch.

Mae hyn yn enghraifft o **atgyrch cilio**.
Mae gweithredoedd atgyrch fel y rhain yn amddiffyn y corff rhag cael niwed.

d) Nodwch enghraifft arall o atgyrch cilio sy'n amddiffyn y corff.

I'ch atgoffa!

1 Copïwch a chwblhewch:

Mae gweithredoedd atgyrch yn ymatebion ...... Maen nhw'n ...... iawn ac yn ein hamddiffyn rhag ...... Mae'r ysgogiadau nerfol yn teithio ar hyd llwybr ...... Mae gweithredoedd atgyrch yn bwysig iawn mewn llawer o ...... Enw arall ar weithredoedd atgyrch yw gweithredoedd ......

2 Copïwch a chwblhewch y tabl hwn:

Symbyliad	Gweithred atgyrch
golau llachar	
llwch yn y llygad	
bwyd yn y llwnc	
bwyd yn y bibell wynt	
cyffwrdd â fflam boeth	

▶▶▶ 7ch Y llygad

Mae'r llygad yn enghraifft o dderbynnydd.
Mae'n derbyn gwybodaeth am y canlynol:
- cryfder golau
- lliw'r golau
- siâp gwrthrychau
- symudiad gwrthrychau.

a) Lluniwch restr o bopeth na fyddech chi'n gallu eu gwneud oni bai eich bod yn gallu gweld.

Bydd y rhestr yn un hir iawn a dylai gynnwys darllen y llyfr hwn!

Mae ein llygaid yn werthfawr iawn, felly mae'n rhaid inni ofalu amdanyn nhw.

Rhannau'r llygad

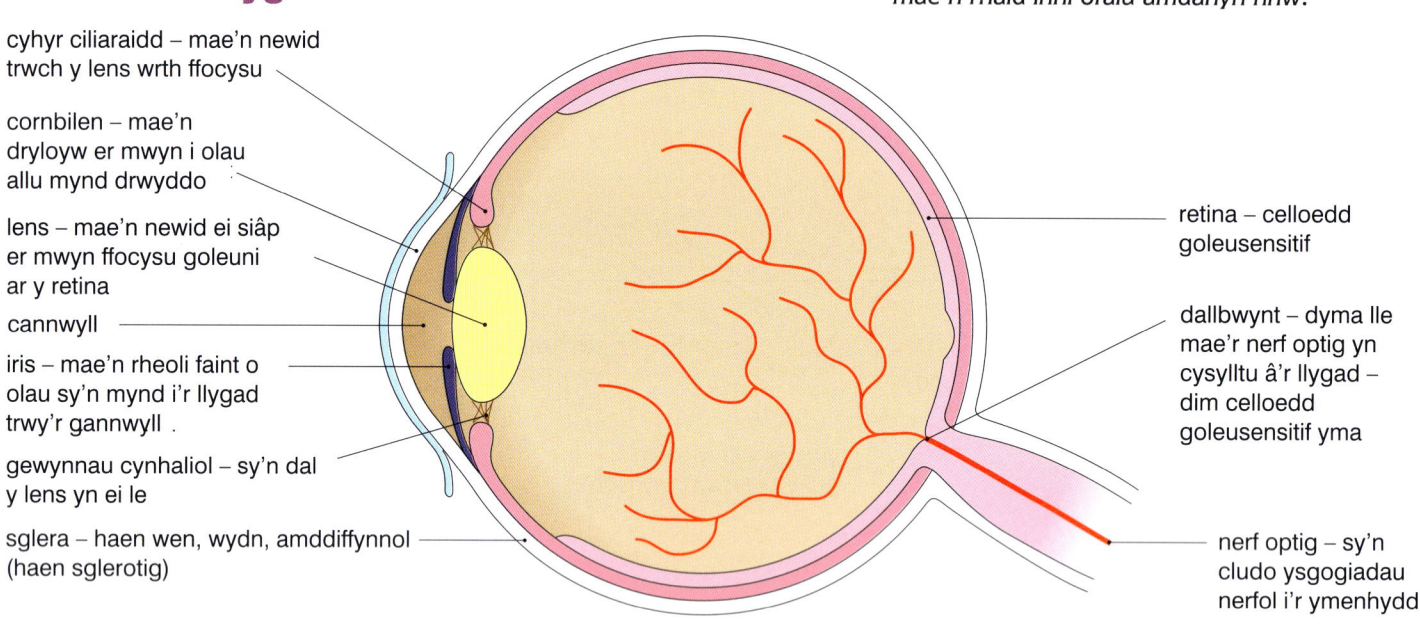

cyhyr ciliaraidd – mae'n newid trwch y lens wrth ffocysu

cornbilen – mae'n dryloyw er mwyn i olau allu mynd drwyddo

lens – mae'n newid ei siâp er mwyn ffocysu goleuni ar y retina

cannwyll

iris – mae'n rheoli faint o olau sy'n mynd i'r llygad trwy'r gannwyll.

gewynnau cynhaliol – sy'n dal y lens yn ei le

sglera – haen wen, wydn, amddiffynnol (haen sglerotig)

retina – celloedd goleusensitif

dallbwynt – dyma lle mae'r nerf optig yn cysylltu â'r llygad – dim celloedd goleusensitif yma

nerf optig – sy'n cludo ysgogiadau nerfol i'r ymenhydd

Mae'r llygaid yn gorwedd mewn dau dwll yn eich penglog.
Y tyllau hyn yw'r **creuau** (crau yw un).
Mae tri phâr o gyhyrau yn symud eich llygaid.
Mae'r rhain yn caniatáu i'ch llygaid droi yn eu creuau.

Sut rydym ni'n gweld?

- Mae pelydrau goleuni yn mynd i'r llygad o wrthrych rydych chi'n edrych arno.
- Wrth fynd i mewn maen nhw'n cael eu plygu gan y **cornbilen** a hefyd gan y **lens**.
- Yna maen nhw'n cael eu **ffocysu** ar y **retina**.
- Mae'r retina yn cynnwys miloedd o gelloedd **goleusensitif**.
- Mae'r pelydrau goleuni yn ffurfio delwedd fechan â'i phen i waered ar wyneb y retina.
- Yna bydd y celloedd goleusensitif yn anfon y ddelwedd hon (ar ffurf ysgogiadau nerfol) i'r ymennydd, ar hyd y **nerf optig**.
- Mae'r ymennydd yn troi'r ddelwedd â'i phen i fyny ac yn gadael ichi weld y gwrthrych fel y mae mewn gwirionedd.

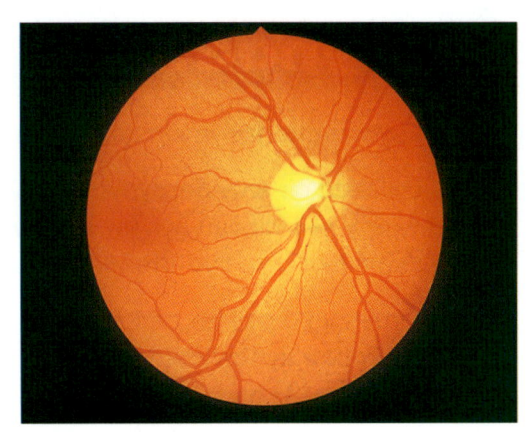

Y retina goleusensitif.

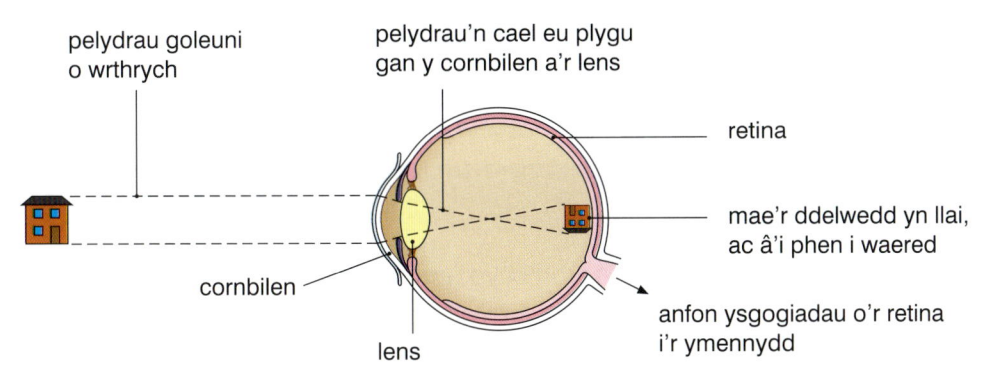

Dyma sut rydym ni'n gweld.

Mae dau lygad yn well nag un!

Ydych chi erioed wedi meddwl pam y mae gennym ni ddau lygad? Mae'n anodd barnu pellter yn gywir ag un llygad yn unig.
Rhowch gynnig ar hyn:
- Caewch un llygad.
- Daliwch un bys o'ch blaen.
- Ceisiwch gyffwrdd y bys hwn â bys o'r llaw arall.
- Gwnewch y prawf eto ond â'ch dau lygad ar agor.

Pa un oedd yr hawsaf, ag un llygad neu â'r ddau?

Mae'n rhaid gallu barnu pellter yn gywir er mwyn gyrru'n ddiogel.

I'ch atgoffa!

1. Copïwch a chwblhewch:

   Mae goleuni yn mynd i'r llygad trwy'r ......
   Mae'n cael ei ffocysu ar y ...... gan y ...... a'r
   ...... Mae llawer o gelloedd sy'n ...... yn y retina.

   Mae'r ddelwedd sydd ar y retina yn cael ei hanfon i'r ...., ar hyd y nerf ....

2. Pa ran o'r llygad:
   i) sy'n rheoli maint y gannwyll
   ii) sy'n dal y lens yn ei le
   iii) sy'n cynnwys celloedd goleusensitif
   iv) sydd â rhan ohoni'n dryloyw?

3. Pam y mae dau lygad yn well nag un?

Crynodeb

Mae'r **system nerfol** yn ein galluogi ni i **adweithio** i'r byd o'n cwmpas (ein **hamgylchedd**).

Mae celloedd o'r enw **derbynyddion** yn canfod newidiadau yn ein hamgylchedd.
Yr enw ar y newidiadau hyn yw **symbyliadau**, a'r enw ar ein hadweithiau ni yw **ymatebion**.
Mae'r ymennydd yn **cyd-drefnu** ein holl ymatebion.

Math arbennig o gell yw nerfgell (**niwron**).
Mae **niwronau synhwyraidd** yn cludo **ysgogiadau nerfol** i'r ymennydd.
Mae **niwronau echddygol** yn cludo ysgogiadau i gyhyrau a chwarennau.

Mae rhai adweithiau neu ymatebion yn awtomatig ac yn gyflym dros ben.
Yr enw ar y rhain yw **gweithredoedd atgyrch** ac maen nhw'n ein hamddiffyn rhag cael niwed.

Mae'r **llygad** yn enghraifft o **dderbynnydd**.
Mae wedi'i gynllunio ar gyfer ffocysu goleuni a ffurfio delwedd.
Bydd y ddelwedd yn cael ei throsglwyddo i'r ymennydd ar hyd y nerf optig.
Yna bydd yr ymennydd yn dehongli'r ddelwedd ac yn gadael inni weld beth bynnag yr ydym ni'n edrych arno.

Cwestiynau

1 Copïwch a chwblhewch:

   Mae ein system nerfol yn canfod newidiadau yn ein ...... Yr enw ar y newidiadau hyn yw ...... Mae'r ...... yn derbyn gwybodaeth am y symbyliadau hyn. Yna mae'n ...... ymateb y corff iddyn nhw. Mae'r system nerfol yn cynnwys yr ymennydd a madruddyn y ...... Mae gwybodaeth yn cael ei throsglwyddo o amgylch y system nerfol ar ffurf ysgogiadau ...... Mae'r rhain yn teithio ar hyd nerfgelloedd ...... a ......

2 Nodwch ddwy enghraifft o symbyliadau a'r ymatebion sy'n eu dilyn.

3 Sut y mae nerfgelloedd yn addas ar gyfer gwneud eu gwaith?

4 Beth yw'r gwahaniaeth rhwng gweithred wirfoddol a gweithred atgyrch?

5 Ble mewn gwirionedd rydym ni'n 'clywed' synau ac yn 'gweld' gwrthrychau?

6 Pan fydd ci yn arogli ei hoff fwyd, beth yw ei weithred atgyrch (sy'n achosi tipyn o lanast)?

7 Mae gan rai anifeiliaid (e.e. cwningod) lygaid ar ochrau eu pennau yn hytrach nag ar y tu blaen. Beth yw mantais hyn?

8 Mae'r diagram hwn yn dangos y llygad dynol:

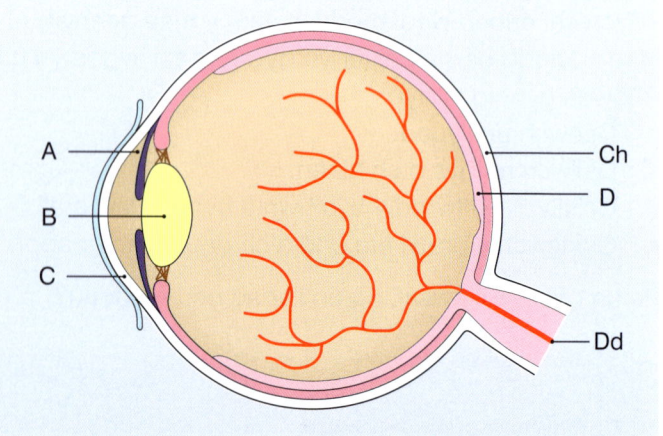

   i) Enwch y rhannau sydd wedi eu labelu'n A–Dd.

   ii) Pa un o'r rhannau hyn sy'n ffocysu goleuni?

   iii) Pa ran sy'n cludo gwybodaeth i'r ymennydd?

PENNOD 8
Cadw rheolaeth

Ydych chi erioed wedi cerdded i mewn i adeilad wedi'i aerdymheru ar ddiwrnod poeth?
Mae'r ystafell yn ymddangos yn oer i ddechrau.
Mae hyn oherwydd bod ei thymheredd yn cael ei **reoli**, ac o'i gymharu â'r tu allan mae'n llawer oerach.

Mae pobl yn llwyddiannus iawn yn rheoli eu hamodau byw a'u hamodau gweithio.
Hyd yn oed os nad oes system aerdymheru yn eich ysgol, bydd gwres canolog yno.
Thermostat sy'n rheoli system wres canolog.

Gallwch ddewis gosod thermostat ar unrhyw dymheredd.
Os bydd tymheredd yr ystafell yn gostwng, yna bydd y thermostat yn cynnau'r system.
Os bydd y tymheredd yn codi'n rhy uchel, bydd yn ei ddiffodd.

Mae'r corff dynol yn gweithio mewn ffordd debyg.
Mae ganddo ffyrdd o gadw ei amodau mewnol o dan reolaeth.

Mewn adeiladau modern mae'r amodau yn cael eu rheoli'n ofalus.

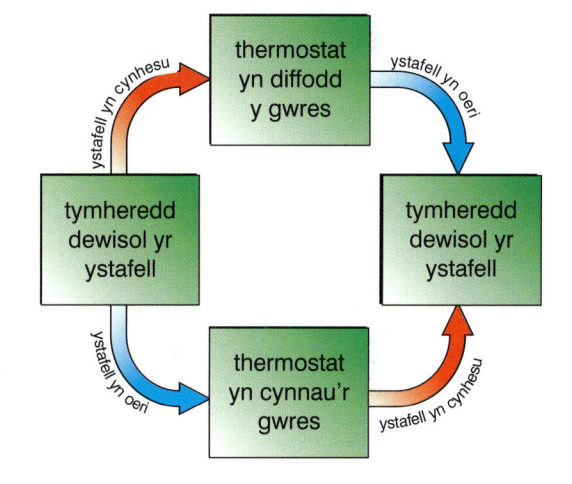

a) Beth yw tymheredd normal y corff dynol?

Mae rheoli ein hamodau mewnol yn bwysig ar gyfer cadw'r cyrff i weithio'n iawn.
Ar wahân i'r tymheredd mae angen inni hefyd reoli:
- faint o ddŵr sydd yn y corff
- faint o **ïonau** sydd yn y corff
  (e.e. ïonau sodiwm a chlorid mewn halen).

Er mwyn cadw'r corff i weithio mae angen gwaredu gwastraff hefyd.

> Y ddau brif gynnyrch gwastraff yw:
> - nwy carbon deuocsid
> - wrea – sy'n cael ei wneud yn yr iau/afu wrth i asidau amino diangen gael eu dadelfennu.

b) Sut y mae'r corff yn gwneud nwy carbon deuocsid? (Awgrym: edrychwch ar dudalen 26.)

▶▶▶ 8a Sychu

Pam y mae **dŵr** mor bwysig?

Dŵr yw tua 67% o'r corff dynol.

- Mae'r holl adweithiau cemegol mewn celloedd yn digwydd mewn hydoddiant dyfrllyd.
  Mewn gwirionedd, gallwn fyw heb fwyd am lawer mwy o amser nag y gallwn fyw heb ddŵr.
- Mae'r **arennau** yn rheoli faint o ddŵr sydd yn y corff.
  Mae'r arennau hefyd yn cael gwared â sylweddau gwenwynig y mae celloedd yn eu gwneud.
- Os bydd yr arennau yn methu gweithio o gwbl, mae'n rhaid i beiriant **dialysis** wneud eu gwaith.
  Os na fydd yr arennau yn dechrau gweithio eto, efallai y bydd angen **trawsblaniad**.
  Mae gosod aren iach yn lle aren afiach yn llawdriniaeth gyffredin a llwyddiannus iawn.

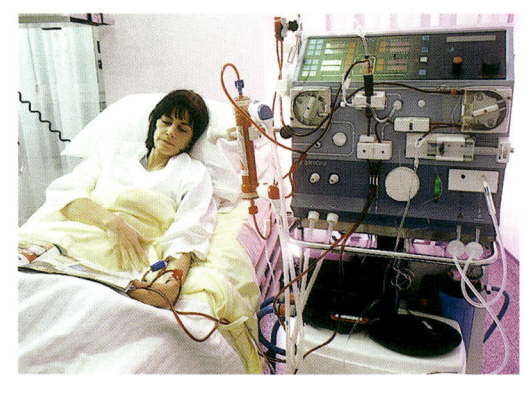

Mae peiriant dialysis yn gwneud yr un gwaith ag aren iach yn y rhan fwyaf o bobl.

a) Pam, yn eich barn chi, y mae yna restr aros ar gyfer llawdriniaethau trawsblannu arennau?

Ble mae'r arennau?

Mae gennych ddwy aren yng ngwaelod eich cefn.

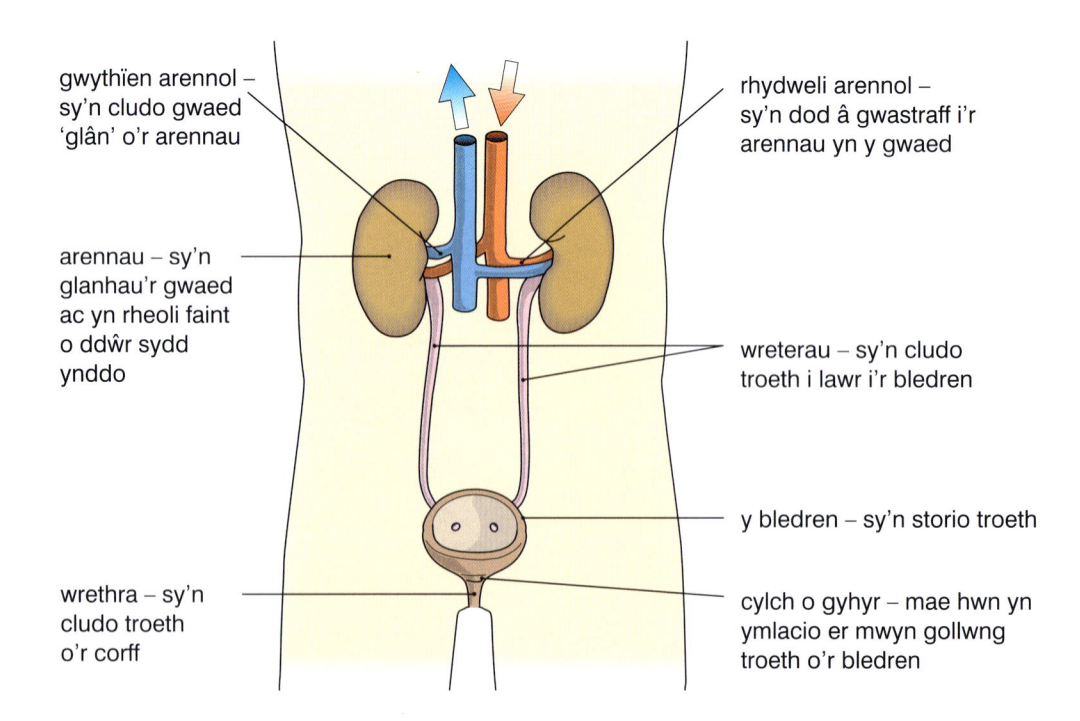

- gwythïen arennol – sy'n cludo gwaed 'glân' o'r arennau
- rhydweli arennol – sy'n dod â gwastraff i'r arennau yn y gwaed
- arennau – sy'n glanhau'r gwaed ac yn rheoli faint o ddŵr sydd ynddo
- wreterau – sy'n cludo troeth i lawr i'r bledren
- y bledren – sy'n storio troeth
- wrethra – sy'n cludo troeth o'r corff
- cylch o gyhyr – mae hwn yn ymlacio er mwyn gollwng troeth o'r bledren

Glanhau'r gwaed

Wrea yw enw'r sylwedd gwenwynig y mae'r arennau yn ei waredu. Mae wrea yn cael ei wneud yn yr iau/afu wrth ddadelfennu asidau amino sydd **dros ben**.

> **b)** Beth yw gwaith arferol asidau amino?
> (Awgrym: edrychwch ar dudalen 21.)

Mae'r cemegyn hwn yn hydoddi mewn dŵr gan wneud **troeth**.
Mae troeth hefyd yn cynnwys ïonau (halwynau) sydd dros ben.
Mae'r wrea a'r ïonau sydd dros ben yn cael eu tynnu o'r gwaed trwy broses **hidlo**.

Yn ddwfn y tu mewn i'r aren mae yna filoedd o dwndisau hidlo mân. Mae'r rhain yn gweithio mewn ffordd debyg i'r twndis/twmffat hidlo y byddwch yn ei ddefnyddio wrth wneud gwaith cemeg. Moleciwlau bach yn unig sy'n gallu mynd trwy'r twndisau.

Mae'r aren yn gallu tynnu gwahanol gyfeintiau o ddŵr o'r corff. Mae celloedd yn yr ymennydd sy'n canfod faint o ddŵr sydd yn y gwaed.

Os bydd y corff wedi **dadhydradu** (mynd yn brin o ddŵr) bydd yr ymennydd yn rhoi cyfarwyddyd i'r aren dynnu **llai** o ddŵr o'r gwaed.
Dyna pam y byddwch yn cynhyrchu llai o droeth (a throeth cryfach) ar ddiwrnod poeth.

Ym mha ffyrdd eraill y byddwn ni'n colli dŵr?

Byddwn yn colli dŵr o'r ysgyfaint wrth allanadlu.
Byddwn hefyd yn ei golli trwy'r croen wrth chwysu.
Nid yw'n hawdd rheoli'r colledion hyn.
Dyna pam y mae swyddogaeth yr arennau yn rheoli lefelau dŵr y corff mor bwysig.

> **c)** Pam y byddwch chi'n troethi (gwneud dŵr) yn amlach ar ddiwrnod oer yn y gaeaf?

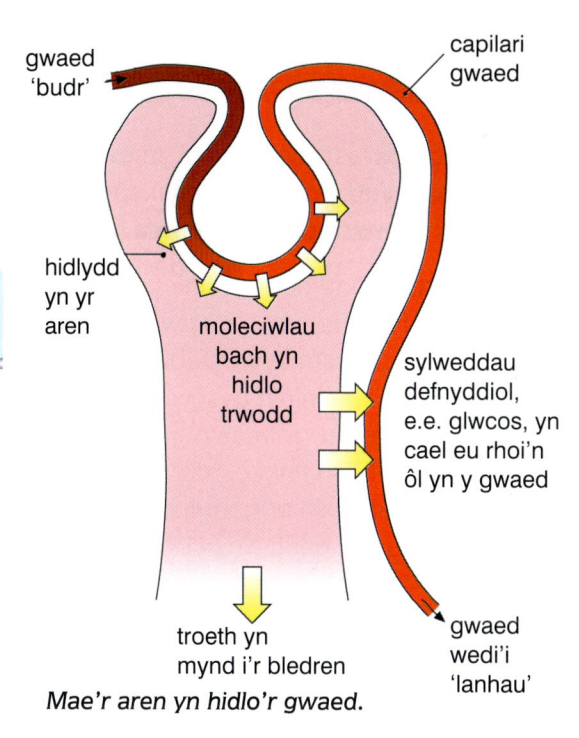

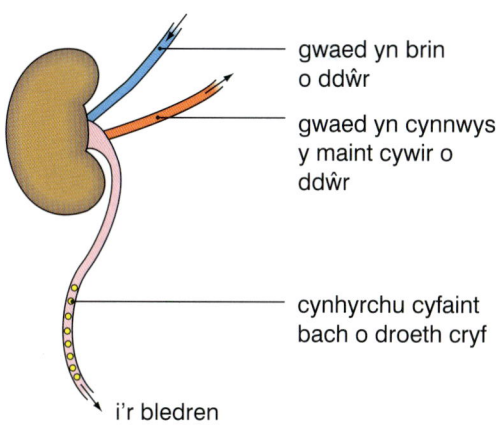

Mae'r aren yn hidlo'r gwaed.

Dyma sy'n digwydd os bydd rhy ychydig o ddŵr yn y gwaed.

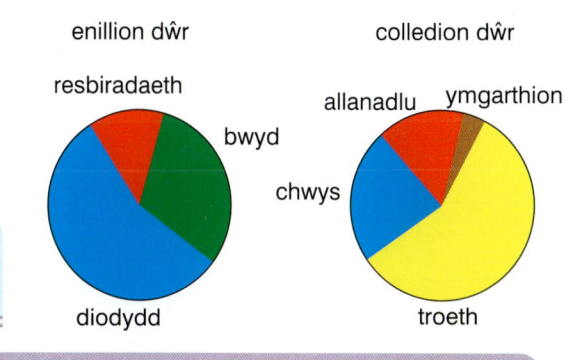

enillion dŵr: resbiradaeth, bwyd, diodydd
colledion dŵr: allanadlu, ymgarthion, chwys, troeth

I'ch atgoffa!

1 Copïwch a chwblhewch:

Mae'r ...... yn rheoli lefel ...... y corff. Maen nhw hefyd yn tynnu sylweddau ...... o'r ...... Maen nhw'n cynhyrchu ...... sy'n cynnwys dŵr, ... a ......

2 Sut y mae eich corff yn cael y rhan fwyaf o'i ddŵr?

3 Enwch ddwy ffordd o drin rhywun sydd â chlefyd yr arennau.

▶▶▶ 8b Codi'r gwres

Mae rheoli gwres y corff dynol yn bwysig dros ben. Bob gaeaf bydd y newyddion yn sôn am hen bobl yn marw o **hypothermia**.

Tymheredd craidd normal ein cyrff yw **37 °C**. Os bydd y tymheredd yn gostwng o dan 35 °C, yna bydd hypothermia yn datblygu. Mae'r cyflwr hwn yn gwneud i bobl deimlo'n gysglyd, yn arafu curiad y galon a'r gyfradd anadlu, ac mae'n gallu arwain at farwolaeth. Nid ar hen bobl yn unig y mae'r cyflwr hwn yn effeithio. Mae'n gallu effeithio ar bobl o bob oed os byddan nhw mewn awyrgylch oer iawn.

Mae'r person hwn mewn perygl o ddatblygu hypothermia.

a) Pam y mae hypothermia yn effeithio ar hen bobl yn arbennig?

Dywedwn fod bodau dynol yn **anifeiliaid gwaed-cynnes**. Mae hyn yn golygu ein bod fel arfer yn gallu cadw tymheredd ein corff yn sefydlog ar 37 °C.

b) Pryd y byddwn ni'n aml yn methu cadw ein tymheredd yn gyson?

Mae ein corff yn cynhyrchu gwres oherwydd yr holl adweithiau cemegol sy'n digwydd ynddo.
Ein gwaed sydd yn cludo'r gwres hwn o amgylch y corff.
Mae'r croen yn chwarae rhan bwysig yn y broses o gadw neu golli'r gwres hwn.
Dyma ddiagram sy'n dangos adeiledd y croen:

Diagram o'r croen yn dangos: mandwll chwys, celloedd croen marw, cyhyr blewyn, blewyn, derbynnydd tymheredd, derbynnydd cyffyrddiad, derbynnydd poen, chwarren chwys, haen o gelloedd braster, pibellau gwaed.

Oeri

Mae'r ymennydd yn canfod pryd y bydd ein tymheredd yn dechrau codi.

Os bydd yn codi'n uwch na 37 °C, ni fydd yr ensymau sydd yn ein celloedd yn gweithio cystal. Ensymau sy'n rheoli'r adweithiau cemegol yn y corff.

Pan fyddwch yn mynd yn rhy boeth:
- Byddwch yn dechrau chwysu mwy.
  Pan fydd y chwys yn anweddu o'ch croen byddwch yn oeri.
- Bydd y pibellau gwaed o dan eich croen yn mynd yn lletach (fasoymlediad).
  Mae hyn yn gadael i fwy o wres ddianc i'r aer.
- Bydd y blew ar eich croen yn gorwedd yn wastad.
  Mae hyn yn ei gwneud hi'n haws i wres ddianc.

Mewn tywydd poeth.

c) Pam y byddwch chi'n mynd yn goch pan fyddwch chi'n boeth?

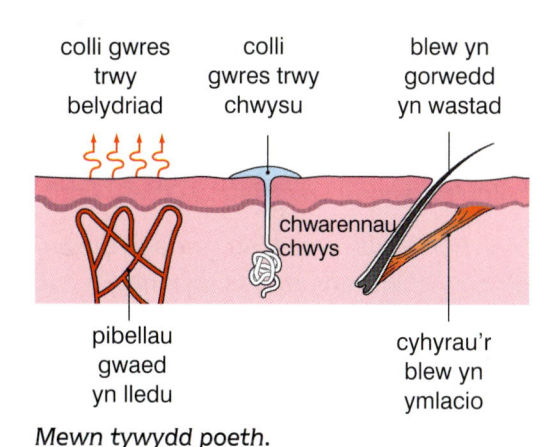

Cadw'n gynnes

Pan fyddwch chi'n oeri gormod:
- Byddwch yn chwysu llai.
- Bydd y pibellau gwaed o dan eich croen yn culhau (fasogyfyngiad) ac yn gadael i lai o wres ddianc.
- Bydd y blew ar eich croen yn sefyll yn syth.
  Mae hyn yn dal aer cynnes yn agos at eich croen.
- Byddwch yn dechrau crynu.
  Mae crynu'n digwydd pan fydd eich cyhyrau yn dechrau cyfangu ac ymlacio yn gyflym iawn.
  Mae hyn yn cynhyrchu gwres ychwanegol.

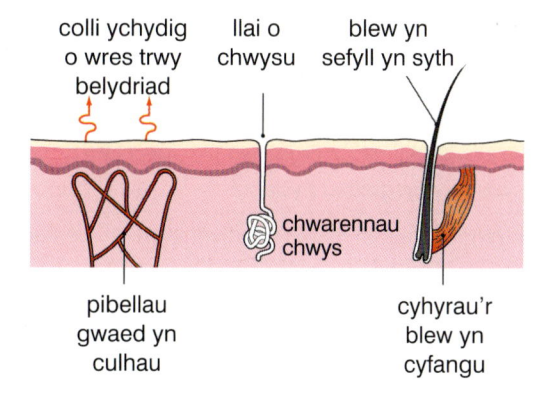

Mewn tywydd oer.

I'ch atgoffa!

1. Copïwch a chwblhewch:

   Tymheredd normal y corff yw ...... Os bydd yn codi'n uwch na hyn ni fydd ...... yn gweithio'n iawn. Mae'r ...... yn helpu i reoli ein tymheredd.

   Mae'r ...... yn canfod newidiadau yn y tymheredd.

2. Defnyddiwch yr wybodaeth ar y dudalen hon i egluro pam yr ydych yn edrych yn llwyd a gwelw pan fyddwch yn oer.

3. Ar wahân i reoli tymheredd, beth yw swyddogaethau eraill y croen? (Awgrym: edrychwch ar y diagram ar dudalen 73.)

▶▶▶ 8c Rheolaeth hormonaidd

Ym Mhennod 7 gwelsom sut y mae'r system nerfol yn cyd-drefnu popeth y mae'r corff yn ei wneud. Ond nid y nerfau sy'n cyd-drefnu pob proses. Mae gan y corff system arall, sy'n defnyddio cemegau. **Hormonau** yw'r enw ar y cemegau hyn. Mae hormonau'n chwarae rhan fawr yn helpu'r arennau i reoli lefelau dŵr y corff.

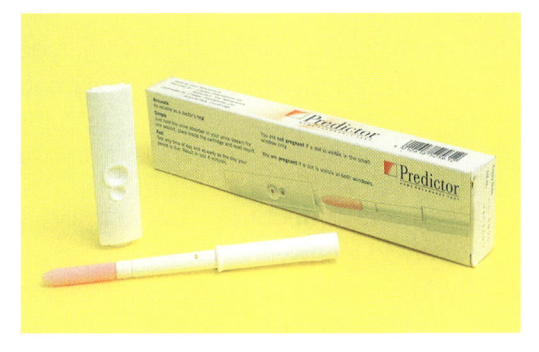

Mae hormonau'n cael eu gwneud mewn rhannau o'r corff o'r enw **chwarennau** ac maen nhw'n cael eu cludo yn **llif y gwaed**.
Ffurfiadau yn y corff sy'n rhyddhau cemegau i'r gwaed yw chwarennau.
Mae ysgogiadau nerfol yn mynd yn syth at rannau penodol o'r corff.
Ond mae hormonau yn mynd i bobman gan eu bod yn teithio o gwmpas yn y gwaed.
Yr enw ar y rhannau o'r corff sy'n cael eu heffeithio gan hormonau yw **cyrch-organau**.

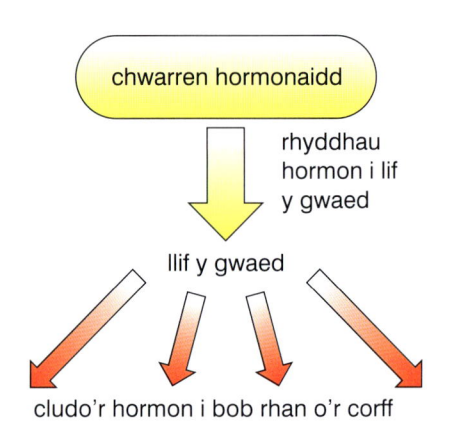

Mae'r tabl hwn yn crynhoi'r gwahaniaethau rhwng y systemau nerfol a hormonaidd.

System nerfol	System hormonaidd
cludo ysgogiadau trydanol	cludo cemegau
ysgogiadau yn teithio'n gyflym iawn	cemegau yn teithio'n arafach
ysgogiadau yn effeithio ar organau penodol	cemegau yn effeithio ar nifer o organau
yn cael effeithiau tymor byr	yn cael effeithiau tymor hir

Mae effeithiau hormonau yn gallu parhau am amser hir. Felly mae ganddyn nhw ran i'w chwarae mewn rheoli pethau fel tyfu a datblygu.

Rhowch y bai ar eu hormonau!

Eich **llencyndod** yw'r adeg honno yn eich bywyd pan fyddwch yn cyrraedd y **glasoed**.
Dyma pryd y bydd eich corff yn dod yn aeddfed yn rhywiol.
Mae hormonau yn dylanwadu ar lencyndod, ac mae'r cyfnod yn gallu bod yn adeg emosiynol iawn.
Weithiau mae'r hormonau hyn yn gwneud i chi deimlo'n bigog ac yn oriog.
Peidiwch â phoeni – fydd hyn ddim yn para'n hir!

Mae pecynnau profi am feichiogrwydd yn gweithio trwy ganfod hormonau yn y troeth.

chwarren hormonaidd
rhyddhau hormon i lif y gwaed
llif y gwaed
cludo'r hormon i bob rhan o'r corff

Ble mae hormonau'n cael eu gwneud?

Mae'r diagram hwn yn dangos y prif hormonau yn y corff a ble maen nhw'n cael eu gwneud.

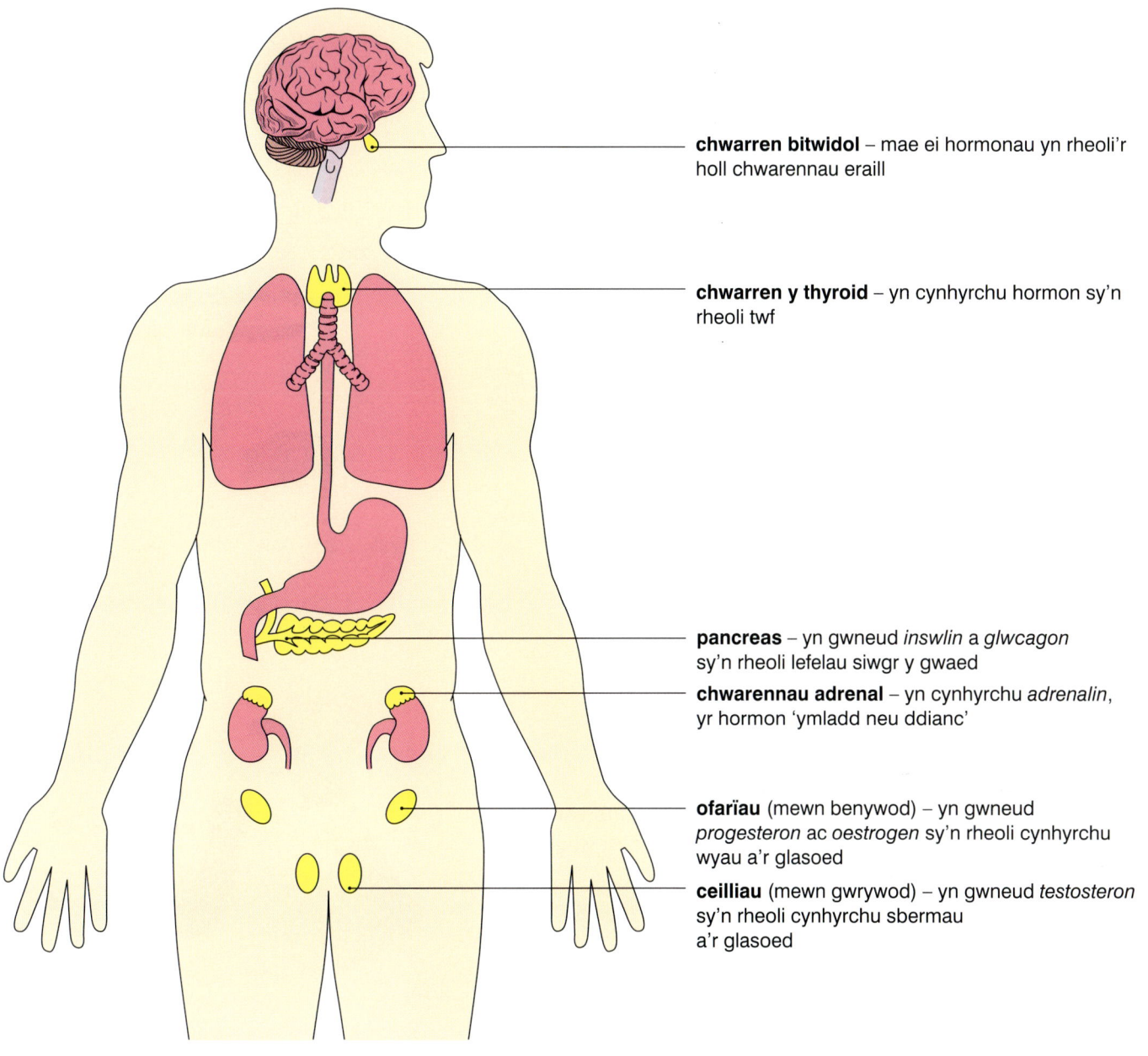

chwarren bitwidol – mae ei hormonau yn rheoli'r holl chwarennau eraill

chwarren y thyroid – yn cynhyrchu hormon sy'n rheoli twf

pancreas – yn gwneud *inswlin* a *glwcagon* sy'n rheoli lefelau siwgr y gwaed

chwarennau adrenal – yn cynhyrchu *adrenalin*, yr hormon 'ymladd neu ddianc'

ofarïau (mewn benywod) – yn gwneud *progesteron* ac *oestrogen* sy'n rheoli cynhyrchu wyau a'r glasoed

ceilliau (mewn gwrywod) – yn gwneud *testosteron* sy'n rheoli cynhyrchu sbermau a'r glasoed

Y *system hormonaidd*.

I'ch atgoffa!

1 Copïwch a chwblhewch:

...... yw hormonau sy'n cael eu cludo yn llif y gwaed. Maen nhw'n helpu i ...... gweithgareddau'r corff. Yr enw ar y rhannau o'r corff sy'n cael eu heffeithio ganddyn nhw yw'r ...... organau. Mae hormonau'n cael eu rhyddhau i'r gwaed o ...... arbennig.

2 Pam y mae hormonau yn teithio'n arafach na negeseuon nerfol?

3 Pa chwarren sy'n gwneud hormonau atgenhedlu mewn:

i) gwrywod?

ii) benywod?

(Awgrym: edrychwch ym Mhennod 16.)

▶▶▶ 8ch Hormonau a siwgr yn y gwaed

Ydych chi'n adnabod rhywun sydd â'r clefyd siwgr?
Mae ganddyn nhw broblem rheoli'r siwgr (glwcos) yn y gwaed.
Mae rheoli'r siwgr yn y gwaed yn enghraifft dda o reolaeth hormonaidd.

> **a)** Pam y mae angen siwgr ar ein celloedd?
> (Awgrym: edrychwch ar dudalen 26.)

Mae'n bwysig bod lefel y glwcos yn ein gwaed yn aros yn gyson.
Ond mae rhai digwyddiadau yn gwneud iddo newid.

- Bydd yn codi ar ôl pryd o fwyd wrth i'r bwyd gael ei dreulio a'i amsugno i'r gwaed.
- Yn ystod ymarfer corff bydd yn gostwng wrth i'n celloedd ddefnyddio siwgr i ryddhau egni.

Y clefyd siwgr

Y **pancreas** sy'n monitro lefelau siwgr y gwaed.

> **b)** Rhan o ba system yn y corff yw'r pancreas?

Fel arfer bydd y pancreas yn rhyddhau hormonau sy'n rheoli lefelau'r glwcos yn y gwaed.
- Os bydd y lefel yn **rhy uchel** bydd yn rhyddhau **inswlin**.
  Mae inswlin yn gwneud i'r iau/afu dynnu siwgr o'r gwaed, a'i storio yn yr iau/afu ar ffurf **glycogen**.
  Mae hyn yn gwneud i lefel y siwgr yn y gwaed ostwng.
- Os bydd y lefel yn **rhy isel**, bydd yn rhyddhau **glwcagon**.
  Mae glwcagon yn gwneud i glwcos gael ei ryddhau o'r iau/afu.
  Mae hyn yn gwneud i lefel y siwgr yn y gwaed godi eto.

Mae'r system hon yn gweithio'n dda yn y rhan fwyaf o bobl.
Nid yw pancreas rhai pobl sydd â'r **clefyd siwgr** yn gweithio'n dda.
Dydyn nhw ddim yn gallu gwneud digon o'r hormon inswlin.
Mae hyn yn golygu nad oes digon ar gael i ddod â lefel eu glwcos yn ôl i lawr ar ôl pryd o fwyd.
Gallai lefel eu glwcos godi'n ddigon uchel i'w lladd.

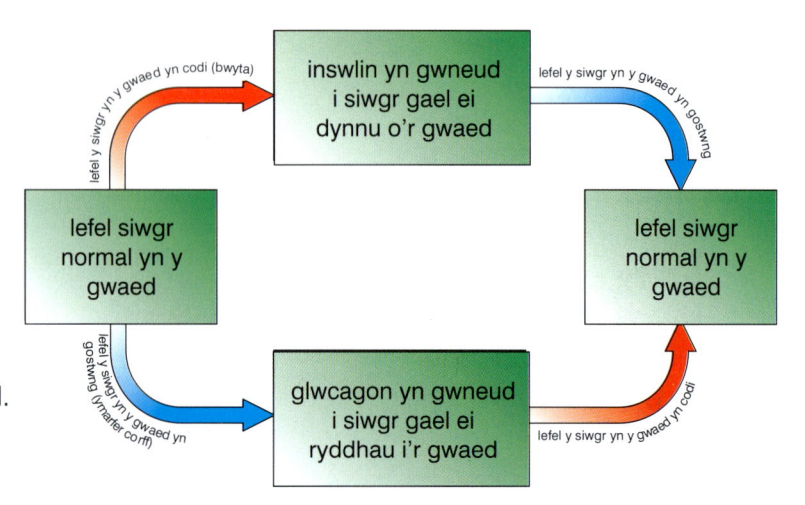

Trin y clefyd siwgr

Mae methu rheoli lefelau glwcos yn y gwaed yn gallu arwain at broblemau eraill.

Weithiau mae'r lefel yn gallu gostwng yn rhy isel.
Mae hyn yn gwneud i ddioddefwyr deimlo'n wan,
yn bigog ac yn ddryslyd.
Weithiau byddan nhw'n llewygu.
Mae'n bosibl trin y sefyllfa hon yn weddol hawdd trwy roi siwgr.
Os ydych chi'n adnabod rhywun â'r clefyd siwgr, dyna pam y bydd ganddyn nhw ddiod neu dabledi glwcos wrth law bob amser.

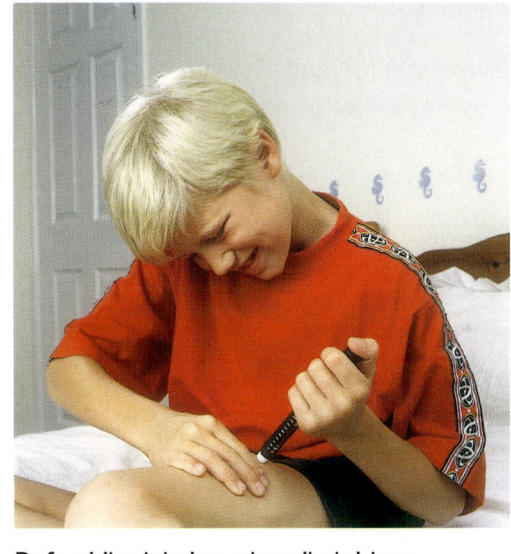

c) Beth yw clefyd nad oes gwella arno?

Mae'r clefyd siwgr yn glefyd nad oes ffordd o'i wella,
ond mae'n bosibl ei reoli.
Bydd rhai pobl yn cymryd tabledi, a phobl eraill
(yn cynnwys plant) yn cael pigiadau o inswlin.
Mae'r cleifion yn gallu rhoi pigiad iddyn nhw eu
hunain, fel arfer ychydig cyn prydau bwyd.
Rhaid i bawb sydd â'r clefyd siwgr fod yn ofalus iawn â'u diet.
Byddan nhw'n osgoi bwyd sy'n cynnwys llawer o siwgr ac yn cael bwyd sy'n cynnwys startsh yn rheolaidd.

Defnyddir pigiadau o inswlin i drin y clefyd siwgr.

Hormonau a chwaraeon

Mae gwyddonwyr wedi darganfod rhai o effeithiau eraill hormonau.

- Cemegau tebyg i **destosteron** yw **steroidau anabolig**. Mae testosteron yn rheoli nodweddion gwrywol, er enghraifft siâp y corff a chyhyrau. Bydd rhai athletwyr yn defnyddio steroidau er mwyn gwneud eu cyhyrau'n fwy. Mae steroidau hefyd yn helpu'r corff i wella'n gyflymach ar ôl anafiadau.
- Mae defnyddio'r cyffuriau hyn yn anghyfreithlon mewn chwaraeon. Mae gan athletwyr sy'n eu defnyddio fantais annheg dros y cystadleuwyr eraill.
- Mae yna hefyd nifer o sgil effeithiau i'w defnyddio. Mae'r rhain yn cynnwys niwed i'r iau/afu a chlefyd y galon. Maen nhw hefyd yn gallu arwain at ddatblygu nodweddion gwrywol mewn menywod sy'n athletwyr – er enghraifft, bod â llawer o flew yn tyfu ar y corff.

Mae nifer o athletwyr wedi defnyddio cyffuriau steroid er mwyn gwella eu perfformiad.

I'ch atgoffa!

1 Copïwch a chwblhewch:

Mae'r siwgr yn y gwaed yn cael ei reoli gan ...... Enwau'r hormonau hyn yw ...... a ..... Maent yn cael eu gwneud yn y ...... Os bydd nam ar y pancreas ni fydd digon o ...... yn cael ei wneud. Mae hyn yn achosi ......

2 Pa ran o'r corff yw'r **cyrch-organ** ar gyfer inswlin?

3 Pam y mae angen i rai pobl â'r clefyd siwgr gael pigiadau inswlin cyn eu prydau bwyd?

▶▶▶ 8d Ymatebion planhigion

Gwyddom fod anifeiliaid yn sensitif i lawer o symbyliadau gwahanol.

a) Allwch chi enwi tri o'r symbyliadau hyn?

> Mae planhigion hefyd yn sensitif, ond i dri symbyliad yn unig:
> - golau
> - lleithder
> - disgyrchiant.

Nid oes gan blanhigion system nerfol i gyd-drefnu eu hymatebion. Ond mae ganddyn nhw system hormonaidd. Mewn anifeiliaid, mae hormonau'n cael eu cludo yn y gwaed. Mewn planhigion, mae hormonau'n cael eu cludo gan yr un system ag sy'n cludo bwyd wedi'i hydoddi.

Cyffion yn chwilio am olau.

b) Beth yw'r enw ar y tiwbiau sy'n cludo bwyd wedi'i hydoddi mewn planhigion? (Awgrym: edrychwch ar dudalen 60.)

Ydych chi erioed wedi meddwl tybed pam y mae cyffion bob amser yn tyfu at i fyny?
A pham y mae gwreiddiau bob amser yn tyfu at i lawr?

Hormonau sy'n gyfrifol am drefnu bod planhigion yn tyfu i'r cyfeiriad cywir.

Cyffion

Mae cyffion bob amser yn tyfu at i fyny, **tuag at** y **golau**. Trwy dyfu at i fyny, maen nhw hefyd yn tyfu **yn erbyn** grym **disgyrchiant**.

Gwreiddiau

Mae gwreiddiau bob amser yn tyfu at i lawr, tuag at leithder yn y pridd.
Trwy dyfu at i lawr maen nhw hefyd yn tyfu i gyfeiriad grym disgyrchiant.

Enw'r prif fath o hormon twf mewn planhigion yw **awcsin**. Mae hwn yn gallu cyd-drefnu twf oherwydd ei fod yn effeithio ar gyffion a gwreiddiau mewn ffyrdd gwahanol.

Mae'r gwreiddiau hyn yn chwilio am leithder prin.

Effaith awcsin

Mae'r hormon hwn yn **symbylu** (annog) y celloedd mewn cyffyn planhigyn i dyfu'n gyflymach. Ar y llaw arall, mewn gwreiddiau mae'n **atal** (arafu) twf celloedd.

Ymateb i olau

Pan fydd cyffyn yn cael golau o un ochr, bydd yn tueddu i dyfu i'r cyfeiriad hwnnw. Mae ochr y cyffyn sydd yn y cysgod yn cynnwys mwy o awcsin na'r ochr sydd yn y golau. Mae'r ochr yn y cysgod yn tyfu'n gyflymach, felly mae'n plygu i gyfeiriad y golau.

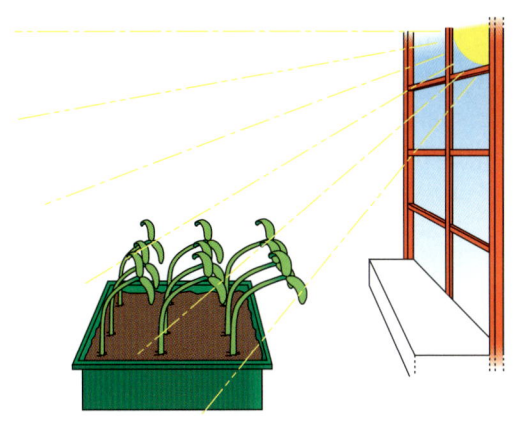

Cyffion yn ymateb i olau o un cyfeiriad.

c) Pam y mae'n fanteisiol i gyffyn dyfu fel hyn?

Ymateb i ddisgyrchiant

Edrychwch ar y llun hwn o hedyn yn egino (un sydd newydd ddechrau tyfu).

awcsin yn crynhoi yma a gwneud i ochr hon y gwreiddyn dyfu'n arafach

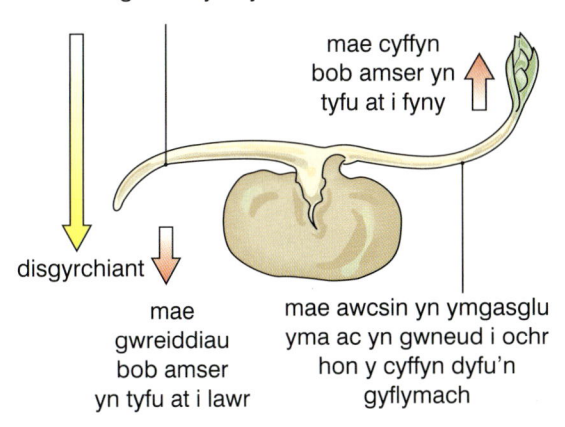

mae cyffyn bob amser yn tyfu at i fyny

disgyrchiant

mae gwreiddiau bob amser yn tyfu at i lawr

mae awcsin yn ymgasglu yma ac yn gwneud i ochr hon y cyffyn dyfu'n gyflymach

I'ch atgoffa!

1. Copïwch a chwblhewch:

   Mae planhigion yn ymateb i .... a ......
   Mae'r cyffyn yn tyfu at ...... a'r gwreiddiau yn tyfu ...... Mae ...... yn rheoli eu twf. Mae'r hormon hwn yn ...... twf y cyffyn. Ond mae'n ...... twf gwreiddiau. Enw'r hormon yw ......

2. Pam y mae'n bwysig i gyffyn dyfu at i fyny?

3. Pam y mae'n fanteisiol i wreiddiau dyfu at i lawr?

4. Sut y gallech chi sicrhau bod planhigyn ar sil ffenestr yn tyfu'n syth?

▶▶▶ 8dd Defnyddio hormonau planhigol

- Ydych chi wedi sylwi eich bod yn gallu prynu ffrwythau aeddfed a ffrwythau anaeddfed (e.e. bananas melyn a rhai gwyrdd) mewn archfarchnadoedd mawr?
  Bydd y ffrwythau anaeddfed yn aeddfedu gartref ymhen ychydig amser. Mae'r ffrwythau aeddfed yn barod i'w bwyta.
  Mae bananas yn cael eu mewnforio o leoedd sydd filoedd o filltiroedd i ffwrdd.
  Felly sut y mae cynhyrchwyr yn gallu rhoi'r fath amrywiaeth i ni?

Mae bananas anaeddfed yn wyrdd.

Mae ffrwythau anaeddfed yn cael eu cadw mewn mannau storio oer.
Mae hyn yn arafu'r broses aeddfedu.
Yna mae'n bosibl eu trin â hormonau sy'n gwneud i'r ffrwythau **aeddfedu** ar yr union adeg y mae eu hangen ar gyfer eu gwerthu.

a) Pam y mae ffrwythau anaeddfed yn llai tebygol o gael eu niweidio wrth gael eu cludo o le i le?

Gellir defnyddio hormonau planhigol fel **chwynleiddiaid** hefyd.
Bydd ffermwyr yn defnyddio hormonau twf sy'n effeithio ar blanhigion â dail llydan yn unig.
Mae gan y rhan fwyaf o chwyn ddail llydan, tra bo dail cul gan gnydau fel gwenith.

Bydd yr hormonau yn cael eu chwistrellu ar y chwyn.
Eu heffaith yw gwneud i'r chwyn dyfu'n gyflym iawn.
O ganlyniad mae'r chwyn yn denau ac yn heglog, a byddant yn marw'n fuan.

Mae chwynladdwr wedi bod ar waith yma.

Trydedd ffordd o ddefnyddio hormonau planhigol yw ar gyfer gwneud **toriadau**.
Dyma ffordd hawdd o dyfu planhigion newydd o hen rai.

Bydd darn o gyffyn sydd ag un neu ddwy ddeilen arno yn cael ei dorri oddi ar y planhigyn.
Yna ei drochi'n sydyn mewn powdr gwreiddio fel bod ychydig o'r powdr yn glynu wrth y toriad.
Mae hwn yn cynnwys hormon sy'n hybu twf gwreiddiau.
Yna bydd y toriad yn cael ei blannu mewn pridd neu gompost a'i adael i dyfu.

b) Beth yw manteision tyfu planhigion newydd o doriadau?

Trochi toriad mewn powdr gwreiddio.

Crynodeb

Mae'r corff dynol yn cynhyrchu dau sylwedd gwastraff, **carbon deuocsid** ac **wrea**.
Mae carbon deuocsid yn cael ei gynhyrchu yn ystod **resbiradaeth**.
Mae wrea yn cael ei wneud wrth i **asidau amino sydd dros ben** gael eu dadelfennu.

Mae'r amodau mewnol y mae'n rhaid eu rheoli yn cynnwys:
lefel y dŵr, lefel yr ïonau (halwynau) a'r tymheredd.

Mae'r **arennau** yn rheoli'r lefelau dŵr ac ïonau.
Mae dŵr yn cael ei golli hefyd wrth chwysu ac anadlu.
Mae'r **croen** yn chwarae rhan bwysig yn rheoli'r tymheredd,
trwy weithgareddau fel chwysu a chrynu.

Mae **hormonau** yn helpu i reoli nifer o brosesau yn y corff.
Cemegau yw'r rhain sy'n cael eu rhyddhau (secretu) gan chwarennau a'u cludo yn y gwaed.

Mae glwcos yn y gwaed yn cael ei reoli gan ddau hormon, **inswlin** a **glwcagon**.
Mae diffyg inswlin yn gwneud i lefel y siwgr yn y gwaed godi'n beryglus o uchel.
Yr enw ar y cyflwr hwn yw'r clefyd siwgr.

Mae hormonau yn rheoli twf planhigion.
Maen nhw'n rheoli sut y mae planhigion yn ymateb i olau, disgyrchiant a dŵr.
Mae'n bosibl eu defnyddio hefyd i aeddfedu ffrwythau, i ladd chwyn ac i hybu twf toriadau.

Cwestiynau

1 Copïwch a chwblhewch:

Er mwyn gweithio'n iawn rhaid i'r corff gael gwared â …… Mae …… yn un sylwedd gwastraff. Mae hwn yn cael ei gynhyrchu gan yr ……, o …… …… sydd dros ben.

Rhaid hefyd gadw …… y corff ar …… °C. Mae hyn er mwyn sicrhau bod …… yn gweithio'n iawn.

Mae llawer o brosesau yn cael eu rheoli gan gemegau o'r enw …… Mae'r rhain yn teithio yn y …… ac yn effeithio ar …… rannau'r corff. Inswlin yw'r hormon sy'n rheoli …… yn y gwaed.

Mae gan blanhigion hormonau sy'n rheoli sut y maen nhw'n ……

2 Pam y mae athletwyr yn cael profion gwaed ar hap?

3 Pam y mae'n beryglus i ddynion a merched sy'n fabolgampwyr ddefnyddio hormonau?

4 Pa hormon sy'n ein helpu i ymladd neu ddianc?

5 Pam y mae bananas gwyrdd yn llawer caletach na rhai melyn?

6 Pam nad yw chwynleiddiaid yn lladd y cnydau yn ogystal â'r chwyn?

7 Pam y bydd gan bobl â'r clefyd siwgr dabledi glwcos wrth law?

8 Lluniwch 'fap meddwl' sy'n crynhoi'r wybodaeth am hormonau planhigol.

9 Pam y mae'n fanteisiol bod â dwy aren?

10 Mae'n bosibl trin methiant yr arennau trwy lawdriniaeth drawsblannu.

a) Pa organau eraill sy'n cael eu trawsblannu'n arferol?

b) Pam nad yw'r trawsblaniadau hyn bob amser yn gweithio?

PENNOD 9 CYFFURIAU

▶▶▶ 9a Beth yw cyffuriau?

Bydd cyffuriau yn aml yn y newyddion, a hynny am resymau trist iawn yn anffodus.

Un cyffur sydd wedi dod yn gyffredin iawn yn ddiweddar yw *ecstasy*. Pilsen yw *ecstasy*, a bydd pobl yn aml yn cymryd un o'r rhain mewn partïon a chlybiau nos.

Mae'r bobl sy'n defnyddio'r cyffur yn dweud ei fod yn gwneud iddyn nhw deimlo'n hapus ac yn rhoi digon o egni iddyn nhw allu dawnsio trwy'r nos.

Yn anffodus mae llawer o bobl ifanc wedi marw ar ôl defnyddio *ecstasy*.

a) Ydych chi wedi clywed am gyffuriau eraill? Pa rai?

Mae llawer o bobl mewn clybiau nos yn defnyddio 'ecstasy'.

Nid yw llunio rhestr fel hyn yn dweud wrthym ni beth yw cyffur mewn gwirionedd.

Ystyr y gair cyffur yw:

> Cemegyn sy'n effeithio ar y ffordd y mae'r system nerfol yn gweithio.

Mae cyffuriau'n effeithio ar sut rydych chi'n meddwl, yn teimlo ac yn ymddwyn.

Mae rhai ohonyn nhw'n cyflymu eich system nerfol. **Symbylyddion** yw'r enw ar y rhain. Mae cocên a chaffein yn enghreifftiau.

Mae cyffuriau eraill yn arafu'r system nerfol. **Tawelyddion** yw'r enw ar y rhain. Mae heroin a barbitwradau yn enghreifftiau.

b) Pa fath o gyffur yw *ecstasy*, yn eich barn chi?

Mae coffi yn cynnwys symbylydd. Bydd pobl yn ei yfed er mwyn teimlo'n fwy effro.

Mae rhai o'r cyffuriau hyn yn cael eu defnyddio mewn meddygaeth. Er enghraifft, mae heroin yn lleddfu poen pobl sydd â salwch terfynol. Ond mae bod â chyffuriau yn eich meddiant a'u defnyddio ar gyfer pleser yn anghyfreithlon yn y rhan fwyaf o achosion. Mae'n beryglus eu defnyddio gan fod llawer ohonyn nhw'n **gaethiwus**. Ystyr hyn yw bod y corff yn galw am ragor a rhagor ohonyn nhw. Yn y pen draw mae'n bosibl y bydd defnyddiwr cyffuriau yn cymryd cymaint o gyffur fel bod yr effeithiau yn arwain at ei farwolaeth.

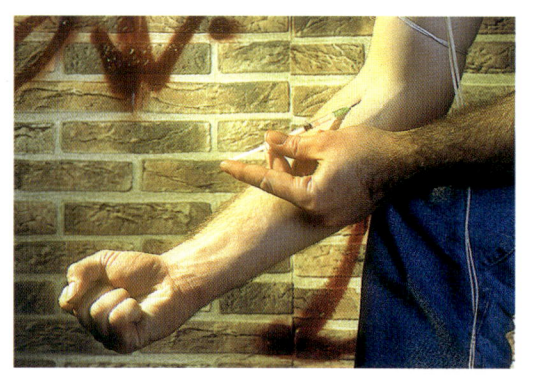

Mae perygl i'r person hwn gael ei heintio gan firws.

Moddion

Beth yw'r gwahaniaeth rhwng moddion a chyffuriau?
Mae'r gair moddion yn cynrychioli grŵp mawr o gemegau.
Byddwn yn aml yn eu galw'n gyffuriau defnyddiol.
Mae llawer ohonyn nhw'n gweithio ar y system nerfol.
Er enghraifft:

- cyffuriau lladd poen, er enghraifft aspirin
- anaesthetigion sy'n cael eu defnyddio mewn llawdriniaethau er mwyn atal poen
- tawelyddion, er enghraifft cyffuriau cysgu.

Gallwch brynu rhai o'r rhain mewn siop fferyllydd, ond gan feddyg yn unig y gallwch chi gael rhai eraill.

> **c)** Pa un o'r cyffuriau yn y rhestr uchod y gallwch chi ei brynu heb bresgripsiwn gan feddyg?

Nid yw pob gwahanol fath o foddion yn gweithio ar y system nerfol.
Mae rhai wedi eu cynllunio er mwyn lladd bacteria.
Os cewch chi haint ar eich brest bydd y meddyg yn aml yn rhoi un o'r moddion hyn ichi.
Gwrthfiotigau ydyn nhw.

Penisilin yw enw'r gwrthfiotig mwyaf cyfarwydd.
Mae cyffuriau meddygol fel parasetamol yn gallu bod yn beryglus os cymerwch chi fwy na'r dos sy'n cael ei gynghori.

> **ch)** Beth yw ystyr 'dos sy'n cael ei gynghori'?

Mae yna nifer o sylweddau pob-dydd sy'n gyffuriau.
Alcohol a nicotin yw dau o'r rhai mwyaf cyffredin.
Er ei bod yn gyfreithlon i'w cymryd pan fyddwch dros oedran arbennig, mae'r rhain hefyd yn gallu bod yn beryglus iawn.

Amrywiaeth o gyffuriau defnyddiol.

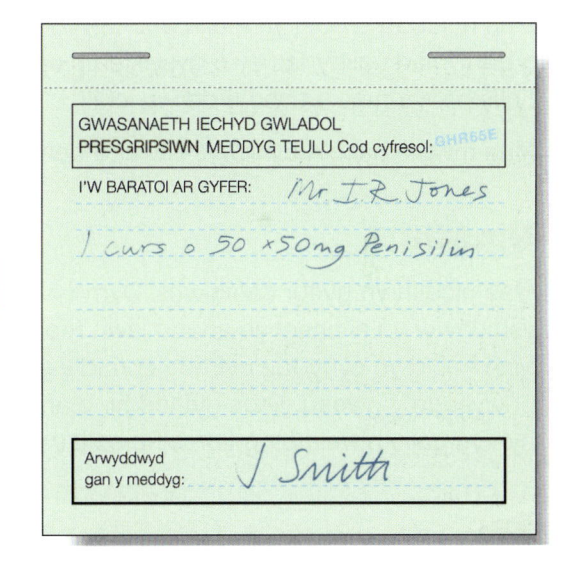

I'ch atgoffa!

1 Copïwch a chwblhewch:

Mae cyffuriau yn effeithio ar y system ...... Maen nhw'n gallu ei chyflymu neu ei ...... Cyffuriau ...... yw moddion. Mae llawer o gyffuriau yn ...... ac mae defnyddwyr yn cael anhawster mawr i .... i'w cymryd.

2 Beth yw'r gwahaniaeth rhwng symbylydd a thawelydd?

3 Beth yw ystyr 'bod yn gaeth' i gyffur?

9b Tybaco

Tybaco yw un o'r ychydig enghreifftiau o **gyffuriau sy'n dderbyniol gan gymdeithas**. Ystyr hyn yw bod y cyffur yn gyfreithlon a bod gan bobl hawl i'w ddefnyddio'n gyhoeddus.

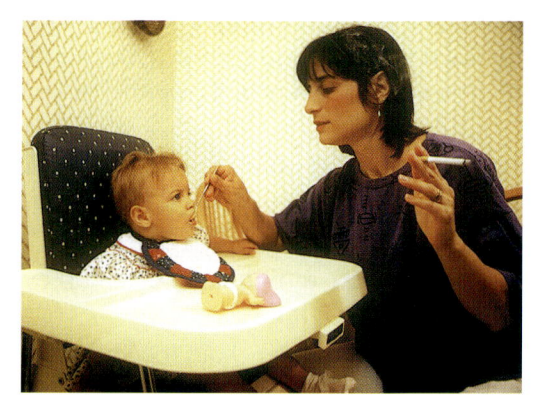

a) Beth yw'r prif gyffur arall sy'n dderbyniol gan gymdeithas?

Ond mae mwy a mwy o wahardd ysmygu mewn lleoedd cyhoeddus.
Mae hyn oherwydd y peryglon i iechyd sy'n gysylltiedig ag ysmygu.
Nid yn unig i'r ysmygwyr eu hunain y mae'r peryglon ond hefyd i bobl eraill o'u cwmpas.

b) Beth yw'r enw ar anysmygwyr sy'n gorfod anadlu mwg pobl eraill?

Mae ysmygu goddefol yn beryglus i fabanod.

Mae miloedd o bobl yn marw bob blwyddyn yng ngwledydd Prydain o ganlyniad i glefydau sy'n gysylltiedig ag ysmygu.
Felly pam y mae tybaco'n ddrwg ichi?

Mae mwg tybaco'n cynnwys llawer o gemegau niweidiol:

Nicotin

Mae nicotin yn gyffur caethiwus. Dyma pam y mae ysmygwyr yn ei chael yn anodd iawn rhoi'r gorau iddo. Mae hefyd yn cynyddu cyfradd curiad y galon a phwysedd y gwaed. Dros gyfnod hir o amser mae hyn yn gallu niweidio'r galon a'r pibellau gwaed.

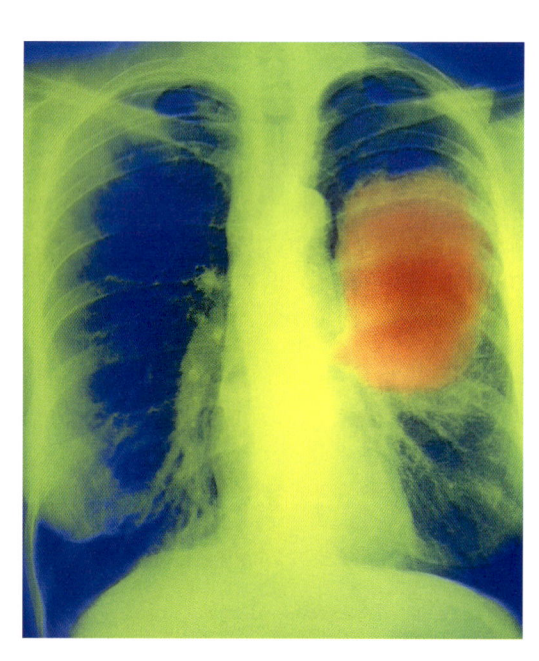

Tar

Sylwedd trwchus a gludiog yw tar, ac mae'n cynnwys llawer o gemegau gwenwynig.
Mae'n crynhoi yn yr ysgyfaint wrth i'r mwg tybaco oeri.
Mae tar yn cau'r tiwbiau a'r codennau aer mân ac yn ei gwneud yn anodd anadlu.
Mae tar hefyd yn gyfrifol am achosi canser yr ysgyfaint. Canlyniad hyn yw bod grwpiau mawr o gelloedd (tiwmorau) yn tyfu allan o reolaeth yn yr ysgyfaint.
Os na fydd y claf yn cael triniaeth yn gynnar, mae hyn yn gallu arwain at farwolaeth.

Tyfiant (tiwmor) ar yr ysgyfant yw'r ardal goch ar y llun pelydr-X hwn.

Carbon monocsid

Mae mwg tybaco yn cynnwys llawer o garbon monocsid. Mae'r nwy hwn yn gostwng faint o ocsigen y mae'r gwaed yn gallu ei gludo. Dyma sy'n egluro pam nad yw ysmygwyr yn cael llawer o lwyddiant mewn chwaraeon.

Mewn merched beichiog dyma'r rheswm pam mae perygl i'r ffoetws fod yn brin o ocsigen.

Gall hyn arwain at faban yn cael ei eni â'i bwysau'n isel.

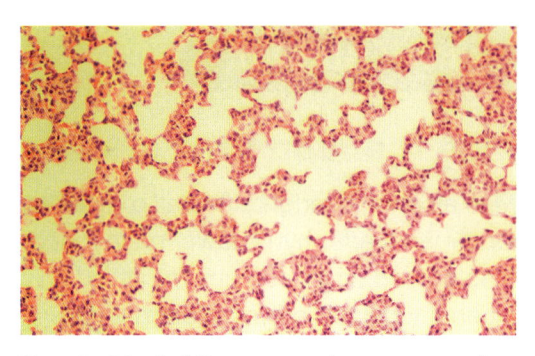

Ysgyfant iach â llawer o godennau aer mân.

Clefydau eraill ar yr ysgyfaint

Broncitis

Mae'r tar mewn mwg sigaréts yn gwneud i'r celloedd yn y tiwbiau anadlu gynhyrchu llawer o **fwcws** gludiog. Fel arfer bydd blewiach mân o'r enw **cilia** yn clirio'r mwcws. Yn anffodus, mae tar yn niweidio'r blewiach hyn hefyd. O ganlyniad, bydd y tiwbiau yn llenwi â mwcws. Mae'r mwcws, sy'n gynnes ac yn ludiog, yn lle delfrydol i facteria gael bridio.

Mae **broncitis** yn cael ei achosi gan facteria yn crynhoi fel hyn.

Bydd pobl sy'n dioddef gan froncitis yn aml yn pesychu llawer er mwyn ceisio clirio'r mwcws o'u hysgyfaint.

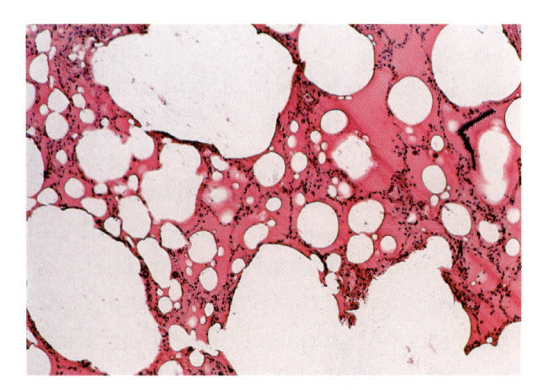

Mae'r codennau aer yn yr ysgyfant afiach hwn wedi chwyddo a'u niweidio.

> **c)** Pam y mae hyn yn aml yn cael ei alw'n 'beswch ysmygwr'?

Emffysema

Mae cemegau mewn mwg tybaco hefyd yn achosi emffysema. Mae muriau'r codennau aer (alfeoli) yn cael eu dinistrio. O ganlyniad mae arwynebedd yr arwyneb ar gyfer cyfnewid nwyon yn llawer llai.

Bydd pobl sy'n dioddef gan y clefyd hwn yn colli eu gwynt yn hawdd iawn.

Erbyn y diwedd efallai na fyddan nhw'n gallu hyd yn oed godi o'r gwely.

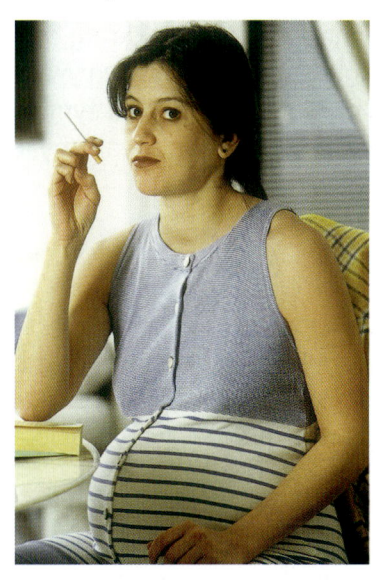

Mae ysmygu yn ystod cyfnod beichiogrwydd yn gallu niweidio'r baban yn y groth.

I'ch atgoffa!

1 Copïwch a chwblhewch:

Mae mwg tybaco yn cynnwys llawer o …… niweidiol. Mae nicotin yn gyffur …… Mae hyn yn ei gwneud yn …… i bobl roi'r gorau i ysmygu. Mae cysylltiad rhwng ysmygu a llawer o …… Mae'n bosibl i anysmygwyr ddioddef hefyd. Byddwn yn eu galw'n ysmygwyr ……

2 Pam y mae cnoi gwm nicotin yn fwy diogel nag ysmygu?

3 Ymchwiliwch er mwyn dod o hyd i'r ffigurau diweddaraf am nifer y marwolaethau sy'n cael eu hachosi gan ysmygu.

9c Alcohol

Mae'n anodd torri arferion!

Mae alcohol yn enghraifft arall o gyffur cyfreithlon.
Ond mae'n arfer hŷn o lawer na thybaco.
Mae cofnodion yn sôn am yr Eifftiaid yn cynhyrchu alcohol tua 4000 o flynyddoedd yn ôl!

Er bod alcohol yn gyfreithlon, mae'n niweidiol.
Dyma enghraifft arall o gyffur tawelu (**tawelydd**).

> **a)** Sut y mae tawelyddion yn effeithio ar y corff?

Mae alcohol yn gyffur **caethiwus** hefyd.
Weithiau bydd pobl yn mynd yn **ddibynnol** arno er mwyn ymdopi â'u bywydau.
Pan fydd hyn yn digwydd mae rhoi'r gorau i yfed alcohol yn gallu bod yn beth anodd iawn.
Rydym ni'n galw pobl sy'n mynd yn ddibynnol ar alcohol yn **alcoholigion**.
Pan fyddan nhw'n ceisio rhoi'r gorau i'r ddiod maen nhw'n aml yn dioddef sgil effeithiau annymunol.
Yr enw ar y sgil effeithiau hyn yw **symptomau diddyfnu**.
Mewn gwirionedd, mae yna symptomau diddyfnu yn gysylltiedig â'r rhan fwyaf o gyffuriau.

Mae alcohol yn gallu rheoli eich bywyd ...

Sut y mae alcohol yn effeithio ar y corff?

- Mae alcohol yn mynd i'r corff trwy'r system dreulio. Mae'n cyrraedd y gwaed ac yn cael ei gludo i'r ymennydd.
- Mae ychydig o alcohol yn gwneud i bobl ymlacio a theimlo'n hapus.
- Mae rhagor ohono yn effeithio ar eu synnwyr cyffredin ac ar eu hadweithiau.
- Os byddan nhw'n cael rhagor o alcohol eto bydd pobl yn colli'r gallu i reoli eu cyhyrau. Bydd eu lleferydd yn mynd yn floesg ac ni fyddant yn gallu cerdded yn iawn.
- Mae llawer iawn o alcohol ar y tro yn gwneud person yn anymwybodol.
  Mewn achosion difrifol mae'r person yn gallu mynd i **goma**.

...ond does dim rhaid i hynny ddigwydd!

> **b)** Pam y mae yfed a gyrru yn beryglus?

Faint yw gormod?

Bydd gwahanol feintiau o alcohol yn effeithio'n wahanol ar wahanol bobl. Mae'n dibynnu llawer ar bethau fel pwysau eich corff a pha mor ddiweddar y cawsoch chi fwyd. Un ffordd o gymharu diodydd gwahanol yw trwy gymharu sawl uned o alcohol sydd ym mhob un. Edrychwch ar y diagram gyferbyn.

Yn ôl y meddygon, ni ddylai dynion yfed mwy na 21 uned yr wythnos. Yn ôl yr un canllawiau, ni ddylai merched yfed mwy nag 14 uned yr wythnos.

½ peint o gwrw (0.3 litr) | 1 gwydraid o sieri | 1 wisgi sengl | 1 gwydraid o win | ½ peint o seidr (0.3 litr)

Mae pob un o'r diodydd hyn yn cynnwys un uned o alcohol.

c) Pam y mae hi'n anodd cyfrifo faint o unedau rydych chi'n eu hyfed?

Sut y mae alcohol yn niweidio'r corff?

Mae alcohol yn **wenwyn**.
Mae yfed llawer ohono dros nifer o flynyddoedd yn gwneud niwed i'r corff.
- Mae'n gwneud i bwysedd y gwaed godi.
- Mae hyn yn gallu achosi clefyd y galon.
- Mae hefyd yn dinistrio celloedd yn yr ymennydd.
- Mae'r iau/afu yn gallu cael ei niweidio'n waeth na dim. Mae'r iau/afu yn organ pwysig iawn. Un o'r pethau y mae'n ei wneud yw dadelfennu sylweddau gwenwynig fel alcohol. Os bydd yn gorfod trin gormod o alcohol, mae hynny'n gallu ei niweidio. Dau glefyd ar yr iau/afu sy'n gyffredin ymhlith yfwyr trwm yw **hepatitis** neu lid yr iau/afu a **sirosis**.

Os bydd yr iau/afu wedi cael ei niweidio bydd yn llai abl i waredu gwenwynau eraill o'r gwaed. Mae achosion difrifol o niwed i'r iau/afu yn gallu bod yn farwol.

Mae alcohol yn gallu achosi problemau iechyd difrifol.

I'ch atgoffa!

1 Copïwch a chwblhewch:

Mae alcohol yn gyffur ...... Mae'n ...... y system nerfol. Mae hefyd yn ...... sy'n niweidio'r corff. Mae alcohol yn ...... ac mae rhoi'r gorau i'w ...... yn gallu bod yn anodd iawn. Mae alcohol yn gallu niweidio'r galon a'r ...... ond mae'r niwed gwaethaf yn digwydd i'r ......

2 Pam y mae gwirodydd fel wisgi yn cael eu gweini mewn gwydrau llai na gwydrau cwrw? Ewch ati i ddarganfod pa ganran o alcohol sydd mewn gwahanol ddiodydd.

3 Casglwch wybodaeth am fudiad o'r enw Alcoholigion Anhysbys.

Sut y mae'r mudiad hwn yn helpu pobl sydd â phroblemau yfed?

▶▶▶ 9ch Hydoddyddion

Mae hydoddyddion i'w cael mewn pethau pob-dydd. Pethau fel chwistrell aerosol, glud a thanwydd taniwr. Maen nhw'n cynhyrchu nwyon a gallwn ninnau eu mewnanadlu. Mae'r nwyon yn mynd i'r gwaed yn gyflym ac yna'n cael eu cludo i'r ymennydd.

Mae hydoddyddion yn cael dwy brif effaith ar y corff:
- Ar eich ymddygiad.
  Mae **anadlwyr hydoddyddion** yn gallu ymddangos fel petaen nhw wedi meddwi.
  Efallai y byddan nhw'n cael trafferth siarad ac yn methu cydsymud na chanolbwyntio'n dda iawn.
  Bydd yr effeithiau hyn yn ei gwneud hi'n fwy tebygol iddyn nhw gael damweiniau, yn union fel petaen nhw wedi meddwi.
- Mae hydoddyddion hefyd yn achosi niwed i'r corff.
  Yn arbennig, maen nhw'n niweidio yr ysgyfaint, yr iau/afu a'r ymennydd.
  Mae hydoddyddion yn effeithio ar y gyfradd anadlu a chyfradd curiad y galon.
  Weithiau mae anadlu hydoddydd yn gallu lladd y person yn syth. Mae hyn yn digwydd fel arfer oherwydd bod y cemegyn yn achosi i'r galon fethu.

Mae'r cynhyrchion hyn i gyd yn cynnwys hydoddyddion.

Mae llawer o'r bobl sy'n camddefnyddio hydoddyddion yn perthyn i'r grŵp oedran 13–16 oed. Mae'n anghyfreithlon i siopau werthu cynhyrchion fel glud i bobl o dan 18 oed.
Ond oherwydd bod hydoddyddion i'w cael mewn cymaint o gynhyrchion, mae'n broblem anodd ei datrys.

Mae peryglon eraill yn dod o ddefnyddio hydoddyddion hefyd. Bydd pobl yn aml yn anadlu hydoddyddion o fagiau plastig. Mae hyn yn golygu bod perygl iddyn nhw fygu.

Mae rhai pobl sy'n camddefnyddio hydoddyddion yn chwistrellu aerosolau i'w cegau. Gall hyn rewi'r pibellau aer a hefyd wneud i bobl fygu.

Mae llawer o hydoddyddion yn fflamadwy iawn, felly mae perygl mawr o achosi tân.

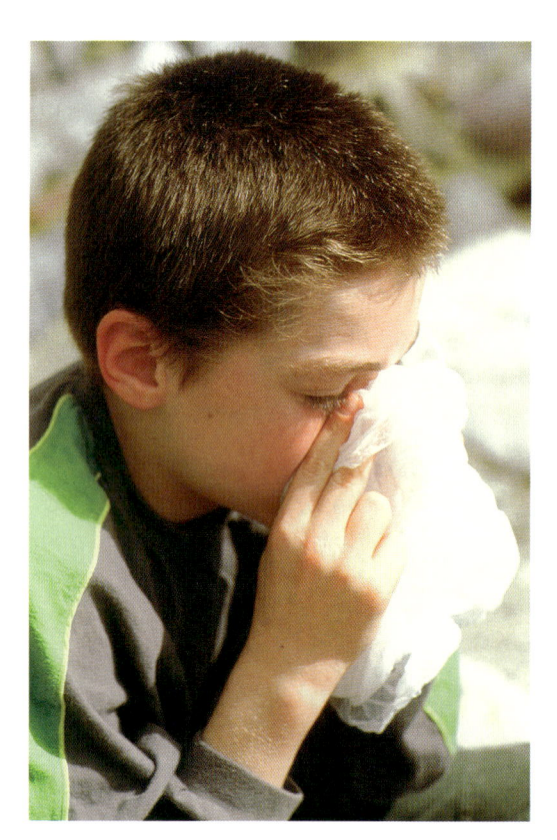

a) Pa brif organau sy'n cael eu niweidio gan hydoddyddion?

Mae camddefnyddio hydoddyddion yn beryglus iawn.

Crynodeb

Cemegau sy'n newid y ffordd y mae'r corff yn gweithio yw **cyffuriau**.
Maen nhw'n effeithio ar y system nerfol, gan wneud i'n hymddygiad newid.
Maen nhw hefyd yn gallu niweidio gwahanol rannau o'r corff.
Yn y pen draw mae'r niwed hwn yn gallu arwain at farwolaeth.

Mae **symbylyddion** yn cyflymu'r system nerfol a **thawelyddion** yn ei harafu.

Mae mwg tybaco yn cynnwys llawer o gemegau gwenwynig.
Mae **nicotin** yn **gaethiwus** ac yn achosi niwed i'r galon.
Mae tar hefyd yn cynnwys gwenwynau ac mae hyn yn cyfrannu tuag at glefydau'r ysgyfaint, er enghraifft bronchitis, emffysema a chanser.
Mae mwg tybaco hefyd yn cynnwys nwy **carbon monocsid**.
Mae hwn yn rhwystro'r gwaed rhag cludo digon o ocsigen i'r celloedd.

Mae **alcohol** yn arafu'r system nerfol gan effeithio ar ein gallu i farnu pethau (ein synnwyr cyffredin) a'n gallu i gydsymud.
Mae hefyd yn achosi niwed i'r ymennydd, y galon a'r iau/afu.
Mae camddefnyddio alcohol dros gyfnod hir yn gallu arwain at farwolaeth.

Mae **hydoddyddion** i'w cael mewn llawer o nwyddau sy'n cael eu defnyddio o gwmpas y tŷ.
Os yw rhywun yn mewnanadlu hydoddyddion, mae eu heffaith yn gallu newid ei ymddygiad.
Hefyd mae hydoddyddion yn gallu achosi niwed i'r ysgyfaint, yr iau/afu a'r ymennydd.

Mae llawer o gyffuriau yn **gaethiwus**.
Ystyr hyn yw bod defnyddwyr yn mynd yn ddibynnol arnyn nhw.
Mae'n anodd iawn rhoi'r gorau i'w defnyddio a gall hyn arwain at symptomau diddyfnu.

Cwestiynau

1 Copïwch a chwblhewch:

Mae cyffuriau yn effeithio ar y …… …… Mae rhai cyffuriau, er enghraifft …… yn ei chyflymu, ac eraill yn ei harafu. Mae cyffuriau yn effeithio ar y corff mewn dwy ffordd. Maen nhw'n newid ein …… er enghraifft yn newid y ffordd rydym ni'n …… ac yn teimlo. Mae cyffuriau hefyd yn achosi …… i'n corff. Yn aml bydd yr ymennydd yn cael ei niweidio a'r …… hefyd.

Mae llawer o gyffuriau yn …… ac y mae'n anodd rhoi'r gorau i'w defnyddio. Mae rhai cyffuriau fel alcohol a thybaco yn …… ond er hynny maen nhw'n niweidiol. Mae camddefnyddio cyffuriau yn achosi llawer o ……

2 Eglurwch pam y mae mwy o berygl i anysmygwyr sy'n gweithio yn yr un lle ag ysmygwyr ddatblygu clefydau'r ysgyfaint.

3 Pam y mae alcohol yn cael ei alw'n gyffur sy'n 'dderbyniol gan gymdeithas'?

4 Ewch ati i ddarganfod y ffigurau diweddaraf ar gyfer nifer y marwolaethau o ganlyniad i gamddefnyddio hydoddyddion.

Defnyddiwch yr wybodaeth i'ch helpu i gynllunio poster yn rhybuddio pobl ifanc am beryglon defnyddio hydoddyddion.

5 Pam y mae menywod beichiog yn cael eu cynghori i beidio ag yfed ac ysmygu?

Rhagor o gwestiynau am Gynnal bywyd

▶ **Bywyd planhigion**

1 Mae'r diagram yn dangos deilen planhigyn yn ystod ffotosynthesis.

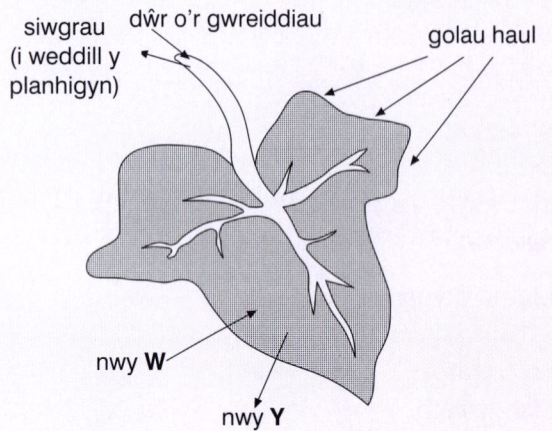

(diagram o ddeilen gydag labeli: siwgrau (i weddill y planhigyn), dŵr o'r gwreiddiau, golau haul, nwy W, nwy Y)

(a) Enwch:
   (i) nwy **W**;
   (ii) nwy **Y**. (2)

(b) Enwch y meinwe sy'n cludo:
   (i) dŵr i'r dail;
   (ii) siwgrau o'r dail. (2)

(c) Pam y mae'n rhaid cael golau haul ar gyfer ffotosynthesis? (1)

(AQA (NEAB) 1999)

2 Mae Iwan yn tyfu planhigion.
Mae'n sylwi eu bod yn tyfu'n gyflymach yn yr haf.

(a) Nodwch **ddau** reswm pam y mae planhigion yn tyfu'n gyflymach yn yr haf. (2)

Mae Iwan yn edrych ar wreiddyn un o'r planhigion.
Mae'n defnyddio microsgop i wneud hyn.
Edrychwch ar y diagram.
Mae'n dangos rhai o gelloedd y gwreiddyn.

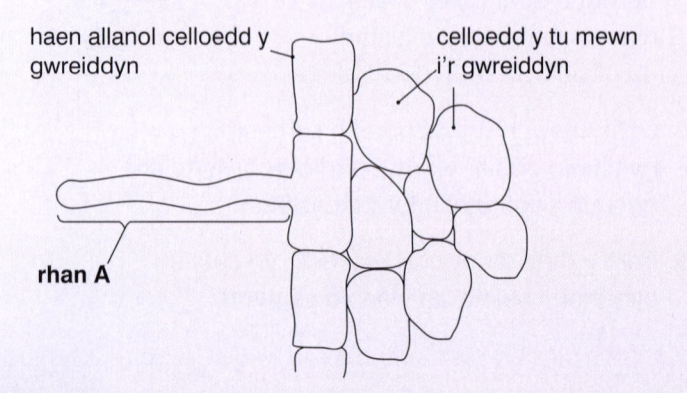

(diagram o gelloedd gwreiddyn gydag labeli: haen allanol celloedd y gwreiddyn, celloedd y tu mewn i'r gwreiddyn, rhan A)

(b) (i) Nodwch beth yw enw **rhan A**. (1)
   (ii) Disgrifiwch **ddau** beth y mae gwreiddiau'n eu gwneud. (2)

(OCR 1999)

3 Cafodd cyfradd ffotosynthesis planhigyn mewn tŷ gwydr ei mesur wrth newid cryfder y goleuni.
Roedd y planhigyn yn cael digon o ddŵr.
Roedd crynodiad uchel o garbon deuocsid yn atmosffer y tŷ gwydr.
Roedd y tymheredd yn gyson, sef 15 °C.
Dyma graff yn dangos y canlyniadau:

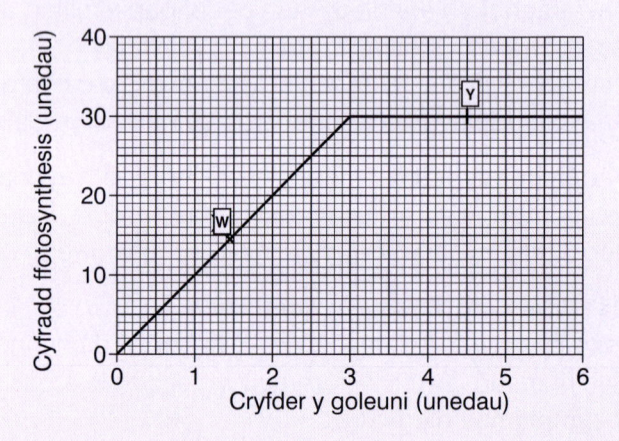

(graff: Cyfradd ffotosynthesis (unedau) yn erbyn Cryfder y goleuni (unedau), yn dangos pwyntiau W ac Y)

(a) Beth oedd y gyfradd ffotosynthesis uchaf i gael ei mesur yn yr arbrawf hwn? (1)

(b) Pa ffactor oedd yn cyfyngu ar y gyfradd ffotosynthesis:
   (i) ar bwynt **W**;
   (ii) ar bwynt **Y**? (2)

(AQA 2001)

4 Ffotosynthesis yw'r broses y mae planhigion yn ei defnyddio i wneud bwyd.

(a) Copïwch yr hafaliad geiriau hwn ar gyfer ffotosynthesis, a'i gwblhau:

$$\text{carbon deuocsid} + \ldots\ldots \xrightarrow[\text{cloroffyl}]{\text{golau haul}} \ldots\ldots + \text{ocsigen}$$

(2)

(b) Enwch **dri** o fwynau y mae'n rhaid eu cael er mwyn i blanhigion dyfu. (3)

(Cwestiwn enghreifftiol CGP)

Rhagor o gwestiynau am Gynnal bywyd

5 Mae Iwan yn mesur faint o ddŵr y mae planhigyn yn ei godi.
Mae hefyd yn mesur faint o ddŵr sy'n cael ei golli trwy'r dail.
Dyma ei ganlyniadau:

Amser	Bore			
	8 am	9 am	10 am	11 am
dŵr sy'n cael ei godi gan y planhigyn (cm^3 yr awr)	10	12	12	13
dŵr sy'n cael ei golli trwy'r dail (cm^3 yr awr)	4	7	11	13
golwg y planhigyn	dail yn wastad ac yn syth			

Amser	Prynhawn			
	12 pm	1 pm	2 pm	3 pm
dŵr sy'n cael ei godi gan y planhigyn (cm^3 yr awr)	15	18	21	24
dŵr sy'n cael ei golli trwy'r dail (cm^3 yr awr)	17	22	28	32
golwg y planhigyn	dail yn llipa (yn gwywo)			

Edrychwch ar y canlyniadau.

(a) (i) Eglurwch pam y mae'r dail yn wastad ac yn syth yn y bore. (1)

(ii) Eglurwch pam y mae'r dail yn llipa (yn gwywo) yn y prynhawn. (1)

(b) Mae'r dail hefyd yn gwneud bwyd. Nodwch enw'r broses hon. (1)
(OCR 1999)

6 Mae disgybl wedi tyfu dwy set o eginblanhigion berwr.
Roedd gan set **A** olau'n dod o bob cyfeiriad.
Roedd gan set **B** olau'n dod o un ochr yn unig.

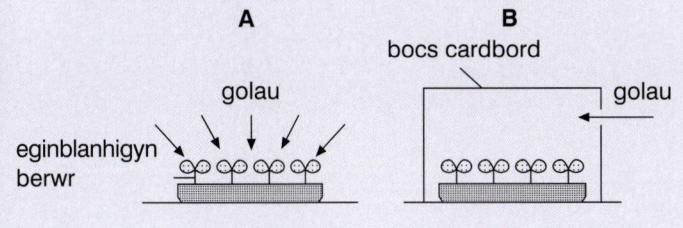

(a) Copïwch y dyluniadau isod a thynnwch lun yr eginblanhigion i ddangos sut olwg fyddai arnyn nhw ar ôl dau ddiwrnod o dan yr amodau hyn. (2)

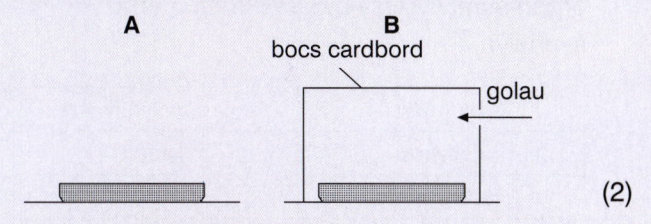

(b) Copïwch a chwblhewch y brawddegau hyn am ymatebion planhigion.

Mae'r ymateb yn **B** yn ganlyniad i ddosbarthiad anghyfartal ...... yn yr eginblanhigion. Mae hyn yn achosi ...... anghyfartal. (2)
(AQA (NEAB) 1999)

7 Mae hormonau yn rheoli gwahanol nodweddion mewn planhigion. Edrychwch ar y rhestr hon. Mae'n dangos rhai o nodweddion planhigion.

A gwrthsefyll afiechyd
B ffrwythau'n aeddfedu
C dail o liw gwyrdd tywyll
Ch bod yn wenwynig
D cynhyrchu blodau

Mae gwyddonwyr yn gwybod bod **dwy** o'r nodweddion ar y rhestr yn cael eu rheoli gan hormonau.

(a) Nodwch pa ddwy nodwedd yw'r rhain. Dewiswch y llythrennau cywir o'r rhestr. (2)

(b) Mae rhai hormonau planhigol yn gallu gwneud i blanhigion dyfu'n gyflymach.

Pam y byddai hormonau fel hyn yn ddefnyddiol i ffermwyr? (1)
(OCR 1999)

Rhagor o gwestiynau am Gynnal bywyd

▶ **Y system nerfol**

8 (a) Copïwch a chwblhewch y tabl i ddangos pa organ synhwyro sy'n gysylltiedig â pha synnwyr.

Synnwyr	Organ synhwyro
cyffwrdd	croen
cydbwysedd	
	llygad
blasu	
arogli	

(4)

(b) Mae organau synhwyro yn casglu gwybodaeth am y byd o'n cwmpas.

Pam y mae'n bwysig gallu casglu'r wybodaeth hon? (1)

(OCR 1999)

9 (a) Mae'r diagram yn dangos llwybr atgyrch.

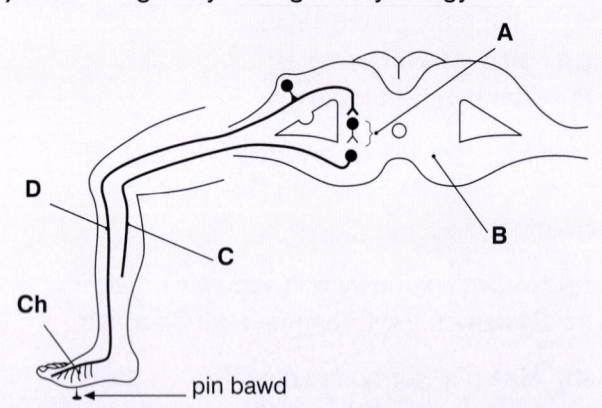

Copïwch y tabl, a gyferbyn â rhannau'r llwybr atgyrch nodwch y llythrennau yn y diagram sy'n cyfateb i bob un. Mae'r ateb cyntaf wedi'i wneud ar eich cyfer.

rhan y llwybr atgyrch	llythyren
niwron (nerfgell) cyswllt	A
derbynnydd	
niwron synhwyraidd	
madruddyn y cefn	
niwron echddygol	

(3)

(b) Sut y mae gweithredoedd atgyrch yn helpu i amddiffyn ein cyrff rhag cael niwed? (1)

(OCR 2001)

10 (a) Copïwch a chwblhewch y tabl hwn am dderbynyddion. Mae'r ateb cyntaf wedi'i wneud at eich cyfer.

Derbynyddion yn y . . .	Yn sensitif . . .
llygaid	i olau
croen	
	i sain
tafod	

(3)

(b) Mae'r diagram yn dangos toriad trwy'r llygad.

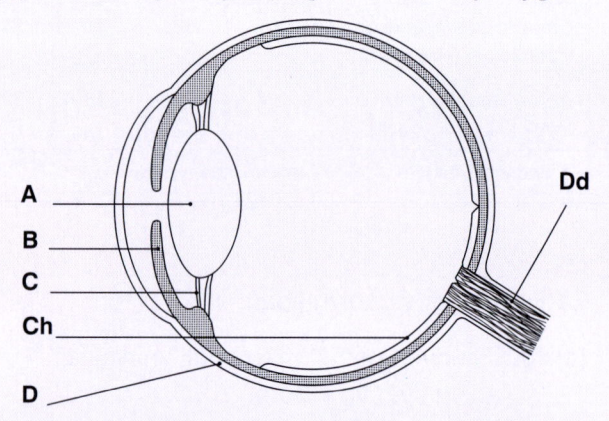

Pa un o'r llythrennau, **A** i **Dd**, ar y diagram yw:

(i) yr iris;

(ii) y sglera;

(iii) y retina? (3)

(c) Disgrifiwch, gan roi cymaint o fanylion ag y gallwch, sut y mae gwybodaeth yn cael ei throsglwyddo o dderbynyddion golau yn y retina i'r ymennydd. (3)

(AQA (NEAB) 1999)

Rhagor o gwestiynau am Gynnal bywyd

Cadw rheolaeth

11 Mae'r diagram yn dangos rhai organau sy'n cadw'r amodau'n gyson yn y corff.

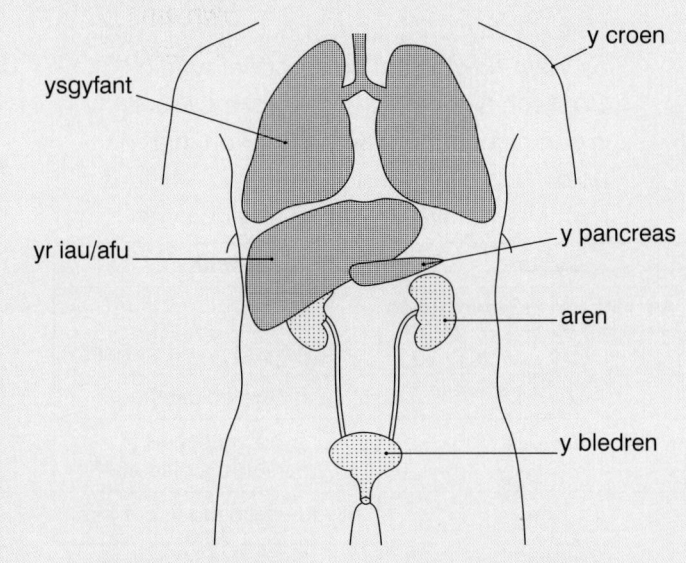

(Diagram yn dangos: ysgyfant, yr iau/afu, y croen, y pancreas, aren, y bledren)

Defnyddiwch labeli o'r diagram i gwblhau'r brawddegau hyn.

Mae ...... yn gwaredu'r carbon deuocsid y mae'r corff yn ei gynhyrchu.

Yn ...... y mae wrea'n cael ei wneud.

Yn ...... y mae troeth yn cael ei gynhyrchu.

Mae ...... yn cynhyrchu chwys.

Mae inswlin yn cael ei wneud yn ...... (5)

(AQA (NEAB) 2000)

12 Mae'r tabl yn dangos pedair ffordd y mae dŵr yn gadael y corff, a faint sy'n cael ei golli ar ddiwrnod oer.

	Colledion dŵr (cm³)	
	Diwrnod oer	Diwrnod poeth
anadl	400	yr un faint
croen	500	
troeth	1500	
ymgarthion	150	

(a) (i) Copïwch a chwblhewch y tabl trwy nodi

llai   mwy   neu   **yr un faint**

i ddangos faint o ddŵr fyddai'n cael ei golli ar ddiwrnod poeth.

Mae'r ateb cyntaf wedi'i wneud ar eich cyfer. (3)

(ii) Beth yw enw'r broses o golli dŵr o'r croen? (1)

(b) Ar ddiwrnod oer enillodd y corff 2550 cm³ o ddŵr.
Daeth 1500 cm³ yn uniongyrchol o ddiodydd. Enwch **ddwy** ffordd arall y mae'r corff yn gallu ennill dŵr. (2)

(AQA (NEAB) 1999)

13 Mae'r tabl yn dangos cyfaint a chyfansoddiad y troeth y mae pump o fyfyrwyr, **A**, **B**, **C**, **Ch** a **D**, wedi ei gynhyrchu mewn 24 awr. Mae pob myfyriwr wedi yfed yr un faint o hylif yn ystod y 24 awr.

Myfyriwr	Cyfanswm cyfaint y troeth (cm³)	Glwcos yn y troeth (g)	Wrea yn y troeth (g)
A	1650	0	35
B	1830	8	22
C	1710	0	24
Ch	875	0	20
D	1680	0	16

(a) Pa organ yn y corff sy'n cynhyrchu:

(i) troeth

(ii) wrea? (2)

(b) Troeth pa fyfyriwr oedd yn cynnwys y crynodiad mwyaf o wrea? (1)

(c) Pa fyfyriwr oedd yn debygol o fod wedi bod y mwyaf egnïol yn ystod y 24 awr? Eglurwch y rheswm dros eich ateb. (2)

(ch)(i) Pa fyfyriwr oedd yn debygol o fod yn dioddef gan y clefyd siwgr? (1)

(ii) Nodwch **ddwy** driniaeth ar gyfer y clefyd siwgr. (2)

(d) Pa fyfyriwr oedd yn debygol o fod wedi bwyta'r mwyaf o brotein yn ystod y 24 awr? Eglurwch y rheswm dros eich ateb. (2)

(AQA (NEAB) 2000)

Rhagor o gwestiynau am Gynnal bywyd

▶ **Cyffuriau**

14 Clefydau ar yr ysgyfaint yw emffysema a'r ddarfodedigaeth. Mae'r siartiau bar yn dangos y cysylltiad rhwng ysmygu sigaréts a'r clefydau hyn.

Emffysema

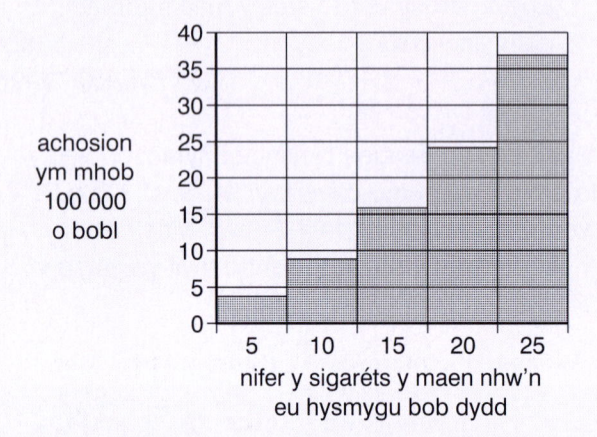

achosion ym mhob 100 000 o bobl (y-echelin, 0–40)
nifer y sigaréts y maen nhw'n eu hysmygu bob dydd (x-echelin, 5–25)

Y ddarfodedigaeth

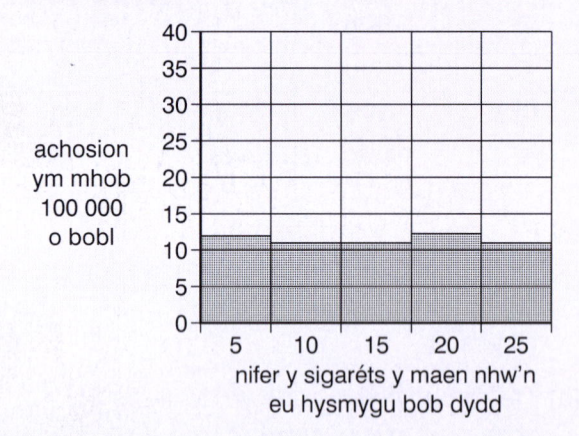

achosion ym mhob 100 000 o bobl (y-echelin, 0–40)
nifer y sigaréts y maen nhw'n eu hysmygu bob dydd (x-echelin, 5–25)

Edrychwch ar y siartiau.

(a) Sut y mae ysmygu sigaréts yn effeithio ar y ddau glefyd hyn ar yr ysgyfaint? (2)

(b) Mae ysmygu'n gallu achosi clefydau eraill. Edrychwch ar y rhestr hon o glefydau.

tarwden y traed   **canser**

y clefyd siwgr   **clefyd y galon**

y ffliw   **anaemia cryman-gell**

Nodwch **ddau** glefyd sy'n gallu cael eu hachosi gan ysmygu.
Dewiswch eich atebion o'r rhestr. (2)

(OCR 1999)

15 (a) Mae gan Sara haint ar y frest. Rhoddodd y meddyg wrthfiotigau iddi. Sut y mae gwrthfiotigau yn gweithio er mwyn gwella haint ar y frest? (1)

(b) Mae rhai cyffuriau yn gwneud drwg i'r corff os ydyn nhw'n cael eu camddefnyddio. Copïwch a chwblhewch y tabl trwy roi tic [✓] o dan alcohol neu hydoddyddion, neu'r ddau, er mwyn dangos effeithiau'r cyffuriau hyn. Mae un wedi'i wneud ar eich cyfer. (2)

Cyffur		Effaith
Alcohol	Hydoddyddion	
✓	✓	posibilrwydd mynd yn gaeth
		rhithweledigaethau
		niwed i gelloedd yr ymennydd a'r iau/afu
		niwed i gelloedd yr arennau

(c) Mae'n beryglus yfed alcohol ac wedyn gyrru car neu ddefnyddio peiriannau. Eglurwch pam. (2)

(AQA (SEG) 2000)

16 Mae'r tabl hwn yn rhoi gwybodaeth am faint o alcohol sy'n cael ei yfed, a nifer y marwolaethau o glefyd yr iau/afu mewn rhai gwledydd.

Gwlad	Cymedr yr alcohol sy'n cael ei yfed y pen y flwyddyn (litrau)	Nifer y marwolaethau o glefyd yr iau/afu ym mhob 100 000 o bobl y flwyddyn
Cymru	8	4
Ffrainc	17	34
Yr Almaen	13	27
Gwlad yr Iâ	4	1
Sbaen	15	22
Sweden	6	12

(a) Lluniwch siart bar i ddangos yr wybodaeth hon.

(b) Mae alcohol yn gwneud niwed i'r iau/afu. Eglurwch sut y mae'r wybodaeth yn rhoi tystiolaeth o hyn. (1)

(c) Mae cymedr yr alcohol sy'n cael ei yfed yn yr Almaen yn is nag yn Sbaen. Fodd bynnag, mae'r gyfradd marwolaethau o glefyd yr iau/afu yn uwch yn yr Almaen nag yn Sbaen. Awgrymwch **un** rheswm dros hyn. (1)

(AQA (NEAB) 1998)

Adran Tri
Amgylchedd

Yn yr adran hon byddwch yn darganfod sut y mae organebau byw wedi ymaddasu i'w hamgylchedd. Byddwch yn dysgu sut y mae egni'n cael ei drosglwyddo rhwng organebau byw a sut y mae cemegau defnyddiol yn cael eu hailgylchu. Byddwch hefyd yn astudio sut y mae pobl yn dylanwadu ar yr amgylchedd.

PENNOD 10	Cynefinoedd
PENNOD 11	Perthnasoedd bwydo
PENNOD 12	Ailgylchu maetholynnau
PENNOD 13	Pobl a'r amgylchedd

PENNOD 10

CYNEFINOEDD

▶▶▶ 10a Yr amgylchedd

Efallai eich bod yn darllen y llyfr hwn mewn ystafell ddosbarth.
Os felly, yr ystafell hon yw eich **amgylchedd** ar hyn o bryd.
Cyn hir, bydd eich amgylchedd yn newid.
Bydd eich gwers wyddoniaeth yn dod i ben ac wedyn efallai mai'r ffreutur neu'r cae chwarae fydd eich amgylchedd.

> Mae'r gair 'amgylchedd' yn disgrifio'r hyn sydd o'ch cwmpas.

Mae dwy ran i'r amgylchedd, un rhan **fyw** a rhan arall **anfyw**.
Mae'r rhan fyw yn cynnwys pob planhigyn ac anifail.

a) Pa bethau byw sydd yn eich ystafell ddosbarth chi?

Mae'n debygol eich bod wedi enwi eich athro neu'ch athrawes a'r disgyblion eraill yn eich dosbarth.
Ond tybed a wnaethoch chi gynnwys y bacteria ar y cadeiriau neu'r byrddau, a'r planhigion ar silff y ffenestr?

Y rhan anfyw o'r amgylchedd yw'r holl bethau **ffisegol** sydd o'ch cwmpas.
Mae'r rhain yn cynnwys pethau fel y tymheredd, a chyflenwad o ddŵr a nwyon fel ocsigen a charbon deuocsid.

Mae llawer o wahanol **ecosystemau** yn ein byd ni.

> Ecosystem yw grŵp o bethau byw a'u hamgylchedd ffisegol arbennig nhw.

Mae pwll dŵr croyw yn un enghraifft o ecosystem.

Y Ddaear – casgliad o ecosystemau.

Edrychwch ar lun y pwll ar waelod y dudalen gyferbyn.

b) Enwch ddwy o'r rhannau sy'n ffurfio amgylchedd ffisegol y pwll.

Mae'r llun gyferbyn yn dangos ecosystem arall. Coetir yw hwn.

c) Enwch dri anifail y gallech eu gweld mewn coetir.

Bydd rhai o'r anifeiliaid hyn yn byw yn y coed.
Bydd eraill yn byw ar lawr y coetir.

> Yr enw ar yr ardal lle mae anifail neu blanhigyn yn byw yw ei **gynefin**.

Gallai coeden fod yn gynefin i nifer o anifeiliaid. Efallai fod gwiwerod, tylluanod, cnocellau'r coed a chwilod rhisgl yn byw yno.

Yr enw ar gyfanswm y tylluanod sy'n byw yn y goedwig yw eu **poblogaeth**.

> Poblogaeth yw'r holl organebau byw o un math sy'n byw yn yr un lle.

Cymuned y goedwig yw'r holl blanhigion ac anifeiliaid sy'n byw ynddi.

> Cymuned yw'r holl wahanol boblogaethau o blanhigion ac anifeiliaid sy'n byw yn yr un lle.

ch) Beth yw'r gwahaniaeth rhwng poblogaeth a chymuned?

I'ch atgoffa!

1 Copïwch a chwblhewch:

Mae'r gair ...... yn disgrifio'r hyn sydd o'n hamgylch ni. Mae'n cynnwys dwy ran, rhan fyw a rhan ...... Grŵp o bethau ...... a'u hamgylchedd arbennig nhw yw ...... Mae pwll dŵr ...... yn enghraifft dda o ecosystem. Mewn pwll, mae rhai anifeiliaid yn byw yn y ...... yn y gwaelod. Dyma eu ...... nhw.

2 Enwch ddwy ecosystem arall, un ar dir a'r llall mewn dŵr.

3 Mae'r planhigion mewn coetir yn rhoi bwyd i anifeiliaid. Beth arall mae'r planhigion yn ei roi i'r anifeiliaid?

4 Ar wahân i'w maint, beth yw'r gwahaniaeth mwyaf rhwng ecosystem dŵr croyw ac ecosystem dŵr môr?

▶▶▶ 10b Amgylcheddau eithafol

Maen nhw'n dweud ein bod ni bobl Cymru a gwledydd eraill Prydain yn cwyno am y tywydd o hyd ond, mewn gwirionedd, mae ein hinsawdd ni yn eithaf cyfforddus. Anaml y bydd hi'n rhy boeth, yn rhy oer, yn rhy sych neu'n rhy wlyb.

Mewn rhannau eraill o'r byd mae'r amodau yn llai caredig. Mae yna ardaloedd lle mae diffeithdir poeth a sych iawn, ac y mae hi'n oer iawn yn yr Arctig.
Ond, er gwaetha'r amodau, **mae** planhigion ac anifeiliaid yn byw yno.

Nid yw ein tywydd ni mor ddrwg â hyn fel arfer!

a) Enwch un anifail sy'n byw mewn diffeithdir ac un sy'n byw yn yr Arctig.

Mae gan yr anifeiliaid hyn nodweddion arbennig sy'n eu helpu i oroesi er gwaethaf yr amodau.

Yr enw ar y nodweddion arbennig hyn yw **addasiadau**.

Mae'r camel yn enghraifft dda o anifail sy'n byw mewn diffeithdir. Mae ganddo lawer o addasiadau sy'n ei helpu i oroesi mewn amodau sych a phoeth.

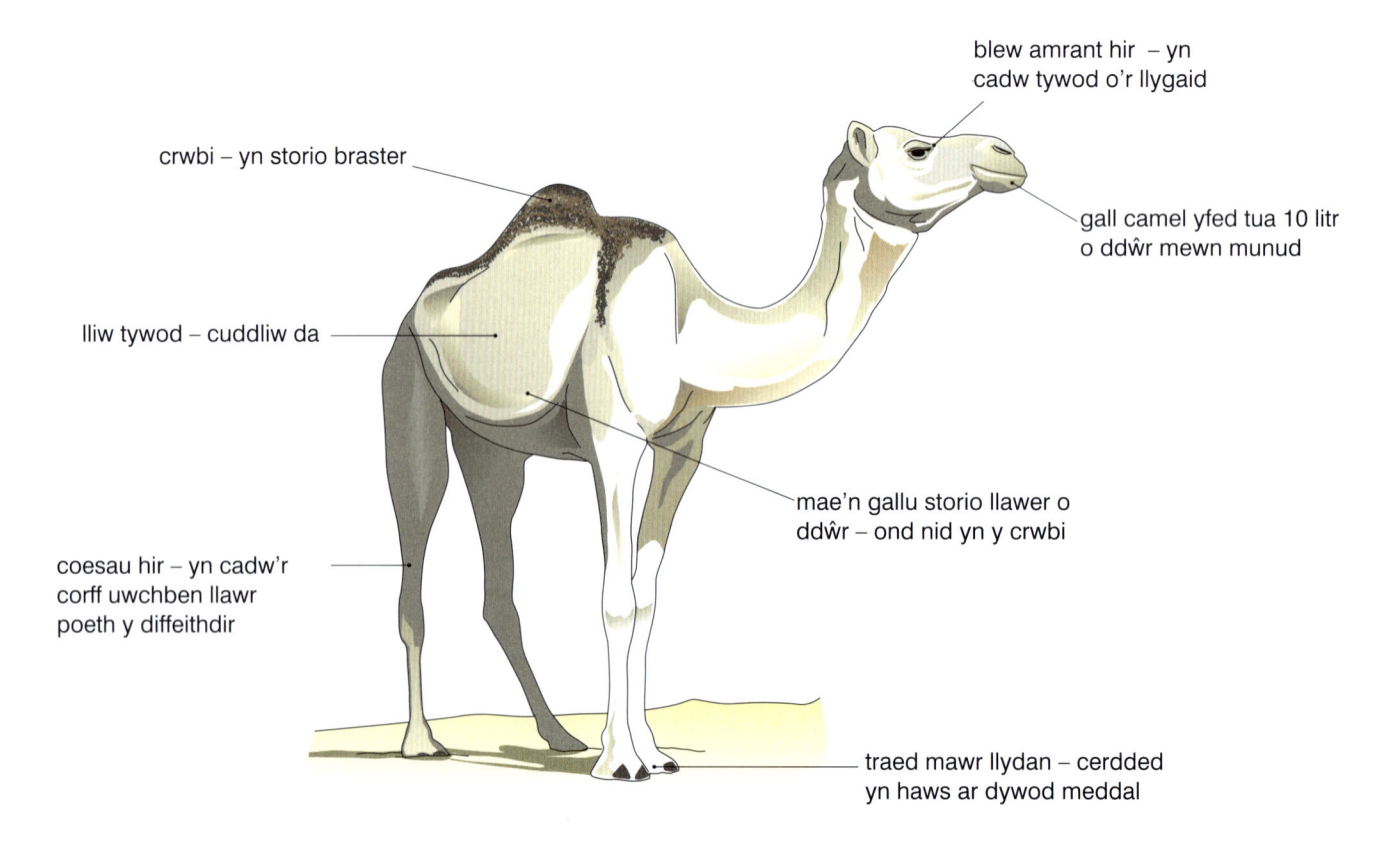

- blew amrant hir – yn cadw tywod o'r llygaid
- crwbi – yn storio braster
- gall camel yfed tua 10 litr o ddŵr mewn munud
- lliw tywod – cuddliw da
- mae'n gallu storio llawer o ddŵr – ond nid yn y crwbi
- coesau hir – yn cadw'r corff uwchben llawr poeth y diffeithdir
- traed mawr llydan – cerdded yn haws ar dywod meddal

106

Goroesi'r rhew mawr

Mae'r arth wen yn enghraifft dda o greadur sydd wedi ymaddasu ar gyfer byw mewn amodau oer iawn.

- ffwr gwyn – cuddliw da
- haen drwchus o fraster o dan y ffwr – storfa fwyd, a chadw'r arth yn gynnes
- ffwr trwchus sy'n gynnes ac yn wrth-ddŵr
- clustiau bach – colli llai o wres
- coesau cryf ar gyfer nofio a rhedeg
- traed mawr llydan rhag suddo i'r eira
- crafangau mawr ar gyfer lladd ysglyfaeth

Maint y corff ac arwynebedd arwyneb

Mae arwynebedd arwyneb croen anifail yn bwysig iawn. Mae'n effeithio llawer ar faint o wres sy'n cael ei golli.

Mae corff yr arth wen yn fawr a thrwm (**cyfaint mawr**). Ond gan fod ei siâp yn weddol grwn nid yw arwynebedd ei chroen gymaint ag y byddech yn ei ddisgwyl.
Mae hyn yn golygu nad yw'n colli gormod o wres.

Mae gan y camel lawer o groen llac.
Ond nid yw cyfaint ei gorff yn fawr iawn.
Mae arwynebedd mawr ei groen yn ei helpu i golli gwres yn hawdd.

I'ch atgoffa!

1. Copïwch a chwblhewch:

   Mae anifeiliaid wedi ...... i amodau'r ardal lle maen nhw'n byw. Mae'r addasiadau hyn yn bwysig iawn mewn amgylcheddau ...... Mewn diffeithdir, y problemau mawr yw ...... a diffyg dŵr. Yn yr Arctig y ...... isel yw'r brif broblem.

2. Pam y mae eirth yr Arctig yn wyn a chamelod yn frown?

3. Mae morloi yn byw yn yr Arctig hefyd. Er gwaetha'r oerfel, nid oes blew ganddyn nhw. Sut, felly, y maen nhw'n gallu cadw'n gynnes?

4. Ewch ati i ddarganfod ar ba dymheredd uchaf a pha dymheredd isaf y mae anifeiliaid yn gallu goroesi.

▶▶▶ 10c Rhagor o addasiadau

Nid anifeiliaid y diffeithdir a'r Arctig yw'r unig rai ag addasiadau arbennig.
Mae llawer o enghreifftiau yma yng ngwledydd Prydain.

Mae'r pathew yn enghraifft o anifail sy'n **gaeafgysgu**.

Wrth aeafgysgu mae tymheredd yr anifail, a chyfradd ei anadlu a churiad ei galon yn gostwng i lefel isel.

Mae'r pathew yn goroesi'r gaeaf oer trwy ddefnyddio bwyd y mae wedi ei storio yn ei gorff yn ystod yr hydref.
Bydd yn bwyta digonedd o fwyd sy'n cynnwys llawer o garbohydrad.
Yna bydd y bwydydd hyn yn cael eu storio ar ffurf braster.

a) Enwch anifail arall sy'n gaeafgysgu.

Ffordd arall o osgoi'r oerfel yw **mudo**.
Ystyr mudo yw symud i gyfandir cynhesach dros y gaeaf.
Wrth gwrs, mae hyn yn golygu teithio'n bell.
Felly, adar sydd fel arfer yn gwneud hyn.
Er enghraifft, bydd y wennol yn mudo o Gymru i Dde Affrica yn ystod ein gaeaf ni.

b) Pam y mae De Affrica yn lle da i fynd iddo yn ystod ein gaeaf ni?

Mae mudo yn un ffordd o oroesi tra bo'r tywydd yn oer.

Enghraifft dda arall yw **swatio** neu **gwtsio**.

Bydd Pengwiniaid Ymerodrol yn treulio llawer o'u hamser ar rew dychrynllyd o oer Antarctica.
Aderyn yw'r pengwin, ond nid yw'n gallu hedfan. Felly nid yw'n gallu mudo.
Er mwyn cadw'n gynnes bydd y pengwiniaid yn sefyll mewn grwpiau mawr.

Yn eu tro, bydd yr adar ar y tu allan yn cyfnewid lle â'r rhai sydd y tu mewn.
Fel hyn, bydd yr adar i gyd yn cael **swatio** a rhannu peth o'r gwres sydd yng nghanol y grŵp.

c) Ai pegwn y gogledd, neu begwn y de, sydd yn Antarctica?

Mae gan blanhigion addasiadau hefyd!

Nid anifeiliaid yw'r unig bethau byw sy'n gorfod goroesi amodau anodd.

Nid oes llawer o blanhigion mewn diffeithdir.
Rhaid i'r rhai sy'n byw yno oroesi amodau sych iawn (**cras**).

Yr enghraifft orau o'r math hwn o blanhigyn yw'r **cactws**.

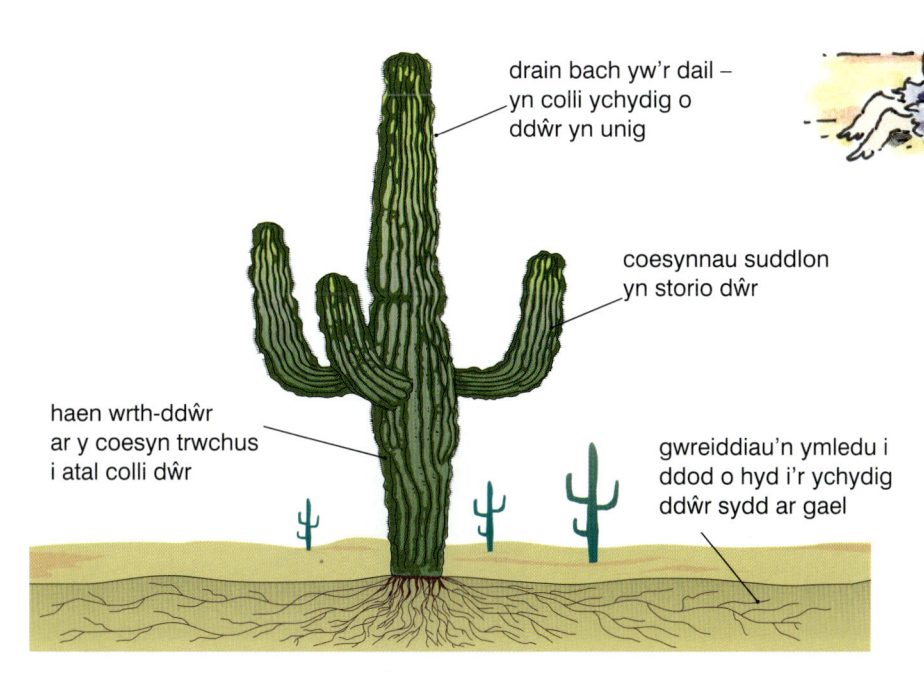

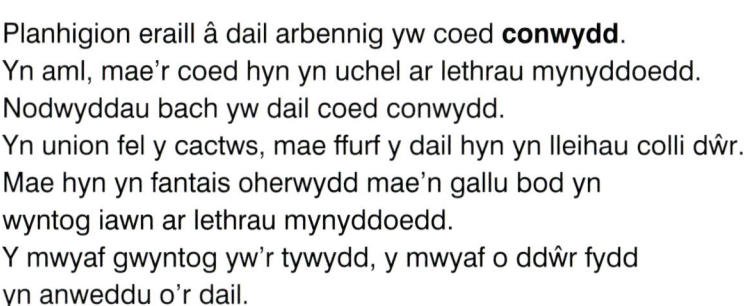

drain bach yw'r dail – yn colli ychydig o ddŵr yn unig

coesynnau suddlon yn storio dŵr

haen wrth-ddŵr ar y coesyn trwchus i atal colli dŵr

gwreiddiau'n ymledu i ddod o hyd i'r ychydig ddŵr sydd ar gael

Planhigion eraill â dail arbennig yw coed **conwydd**.
Yn aml, mae'r coed hyn yn uchel ar lethrau mynyddoedd.
Nodwyddau bach yw dail coed conwydd.
Yn union fel y cactws, mae ffurf y dail hyn yn lleihau colli dŵr.
Mae hyn yn fantais oherwydd mae'n gallu bod yn wyntog iawn ar lethrau mynyddoedd.
Y mwyaf gwyntog yw'r tywydd, y mwyaf o ddŵr fydd yn anweddu o'r dail.

ch) Beth yw'r term cywir am ddŵr yn anweddu o ddail?
(Awgrym: edrychwch ym Mhennod 6.)

I'ch atgoffa!

1 Copïwch a chwblhewch:

Mae gan lawer o anifeiliaid ffyrdd arbennig o ...... mewn tywydd oer. Mae rhai yn ......, sy'n golygu eu bod yn cysgu'n drwm. Bydd rhai adar yn ...... i wledydd cynhesach. Bydd pengwiniaid yn ...... gyda'i gilydd mewn grŵp er mwyn rhannu gwres eu cyrff.

2 Pam y mae gan blanhigion sy'n tyfu ar dwyni tywod wreiddiau hir iawn?

3 Pysgodyn hollol wastad yw'r lleden, sy'n gallu newid ei liw i fod yr un fath â'i gefndir.

Beth yw mantais hyn?

▶▶▶ 10ch Cystadleuaeth

Rydym ni, fodau dynol, wrth ein bodd yn cystadlu.
Mae yna gystadlaethau i ddewis y person cyflymaf,
y cryfaf, y mwyaf cyfoethog, a'r harddaf!

Ym myd natur, bydd anifeiliaid yn cystadlu â'i
gilydd am **adnoddau** er mwyn cadw'n fyw.
Yn aml bydd yr adnoddau hyn yn brin.

Mae pawb yn ceisio ennill!

a) Rhestrwch bethau y bydd anifeiliaid yn cystadlu amdanyn nhw.

Pa mor hir yw eich rhestr chi?
Gobeithio ei bod yn cynnwys y tri adnodd
pwysig hyn, sef **bwyd**, **dŵr** a **lle**.

Mae'n ddigon hawdd deall pam y mae bwyd a dŵr mor bwysig.
Ond beth am le?
Os bydd gormod o anifeiliaid yn yr un lle, mae'n amlwg y
bydd hyn yn effeithio ar y cyflenwadau bwyd a dŵr.
Ond mae ar anifeiliaid angen lle hefyd er mwyn hawlio eu **tiriogaeth**.
Heb eu tiriogaeth eu hunain, ni fydd anifeiliaid yn denu cymar
ar gyfer bridio.

> Mae yna ddau fath o gystadlu:
> - cystadlu rhwng anifeiliaid o'r un math (rhywogaeth)
> - cystadlu rhwng anifeiliaid o rywogaethau gwahanol.

Mae'r ceirw gwryw hyn yn ymladd i gael cymar.

Enghraifft dda o gystadlu rhwng anifeiliaid **o'r un** rhywogaeth
yw anifeiliaid yn ymladd i gael cymar.

b) Nodwch enghraifft arall o'r math hwn o gystadlu.

Yr anifeiliaid mwyaf a chryfaf mewn unrhyw gynefin fydd fel arfer yn
ennill y gystadleuaeth.
Mae'r anifeiliaid hyn yn fwy tebygol o oroesi ac, wedi hynny, o fridio.
Ni fydd yr anifeiliaid gwannaf yn cael yr adnoddau angenrheidiol.
Bydd yr anifeiliaid hyn yn llai tebygol o fridio ac yn fwy tebygol o farw.

c) Darllenwch ran olaf y dudalen hon eto.
Eglurwch sut y mae cystadleuaeth yn cael
effaith ar faint poblogaeth.

Hanes dwy wiwer

Bydd anifeiliaid o rywogaethau gwahanol hefyd yn cystadlu er mwyn cael yr adnoddau y mae eu hangen arnyn nhw. Fyddan nhw ddim yn cystadlu am gymar, wrth gwrs, ond bydd bwyd a dŵr yn adnoddau pwysig iawn o hyd.

> Os bydd angen yr un adnoddau yn union ar ddwy rywogaeth, ni fyddant fel arfer yn gallu byw gyda'i gilydd. Bydd un o'r rhywogaethau yn colli'r frwydr ac yn cael ei gyrru oddi yno.

Y wiwer goch.

Mae dau fath o wiwer yng ngwledydd Prydain heddiw. Y wiwer goch sy'n **gynhenid** i'r gwledydd hyn.

ch) Beth yw ystyr 'cynhenid'?

Pobl ddaeth â'r wiwer lwyd i wledydd Prydain o America. Ar y pryd (tua 1870) roedd y wiwer goch yn gyffredin iawn yma. Roedd yn byw yn llwyddiannus yn y coedwigoedd **collddail** a'r rhai **conwydd**.
Coed collddail yw rhai sy'n colli eu dail yn yr hydref.
Ymhen tua 30 mlynedd roedd y wiwer lwyd wedi lledaenu trwy'r holl wlad.
Erbyn heddiw, mewn coedwigoedd conwydd y mae gwiwerod coch i'w gweld yn bennaf, er bod llawer o hyd ar Ynys Wyth.

Y wiwer lwyd, sy'n fwy o faint.

d) Pam y mae'r wiwer goch wedi goroesi'n llwyddiannus ar Ynys Wyth?

Mes a chnau cyll yw bwyd gwiwerod coch a llwyd.
Mae'r wiwer lwyd yn gallu treulio'r bwyd hwn yn well na'r wiwer goch.
Dyna pam y mae hi wedi bod yn fwy llwyddiannus.
Mae'r wiwer goch yn llai ac yn fwy sionc na'r wiwer lwyd.
Mae hi'n gallu dringo coed pinwydd a bwydo ar y moch coed.
Dyna pam y mae'r wiwer goch wedi goroesi mewn coedwigoedd pinwydd.

Coetir conwydd – prif gartref y wiwer goch.

I'ch atgoffa!

1 Copïwch a chwblhewch:

Mae anifeiliaid yn ...... â'i gilydd am ...... prin.
Yr adnoddau pwysicaf yw lle, ... a ......

Mewn cystadleuaeth, yr anifeiliaid mwyaf a ...... fydd bob amser yn ennill. Mae'r enillwyr yn llawer mwy tebygol o ......

2 Pam nad yw'n syniad da cadw gormod o jerbilod mewn cawell?

3 Pam y mae anifeiliaid gwyllt yn ymladd â'i gilydd?

4 Ceisiwch ddarganfod pam y daeth pobl â gwiwerod llwyd i wledydd Prydain.

▶▶▶ 10d Rhagor am gystadlu

Ydych chi erioed wedi gwylio bwrdd adar yn y gaeaf?
Cyn gynted ag y bydd rhywun yn rhoi bwyd arno, bydd sawl math o adar yn ymddangos ar y bwrdd.
Y rheswm dros hyn yw bod bwyd yn adnodd prin iawn yn y gaeaf.

Dyma enghraifft dda arall o anifeiliaid yn cystadlu.
Ond nid yn ystod y gaeaf yn unig y bydd hyn yn digwydd.
Bydd adar yn cystadlu â'i gilydd am fwyd hyd yn oed yn yr haf.

a) Pa fath o fwyd y mae adar yn ei fwyta?

Weithiau **bydd** hi'n bosibl i ddau anifail sy'n bwyta bwyd **tebyg** fyw yn yr un lle.
Mae'r fwyalchen a'r fronfraith yn adar cyffredin yn ein gerddi ni.
Mae'r ddau aderyn yn bwyta amrywiaeth o bryfed a rhai aeron hefyd.
Mae un gwahaniaeth pwysig yn eu diet.
Bydd y fronfraith yn bwyta malwod, ond ni fydd y fwyalchen yn eu bwyta.

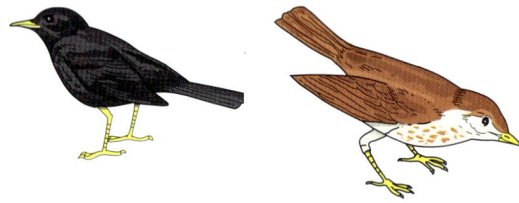

b) Pam y mae malwod yn anodd eu bwyta?

Mwyalchen.   Bronfraith.

Mae'r fronfraith wedi datblygu ffordd o agor cragen galed y falwen.
- Mae hi'n codi'r falwen yn ei phig ac yn malu'r gragen ar garreg.
- Wedyn bydd hi'n gallu bwyta rhannau meddal y falwen.
- Nid yw'r fwyalchen wedi datblygu'r gallu hwn.

Bydd pobl yn aml yn galw'r cerrig sy'n cael eu defnyddio i agor cregyn y malwod yn 'eingion y fronfraith'.
Gallwch adnabod y cerrig hyn oherwydd bydd casgliad o gregyn wedi malu o'u hamgylch.

Hefyd, mae gwahaniaeth bach arall yn niet y ddau aderyn hyn.
Mae'r fwyalchen yn tueddu i fwyta mwy o aeron na'r fronfraith.

Mae'r ddau wahaniaeth hyn yn egluro pam y mae'r ddau aderyn yn gallu goroesi yn yr un cynefin.

c) Beth yw'r gwahaniaeth rhwng diet y fwyalchen a diet y fronfraith?

Mae planhigion yn cystadlu hefyd!

Nid anifeiliaid yn unig sy'n cystadlu â'i gilydd. Ydych chi erioed wedi gweld cae o wenith? Yn aml, fe welwch flodau pabi coch yn llachar yng nghanol y gwenith melyn.
Mae'r planhigion pabi yn cystadlu â'r gwenith.

> **ch)** Am ba adnoddau y bydd planhigion yn cystadlu?

Cystadleuaeth rhwng planhigion.

Bydd eich rhestr yn sicr o fod yn debyg i'r un ar gyfer anifeiliaid. Mae lle yn bwysig iawn i blanhigion, er mwyn iddyn nhw gael digon o olau ar eu dail.

> **d)** Pam y mae golau yn bwysig i blanhigion?

> Er mwyn i blanhigion dyfu'n dda, mae'n rhaid iddyn nhw gael digon o oleuni, dŵr a maetholynnau.

Y cystadleuwyr cryfaf ym myd y planhigion yw **chwyn**.
Yn syml iawn, planhigyn sy'n tyfu lle na ddylai fod, neu lle nad oes croeso iddo, yw chwynnyn.
Edrychwch ar y diagram hwn i weld pam y mae chwyn yn gystadleuwyr da:

- cynhyrchu llawer o hadau sy'n cael eu gwasgaru gan y gwynt
- hadau yn egino'n gyflym
- tyfu'n gyflym a blodeuo ddwywaith y flwyddyn
- dail yn tyfu'n llydan ac yn agos at y pridd
- gwrthsefyll llawer o chwynleiddiaid
- tyfu'n gyflym ar dir gwael neu ddaear galed
- gwreiddiau'n cynhyrchu cemegau sy'n atal planhigion eraill rhag tyfu
- gwreiddiau dwfn sy'n anodd eu codi

I'ch atgoffa!

1. Copïwch a chwblhewch:

   Mae planhigion yn cystadlu am olau, ... a ...... Mae angen goleuni ar gyfer ...... Mae planhigion yn defnyddio'r broses hon i wneud ...... Y cystadleuwyr cryfaf ymysg planhigion yw'r ......

2. Nodwch ddau reswm dros godi chwyn o'ch gardd.

3. Defnyddiwch y llun uchod i egluro pam y mae chwyn yn anodd eu codi o'r pridd.

▶▶▶ 10dd Rheoli maint poblogaeth

Mae cystadleuaeth yn un enghraifft o'r ffordd y mae natur yn atal poblogaethau rhag tyfu'n rhy fawr.

a) Beth yw ystyr poblogaeth?
(Awgrym: edrychwch eto ar adran 10a.)

Mae yna lawer o resymau eraill pam y mae poblogaethau'n cael eu **rheoli**:

- **Afiechyd:** os nad oes digon o le gan boblogaeth, mae clefydau'n gallu ymledu'n gyflym iawn, gan ladd llawer o unigolion.

- **Diffyg lloches:** heb loches addas, nid oes gan anifeiliaid le i ddianc rhag peryglon.

- **Diffyg lle:** heb ddigon o le i hawlio eu tiriogaeth eu hunain, mae anifeiliaid yn llai tebygol o fridio.

- **Hinsawdd:** mae llawer o blanhigion ac anifeiliaid yn gallu marw o ganlyniad i lifogydd, stormydd a newidiadau eithafol yn y tymheredd.

- **Colli cynefin:** mae tanau mewn coedwigoedd a chael gwared â gwrychoedd yn dinistrio cynefin llawer o blanhigion ac anifeiliaid.

- **Gwastraff gwenwynig:** mae popeth byw yn rhyddhau cemegau gwenwynig. Os bydd y cemegau hyn yn crynhoi maen nhw'n gallu cyfyngu ar faint poblogaeth.

- **Ysglyfaethu:** mae llawer o anifeiliaid yn dal ac yn lladd anifeiliaid er mwyn cael bwyd, e.e. mae llewod yn 'rheoli' nifer y gafrewigod.

- **Pori:** mae anifeiliaid sy'n pori, er enghraifft defaid, yn atal coed a llwyni rhag ymsefydlu mewn glaswelltir.

b) Pa rai o'r dulliau rheoli hyn a fydd yn cael yr un effaith, beth bynnag yw maint y boblogaeth?

Sut y mae poblogaethau'n tyfu?

Os yw'r amodau yn addas bydd poblogaethau yn tyfu'n gyflym iawn.

- Tua dau gan mlynedd yn ôl oedd y tro cyntaf i bobl o Ewrop fynd i fyw yn Awstralia, gan fynd â chwningod gyda nhw.
- Ar y dechrau roedd yno ddigon o le, digon o fwyd a dim llawer o ysglyfaethwyr.
- Felly, tyfodd poblogaeth y cwningod yn gyflym.
- Mewn deng mlynedd yn unig roedd poblogaeth o tuag ugain neu ddeg ar hugain o gwningod wedi tyfu i fod dros ugain miliwn!
- Dinistriodd y cwningod hyn lawer o blanhigion.
- Roedden nhw hefyd yn cystadlu ag anifeiliaid brodorol am fwyd.
- Yn ystod y 1950au cyflwynodd pobl glefyd o'r enw **mycsomatosis**, yn fwriadol.
- Cafodd bron yr holl gwningod eu difa gan y clefyd.

Mae cwningod iach yn bwyta llawer iawn o blanhigion.

c) Pam yr oedd pobl am ladd y cwningod?

Heb ymyrraeth gan bobl, bydd poblogaethau fel arfer yn cyrraedd rhyw fath o gydbwysedd. Mae hyn oherwydd y ffactorau sy'n rheoli poblogaethau, pethau sydd yn y rhestr ar y dudalen gyferbyn.
Yr enw ar graff sy'n dangos sut y mae nifer yr unigolion yn newid dros amser yw cromlin twf.

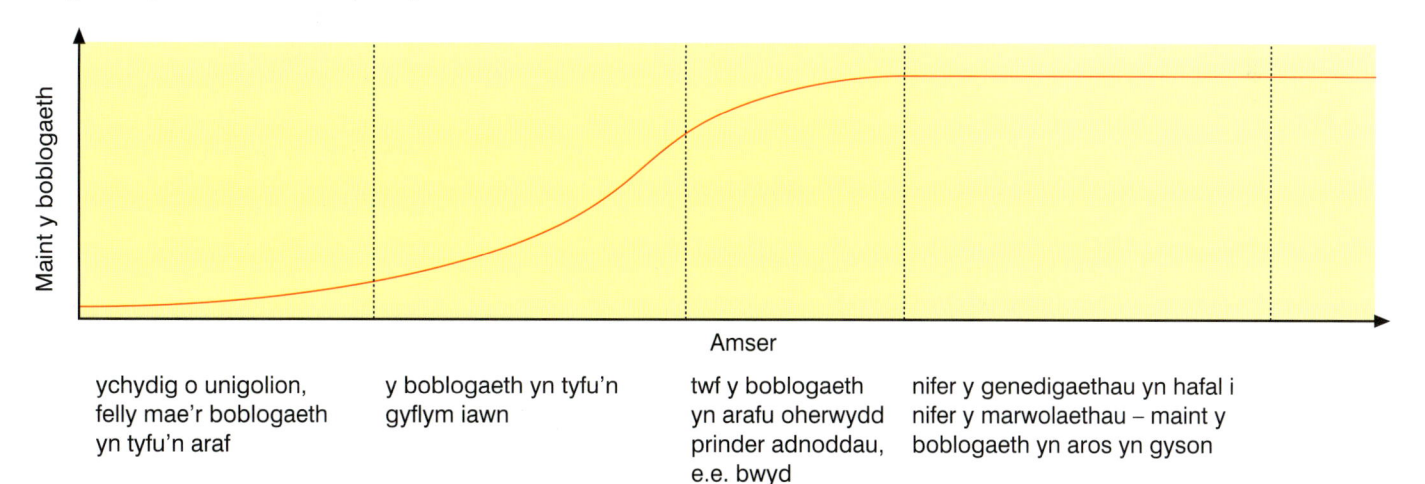

| ychydig o unigolion, felly mae'r boblogaeth yn tyfu'n araf | y boblogaeth yn tyfu'n gyflym iawn | twf y boblogaeth yn arafu oherwydd prinder adnoddau, e.e. bwyd | nifer y genedigaethau yn hafal i nifer y marwolaethau – maint y boblogaeth yn aros yn gyson |

I'ch atgoffa!

1 Copïwch a chwblhewch:

O dan yr amodau cywir mae poblogaethau yn ...... yn gyflym iawn. Mae nifer o ...... naturiol yn rhwystro poblogaethau rhag mynd yn rhy ...... Mae'r rheolaeth hon yn golygu bod maint poblogaeth yn cyrraedd ...... yn y pen draw.

2 Pam yr oedd cwningod yn gallu ymledu mor gyflym yn Awstralia?

3 Ewch ati i ddarganfod sut y mae llywodraeth China yn ceisio cyfyngu ar faint poblogaeth y wlad.

10e Ysglyfaethwyr ac ysglyfaethau

Fyddwch chi'n mynd i siop sglodion weithiau?
Mae'r rhan fwyaf o bobl yn mwynhau pryd o bysgod a sglodion.
Ond tybed a ydych chi'n sylweddoli eich bod chi'n ysglyfaethwr wrth fwyta eich pysgodyn a sglodion?

> **Ysglyfaethwr** yw anifail sy'n dal ac yn lladd ei fwyd ei hun.

Wel, nid chi'n benodol sy'n dal ac yn lladd, ond mae pysgotwyr yn gwneud hynny ar eich cyfer.
Mae bodau dynol yn ysglyfaethwyr da iawn.
Maen nhw mor dda, nes bod sawl rhywogaeth o bysgod bron wedi diflannu.
Mae'r pysgod y byddwn ni'n eu dal yn ysglyfaeth i ni.

> Yr **ysglyfaeth** yw'r anifeiliaid y mae ysglyfaethwyr yn eu dal a'u lladd.

a) Enwch rai anifeiliaid sy'n ysglyfaethwyr, ac ar gyfer pob un awgrymwch beth yw ei ysglyfaeth.

Mae ysglyfaethwyr da fel arfer yn fawr, yn gryf, yn gyflym ac yn ymosodol.
Hefyd bydd ganddyn nhw nifer o dactegau i'w helpu i fod yn llwyddiannus:
- byddan nhw yn aml yn hela mewn heidiau
- byddan nhw'n dewis ysglyfaeth sy'n ifanc, yn wan neu'n hen
- bydd mwy nag un math o anifail yn ysglyfaeth iddyn nhw.

Er mwyn goroesi rhaid i anifail sy'n ysglyfaeth fod wedi ymaddasu'n dda er mwyn osgoi ei ysglyfaethwyr.
Dyma rai o nodweddion goroeswyr da:
- cuddliw da er mwyn osgoi cael eu gweld
- gallu gweld yn dda i bob cyfeiriad er mwyn sylwi ar yr ysglyfaethwyr
- gallu rhedeg yn gyflymach na'r ysglyfaethwyr
- blas drwg; mae hyn yn llai deniadol i ysglyfaethwyr
- aros mewn grŵp mawr er mwyn amddiffyn ei gilydd.

Y tsita – ysglyfaethwr gwych.

Un ffordd o gadw ysglyfaethwyr draw yw trwy symud o le i le mewn grwpiau.

Cylchredau ysglyfaethwr-ysglyfaeth

Nid hen anifeiliaid neu rai gwan yn unig sy'n cael eu dal a'u lladd gan ysglyfaethwyr.
Bydd ysglyfaethwyr da yn dal digon o anifeiliaid iach hefyd.
Mae hyn yn golygu y bydd nifer yr anifeiliaid sy'n ysglyfaeth yn gostwng i lefel isel yn y pen draw.
Rhaid cofio hefyd fod maint poblogaeth yr ysglyfaeth yn dibynnu ar faint o fwyd sydd ar gael.

Yn achos llawer o ysglyfaethwyr a'u hysglyfaeth, mae'r niferoedd yn cynyddu a gostwng bob rhyw ychydig o flynyddoedd.

Gallwn ddangos y **gylchred ysglyfaethwr-ysglyfaeth** hon ar graff tebyg i'r un gyferbyn:
1. Mae digonedd o'r ysglyfaeth, felly mae'r ysglyfaethwr yn bridio a'i nifer yn cynyddu.
2. Nawr mae yna lawer o ysglyfaethwyr. Felly mae llawer o boblogaeth yr ysglyfaeth yn cael eu bwyta a'i nifer yn gostwng.
3. Nawr mae llai o fwyd ar gyfer yr ysglyfaethwr. Felly mae ei nifer yn dechrau gostwng.
4. Gan fod llai o ysglyfaethwyr, mae'r ysglyfaeth yn dechrau bridio.
Felly mae nifer yr ysglyfaeth yn cynyddu a'r gylchred yn dechrau unwaith eto.

Enghraifft dda o'r gylchred hon yw'r lyncs ac ysgyfarnog yr eira. Mae'r anifeiliaid hyn yn byw yng Nghanada, ac y mae'r ysgyfarnog yn ysglyfaeth i'r lyncs.

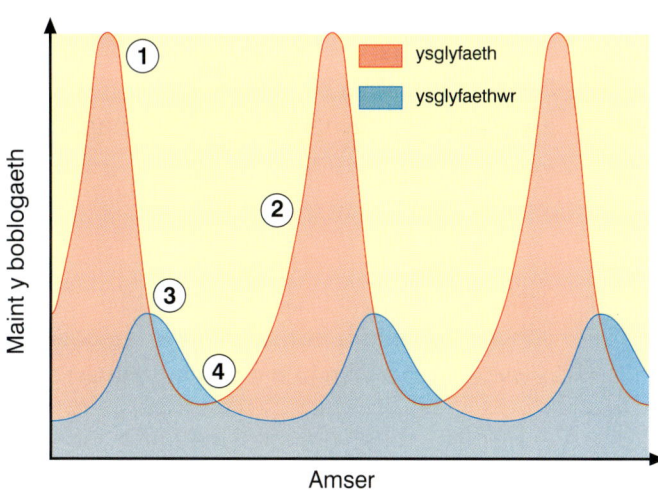

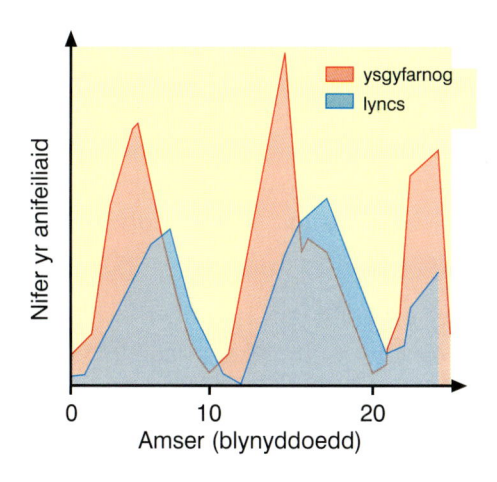

I'ch atgoffa!

1. Copïwch a chwblhewch:

   Mae ysglyfaethwyr yn ...... ac yn lladd eu bwyd eu hunain. Yr enw ar yr anifeiliaid y maen nhw'n yn eu dal yw eu ...... Mae'r ysglyfaethwyr gorau yn fawr ac yn ...... Yn aml, mae gan yr anifeiliaid sy'n ysglyfaeth ac sy'n goroesi ...... da er mwyn osgoi cael eu gweld. Yn aml, mae gan y ffordd y mae niferoedd yr ysglyfaethwyr a'u hysglyfaeth yn newid batrwm sy'n cael ei alw'n ......

2. Pam y mae yna bob amser lai o ysglyfaethwyr nag o'i ysglyfaeth?

3. Sut y mae byw mewn haid yn amddiffyn anifeiliaid rhag ysglyfaethwyr?

4. Pam y mae gan anifeiliaid sy'n ysglyfaeth lygaid ar ochr eu pennau?

Crynodeb

Amgylchedd planhigyn neu anifail yw'r hyn sydd o'i gwmpas.
Mae'r amgylchedd yn cynnwys rhan **fyw** a rhan **anfyw**.
Mae'r rhan anfyw (**ffisegol**) yn cynnwys pethau fel aer, dŵr a phridd.
Mae'r rhan fyw yn cynnwys **cymuned** planhigion ac anifeiliaid eraill.
Mae'r gymuned yn cynnwys **llawer o boblogaethau o anifeiliaid a phlanhigion**.
Cynefin yw'r ardal lle mae anifail neu blanhigyn yn byw.

Mae pethau byw wedi **ymaddasu** er mwyn goroesi o dan yr amodau lle maen nhw'n byw.
Mae anifeiliaid wedi ymaddasu i fyw mewn oerfel eithafol trwy gael:

- cotiau trwchus
- llawer o fraster yn eu cyrff
- arwynebedd arwyneb bach o'i gymharu â'u cyfaint.

Mewn gwres eithafol mae gan anifeiliaid:

- ychydig yn unig o fraster yn eu cyrff
- ychydig yn unig o ffwr neu flew ar eu cotiau
- arwynebedd arwyneb mawr o'i gymharu â'u cyfaint.

Mae gan blanhigion hefyd addasiadau ar gyfer sychder eithafol, e.e. dail cul, gwreiddiau hir, a choesynnau trwchus a suddlon.

Mae anifeiliaid yn **cystadlu** â'i gilydd am adnoddau prin fel lle, bwyd a dŵr.

Mae planhigion yn cystadlu â'i gilydd er mwyn cael lle, dŵr, a maetholynnau o'r pridd.

Mae cystadleuaeth yn helpu i **reoli** maint poblogaeth.
Ffactorau eraill sy'n effeithio ar faint poblogaethau yw:
y ddarpariaeth fwyd, afiechyd, colli cynefin ac ysglyfaethu.

Ysglyfaethwyr yw anifeiliaid sy'n dal ac yn lladd eu bwyd eu hunain.
Ysglyfaeth yw'r enw ar yr anifail y mae ysglyfaethwr yn ei ddal.

Cwestiynau

1 Copïwch a chwblhewch:

Mae llawer o ffactorau ...... yn effeithio ar bethau byw. Mae'n rhaid iddyn nhw allu ...... er mwyn goroesi'r amodau hyn. Mae yna lawer o ...... am adnoddau prin.

Dŵr, ... a ...... yw'r prif adnoddau ar gyfer ...... ac anifeiliaid. Mae cystadleuaeth a ffactorau eraill fel afiechyd a ...... yn rheoli maint poblogaethau.

2 Mae gan gamelod ac eirth gwyn draed mawr. Pam y mae hyn o fantais i'r ddau anifail? (Awgrym: meddyliwch pa mor anodd yw cerdded ar dywod neu eira.)

3 Mae pethau gwyn yn colli llai o wres trwy belydriad.

Defnyddiwch y ffaith hon er mwyn rhoi rheswm arall (ar wahân i guddliw) pam y mae eirth yr Arctig yn wyn.

4 a) Enwch bedwar peth (ar wahân i gystadleuaeth) sy'n rheoli maint poblogaeth.

b) Ar gyfer pob un, eglurwch sut y mae'n effeithio ar y boblogaeth.

5 Cysylltwch yr anifeiliaid a'r planhigion yng ngholofn A â'u cynefin cywir yng ngholofn B.

Colofn A	Colofn B
penbwl	cae chwarae
llygad y dydd	gwrych
tylluan	glan y môr
abwydyn (pryf genwair)	glan afon
gwymon	pwll
eog	coetir
draenen wen	afon
dyfrgi	pridd

6 Copïwch a chwblhewch y tabl hwn sy'n dangos sut y mae eirth gwyn yn goroesi yn yr Arctig.

Nodwedd	Sut y mae'n helpu goroesi
ffwr trwchus	
haen drwchus o floneg	
blew seimlyd	
siâp crwn	
coesau cryf	

7 Pam y mae blodau sy'n tyfu ar lawr coedwig yn blodeuo'n gynnar yn y flwyddyn? (Awgrym: edrychwch ar yr adran ar ffotosynthesis ym Mhennod 6.)

8 Pam y mae'n fanteisiol i gnwod aros mewn heidiau mawr?

9 Ewch ati i ddarganfod pam y mae pobl yn ceisio gwahardd hela â chŵn. Beth yw eich barn chi ar y mater hwn?

10 Copïwch y diagram hwn o gromlin dwf.

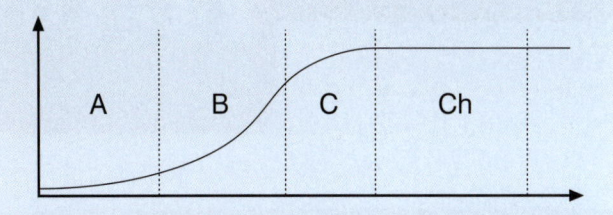

a) Pa lythyren ar y diagram sy'n cyfateb i'r disgrifiadau hyn?
  i) Mae maint y boblogaeth yn aros yn gyson.
  ii) Mae maint y boblogaeth yn cynyddu'n araf.
  iii) Mae cyfradd y cynnydd ym maint y boblogaeth yn arafu.
  iv) Mae maint y boblogaeth yn cynyddu'n gyflym.

b) Pam mai araf yw'r cynnydd yn y boblogaeth ar y dechrau?

11 Pan fydd anifeiliaid gwyllt yn cael eu cyflwyno i amgylchedd newydd bydd eu niferoedd yn cynyddu'n gyflym.
Eglurwch pam y mae hyn yn gallu digwydd.

12 a) Pam y mae pysgotwyr yn ysglyfaethwyr?

b) Pam nad ydym ni'n galw ffermwyr yn ysglyfaethwyr?

c) Ymchwiliwch i'r diwydiant pysgota. Sut y maen nhw'n llwyddo i ddal cymaint o bysgod fel bod rhai mathau bron wedi diflannu?

13 Disgrifiwch dair ffordd y mae tân mewn coedwig yn gallu effeithio ar faint poblogaeth o anifeiliaid.

14 Lluniwch 'fap meddwl' i ddangos popeth a wyddoch chi am ffactorau sy'n effeithio ar boblogaethau.

PENNOD 11
Perthnasoedd bwydo

▶▶▶ 11a Cadwynau bwydydd

Mewn gwledydd sydd wedi datblygu, mae'r system fwydo yn syml. Yn y bôn, mae yna ddau grŵp: y **cynhyrchwyr** a'r **ysyddion** (neu'r defnyddwyr). Y ffermwyr yw'r cynhyrchwyr a ni yw'r ysyddion.

Mae gan fyd natur system debyg.

> Mae rhai pethau byw yn cynhyrchu bwyd o ddefnyddiau crai. Y planhigion gwyrdd yw'r rhain.

a) Sut y mae planhigion yn gwneud eu bwyd eu hunain? (Ateb un gair os gwelwch yn dda.)

> Anifeiliaid yw'r ysyddion. Mae'n rhaid iddyn nhw fwyta naill ai planhigion neu anifeiliaid eraill.

Gallwn osod **ysyddion** mewn tri grŵp:
- **Llysysyddion** – anifeiliaid sy'n bwyta planhigion. Er enghraifft, mae cwningod yn bwyta gweiriau a llawer o blanhigion eraill.

b) Enwch ddau lysysydd arall.

- **Cigysyddion** – anifeiliaid sy'n bwyta anifeiliaid eraill. Er enghraifft, mae llwynogod yn bwyta cwningod a llysysyddion eraill.

c) Enwch ddau gigysydd arall.

- **Hollysyddion** – anifeiliaid sy'n bwyta planhigion a hefyd anifeiliaid eraill. Rydym ni'n enghraifft o hollysydd. Enghraifft arall yw'r grugiar. Aderyn y gweundir yw hwn, sy'n bwyta cyffion grug a phryfed bach.

ch) Beth yw'r gwahaniaeth rhwng llysysydd a llysieuwr?

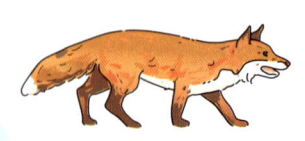

Mae gwneud bwyd yn waith caled!

Diagramau syml, sy'n dangos beth sy'n bwyta beth, yw **cadwynau bwydydd**.

Maen nhw bob amser yn cael eu cynrychioli fel hyn:

A → B → C

A yw'r **cynhyrchydd** sy'n cael ei fwyta gan
B sy'n **llysysydd**.
C yw'r **cigysydd** sy'n bwyta'r llysysydd.

d) Gallai dolen arall, Ch, fod yn y gadwyn. Pa fath o ysydd fyddai hwn?

Rhaid i bob cadwyn fwyd ddechrau â'r cynhyrchydd (planhigyn gwyrdd).

dd) Pam y mae'n rhaid iddyn nhw ddechrau fel hyn bob tro?

Dyma gadwyn fwyd syml:

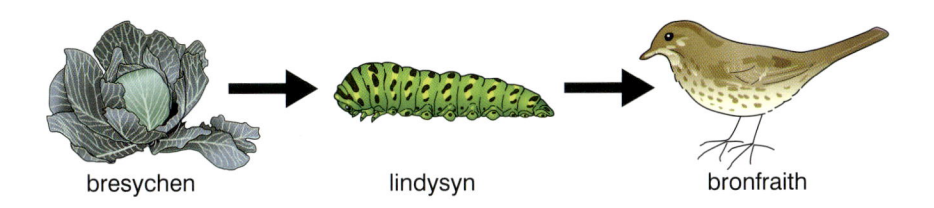

bresychen → lindysyn → bronfraith

Mae'r saethau yn dangos cyfeiriad llif yr egni.

Ystyr → mewn cadwyn fwyd yw 'yn cael ei fwyta gan ...'

Mae cadwynau bwydydd mewn dŵr hefyd:

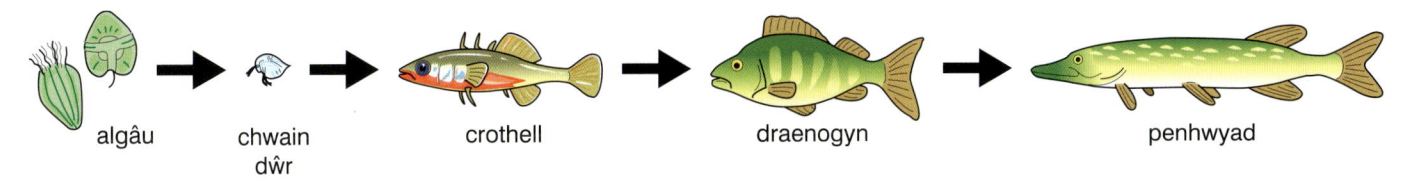

algâu → chwain dŵr → crothell → draenogyn → penhwyad

I'ch atgoffa!

1 Copïwch a chwblhewch:

Enw arall ar blanhigion gwyrdd yw ...... Maen nhw'n gwneud eu bwyd trwy ...... Rhaid i anifeiliaid fwyta'r bwyd hwn ac maen nhw'n cael eu galw'n ...... Yr enw ar anifeiliaid sy'n bwyta planhigion yw ...... ac y mae ...... yn bwyta anifeiliaid eraill. Mae diagram sy'n dangos beth sy'n bwyta beth yn cael ei alw'n ....

2 Beth yw ffynhonnell wreiddiol yr egni ar gyfer pob cadwyn fwyd?

(Awgrym: edrychwch eto ar Bennod 6.)

3 Mae'r mochyn daear yn enghraifft arall o hollysydd.

Ewch ati i ddarganfod pa fath o blanhigion ac anifeiliaid y mae'r mochyn daear yn eu bwyta.

▶▶▶ 11b Gweoedd bwydydd

Ydych chi erioed wedi cyfrif faint o wahanol fathau o fwydydd rydych chi'n eu bwyta? Yn ôl pob tebyg, bydd yr ateb yn nifer fawr (er nad yw pob un ohonyn nhw'n dda ichi!). Ychydig iawn o anifeiliaid sydd ag un ffynhonnell fwyd yn unig. Felly yn y byd go iawn nid oes y fath beth â chadwyn fwyd unigol. Yr hyn sydd gennym ni yw **gweoedd bwydydd**.

> Mewn gwe fwydydd mae llawer o gadwynau bwydydd wedi eu cysylltu â'i gilydd.

Mae gan weoedd bwydydd bob un o brif nodweddion cadwynau bwydydd:
- cynhyrchwyr (planhigion gwyrdd) yw eu man cychwyn
- maen nhw'n cynnwys ysyddion (llysysyddion, cigysyddion a hollysyddion)
- mae saethau yn dangos cyfeiriad llif yr egni.

Dyma enghraifft o we fwydydd yn Antarctica:

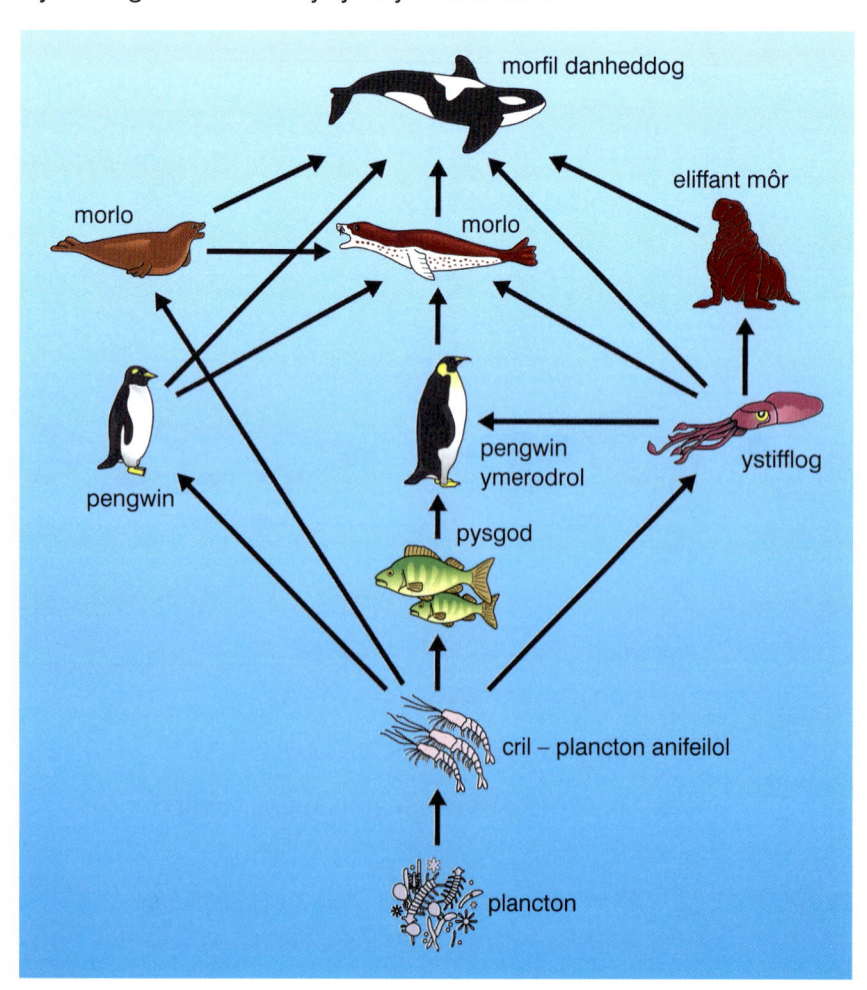

Yr enw ar y planhigion a'r anifeiliaid mân iawn yn y we hon yw **plancton**.
Plancton planhigol yw cynhyrchwyr y môr.
Mae cril, y plancton anifeilol, yn bwysig iawn oherwydd dyma unig ffynhonnell fwyd y morfil glas.

a) Beth fyddai'n digwydd i boblogaeth y morfilod glas pe bai'r holl blancton yn darfod?

Cril – bwyd y morfil glas.

Fel llawer o weoedd bwydydd mae gwe fwydydd Antarctica yn eithaf cymhleth.
Mewn arholiad fe gewch chi gwestiwn tebyg i hwn yn aml:

'Beth fydd yn digwydd i boblogaeth y morfil danheddog os bydd llai o forloi ar gael?'

Ateb: Bydd llai o forfilod oherwydd bod yna lai o fwyd, neu bydd y morfilod yn bwyta rhagor o ystifflogau a phengwiniaid.
Dyma enghraifft o we fwydydd mewn coetir yng ngwledydd Prydain:

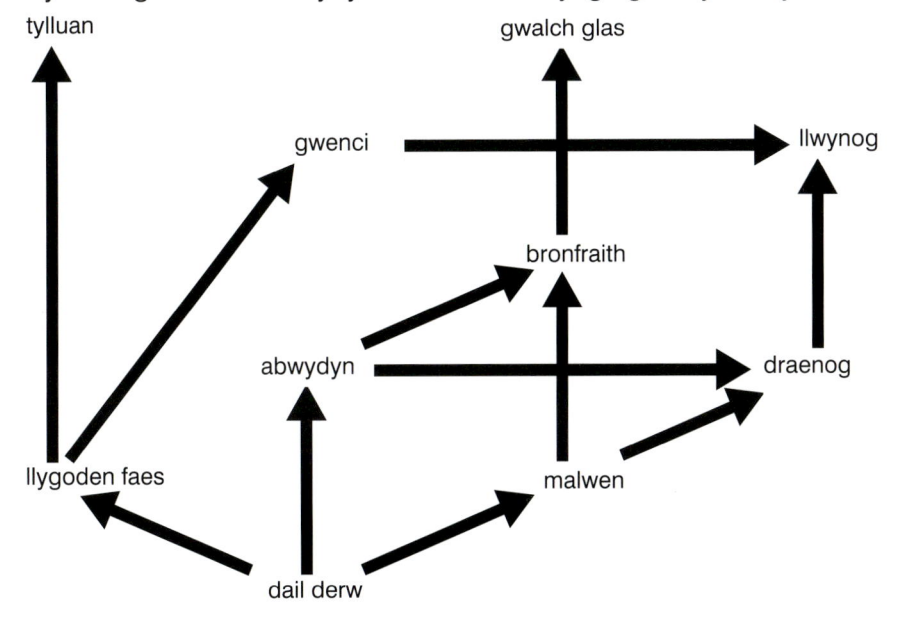

b) Petai pob bronfraith yn cael ei lladd, beth fyddai'n digwydd i:
  i) nifer y gweilch glas
  ii) nifer yr abwydod?

I'ch atgoffa!

1 Copïwch a chwblhewch:

Mae gweoedd bwydydd yn cynnwys cyfres o .... wedi eu cysylltu â'i gilydd. Maen nhw'n bodoli oherwydd bod gan anifeiliaid lawer o ffynonellau bwyd ...... Os bydd un ffynhonnell fwyd yn ...... mae gan yr anifail bob amser rywbeth arall y mae'n gallu ei fwyta.

2 Nodwch ddwy gadwyn fwyd sy'n rhan o'r we fwydydd ar y dudalen hon.

3 Edrychwch ar we fwydydd Antarctica.
Pa anifeiliaid fyddai'n gorfod dibynnu ar ffynonellau bwyd eraill petai'r holl ystifflogod yn darfod?

▶▶▶ 11c Diagramau pyramid

Pyramid niferoedd

Mae cadwynau bwydydd yn ddefnyddiol er mwyn dangos beth sy'n bwyta beth. Ond nid yw cadwyn fwyd yn rhoi unrhyw syniad i ni faint o organebau sy'n rhan o'r broses. Mae angen nifer fawr o blanhigion i fwydo un llysysydd, a nifer fawr o lysysyddion i fwydo un cigysydd.

Edrychwch unwaith eto ar y gadwyn fwyd syml hon:

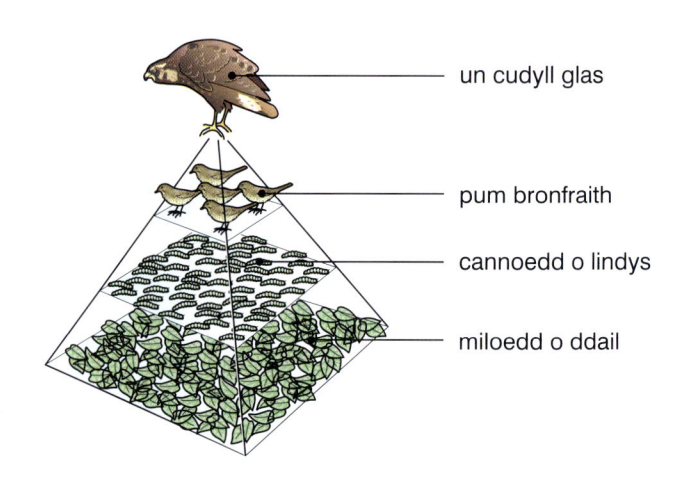

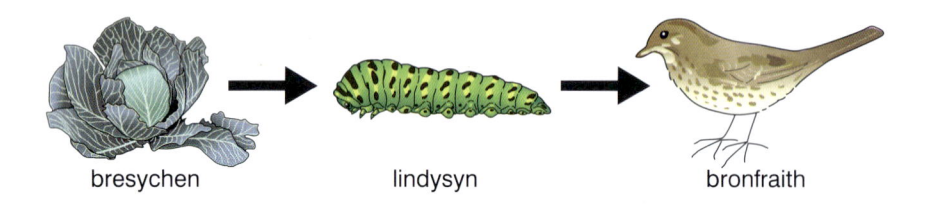

bresychen → lindysyn → bronfraith

Efallai fod yna 500 o ddail bresych, 100 o lindys a 5 bronfraith. Gallwn ddangos yr wybodaeth hon mewn math o siart bar. Yr enw ar hwn yw **pyramid niferoedd**.

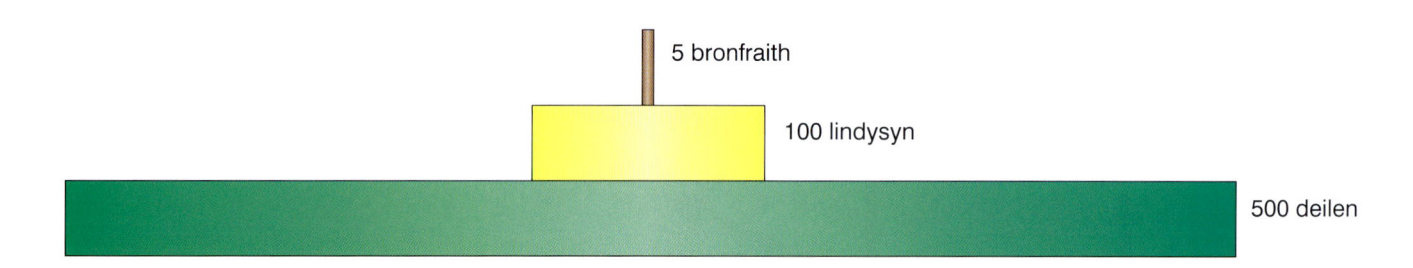

- un cudyll glas
- pum bronfraith
- cannoedd o lindys
- miloedd o ddail

5 bronfraith
100 lindysyn
500 deilen

> Mae hyd pob bar yn cynrychioli nifer yr organebau ym mhob cam yn y gadwyn fwyd.

Fel arfer, wrth i chi symud ar hyd cadwyn fwyd mae **nifer** yr organebau yn lleihau. Ond weithiau mae'r rheol hon yn methu.

Edrychwch, er enghraifft, ar y pyramid rhyfedd hwn:

Un goeden fawr yn unig yw'r cynhyrchydd. Mae hon yn gallu bwydo miloedd o lindys, ac mae'r lindys hyn yn bwydo nifer llai o gnocellau coed. Mae'r bar mawr ar y brig yn cynrychioli'r miloedd o chwain mân a allai fod yn byw ar yr adar.

chwain
cnocellau coed
lindys
un goeden

a) Beth sy'n digwydd i faint yr organebau wrth i chi ddringo'r pyramid?

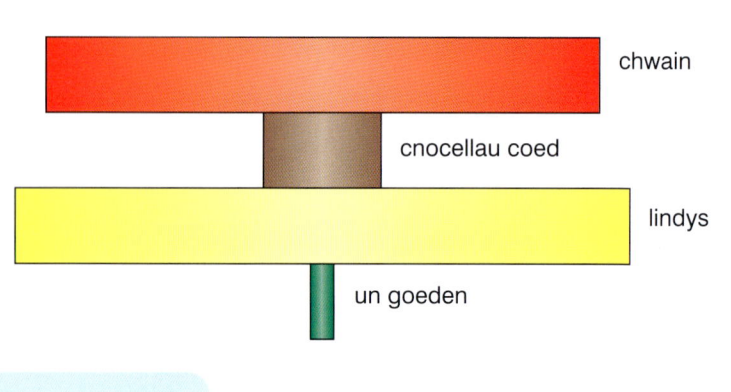

Pyramid biomas

Fel y gwelsom ar y dudalen gyferbyn, nid yw pyramid niferoedd yn ystyried maint yr organebau. Ffordd well o ddangos yr wybodaeth hon yw trwy ddefnyddio **pyramid biomas**.

> **Biomas** yw màs y defnyddiau byw.

Y tro hwn bydd hyd y bar yn cynrychioli cyfanswm màs yr holl organebau.

> Mae **pyramid biomas** yn dangos màs yr holl organebau ym mhob cam mewn cadwyn fwyd.

Sut olwg fydd ar y pyramid sy'n cynnwys bresych, lindys a bronfreithod y tro hwn?
Edrychwch ar y ffigurau yn y tabl gyferbyn:

organeb	cyfanswm màs (g)
dail bresych	2500
lindys	400
bronfreithod	20

Mae'r pyramid biomas yn parhau i fod â siâp pyramid 'normal'.
Ond beth am y pyramid â siâp rhyfedd sy'n cynnwys y goeden a'r chwain?

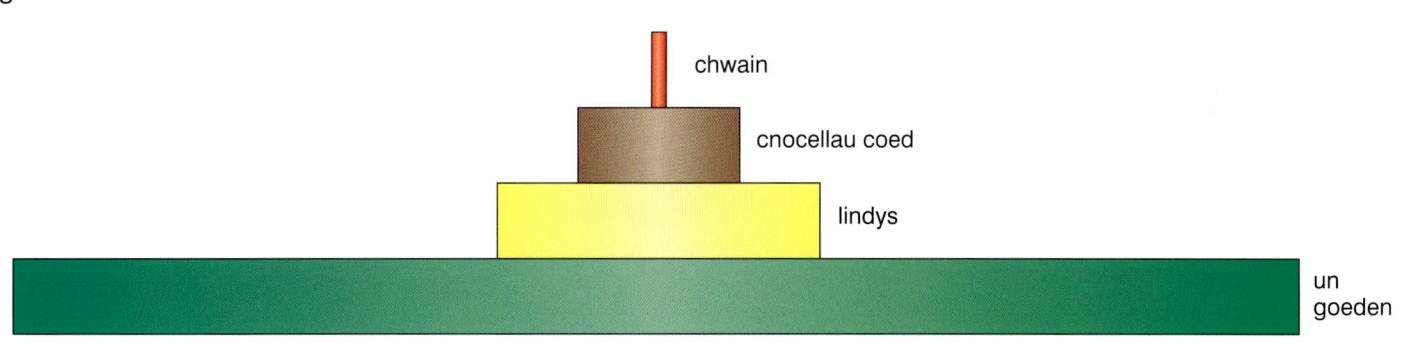

Yn wahanol i'r tro diwethaf mae gan hwn siâp pyramid 'normal' hefyd.
Y rheswm yw y bydd un goeden yn pwyso sawl tunnell fetrig,
tra bo hyd yn oed miloedd o chwain ond yn pwyso gram neu ddau.

I'ch atgoffa!

1 Copïwch a chwblhewch:

   Gallwn ddangos cadwynau bwydydd mewn pyramid ...... neu byramid ...... Mae hyd y ...... yn cynrychioli naill ai'r niferoedd neu'r biomas. Biomas yw ...... defnyddiau byw.

2 Cwblhewch y frawddeg hon:

   Mae pyramid biomas yn fwy defnyddiol na phyramid niferoedd oherwydd ei fod yn ystyried ......

3 Dyluniwch a labelwch byramid niferoedd sydd heb fod â siâp pyramid.

▶▶▶ 11ch Llif egni

Golau haul yw ffynhonnell wreiddiol yr egni ar gyfer cadwynau bwydydd.
Mae'r egni goleuni hwn yn cael ei drawsnewid yn egni cemegol yn nail planhigion gwyrdd.
Mae'r egni cemegol yn cael ei storio mewn startsh.

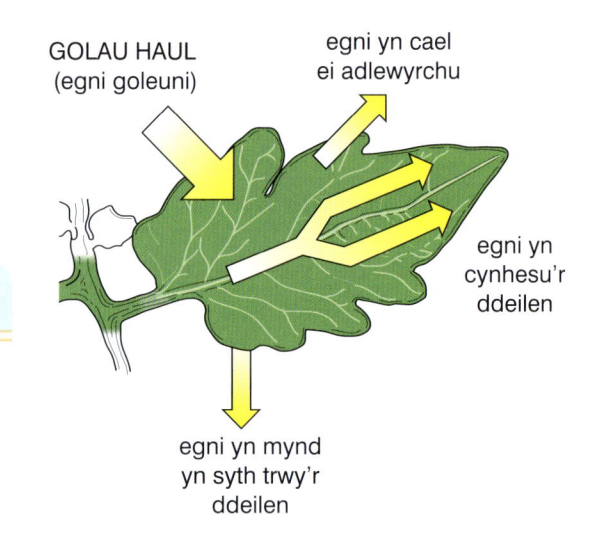

a) Pa ran o gell planhigyn sy'n dal yr egni goleuni o'r golau haul?

O'r egni sy'n cyrraedd y planhigyn, tua 10% yn unig sy'n cael ei drawsnewid yn egni cemegol.
O'r 90% sy'n weddill, mae peth o'r egni:
- yn cael ei adlewyrchu oddi ar y ddeilen
- yn mynd yn syth trwy'r ddeilen
- yn cynhesu'r ddeilen.

> Nid yw ffotosynthesis yn ffordd **effeithlon** iawn o drawsnewid egni goleuni yn egni cemegol.

b) Ar gyfer beth y mae'r planhigyn yn defnyddio'r egni cemegol hwn?

Nid planhigion yn unig sy'n **aneffeithlon** wrth drawsnewid egni.
O bob 100 gram o ddefnydd planhigol sydd ar gael i lysysyddion, tua 10 gram yn unig sy'n cael ei ddefnyddio ar gyfer tyfu. Felly, o'r egni sydd ar gael, 10% yn unig sy'n cael ei drawsnewid.
O'r 90% sy'n weddill, mae peth o'r egni:
- yn cael ei golli mewn bwyd nad yw'n cael ei fwyta
- yn cael ei golli mewn bwyd nad yw'n cael ei dreulio (mae'n gadael y corff ar ffurf ymgarthion)
- yn cael ei ddefnyddio yn ystod resbiradaeth.

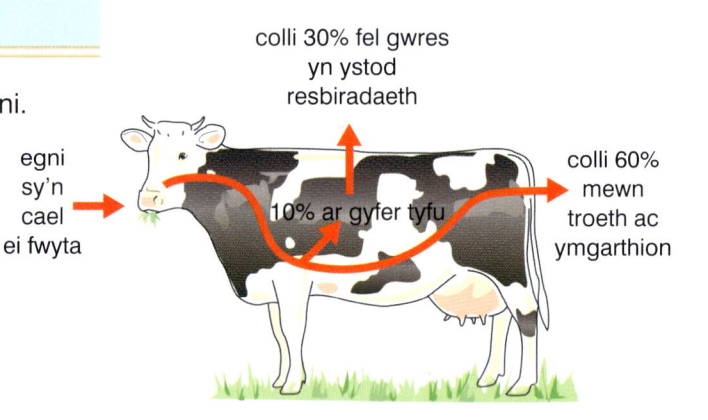

Enillion a cholledion egni mewn llysysydd.

c) Pa rannau o blanhigyn na fyddai'n debygol o gael eu bwyta?

Mae colledion egni tebyg yn digwydd ym mhob cam mewn cadwyn fwyd.

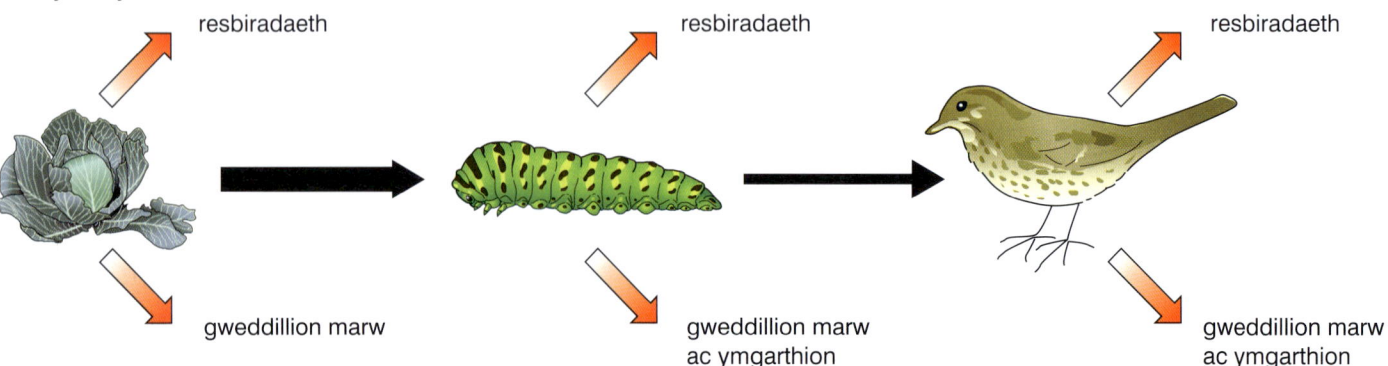

Bwydo effeithlon

Fel y gwelsom, wrth ddringo cadwyn fwyd mae llai a llai o egni ar gael.
Mae hyn yn egluro pam nad oes mwy na phum dolen mewn cadwyn fwyd fel arfer.
Mewn cadwyn fwyd hirach na hyn, ychydig iawn o egni fyddai'n weddill.

Edrychwch eto ar adran 11c.

> **ch)** Beth sy'n digwydd i nifer yr anifeiliaid wrth i chi ddringo cadwyn fwyd?
> Eglurwch eich ateb.

Er mwyn cadw at ddiet sy'n defnyddio egni'n effeithlon, dylem fwyta bwydydd sy'n isel yn y gadwyn fwyd (bwyta'r planhigion yn hytrach na'r llysysyddion). Mae hyn yn fwy effeithlon oherwydd ein bod wedi lleihau llawer o'r colledion egni.

Mae fferm sy'n tyfu gwenith yn gallu darparu bwyd a fydd yn helpu i gynnal llawer o bobl.
Mae fferm sy'n tyfu glaswellt er mwyn bwydo gwartheg yn darparu bwyd (cig) ar gyfer llawer llai o bobl.

Pobl sy'n dewis peidio â bwyta cig yw llysieuwyr. Mae eu diet nhw yn gwneud y defnydd gorau posibl o'r egni mewn cadwynau bwydydd. Er nad ydyn nhw'n bwyta cig, mae llysieuwyr yn gallu bwyta diet cytbwys.

Tyfu planhigion ar gyfer bwyd

Mae ffermio cig yn darparu llai o egni.

> **d)** Mae gan rai ffermydd dir mynyddig a phridd gwael. Mae'r tir hwn yn anaddas ar gyfer tyfu cnydau. Pa fath o anifeiliaid sy'n cael eu cadw ar y math hwn o fferm fel arfer?

I'ch atgoffa!

1 Copïwch a chwblhewch:

Mae egni yn cael ei ...... ym mhob cam mewn cadwyn fwyd. Mae dail planhigion yn ...... peth o egni'r Haul. Pan fydd anifeiliaid yn symud o gwmpas maen nhw'n defnyddio ...... O'r egni sydd ar gael, tua ......% yn unig sy'n cael ei drawsnewid ym mhob cam. Mae hyn yn egluro pam nad yw cadwynau bwydydd byth yn ...... iawn. Mae bwydo yn ...... i lawr yn y gadwyn fwyd yn gwneud y defnydd gorau o'r egni hwn.

2 Mewn gwlad lle mae'r cyflenwadau bwyd yn brin, pam y mae hi'n well tyfu gwenith yn hytrach na magu gwartheg?

3 Mae'r rhan fwyaf o bobl yn cael eu protein o gig. O ble mae llysieuwyr yn cael eu protein nhw?

4 Ewch ati i gasglu gwybodaeth am ffermio dofednod ar raddfa ddwys.

Sut y mae'r math hwn o ffermio yn ceisio lleihau colledion egni mewn cadwynau bwydydd?

Crynodeb

Diagramau sy'n dangos beth sy'n bwyta beth yw **cadwynau bwydydd**.

Golau haul yw ffynhonnell wreiddiol yr egni ar gyfer cadwynau bwydydd.

Planhigion gwyrdd yw man cychwyn unrhyw gadwyn fwyd bob amser.
Byddwn yn galw planhigion gwyrdd yn **gynhyrchwyr** oherwydd
eu bod yn gwneud eu bwyd eu hunain.

Yr enw ar yr organebau eraill yn y gadwyn yw **ysyddion**.

Llysysyddion yw ysyddion sy'n bwyta planhigion yn unig.
Cigysyddion yw ysyddion sy'n bwyta anifeiliaid eraill.
Hollysyddion yw ysyddion sy'n bwyta planhigion ac anifeiliaid.

Llawer o gadwynau bwydydd wedi eu cysylltu â'i gilydd yw **gwe fwydydd**.
Mae gweoedd bwydydd yn fwy realistig oherwydd bod y rhan fwyaf
o anifeiliaid yn bwyta mwy nag un math o fwyd.

Mewn cadwynau a gweoedd bwydydd, mae saethau yn dangos cyfeiriad y
llif egni o un organeb i'r nesaf.

Mae diagramau pyramid yn dangos cadwyn fwyd mewn ffordd wahanol.
Mae **pyramid niferoedd** yn dangos faint o organebau sydd ar bob lefel yn y gadwyn fwyd.
Mae **pyramid biomas** yn dangos màs yr holl anifeiliaid ar bob lefel.

O'r egni goleuni sydd mewn golau haul, ychydig ohono sy'n cael ei ddal gan blanhigion gwyrdd.
O'r egni sydd ar gael mewn defnydd planhigol, ychydig ohono sy'n cael ei drawsnewid ar gyfer yr ysyddion.
Mae llawer o'r egni yn cael ei 'golli' yn ystod resbiradaeth ac mewn bwyd sydd heb ei dreulio.
Dyna pam y mae cadwynau bwydydd yn eithaf byr.

Er mwyn cael y mwyaf o egni o fwyd, y peth gorau i'w wneud yw bwydo ar
y lefel isaf sy'n bosibl yn y gadwyn fwyd.

Cwestiynau

1 Copïwch a chwblhewch:

   Mae pob cadwyn fwyd yn dechrau â ......

   Gall cynhyrchwyr wneud eu ...... eu hunain.
   Maen nhw'n cael eu bwyta gan ...... Mae'r
   organebau hyn yn cynnwys ...... a ...... Mae
   gwe fwydydd yn cynnwys ...... bwydydd wedi
   eu cysylltu â'i gilydd. Gallwn hefyd ddangos
   perthnasoedd bwydo mewn pyramid ...... a
   phyramid ......

2 Edrychwch ar y we fwydydd hon:

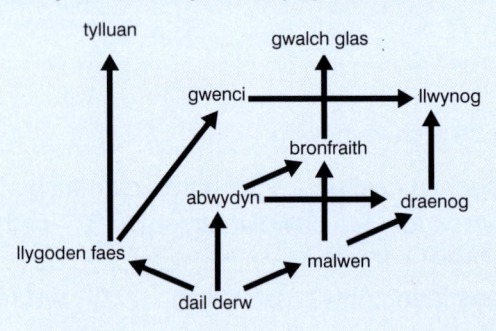

   a) Enwch:
      i) un enghraifft o gynhyrchydd
      ii) un enghraifft o lysysydd
      iii) un enghraifft o gigysydd.

3 Edrychwch ar y we fwydydd hon o lan y môr:

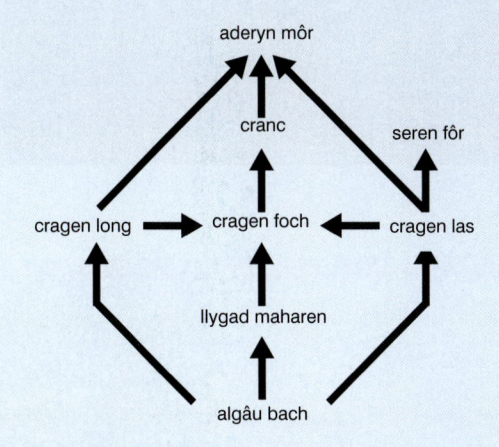

```
                    aderyn môr
                   ↗    ↑    ↖
                cranc      seren fôr
                   ↑         ↑
   cragen long → cragen foch ← cragen las
        ↑           ↑            ↑
        |      llygad maharen    |
        |           ↑            |
        └──────  algâu bach  ────┘
```

a) Ysgrifennwch ddwy gadwyn fwyd wahanol sy'n rhan o'r we hon.

b) Enwch ddau lysysydd ac un cigysydd sydd yn y we hon.

c) Pa anifeiliaid yn y we hon sy'n ysglyfaethwyr?

ch) Petai pob cragen las yn marw, beth allai ddigwydd:

 i) i nifer y sêr môr

 ii) i nifer yr algâu bach?

4 Edrychwch ar y diagramau hyn o byramidiau niferoedd:

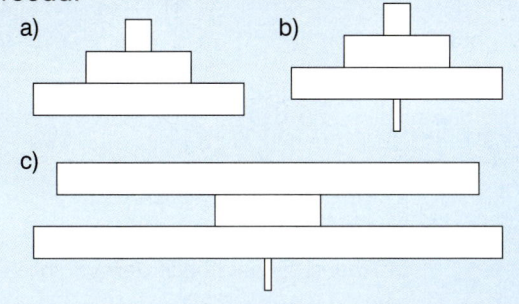

 a)   b)

 c)

Nodwch y pyramid sy'n cyfateb i bob un o'r cadwynau bwydydd hyn:

 i) coeden dderw → chwilod rhisgl → cnocellau'r coed → chwain

 ii) glaswellt → cwningen → llwynog

 iii) llwyn rhosod → llyslau → buchod coch cwta → adar to.

5 Mae'r tabl hwn yn dangos gwybodaeth am gadwyn fwyd:

organeb	niferoedd	màs
dail	200	1000 g
lindys	100	400 g
bronfreithod	5	300 g
cudyll coch	1	200 g

a) Ar bapur graff lluniwch byramid niferoedd ar gyfer y gadwyn fwyd hon.

b) Beth sy'n tynnu eich sylw ynglŷn â niferoedd yr organebau wrth i chi ddringo'r pyramid?

c) Nawr lluniwch byramid biomas.

ch) Sut y mae'r biomas yn newid wrth i chi ddringo'r pyramid?

d) Petai'r cynhyrchydd yn goeden, sut y byddai hyn yn newid siâp y pyramid niferoedd?

dd) Dyluniwch siâp y pyramid.

6 a) O'r egni sy'n cyrraedd deilen, pa ganran nad yw'n cael ei drawsnewid yn egni cemegol?

b) Disgrifiwch ddwy ffordd y mae gweddill yr egni yn cael ei golli.

c) Sut y mae'r rhan fwyaf o'r egni y mae llysysydd yn ei fwyta yn cael ei golli?

7 Ewch ati i ddarganfod beth yw'r gwahaniaeth rhwng diet llysieuol a diet fegan.

8 Mae llawer o archfarchnadoedd yn gwerthu pysgod sydd wedi eu cynhyrchu ar ffermydd pysgod.

Ewch ati i ymchwilio i ffermydd pysgod ac ysgrifennwch daflen wybodaeth amdanyn nhw ar gyfer eich dosbarth.

PENNOD 12
Ailgylchu Maetholynnau

▶▶▶ 12a Marw a phydru

Bob hydref bydd miloedd o goed yn colli eu dail.
Bydd y dail hyn yn chwyrlïo o gwmpas am ychydig,
ac yna bydd garddwyr taclus yn eu hysgubo i domen.
Ymhen ychydig wythnosau bydd y cyfan wedi diflannu.
Mae'r un peth yn wir am yr holl blanhigion marw eraill.
Bydd anifeiliaid marw yn diflannu'n weddol sydyn hefyd.
Beth sy'n gyffredin i bob organeb?
Maen nhw i gyd yn pydru pan fyddan nhw'n marw.
Y term am y pydru hwn mewn bioleg yw **dadelfennu**.

a) Pa fath o goed sy'n colli eu dail?

Dadelfenyddion yw'r enw ar organebau sy'n gwneud i ddadelfennu ddigwydd. Mae dau grŵp o'r rhain. Un grŵp yw'r **detritysyddion** – anifeiliaid bach sy'n torri defnyddiau marw yn ddarnau mân. Dyma rai enghreifftiau o ddetritysyddion: abwydod, gwrachod lludw a chynrhon. Heb yr organebau hyn byddai dadelfennu'n digwydd yn llawer arafach.

Y prif grŵp yw'r **microbau**.
Mae bacteria a ffyngau (llwydni) yn dadelfennu defnyddiau marw trwy ddefnyddio ensymau i'w treulio. Ar ôl treulio'r defnyddiau, bydd y microbau'n eu hamsugno i'w celloedd.

b) Pa rai sydd leiaf o ran maint, detritysyddion neu ficrobau?

- O dan amodau cynnes a llaith y mae dadelfenyddion yn gweithio orau.
- Mae digonedd o ocsigen hefyd yn helpu'r microbau i weithio.
- Fodd bynnag, nid yw ocsigen yn hanfodol, a heb ocsigen y bydd y dadelfennu mwyaf drewllyd yn digwydd yn aml.

c) Pam nad yw pethau marw yn pydru bron o gwbl yn ardaloedd yr Arctig?

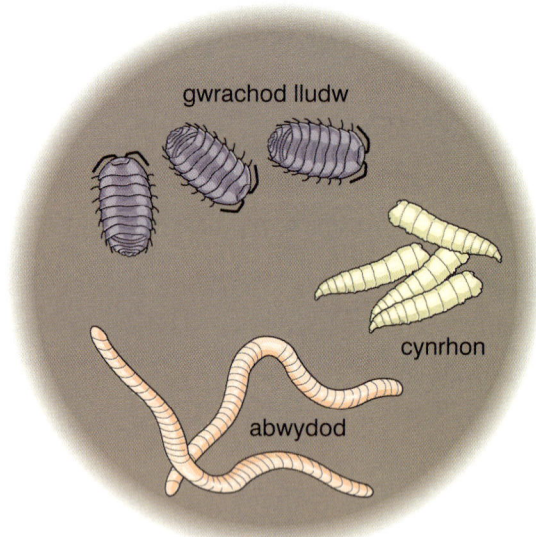

Rhai anifeiliaid bach defnyddiol.

Mae'r ffwng yn tyfu ym moncyff y goeden farw hon ac yn ei ddadelfennu.

Pam y mae dadelfennu yn bwysig?

Ym Mhennod 6 gwelsom sut y mae angen maetholynnau ar blanhigion. Mae gwreiddiau planhigion yn amsugno halwynau mwynol. Mae'r rhain yn cynnwys nitradau y mae eu hangen ar gyfer tyfu'n iach.

ch) O ble y mae planhigion yn cael y maetholynnau hyn?

Nid oes cyflenwad di-ben-draw o'r maetholynnau hyn. Rhaid iddyn nhw gael eu **hailgylchu**, a dyma lle mae cyfraniad y dadelfenyddion yn bwysig.
Mae'r diagram gyferbyn yn dangos sut y mae maetholynnau'n cael eu hailgylchu.
- Pan fydd organebau marw yn pydru mae'r maetholynnau hyn yn cael eu rhyddhau i'r pridd.
- Yna bydd planhigion yn eu hamsugno trwy eu gwreiddiau, ac yn eu defnyddio ar gyfer tyfu.
- Yna bydd anifeiliaid yn bwyta'r planhigion.
- Wedyn bydd y maetholynnau yn cael eu trosglwyddo ymhellach ar hyd y gadwyn fwyd.
- Pan fydd y planhigion a'r anifeiliaid hyn yn marw byddant hwythau hefyd yn pydru.
Felly bydd y **gylchred** gyfan yn ailddechrau.

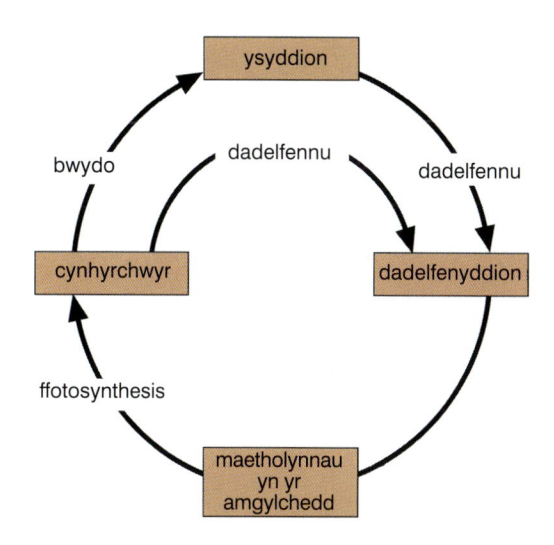

Yn y pen draw bydd y dail i gyd wedi pydru a diflannu.

Er mai cynhyrchwyr sydd bob amser ar ddechrau unrhyw gadwyn fwyd, nid oes rhaid i'r rhain fod yn rhai byw.

Dyma enghraifft o **gadwyn fwyd dadelfenyddion**.

Dail marw → ffwng → chwilen → llyffant

Dyma enghraifft o **gadwyn fwyd detritysyddion**.

Anifail marw → cynrhon → mwyalchen → cudyll glas

Yma, mae'n ymddangos mai ysydd sydd ar ddechrau'r gadwyn fwyd. Fodd bynnag, nid yw anifail marw yn gallu bwyta unrhyw beth, ac felly yn yr enghraifft hon cynhyrchydd yw'r anifail marw.

I'ch atgoffa!

1 Copïwch a chwblhewch:

Pan fydd pethau byw yn marw byddan nhw'n ...... Mae anifeiliaid fel ...... a ...... yn cyfrannu tuag at y dadelfennu. Microbau fel ...... a ...... yw'r prif ddadelfenyddion. Mae dadelfennu yn rhyddhau ...... defnyddiol yn ôl i'r ......

2 Beth yw'r amodau gorau ar gyfer dadelfennu?

3 Pam y mae mwy o ddadelfennu yn digwydd yn yr haf nag yn ystod y gaeaf?

4 Rhestrwch bethau nad ydyn nhw'n pydru.

▶▶▶ 12b Defnyddio dadelfennu

Mae pobl wedi bod yn gwneud yn fawr o ddadelfennu ers blynyddoedd lawer.
Rydym ni'n dibynnu ar ficrobau i bydru llawer o wastraff.
Mae'r holl fwyd gwastraff sy'n mynd i'ch bin sbwriel yn cyrraedd tomennydd sbwriel yn y pen draw.
Wedi cyrraedd yno bydd yn pydru, gan ychwanegu maetholynnau at y pridd.

Gwneud compost

Mae pobl wedi bod yn manteisio ar ddadelfennu ers canrifoedd, er mwyn gwneud pridd eu gerddi yn fwy **ffrwythlon**.

Mae llawer o ddadelfennu yn digwydd yma.

a) Beth yw ystyr pridd ffrwythlon?

> Mae **tomen gompost** yn cyflymu dadelfeniad naturiol.

Dyma'r pethau y gallwch eu rhoi ar domen gompost:
- gwastraff o'r ardd, er enghraifft toriadau glaswellt
- gwastraff o'r gegin, er enghraifft plicion tatws
- papurau newydd wedi eu rhwygo'n fân.

Yn y pen draw bydd yr holl ddefnyddiau hyn yn pydru.
Wedyn bydd gennych **gompost**.
Mae compost yn edrych yn debyg i bridd â darnau o ffibr ynddo.
Mae'n wrtaith ardderchog ar gyfer yr ardd.
Mae'n ffordd dda o roi maetholynnau yn ôl yn y pridd.

Dyma beth sydd ei angen er mwyn gwneud compost da:
- cynhesrwydd
- lleithder
- digon o aer (i gael ocsigen), a
- llawer o ddetritysyddion.

Er mwyn cael yr amodau gorau hyn bydd llawer o arddwyr yn defnyddio bin compost.
Mae hwn yn debyg i fin sbwriel â thyllau yn ei ochrau.
Mae'r tyllau yn gadael i aer ac anifeiliaid bach fynd i mewn iddo.
Mae'r caead yn gadael i wres grynhoi ac mae hefyd yn cadw lleithder i mewn.

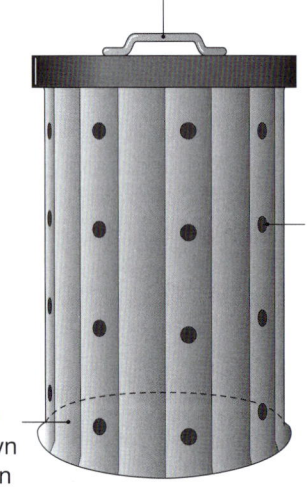

b) Pa ddefnydd na ddylech chi ei roi mewn bin compost?

Dadelfennu defnyddiol iawn.

caead yn cadw'r gwres i mewn, ac anifeiliaid a glaw allan

tyllau aer fel bod aer yn cylchdroi

gwaelod agored fel bod microbau yn gallu mynd i mewn

Trin carthion

Mae trin carthion yn enghraifft dda arall o ddadelfennu defnyddiol.

> Carthion yw'r cymysgedd o droeth, ymgarthion a dŵr golchi o gartrefi ac o ddiwydiant.

Nid yw'n ddiogel rhyddhau carthion heb eu trin i afonydd. Maen nhw'n cynnwys llawer o ficrobau sy'n gallu lledaenu afiechyd.

Roedd hi mor ddiweddar â'r 1920au cyn i bobl ddechrau trin carthion yn effeithlon.
Cyn hynny roedd llawer o afonydd wedi eu llygru'n ddrwg gan garthion heb eu trin.

Erbyn hyn mae'r rhan fwyaf o garthion yn mynd i weithfeydd trin carthion arbennig.
- Yno, mae'r carthion yn cael eu hidlo er mwyn tynnu darnau mawr o solidau fel pren a phlastig ohonyn nhw.
- Wedyn, mae graean a cherrig sydd wedi eu golchi oddi ar ffyrdd ac ati yn cael eu gadael i **setlo** mewn tanciau mawr.
- Mae ymgarthion solid yn cael eu gadael i setlo hefyd. Yn y pen draw bydd y rhain yn cael eu defnyddio fel gwrtaith.

Nawr bydd y microbau yn cael dechrau gweithio ar y carthion.
- Yn dilyn y setlo a'r gwahanu, bydd hylif yn weddill a'r enw arno yw **carthffrwd**.
- Bydd gwahanol fathau o ficrobau yn dadelfennu'r carthffrwd i ffurfio sylweddau mwy syml.
- **Mwynau** a **nwyon** diniwed, a **dŵr**, yw'r sylweddau hyn fel arfer.
- Wedyn bydd cyfnod o setlo terfynol, er mwyn gwahanu'r microbau oddi wrth y sylweddau hyn.
- Bydd y dŵr sy'n weddill yn ddigon glân i'w bwmpio i afon neu i'r môr.

Ers talwm roedd problemau carthion gwael ar draeth Blackpool, ond bellach mae gwaith trin carthion newydd yno.

Microbau yn dadelfennu gwastraff niweidiol mewn gwaith trin carthion.

I'ch atgoffa!

1 Copïwch a chwblhewch:

Mae ...... yn broses ddefnyddiol iawn. Mae pobl yn defnyddio microbau er mwyn gwneud ...... ar gyfer yr ardd. Mae hyn yn defnyddio gwastraff o'r gegin a'r ...... ac yn cynhyrchu ...... ar gyfer y pridd. Mae dadelfennu hefyd yn helpu i wneud carthion ...... yn ddiogel.

2 Pam nad yw'n ddiogel gollwng carthion heb eu trin i afon?

3 Pam na ddylech chi roi chwyn sydd wedi cael eu chwistrellu â chwynleiddiad mewn bin compost?

▶▶▶ 12c Y gylchred garbon

Carbon yw un o'r elfennau pwysicaf ar gyfer pethau byw.
Maen nhw'n ei ddefnyddio ar gyfer gwneud
carbohydradau, proteinau, brasterau a llawer o
foleciwlau eraill hefyd.

a) Pa nwy yn yr aer sy'n cynnwys carbon?

Mae planhigion yn casglu carbon deuocsid trwy eu dail.
Maen nhw'n ei ddefnyddio yn ystod ffotosynthesis er
mwyn gwneud bwyd.
Mae anifeiliaid yn cael eu carbon nhw trwy fwyta
planhigion neu anifeiliaid eraill.

Nid oes llawer o garbon deuocsid yn yr aer.
Felly pam nad yw'r cyflenwad yn dod i ben?
Fel llawer o gemegau defnyddiol eraill, mae'n cael ei **ailgylchu**.

Ydych chi'n cofio'r hafaliad geiriau ar gyfer resbiradaeth?

ocsigen + siwgr → egni + carbon deuocsid + dŵr

Wrth i blanhigion ac anifeiliaid resbiradu maen nhw'n
rhoi carbon deuocsid yn ôl yn yr aer.
Mae'r un peth yn digwydd wrth i ddadelfenyddion
fwydo ar blanhigion ac anifeiliaid marw.
Mae'r dadelfenyddion hefyd yn resbiradu.

Mae gweithgareddau pobl yn rhoi carbon deuocsid
yn ôl yn yr aer hefyd.
Nid trwy resbiradu yn unig mae hyn yn digwydd,
ond hefyd trwy losgi tanwyddau ffosil.

b) Enwch rai tanwyddau ffosil.

Mae llawer o garbon mewn tanwyddau ffosil.
Cafodd y rhain eu ffurfio filiynau o flynyddoedd
yn ôl o blanhigion ac anifeiliaid marw.

O ganlyniad i'r holl brosesau hyn, nid oes byth
brinder carbon deuocsid.
A dweud y gwir, byddwn yn darllen ym Mhennod 13
am y ffordd y mae gormod o garbon deuocsid yn gallu
achosi problem fawr.

c) Edrychwch ar y gylchred garbon yn y diagram ar y
dudalen hon. Pa ran o'r gylchred yw'r un arafaf?

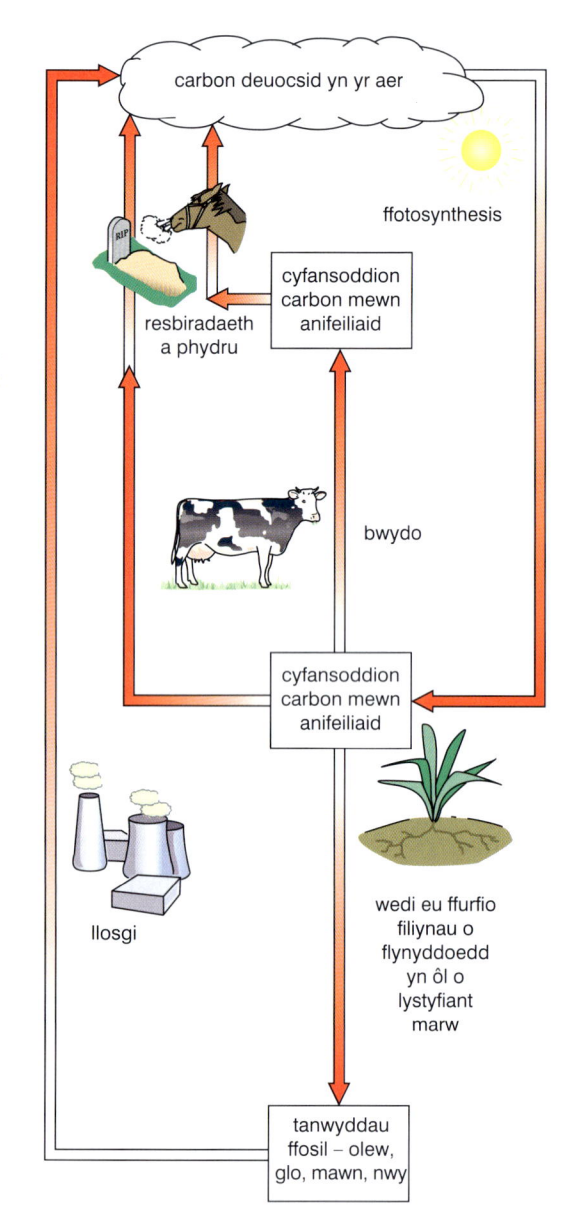

Y gylchred garbon.

Mae pobl yn rhoi llawer o garbon deuocsid ychwanegol yn yr aer.

Crynodeb

Mae **ffyngau a bacteria**, sy'n ficrobau, yn dadelfennu planhigion ac anifeiliaid marw.
Yr enw ar y microbau hyn yw **dadelfenyddion**.
Mae anifeiliaid bach o'r enw **detritysyddion** yn eu helpu.

Mae dadelfenyddion yn gweithio ar eu gorau o dan amodau cynnes a llaith gyda digonedd o ocsigen.
Mae pobl wedi manteisio ar ddadelfennu mewn llawer o wahanol ffyrdd.
Er enghraifft, tomennydd compost a gweithfeydd trin carthion.

Y gwaith pwysicaf y mae dadelfennu'n ei wneud yw ailgylchu maetholynnau.
Wrth i blanhigion ac anifeiliaid bydru, mae'r cemegau hyn yn cael eu rhoi yn ôl yn y pridd.
Wedyn, byddan nhw'n cael eu defnyddio eto, gan blanhigion yn gyntaf ac yna gan anifeiliaid.

Mae angen carbon ar bob peth byw.
Mae'n cael ei ddefnyddio yn y broses o adeiladu cyrff planhigion ac anifeiliaid.
Mae i'w gael yn yr aer ar ffurf carbon deuocsid.
Mae planhigion yn tynnu hwn o'r aer i'w ddefnyddio yn ystod ffotosynthesis.
Mae'n cael ei roi yn ôl yn yr aer trwy resbiradaeth a llosgi tanwyddau ffosil.

Cwestiynau

1 Copïwch a chwblhewch:

Mae bacteria a ...... yn dadelfennu planhigion ac ...... marw. Mae'r ...... hyn yn gweithio ar eu gorau pan fydd hi'n gynnes ac yn ...... Mae dadelfennu yn rhoi cemegau defnyddiol yn ôl yn y ...... Yna mae planhigion yn gallu amsugno'r cemegau hyn trwy eu ...... Mae pobl yn defnyddio microbau er mwyn cynhyrchu ...... ar gyfer eu gerddi ac er mwyn trin ......
Un o'r elfennau pwysicaf yw ...... Mae hwn hefyd yn .... Yn y broses o ailgylchu carbon, mae ffotosynthesis, ... a llosgi yn chwarae rhan bwysig.

2 a) Eglurwch pam y mae defnyddiau marw yn pydru'n gyflymach o dan amodau cynnes a llaith.

b) Sut y mae anifeiliaid bach yn helpu'r broses bydru?

3 Os yw ailgylchu maetholynnau yn gweithio mor dda, pam y mae angen i ffermwyr roi gwrtaith ar eu tir? (Awgrym: a yw ffermwyr yn gadael i gnydau bydru ar eu tir?)

4 Edrychwch ar y diagram hwn o'r gylchred garbon:

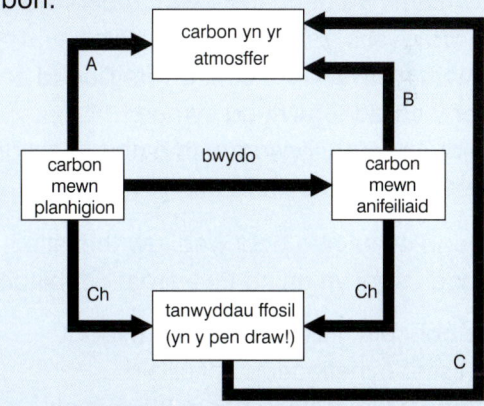

a) Copïwch y diagram a defnyddiwch y geiriau hyn i labelu prosesau A i Ch.

llosgi resbiradaeth pydru ffotosynthesis

b) Pa broses fyddai'n gallu rhoi llawer o garbon deuocsid ychwanegol yn yr aer?

c) Pam y gallai torri ardaloedd eang o goedwigoedd glaw gynyddu'r lefel o garbon deuocsid sydd yn yr aer?

PENNOD 13
Pobl a'r amgylchedd

▶▶▶ 13a Meddiannu'r tir

A oes yna ffordd osgoi o gwmpas eich tref chi?
Pwrpas ffyrdd osgoi yw cadw trafnidiaeth draw o ganol trefi.
Mae hyn yn gwneud y dref yn lle mwy dymunol.
Ond beth am y wlad o gwmpas y dref?

a) Pa niwed a fyddai ffordd newydd yn gallu ei wneud i ardal gefn gwlad?

b) Pa fanteision sydd gan dref os oes ganddi ffordd osgoi?

Yn gynnar yn y 1990au cafodd Newbury yn Swydd Berkshire ffordd osgoi. Roedden nhw wedi disgwyl yn hir amdani ac fe gymerodd amser maith i'w hadeiladu.
Un rheswm am hyn oedd fod llawer o bobl wedi bod yn gwrthdystio yn ei herbyn.
Roedd gwrthdystwyr wedi codi gwersylloedd ar hyd llwybr y ffordd a gwrthod symud.
Yn y pen draw aeth y llywodraeth â nhw i'r llysoedd ac fe gawson nhw eu symud gan yr heddlu.

Pam yr oedd cymaint o bobl wedi gwrthdystio?
Mae'r ffordd osgoi yn mynd trwy ardal ddeniadol o gefn gwlad.

Roedd ar bobl ofn y byddai'r ffordd osgoi:
* yn dinistrio cynefinoedd anifeiliaid
* yn lladd rhywogaethau prin o blanhigion
* yn difetha cefn gwlad fel lle i bobl fynd i gerdded
* yn arwain at ragor o drafnidiaeth ac felly at ragor o lygredd.

Pan fydd cynllunwyr yn argymell adeiladu ffyrdd osgoi, mae ganddyn nhw benderfyniad anodd.
Ar un llaw, bydd cefn gwlad yn cael ei niweidio.
Ar y llaw arall, bydd yna fanteision o gael tref heb drafnidiaeth.
Yn aml iawn, bydd pobl yn cyfaddawdu. Rhoddir caniatâd i adeiladu'r ffordd osgoi, ond ar ôl newid ei llwybr.
Bydd y llwybr newydd fel arfer yn mynd trwy gefn gwlad llai sensitif.

Bydd pobl yn aml yn gwrthdystio'n gryf yn erbyn ffyrdd osgoi.

A fyddech chi'n adeiladu ffordd trwy'r ardal hon?

Dulliau eraill o ddefnyddio tir

Un enghraifft yn unig yw ffyrdd osgoi o sut y mae pobl yn defnyddio tir – tir sy'n gartref i lawer o blanhigion ac anifeiliaid.

Adeiladu tai

Mae'n well gan lawer o bobl fyw mewn ardaloedd gwledig. Mae hyn yn golygu bod trefi'n lledaenu yn bellach a phellach i gefn gwlad.

> **c)** Pam y mae'n well gan lawer o bobl fyw yng nghefn gwlad?

Ffermio

Mae'r boblogaeth yn tyfu o ddydd i ddydd, ac mae angen rhagor a rhagor o fwyd i'w bwydo.
Mae tir amaeth yn defnyddio llawer o le ac mae hyn yn effeithio'n fawr ar anifeiliaid a phlanhigion.

> **ch)** Sut y mae torri gwrychoedd yn helpu ffermwyr i dyfu rhagor o fwyd?

Stad newydd arall o dai.

Gwaredu gwastraff

Po fwyaf o bobl sydd yna, y mwyaf o wastraff y maen nhw'n ei gynhyrchu. Mae tomennydd gwastraff hefyd yn llenwi llawer o le, yn ogystal â bod yn ddrewllyd iawn.

> **d)** Beth yw ystyr y term gwastraff bioddiraddadwy?

Chwareli

Mae chwareli yn cynhyrchu cerrig ar gyfer tai a ffyrdd newydd. Mae rhai chwareli yn union yng nghanol ardaloedd prydferth o gefn gwlad.

> **dd)** Beth y gellir ei wneud â chwareli dwfn pan nad oes cerrig ar ôl?

Mae chwareli yn defnyddio llawer o dir.

I'ch atgoffa!

1. Copïwch a chwblhewch:

   Pan fydd pobl yn defnyddio tir maen nhw'n effeithio ar ...... a hefyd ar ......

   Mae ...... yr anifeiliaid yn cael eu dinistrio. Hefyd mae llawer o ...... o blanhigion yn gallu cael eu lladd. Y mwyaf yw maint y ......, y mwyaf o dir sy'n cael ei ddefnyddio.

2. Sut y mae chwareli yn arwain at ragor o lygredd gan drafnidiaeth?

3. Rhestrwch fanteision i'r cyhoedd o fod heb drafnidiaeth yng nghanol tref.

▶▶▶ 13b Problemau poblogaeth

Wyddoch chi beth yw maint poblogaeth y byd?

> Erbyn y flwyddyn 2000 roedd yn fwy na 6000 miliwn, ac mae'n cynyddu tua 20 000 bob dydd!

Nid yw poblogaeth y byd wedi bod gymaint â hyn erioed. Edrychwch ar y graff hwn sy'n dangos sut y mae'r boblogaeth ddynol wedi cynyddu:

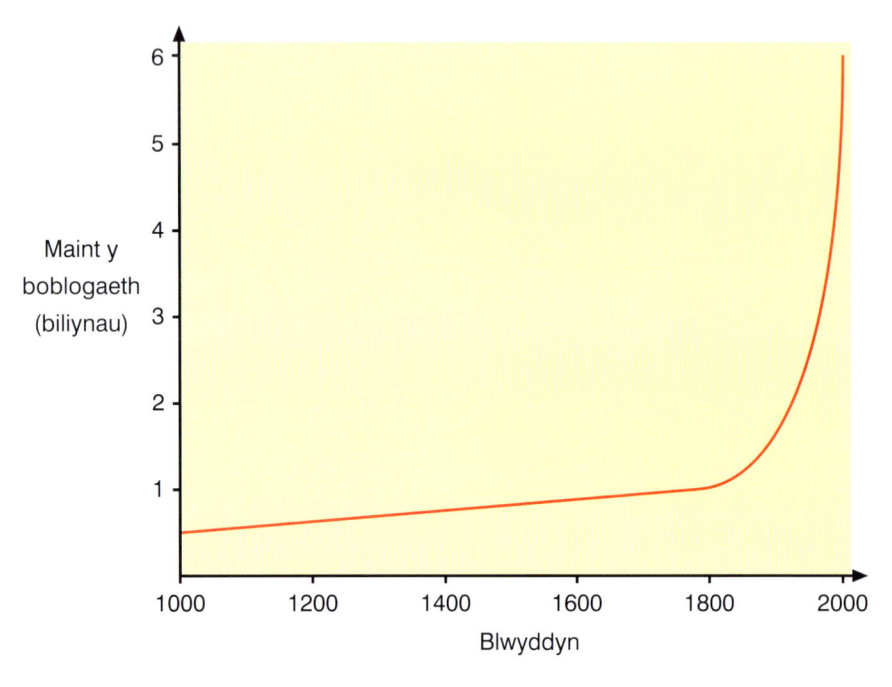

Maint y boblogaeth (biliynau) vs Blwyddyn

Am flynyddoedd lawer, yn araf iawn yr oedd poblogaeth y byd yn cynyddu.
Nid oedd pobl yn byw yn hen iawn oherwydd prinder bwyd a diffyg gofal meddygol.

Yn ogystal â dioddef gan brinder bwyd ac afiechyd, mae llawer o boblogaethau gwyllt yn cael eu rheoli gan ysglyfaethwyr.

a) A yw ysglyfaethwyr yn rheoli'r boblogaeth ddynol? Eglurwch eich ateb.

b) O'r graff, pa bryd y dechreuodd y boblogaeth ddynol dyfu'n gyflym?

Mae nifer o resymau dros y cynnydd hwn:
- gallu trin afiechyd yn well
- gwell bwyd, a rhagor ohono
- cyflenwadau dŵr glanach.

c) Sut y mae bod â dŵr glân yn helpu poblogaeth i dyfu?

A oes gan fodau dynol ysglyfaethwyr?

Beth yw canlyniadau twf cyflym poblogaethau?

Mae dylanwad pobl ar yr amgylchedd yn cynyddu wrth i faint y boblogaeth gynyddu.

Mae rhagor o bobl yn golygu:
- bod angen rhagor o dir ar gyfer cartrefi
- bod angen rhagor o fwyd, felly mae angen defnyddio mwy o dir ar gyfer ffermio, a defnyddio rhagor o gemegau
- bod rhagor o wastraff yn cael ei gynhyrchu, felly mae angen rhagor o safleoedd gwaredu gwastraff
- bod rhagor o lygredd aer, llygredd dŵr a llygredd tir.

Mae yna nifer o bethau y gellir eu gwneud er mwyn lleihau effeithiau niweidiol twf poblogaethau:
- Gellir adeiladu rhagor o gartrefi ar safleoedd **tir llwyd**. Ardaloedd yw'r rhain, yn aml mewn trefi, a oedd yn arfer bod yn safleoedd diwydiannol.
- Gellir rhoi llai o ddefnydd pacio o gwmpas bwydydd mewn archfarchnadoedd er mwyn lleihau gwastraff.
- Gellir defnyddio rhagor o ffynonellau egni adnewyddadwy er mwyn lleihau llygredd.

Mae'r boblogaeth ddynol yn cynyddu'n gyson.

ch) Rhowch enghraifft o ffynhonnell egni adnewyddadwy.

Gan fod pobl yn byw'n hŷn, mae'n rhesymol gostwng y gyfradd genedigaethau.
Dylai hyn arafu'r cynnydd yn y boblogaeth.
Fodd bynnag, mae bod â theulu mawr yn bwysig mewn gwledydd tlawd.
Felly nid yw'r dull hwn o leihau twf y boblogaeth yn un hawdd.

d) Beth yw ystyr safle tir llwyd?
dd) Pam y mae adeiladu ar y safleoedd hyn yn well nag adeiladu yng nghefn gwlad?

Byddai'n bosibl adeiladu tai newydd yma yn hytrach nag yng nghefn gwlad.

I'ch atgoffa!

1 Copïwch a chwblhewch:

Mae'r boblogaeth ddynol yn tyfu'n ...... iawn. O ganlyniad i gael gwell bwyd, gofal iechyd a chyflenwadau ...... glanach, mae pobl yn byw yn hŷn. Mae rhagor o bobl yn golygu bod ...... mwy ar yr amgylchedd.

2 Pam y mae bod â theuluoedd mawr yn bwysig mewn gwledydd tlawd?

3 Ewch ati i ddarganfod sut y mae China wedi mynd i'r afael â phroblem ei phoblogaeth yn tyfu'n gyflym.

▶▶▶ 13c Llygru'r aer

Edrychwch ar y llun hwn o dref yng Ngogledd Lloegr yn y 1940au.
Mae mwg o danau glo yn codi o'r rhan fwyaf o'r simneiau. Byddai bron â bod yn amhosibl dod o hyd i olygfa debyg heddiw.

Ym 1956 rhoddodd y **Ddeddf Aer Glân** gychwyn ar broses sydd wedi gostwng llawer iawn ar y llygredd aer yng ngwledydd Prydain.
Erbyn heddiw mae hyd yn oed y cartrefi hynny sy'n llosgi tanwydd solid fel glo yn defnyddio mathau 'di-fwg'.

Roedd y Ddeddf Aer Glân yn help mawr i dref fel hon.

a) Pa broblemau y byddai pobl wedi eu hwynebu cyn i'r Ddeddf Aer Glân ddod i rym?

> **Llygredd** yw unrhyw beth sydd yn niweidio'r amgylchedd a'r pethau byw sydd ynddo.

Yr hyn sy'n achosi'r mwyaf o lygredd aer yw llosgi **tanwyddau ffosil**.
- Mae tanwyddau ffosil fel glo ac olew i gyd yn cynnwys **carbon**.
- Wrth losgi maen nhw'n rhyddhau **carbon deuocsid**.
- Maen nhw hefyd yn cynnwys amrywiaeth o gemegau eraill, fel **sylffwr**.
- Pan fydd tanwyddau ffosil yn cael eu llosgi bydd y sylffwr hwn yn ffurfio nwy **sylffwr deuocsid**.

b) Pan fydd sylffwr yn llosgi, â pha nwy y mae'n adweithio?

Mae llosgfynyddoedd yn cynhyrchu sylffwr deuocsid yn naturiol.
Ond mae pobl yn cynhyrchu dros **100 miliwn tunnell fetrig** o'r nwy hwn bob blwyddyn wrth losgi tanwyddau ffosil.
Mae sylffwr deuocsid yn niweidio ein systemau anadlu ni. Pan gafodd dinas Llundain ei gorchuddio â mwrllwch, neu smog, ym 1952 bu farw 12 000 o bobl oherwydd effeithiau sylffwr deuocsid a mwg.

Gan fod pethau wedi newid ym myd diwydiant mae llygredd sylffwr deuocsid bellach yn llai o broblem mewn trefi mawrion.
Ond rydym ni'n dal i fyw â'r problemau a gafodd eu creu yn y cyfnod pan oedd y mwrllwch yn rhywbeth cyffredin o ddydd i ddydd.

Llygrydd naturiol.

Glaw asid

Byddwch yn gwybod o'ch gwersi cemeg ein bod yn mesur asidedd yn ôl y raddfa pH.

> **c)** Pa rif yw niwtral ar y raddfa?

Mae'r rhan fwyaf o bobl yn meddwl bod glaw yn niwtral. Y gwir yw fod glaw arferol ychydig yn asidig. Mae hyn oherwydd bod carbon deuocsid wedi ei hydoddi ynddo. Tua 5.6 yw ei rif pH.
Yn ffodus, nid yw hyn yn ddigon asidig i niweidio pethau byw.

Pan fydd sylffwr deuocsid ac ocsidau nitrogen yn hydoddi mewn dŵr glaw maen nhw'n ei wneud yn llawer mwy asidig. Nawr bydd y pH yn 4.0 neu lai!
Dyma beth yw **glaw asid**.

Yn ffodus nid yw glaw mor asidig â hyn!

Mae glaw asid yn niweidio planhigion.
- Yn y Goedwig Ddu yn yr Almaen mae llawer o goed wedi colli eu dail i gyd.
- Mae glaw asid hefyd yn gwneud llynnoedd ac afonydd yn asidig.
- Mae hyn yn lladd plancton anifeilol.

> **ch)** Beth yw plancton anifeilol?
> (Awgrym: edrychwch eto ar Bennod 11.)

- Mae'r infertebratau hyn yn fwyd pwysig ar gyfer pysgod.
- Mae'r dŵr asid hefyd yn effeithio ar dagellau pysgod. Mae hyn yn golygu bod llawer o bysgod yn mygu a marw.

Mae effeithiau glaw asid wedi crynhoi dros flynyddoedd lawer. Gwledydd Llychlyn yw'r rhan o Ewrop sydd wedi ei heffeithio fwyaf.
Mae hyn oherwydd bod y rhan fwyaf o'r gwynt yn chwythu o'r de-orllewin.
Felly mae'r rhan fwyaf o'r llygredd yn cael ei gludo gan y gwynt ac yna'n disgyn ar ffurf glaw asid dros wledydd Llychlyn.

Mae'r dŵr hwn yn ymddangos yn lân ond mae'n debygol o fod yn asidig iawn.

I'ch atgoffa!

1. Copïwch a chwblhewch:

   Llygredd yw unrhyw beth sy'n ...... yr amgylchedd a'r pethau ...... sydd ynddo. Mae llygredd aer yn cael ei achosi'n bennaf gan losgi tanwyddau ...... Mae'r rhain yn cynhyrchu nwyon fel carbon ...... a sylffwr .... Mae ocsidau sylffwr yn gwneud niwed i'n systemau ......

2. Pam nad yw dŵr glaw yn niwtral?

3. Pam y mae llygredd aer yn llai o broblem heddiw?

4. Sut y mae marwolaeth infertebratau bach iawn yn effeithio ar niferoedd pysgod?

13ch Yr effaith tŷ gwydr

Nid yw carbon deuocsid mor niweidiol i bobl ag y mae sylffwr deuocsid.
Ond mae'n cyfrannu at achosi problem lygredd fawr.

Mae **carbon deuocsid** yn cael ei alw'n nwy **tŷ gwydr**.
Mae hyn oherwydd ei fod, fel y gwydr mewn tŷ gwydr, yn helpu i gadw'r gwres i mewn.
Mae'n dal a chadw gwres yn atmosffer y Ddaear.

a) O ble y mae'r gwres yn dod yn wreiddiol?

Nwy tŷ gwydr arall yw **methan**.
- Mae rhywfaint o fethan yn cael ei ryddhau o domennydd sbwriel wrth i'r sbwriel ddadelfennu.
- Mae hefyd yn dod yn naturiol o gaeau reis Asia. Mae'r tir yn gorslyd iawn yno ac y mae hyn yn ddelfrydol ar gyfer gwneud methan.
- Bydd gwartheg hefyd yn cynhyrchu llawer o fethan – o'u dau ben!

Mae lefelau'r ddau nwy hyn yn codi'n araf.
- Mae lefelau carbon deuocsid yn codi wrth inni losgi mwy a mwy o danwyddau ffosil.
- Ffynhonnell fawr arall o garbon deuocsid yw **datgoedwigo**.
  Mewn ardaloedd trofannol mae rhannau mawr o goedwigoedd yn cael eu torri er mwyn cael coed, a thir ar gyfer ffermio.
- Trwy gael gwared â'r coed, bydd **llai** o ffotosynthesis yn digwydd.
- Oherwydd bod llai o ffotosynthesis, bydd **llai** o garbon deuocsid yn cael ei dynnu o'r aer.
- I wneud pethau'n waeth, yn aml iawn nid cael eu torri y bydd ardaloedd eang o goed, ond eu llosgi. Mae hyn yn rhyddhau hyd yn oed mwy o garbon deuocsid.

Mae lefelau methan yn codi oherwydd bod angen cynhyrchu rhagor o fwyd ar gyfer y boblogaeth sy'n cynyddu.

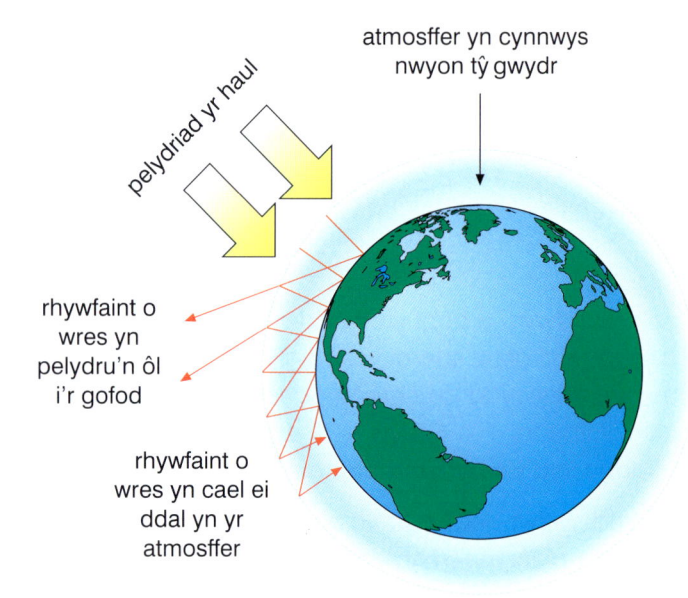

Yr effaith tŷ gwydr.

Mae datgoedwigo yn ffynhonnell fawr o lygredd.

Pam yr holl boeni am garbon deuocsid?

Mae gwyddonwyr yn credu y gallai nwyon tŷ gwydr fod yn achosi **cynhesu byd-eang**. Ystyr hyn yw y gallai'r tymheredd cyfartalog fod yn codi trwy'r byd i gyd. Er enghraifft, gallai Ewrop fod 2–3 °C yn gynhesach erbyn y flwyddyn 2030.

Os ydych chi'n hoff o dorheulo, mae hwn yn swnio'n newydd da.

- Ond gallai cynnydd yn y tymheredd achosi i rai o'r capiau iâ yn y pegynau ymdoddi.
  Gallai hyn achosi i lefel y môr godi gan arwain at lifogydd ar dir isel.
- Gallai'r cynnydd yn y tymheredd effeithio ar batrwm tywydd y byd hefyd.
  Gallai'r hinsawdd mewn ardaloedd sy'n tyfu llawer o gnydau'r byd ar hyn o bryd fynd yn debycach i hinsawdd diffeithdir. Petai hyn yn digwydd byddai'n cael effaith ddifrifol ar gynhyrchu bwyd.
  Mae'r byd yn cael trafferth bwydo'r holl boblogaeth hyd yn oed heb gynhesu byd-eang!

Gallai cynhesu byd-eang wneud i'r rhew hwn ddiflannu.

Gallai'r fferm hon newid i fod yn ddiffeithdir cras.

b) Pa wlad yn Ewrop fyddai'n debygol o ddioddef fwyaf petai lefel y môr yn codi?

Glanhau'r aer

Mae llawer o bethau y gallwn ni eu gwneud er mwyn atal llygredd aer, er enghraifft:

- Gosod **golchwyr** mewn simneiau ffatrïoedd. Dyfeisiau yw'r rhain sy'n tynnu nwyon niweidiol fel sylffwr deuocsid o fwg.
- Annog pobl i ddefnyddio trafnidiaeth gyhoeddus. Os bydd llai o geir ar ein ffyrdd, bydd llai o danwyddau ffosil yn cael eu llosgi.

c) Ychwanegwch eich awgrymiadau eich hun at y rhestr hon.

Dw i'n gwneud fy rhan dros yr amgylchedd.

I'ch atgoffa!

1 Copïwch a chwblhewch:

Mae carbon deuocsid a ...... yn dal ...... yn atmosffer y Ddaear. Mae hyn yn achosi cynhesu ......-...... Os na fydd nwyon .... yn cael eu ......, gallai hyn effeithio ar faint o fwyd y bydd y byd yn gallu ei gynhyrchu. Hefyd byddai lefelau'r ...... yn codi gan achosi ......

2 Eglurwch yn fanwl sut y mae datgoedwigo yn effeithio ar lefelau carbon deuocsid.

3 Mae gwenith yn ffynhonnell bwysig o fwyd sylfaenol.

Pa ardaloedd sy'n cynhyrchu'r rhan fwyaf o wenith y byd?

▶▶▶ 13d Llygredd dŵr

Edrychwch ar y llun hwn.
Mae'n dangos sut y mae llygredd olew yn gallu gwneud niwed mawr i fywyd gwyllt.
Mae olew yn gallu lledaenu'n gyflym iawn unwaith y bydd yn cael ei ollwng i ddŵr.
Ym 1991 ymosododd Iraq ar Kuwait.
Yn ystod Rhyfel y Gwlff cafodd miliynau o litrau o olew eu rhyddhau i'r môr yn fwriadol.
Bu farw llaweroedd o adar môr o ganlyniad i'r llygredd hwn.

a) Beth sydd fel arfer yn achosi llygredd olew?

- Mae olew yn gwenwyno adar môr ac yn gwneud i'w plu lynu wrth ei gilydd.
- Mae'r olew hefyd yn lladd llawer o blanhigion ac anifeiliaid sy'n byw ar lan y môr.
- Mae'n anodd iawn cael gwared â llygredd olew.
- Mae rhai o'r glanedyddion sy'n cael eu defnyddio yn gallu lladd creaduriaid y môr hefyd.

Mae gollyngiadau olew yn achosi niwed mawr.

Olew yw'r llygrydd mwyaf cyffredin yn y môr.
Mae yna lawer o gemegau peryglus eraill mewn llynnoedd ac afonydd.

- Mae carthion heb eu trin, ynghyd â gwastraff buarth a gwrteithiau o ffermydd, i gyd yn effeithio'n wael ar afonydd.
- Nid cemegau gwenwynig yn unig sydd mewn carthion a gwastraff o ffermydd, ond maen nhw'n cynnwys **nitradau** hefyd.

Halwynau yw nitradau, ac y mae ar blanhigion eu hangen er mwyn tyfu.
Ond beth sy'n digwydd os oes gormod o nitradau yn mynd i afon?
- Bydd planhigion dŵr (**algâu**) yn tyfu'n gyflym;
- bydd yr algâu'n gorchuddio arwyneb y dwr ac yn atal y golau;
- heb olau bydd y planhigion dŵr o dan yr wyneb yn marw;
- bydd y planhigion marw hyn yn cael eu dadelfennu gan facteria;
- bydd y bacteria yn defnyddio'r holl ocsigen;
- bydd diffyg ocsigen yn y dŵr yn lladd y pysgod a'r anifeiliaid eraill.

O ganlyniad bydd yr afon yn newid yn **ferddwr** (yn ddrewllyd ac yn ddifywyd).

Canlyniad gormod o gemegau.

> Yr enw ar y math hwn o lygredd yw **ewtroffigedd**.

Mae'n llawer gwaeth mewn afonydd sy'n llifo'n araf, neu mewn llynnoedd.
Mewn dŵr sydd yn llifo'n gyflym, mae'r llygredd yn cael ei gludo ymaith ac nid yw'n aros yn hir.

Cemegau eraill o ffermydd

Mae dŵr yn gallu cael ei lygru gan gemegau eraill o ffermydd hefyd. Bydd ffermwyr yn ychwanegu cemegau at eu cnydau er mwyn lladd plâu sy'n eu niweidio.

> **Plaleiddiaid** yw cemegau a ddefnyddir i ladd plâu.

b) Rhowch un enghraifft o anifail sy'n dinistrio cnydau.

Gall y cemegau hyn fod yn beryglus iawn mewn dŵr. Weithiau bydd glaw trwm yn eu golchi oddi ar y tir. Dro arall nid yw'r ffermwr yn ddigon gofalus wrth eu chwistrellu.

Mewn llyn gall y cemegau hyn dreiddio i gadwyn fwyd a'i dringo. Wrth i bob creadur fwyta llawer o'r organebau sydd yn is yn y gadwyn fwyd, bydd crynodiad y plaleiddiad yn cynyddu. Yn y pen draw bydd y crynodiad yn ddigon uchel i ladd. Fel arfer yr anifail ar frig y gadwyn fwyd fydd yn marw gyntaf.

Mae yna enghreifftiau o blaleiddiaid yn lladd anifeiliaid y tir hefyd. Er enghraifft, cafodd adar ysglyfaethus fel eryrod eu gwenwyno gan blaleiddiaid. Ar hadau y cafodd y plaleiddiaid hyn eu defnyddio yn wreiddiol.

c) Sut y gallai'r plaleiddiaid hyn fod wedi effeithio ar yr eryrod?

Erbyn heddiw mae yna reolau caeth ynglŷn â defnyddio plaleiddiaid.
- Os nad yw cemegau yn dadelfennu'n naturiol, yna maen nhw'n cael eu gwahardd.
- Mae **rheolaeth fiolegol** yn defnyddio un o ysglyfaethwyr naturiol y pla.
  Y broses yw bridio niferoedd mawr o'r ysglyfaethwyr hyn ac yna eu rhyddhau er mwyn iddyn nhw ddechrau bwyta'r pla.

ch) Sut y byddwn ni'n cael gwared â phlaleiddiaid o'n bwyd cyn ei fwyta?

Mae locustiaid yn bla difrifol mewn llawer o wledydd.

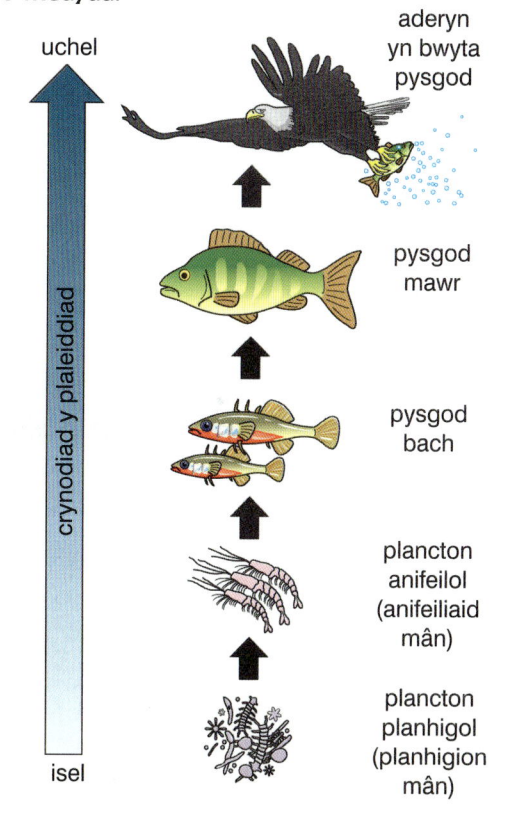

I'ch atgoffa!

1 Copïwch a chwblhewch:

Mae dŵr yn cael ei lygru gan nifer o gemegau, gan gynnwys ...... a'r gwastraff o ...... Mae carthion yn gwneud afonydd yn ...... Mae'r cyflenwad ...... yn dod i ben a'r holl anifeiliaid yn marw. Mae rhai cemegau o ffermydd, er enghraifft ...... , yn cael eu golchi i afonydd a bydd y rhain yn crynhoi mewn ...... bwydydd.

2 Bydd ffermwyr yn ychwanegu nitradau at y pridd. Sut y mae'r cemegau hyn yn gallu cyrraedd afonydd?

3 Ewch ati i gasglu gwybodaeth am blaleiddiad o'r enw DDT.

Pam y mae hwn wedi cael ei wahardd?

13dd Cadwraeth

Mae ein heffaith ni ar yr amgylchedd yn bygwth parhad llawer o blanhigion ac anifeiliaid. Nid creaduriaid egsotig fel y panda yn unig, ond rhai mwy cyfarwydd fel y penfras. Mae **gorbysgota** yn bygwth cyflenwadau pysgod y byd. Gan ddefnyddio technoleg newydd, mae un llong yn gallu dal tunelli o bysgod ar y tro.

a) Beth fydd effaith prinder pysgod ar bris pysgod a sglodion?

Llong bysgota fasnachol.

Mae **datgoedwigo** yn enghraifft arall o'r ffordd y mae pobl yn bygwth rhywogaethau eraill. Mae coedwigoedd glaw yn gynefin i lawer o anifeiliaid – dyna'r unig fan yn y byd lle mae rhai ohonyn nhw'n byw. Mae llawer o blanhigion y coedwigoedd glaw yn ffynhonnell ar gyfer cyffuriau meddygol defnyddiol a grymus.

Mae'r coedwigoedd yn cael eu clirio er mwyn darparu tir:
- i gael pren caled ar gyfer adeiladu
- i gael mathau eraill o goed ar gyfer papur a thanwydd
- ar gyfer ffermio e.e. gwartheg a choed rwber.

Mae clirio'r coedwigoedd yn arwain at erydiad y pridd. Fel y gwelsom eisoes (ar dudalen 142), mae'n gallu cyfrannu at yr effaith tŷ gwydr hefyd.

b) Beth yw'r ffordd gyflymaf i bobl glirio darn o goedwig?

Ystyr **cadwraeth** yw cadw a gwarchod cynefinoedd fel coedwigoedd a moroedd.

Wrth gwrs, nid oes disgwyl i bobl roi'r gorau i ddefnyddio adnoddau naturiol y Ddaear. Yr allwedd i gadwraeth dda yw **datblygiad cynaliadwy**.

Ystyr **datblygiad cynaliadwy** yw defnyddio adnoddau'r Ddaear heb eu dinistrio yn y broses.

ACHUB FI!

Dyma rai enghreifftiau da o ddatblygiad cynaliadwy:
- dal llai o bysgod
- dal mwy o amrywiaeth o bysgod
- plannu coeden newydd am bob un sy'n cael ei thorri
- defnyddio rheolaeth fiolegol yn hytrach na phlaleiddiaid i ladd plâu
- cynhyrchu egni trwy ddulliau heblaw llosgi tanwyddau ffosil (dulliau amgen)
- ailgylchu gwastraff.

Yng ngwledydd Prydain rydym ni wedi datblygu **Parciau Cenedlaethol**. Syniad y rhain yw gwarchod cynefinoedd naturiol dan ofal y gyfraith a gadael i'r cyhoedd fwynhau cefn gwlad yr un pryd. Mae llawer o'r parciau hyn yn cynnwys **Safleoedd o Ddiddordeb Gwyddonol Arbennig (SoDdGA)**. Yn aml, mae'r safleoedd hyn yn gofalu am blanhigion neu anifeiliaid sydd â'u niferoedd yn fach iawn. Yr enw ar y rhain yw **rhywogaethau mewn perygl**.

Mae sŵau hefyd yn bridio nifer o rywogaethau mewn perygl. Y syniad yw crynhoi stoc o'r anifeiliaid hyn. Pan fydd yna ddigon ohonyn nhw, bydd yn bosibl eu rhyddhau yn ôl i'r gwyllt eto.

Beth mae pobl gyffredin fel ni yn gallu ei wneud i hybu cadwraeth?
- Cerdded i'r siopau yn hytrach na mynd yn y car;
- rhoi gwydr a phapur mewn biniau ailgylchu;
- diffodd y golau pan fydd ystafell yn wag;
- defnyddio papur sydd wedi ei ailgylchu;
- rhoi gwastraff o'r gegin a'r ardd mewn bin compost.

c) Darllenwch y bennod hon eto. Ym mha ffyrdd eraill y gallech chi warchod yr amgylchedd?

Cyfraniad tuag at gadwraeth.

I'ch atgoffa!

1 Copïwch a chwblhewch:

Ystyr ...... yw gwarchod a chynnal yr amgylchedd. Heb gadwraeth bydd llawer o rywogaethau o ...... a ...... yn diflannu. Mae cyflenwadau'r pysgod penfras yn isel oherwydd ...... Er mwyn eu gwarchod rhaid inni ddefnyddio datblygiad ......

2 Pam y mae hi'n bwysig gwarchod planhigion sy'n byw mewn coedwigoedd glaw?

3 Pa ffynonellau egni eraill y gallwn ni eu defnyddio yn lle tanwyddau ffosil?

4 Ewch ati i ddarganfod pa anifeiliaid mewn perygl sydd o dan y bygythiad mwyaf.

Crynodeb

Rydym ni, fodau dynol, yn lleihau'r tir sydd ar gael i rywogaethau eraill trwy: adeiladu, mwyngloddio, ffermio a thaflu gwastraff.

Rydym hefyd yn **llygru** yr aer, y dŵr a'r tir â phob math o gemegau.

Mae cyswllt uniongyrchol rhwng effeithiau pobl ar yr amgylchedd a **maint y boblogaeth**. Fel y mae'r boblogaeth yn cynyddu, cynyddu hefyd y mae'r niwed y mae pobl yn ei achosi. Mae'r boblogaeth ddynol yn tyfu'n gyflym o ganlyniad i well gofal meddygol, mwy o fwyd a gwell cyflenwadau dŵr.

Mae llosgi **tanwyddau ffosil** yn rhyddhau nwyon fel **sylffwr deuocsid**. Mae hyn yn achosi **glaw asid**. Mae glaw asid yn lladd planhigion ac anifeiliaid. Mae llygredd aer hefyd yn gwneud niwed i'n systemau anadlu ni.

Mae llosgi tanwyddau ffosil hefyd yn rhyddhau **carbon deuocsid**. Mae carbon deuocsid yn dal gwres yn yr atmosffer gan achosi **cynhesu byd-eang**. Gallai cynhesu byd-eang hefyd wneud i lefel y môr godi ac achosi newidiadau yn hinsawdd y byd. Mae **methan** o wartheg a chaeau reis hefyd yn cyfrannu tuag at yr effaith tŷ gwydr. Mae **datgoedwigo** hefyd yn effeithio ar lefel y carbon deuocsid yn yr aer. Mae llai o goed yn golygu bod llai o garbon deuocsid yn cael ei ddefnyddio a'i waredu trwy ffotosynthesis. Mae llosgi coedwigoedd hefyd yn ychwanegu carbon deuocsid at yr aer.

Mae **dŵr yn cael ei lygru** gan nifer o wahanol gemegau, yn cynnwys: olew, plaleiddiaid, gwrteithiau a charthion heb eu trin.

Ystyr **cadwraeth** yw cadw a gwarchod yr amgylchedd. Y ffordd orau o warchod adnoddau naturiol y Ddaear yw trwy ddefnyddio **datblygiad cynaliadwy**. Ystyr hyn yw defnyddio adnoddau mewn ffordd nad yw yn eu dinistrio ar gyfer cenedlaethau'r dyfodol.

Cwestiynau

1 Copïwch a chwblhewch:

Mae ...... bodau dynol ar yr amgylchedd yn fawr. Mae cyswllt uniongyrchol rhwng hyn a ...... y boblogaeth. Y mwyaf o bobl sydd yna, y mwyaf o ...... sy'n digwydd. Mae bodau dynol yn llygru yr ......, y ......, a'r tir â phob math o ...... Trwy ddefnyddio ...... cynaliadwy gallwn warchod yr amgylchedd ar gyfer ...... y dyfodol.

2 a) Pa ddau nwy sy'n achosi'r effaith tŷ gwydr?

b) O ble mae'r nwyon hyn yn dod?

c) Sut y maen nhw'n achosi cynhesu byd-eang?

ch) Eglurwch sut y gallai cynhesu byd-eang achosi llifogydd mewn ardaloedd lle mae'r tir yn isel.

3 Disgrifiwch ddwy ffordd y mae sŵau yn gallu helpu i warchod bywyd gwyllt.

4 Beth yw ystyr y llythrennau Saesneg CITES?

5 Eliffant Affrica yw'r mamolyn tir mwyaf yn y byd, ac yn ddiweddar mae ei niferoedd wedi gostwng yn ddramatig.

   a) Beth sydd wedi achosi i'w boblogaeth ostwng?

   b) Beth sydd wedi cael ei wneud i warchod yr eliffant?

6 a) Beth yw ystyr y gair llygredd?

   b) Nodwch rai enghreifftiau o'r ffyrdd y mae pobl yn llygru'r Ddaear.

7 a) Eglurwch pam y mae glaw arferol ychydig yn asidig.

   b) Pa nwyon sy'n hydoddi mewn cymylau gan ffurfio glaw asid?

   c) Beth yw effaith glaw asid

      i) ar goed,

      ii) ar bysgod?

   ch) Pa effaith a gafodd glaw asid ar adeiladau mewn hen drefi diwydiannol?

   d) Beth mae pobl yn gallu ei wneud er mwyn lleihau llygredd gan law asid?

8 Ewch ati i ymchwilio i nwyon CFfC.

   a) O ble maen nhw'n dod?

   b) Pa niwed y maen nhw'n ei wneud?

   c) Sut y mae pobl yn mynd i'r afael â'r broblem lygredd hon?

9 Mae rhai rhannau o Ganada wedi cael eu heffeithio gan law asid a oedd yn dod yn wreiddiol o UDA.
   Eglurwch sut y mae llygredd o un wlad yn gallu effeithio ar wlad arall.

10 Sut y byddai hen chwarel yn gallu cael ei defnyddio ar ôl cloddio'r holl gerrig ohoni?

11 Wrth sôn am adeiladu, beth yw'r gwahaniaeth rhwng safle 'tir glas' a safle 'tir llwyd'?

12 Pam y mae llawer o sbwriel yn cael ei gladdu yn hytrach na'i losgi?

13 a) Wrth feddwl am sbwriel o'r cartref, beth sy'n gallu cael ei ailgylchu?

   b) Petai rhagor o sbwriel yn cael ei ailgylchu, sut y byddai hyn yn effeithio ar faint o dir y byddai ei angen ar gyfer tomennydd sbwriel?

14 Beth yw'r ffordd orau o sicrhau y bydd yna bob amser ddigon o goed i gyflenwi ein hanghenion ni?

15 Mae'r tabl yn dangos faint o fethan sy'n cael ei ryddhau o wahanol ffynonellau:

Ffynhonnell y methan	Canran (%)
anifeiliaid fferm	19
corsydd	27
caeau reis	23
tomennydd sbwriel	11
mwyngloddio	15
moroedd	5

   a) Lluniwch siart bar gan ddefnyddio'r ffigurau hyn.

   b) Pa ffynhonnell sy'n cyfrannu'r mwyaf o'r nwy?

   c) Mae dwy ffynhonnell nad yw pobl yn gyfrifol amdanyn nhw. Pa ddwy?

   ch) Ar wahân i fod yn nwy tŷ gwydr, ym mha ffordd arall y mae methan yn broblem?

16 Lluniwch 'fap meddwl' i ddangos popeth a wyddoch chi am ddylanwad pobl ar yr amgylchedd.

Rhagor o gwestiynau am yr Amgylchedd

▶ Cynefinoedd

1 Mae'r afanc yn byw mewn nentydd yng nghoedwigoedd gwledydd y gogledd. Maen nhw'n torri llawer o goed. Maen nhw'n defnyddio rhai coed fel bwyd a rhai i wneud argaeau. Mae'r argaeau yn ffurfio pyllau mawr dwfn. Yng nghanol y pyllau hyn y bydd yr afanc yn adeiladu ei gartref. Mae mynedfeydd tanddwr i'r cartrefi.

(a) Eglurwch sut y mae pob un o'r nodweddion canlynol yn golygu bod yr afanc wedi ymaddasu'n dda ar gyfer byw mewn dŵr a thorri coed:

   (i) cynffon fawr siâp rhwyf
   (ii) ffwr trwchus, gwrth-ddŵr
   (iii) dannedd blaen sydd yn parhau i dyfu (3)

(b) Awgrymwch **ddwy** ffordd y mae cynllun cartref yr afanc yn ei warchod rhag ysglyfaethwyr. (2)
(AQA (NEAB) 1999)

2
- Mamolion mawr sy'n byw ar hyd ein harfordiroedd yw morloi cyffredin.
- Maen nhw'n bwydo ar bysgod ac yn eu dal o dan ddŵr.
- Mae eu cyrff yn hir ac yn llilin, a'u croen yn llyfn.
- Mae ganddyn nhw haen drwchus o fraster o dan eu croen.
- Mae eu coesau ôl wedi eu haddasu i ffurfio esgyll.
- Maen nhw'n gallu nofio mewn dŵr oer am gyfnodau hir.
- Mae'r patrymau ar eu croen yn rhoi cuddliw i'r morloi.

(a) Beth yw'r enw ar anifeiliaid sy'n dal ac yn bwyta anifeiliaid eraill? (1)

(b) Pam y mae hi'n fanteisiol i forloi fod â chuddliw? (1)

(c) Awgrymwch resymau pam y mae gan forlo y nodweddion hyn:
   (i) corff llilin â chroen llyfn; (1)
   (ii) haen drwchus o fraster o dan ei groen; (1)
   (iii) coesau wedi'u haddasu fel esgyll. (1)
(AQA (NEAB) 2000)

3 Mae planhigion cactws yn tyfu mewn ardaloedd lle mae ychydig iawn o law yn disgyn.

(a) Sut y mae pob un o'r addasiadau canlynol yn helpu'r planhigion hyn i oroesi o dan yr amodau hynny?

   (i) Mae tu allan y coesyn wedi'i orchuddio â haen drwchus o gwyr. (1)
   (ii) Mae'r dail wedi'u crebachu i fod yn ddrain hir a miniog. (1)

(b) Mae coesynnau'r planhigion hyn yn wyrdd oherwydd bod eu celloedd allanol yn cynnwys pigment gwyrdd.

   (i) Enwch y pigment gwyrdd hwn. (1)
   (ii) Eglurwch pam y mae coesynnau â chelloedd yn cynnwys y pigment gwyrdd o fantais i'r planhigion hyn. (2)
(AQA 2001)

4 Mae'r graff yn dangos sut y mae poblogaeth o facteria mewn pwll mwdlyd yn newid dros gyfnod o bedwar diwrnod.

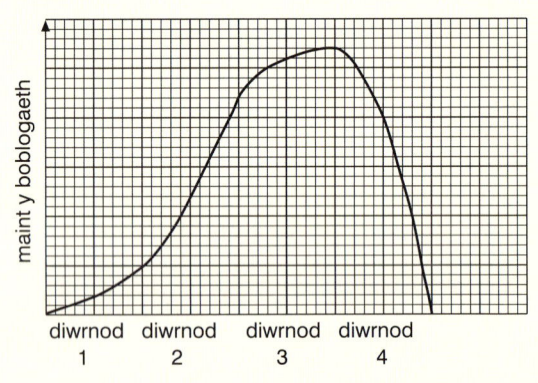

(a) Yn ystod pa ddiwrnod, 1, 2, 3 neu 4,
   (i) y mae poblogaeth y bacteria yn cynyddu gyflymaf? (1)
   (ii) y mae'r gyfradd marwolaethau yn codi'n uwch na'r gyfradd atgynhyrchu? (1)
   (iii) y mae cyfradd twf y boblogaeth yn dechrau cael ei heffeithio gan ffactorau cyfyngol? (1)

(b) Nodwch **dair** ffactor a allai gyfyngu ar faint y boblogaeth. (3)

(c) (i) Beth sydd wedi digwydd i'r bacteria erbyn diwedd diwrnod 4? (1)
   (ii) Awgrymwch reswm dros hyn. (1)
(OCR)

Rhagor o gwestiynau am yr Amgylchedd

Perthnasoedd bwydo

5 Pysgod bach ym Môr y Gogledd yw llymrïaid. Mae'r diagram yn dangos y trosglwyddiadau egni rhwng y pysgod hyn ac organebau eraill.

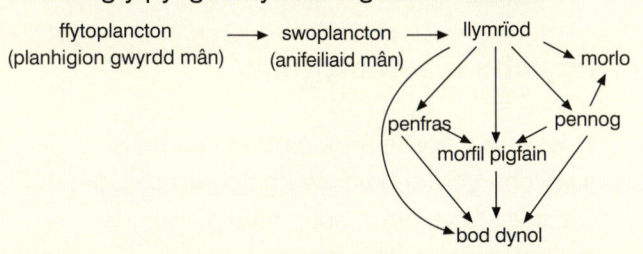

ffytoplancton (planhigion gwyrdd mân) → swoplancton (anifeiliaid mân) → llymrïod → morlo, penfras, pennog, morfil pigfain, bod dynol

(a) Beth yw'r enw ar y math hwn o ddiagram? (1)

(b) Mae ffytoplancton yn darparu egni ar gyfer yr holl anifeiliaid.
Eglurwch sut y mae ffytoplancton yn darparu'r egni. (3)

(c) Mae pobl yn tynnu niferoedd enfawr o benfras a phennog o Fôr y Gogledd.
Mae rhai pobl yn dweud y bydd hyn yn cynyddu niferoedd y llymrïod, ac eraill yn dweud y bydd y nifer yn gostwng.
Gallai'r ddau grŵp o bobl fod yn gywir.
Eglurwch sut y gallai:
nifer y llymrïod gynyddu
nifer y llymrïod ostwng. (4)
(AQA 2001)

6 Mae nifer o anifeiliaid yn byw mewn Parc Cenedlaethol. Mae'r tabl hwn yn dangos beth y maen nhw'n ei fwyta.

Anifeiliaid	Bwyd
defaid hirgorn	planhigion gwyrdd
elciaid	planhigion gwyrdd
marmotiaid (mamolion bach)	planhigion gwyrdd
llewod mynydd	defaid hirgorn, elciaid, ysgyfarnogod yr eira
ysgyfarnogod yr eira	planhigion gwyrdd
bleiddiaid	elciaid, marmotiaid, llewod mynydd

(a) Copïwch a chwblhewch y we fwydydd ar gyfer yr anifeiliaid sy'n cael eu rhestru yn y tabl.

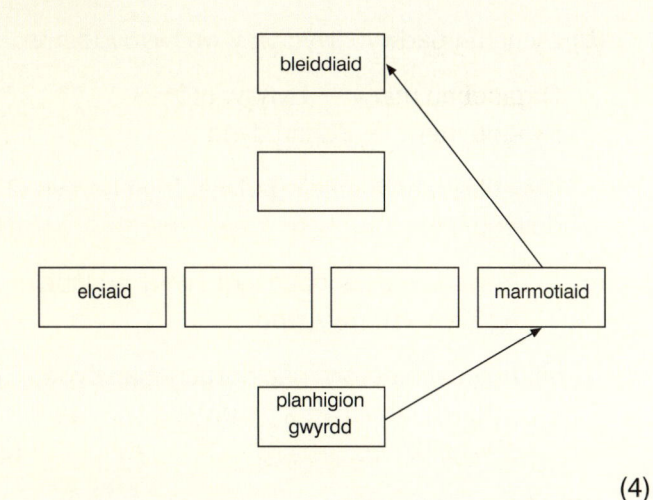

(diagram: bleiddiaid, elciaid, marmotiaid, planhigion gwyrdd) (4)

(b) Mae llawer o chwain mân yn byw yn ffwr y blaidd. Lluniwch byramid niferoedd ar gyfer y gadwyn fwyd hon.
planhigion gwyrdd → marmotiaid → bleiddiaid → chwain (2)
(AQA (NEAB) 1999)

7 Mae'r diagram yn dangos gwe fwydydd. Mae'r holl organebau ar wahân i fodau dynol ac adar môr yn byw mewn dŵr môr. Organebau microsgopig yw plancton.

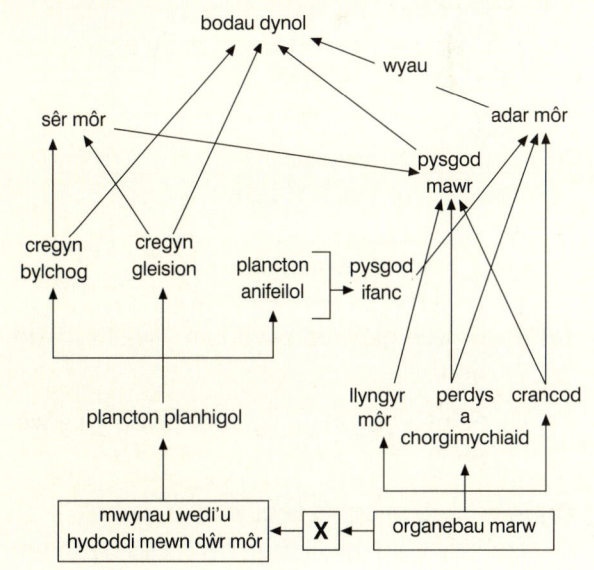

(diagram: bodau dynol, wyau, sêr môr, adar môr, pysgod mawr, cregyn bylchog, cregyn gleision, plancton anifeilol, pysgod ifanc, llyngyr môr, perdys a chorgimychiaid, crancod, plancton planhigol, mwynau wedi'u hydoddi mewn dŵr môr, X, organebau marw)

(a) (i) Enwch y cynhyrchwyr yn y we fwydydd hon. (1)

(ii) Beth yw pwysigrwydd cynhyrchwyr yn y we fwydydd hon? (1)

Rhagor o gwestiynau am yr Amgylchedd

(b) Dyma un gadwyn fwyd yn y we fwydydd hon:

Organebau marw → Llyngyr môr → Pysgod mawr → Bodau dynol

Disgrifiwch beth mae'r gadwyn fwyd hon yn ei ddysgu i ni. (3)

(c) (i) Enwch yr organebau sydd wedi eu labelu ag **X** yn y we fwydydd. (1)

(ii) Eglurwch pam y mae'r organebau sydd wedi eu labelu ag **X** yn bwysig yn y we fwydydd. (2)

(ch) Dyluniwch a labelwch byramid biomas ar gyfer y gadwyn fwyd hon:

Plancton planhigol → Cregyn gleision → Bodau dynol (2)

(AQA (NEAB) 2000)

8 Mae'r diagram yn dangos rhan o we fwydydd mewn pwll.

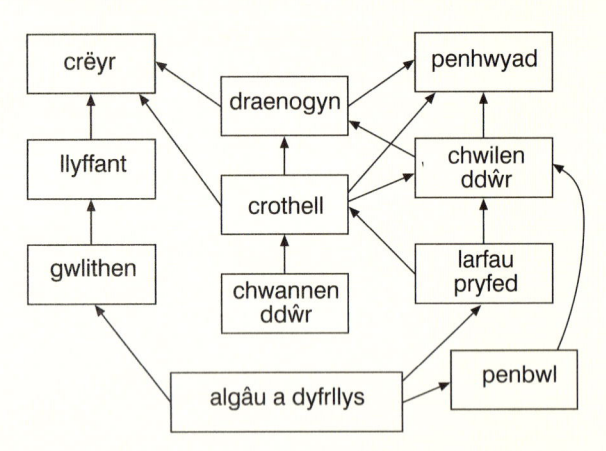

(a) (i) Enwch gigysydd sydd yn y we fwydydd hon. (1)

(ii) Faint o ysyddion cynradd sydd yn y we hon? (1)

(b) Mae clwb pysgota lleol yn tynnu'r holl benhwyaid o'r pwll. Eglurwch beth fydd yn digwydd:

(i) i niferoedd y crothyll (1)

(ii) i niferoedd y llyffantod. (2)

(c) Erbyn hyn, mae'r clwb pysgota yn rhoi stoc o lawer o garpiaid yn y pwll. Mae'r pysgod hyn yn bwyta llawer o blanhigion. Eglurwch pa effaith y bydd hyn yn debygol o'i chael ar y we fwydydd. (4)

(EDEX)

▸ **Ailgylchu maetholynnau**

9 Yr enw ar y ffordd mae carbon yn cael ei ailgylchu yn ddi-baid yw'r gylchred garbon. Disgrifiwch yn fanwl sut y mae planhigion gwyrdd yn ailgylchu carbon. (4)

(AQA (NEAB) 2000)

10 Bydd garddwyr yn rhoi dail a chwyn ar domennydd compost.
Bydd y cyfan yn cael ei adael i bydru nes cael compost tebyg i fawn, sy'n cynnwys llawer o faetholynnau planhigol. Bydd y garddwyr yn defnyddio hwn i wella ffrwythlondeb y pridd.

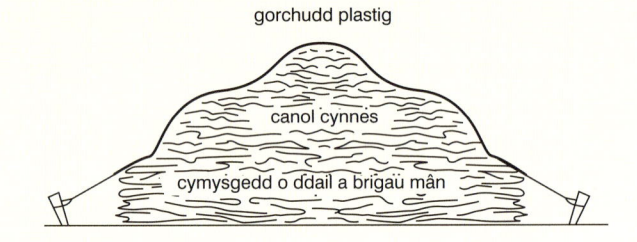

Mae tri garddwr sy'n byw mewn gwahanol rannau o wledydd Prydain wedi gwneud eu tomennydd compost ar yr un diwrnod yn y gwanwyn.
Er mwyn cyflymu'r broses bydru, mae pob tomen wedi ei gorchuddio â haen blastig ac yn cael ei chymysgu â fforch unwaith yr wythnos. Mae'r tabl yn rhoi gwybodaeth ynglŷn â ble mae'r garddwyr yn byw.

Garddwr	Tref	Tymheredd cyfartalog /°C	Glawiad blynyddol cyfartalog /cm
A	Llundain	13.2	61.0
B	Manceinion	12.0	85.9
C	Caeredin	11.0	69.9

Rhagor o gwestiynau am yr Amgylchedd

(a) (i) Tomen gompost pa arddwr fydd yn barod gyntaf? Awgrymwch ateb. (1)

(ii) Eglurwch eich ateb. (1)

(b) Sut y mae cymysgu'r domen yn helpu i gyflymu'r pydru? (1)

(c) Anghofiodd y garddwr ym Manceinion roi'r gorchudd plastig yn ôl dros ei domen gompost. Eglurwch sut y gallai hyn effeithio ar y pydru. (1)

(OCR)

11 Mae'r diagram yn dangos rhai o'r camau wrth i ddefnyddiau gael eu hailgylchu mewn organebau byw.

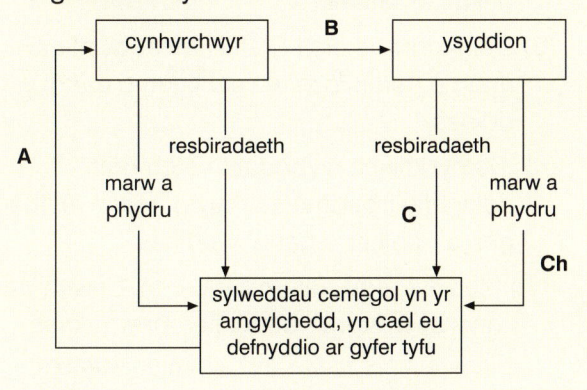

[Diagram: cynhyrchwyr → B → ysyddion; A; resbiradaeth; marw a phydru; C; marw a phydru; Ch; sylweddau cemegol yn yr amgylchedd, yn cael eu defnyddio ar gyfer tyfu]

(a) Ym mha gam, **A**, **B**, **C** neu **Ch**:

(i) y mae sylweddau yn cael eu dadelfennu gan ficrobau;

(ii) y mae carbon deuocsid yn cael ei ddefnyddio i wneud siwgr;

(iii) y mae planhigion yn cael eu bwyta gan anifeiliaid? (3)

(b) Mewn arbrawf, cafodd samplau o bridd eu rhoi mewn pedwar bicer. Cafodd deilen farw ei rhoi ar wyneb y pridd ym mhob bicer. Cafodd y pridd yn y biceri ei gadw o dan y gwahanol amodau hyn:

Bicer M	Bicer N	Bicer O	Bicer P
Cynnes a gwlyb	Oer a gwlyb	Oer a sych	Cynnes a sych

Ym mha ficer, **M**, **N**, **O** neu **P**, y byddai'r ddeilen farw yn pydru gyflymaf? (1)

(AQA (NEAB) 1999)

▶ Pobl a'r amgylchedd

12 Mae coedwigoedd eang yn cael eu dinistrio. Mae hyn yn newid lefel y carbon deuocsid yn yr atmosffer.

(a) (i) Nodwch **un** defnydd ar gyfer y coed sy'n cael eu torri. (1)

(ii) Nodwch **un** defnydd ar gyfer y tir sy'n cael ei glirio. (1)

(iii) Ym mha ffordd y mae dinistrio coedwigoedd wedi effeithio ar lefel y carbon deuocsid yn yr atmosffer? (1)

(b) (i) Sut y mae dinistrio coedwigoedd wedi cynyddu'r effaith tŷ gwydr? (4)

(ii) Nodwch **un** o effeithiau'r cynnydd yn yr effaith tŷ gwydr. (1)

(AQA (SEG) 1998)

13 Mae'r cwestiwn hwn yn sôn am lygredd.

(a) Copïwch a chwblhewch y paragraff isod gan ddefnyddio'r geiriau hyn. Gallwch ddefnyddio pob gair unwaith neu beidio â'i ddefnyddio o gwbl.

ceir	hydoddi	anweddu	tanwyddau
lladd	planhigion	huddygl	sylffwr	dŵr

Mae ...... ffosil sy'n cael eu llosgi gan ddiwydiant yn rhyddhau ...... deuocsid i'r atmosffer. Mae hwn yn gallu ...... mewn ...... i ffurfio glaw asid. Pan fydd hwn yn disgyn, mae'n gallu ...... pysgod a niweidio ...... (7)

(b) Mae llawer o ddiwydiannau yn cynhyrchu carbon deuocsid.

(i) Mae cynyddu lefel y carbon deuocsid yn gallu achosi problemau amgylcheddol. Enwch **ddwy** broblem wahanol. (2)

(ii) Ar wahân i effeithiau diwydiant, sut y gallai lefel y carbon deuocsid gynyddu yn yr atmosffer? (1)

(AQA (SEG) 2000)

Rhagor o gwestiynau am yr Amgylchedd

14 (a) Nodwch **dair** ffordd y mae pobl yn cyfyngu ar faint o dir sydd yna i'w gael ar gyfer anifeiliaid gwyllt. (3)

(b) Enwch **dri** o ddefnyddiau sy'n gallu llygru afonydd. (3)

(c) Mor fanwl ag y gallwch, disgrifiwch y prosesau sy'n arwain at ffurfio glaw asid. (4)
(AQA (NEAB) 1999)

15 Mae pobl yn llygru'r amgylchedd â nwyon sy'n cael eu cynhyrchu gan orsafoedd pŵer, ffatrïoedd a pheiriannau. Mae rhai o'r nwyon hyn yn ffurfio glaw asid. Nid yw brawddegau **A–Ch** yn eu trefn gywir. Ysgrifennwch nhw yn y drefn gywir mewn diagram llif fel hyn.

A Y nwyon yn hydoddi mewn glaw.

B Tanwyddau ffosil yn cael eu llosgi.

C Llynnoedd ac afonydd yn troi'n asidig, felly planhigion ac anifeiliaid yn marw.

Ch Rhyddhau sylffwr deuocsid ac ocsidau nitrogen.

[Diagram llif:
☐
↓
☐
↓
Nwyon gwastraff o simneiau a cherbydau
↓
☐
↓
Cynhyrchu glaw asid
↓
☐]
(4)
(AQA 2001)

16 Planhigyn syml yw cen. Mae'r tabl yn dangos faint o wahanol fathau o gen a gafodd eu cofnodi ar bellteroedd penodol o ganol dinas.

Pellter o ganol y ddinas (km)	Nifer y mathau o gen mewn ardal benodol
0	4
2	7
3	10
5	20
6	25
7	40

(a) Lluniwch graff o'r canlyniadau hyn, gan roi'r pellter ar echelin X. (4)

(b) Defnyddiwch eich graff i amcangyfrif sawl math o gen sydd i'w gael 4 km o ganol y ddinas. (1)

(c) Defnyddiwch wybodaeth o'ch graff i ddisgrifio'r berthynas rhwng nifer y mathau o gen a'r pellter o ganol y ddinas. (1)

(ch) Mae llygredd aer yn lladd cen. Enwch **ddau** nwy sy'n llygru'r atmosffer mewn dinas. (2)
(AQA (NEAB) 1998)

17 Yn ôl un amcangyfrif, cafodd tua 40% o'r holl goedwigoedd glaw trofannol eu dinistrio rhwng 1880 a 1980; cafodd llawer o'r rhain eu dinistrio trwy eu llosgi.

(a) Rhowch **dri** rheswm pam y mae'r datgoedwigo eang hwn wedi digwydd. (3)

(b) Mae datgoedwigo eang yn effeithio ar lefelau carbon deuocsid yn yr aer.

(i) Beth sy'n digwydd i lefelau'r carbon deuocsid? (1)

(ii) Sut y mae datgoedwigo yn achosi newid yn lefelau'r carbon deuocsid? (2)

(iii) Eglurwch rai o'r effeithiau tymor hir y mae datgoedwigo yn debygol o'u cael ar yr hinsawdd a ffrwythlondeb y pridd. (5)

(c) Mae sawl math o gynefin yn cael ei ddinistrio, gan effeithio'n ddifrifol ar y bywyd gwyllt sy'n byw yno. Pa ddulliau y mae gwyddonwyr a llywodraethau yn gallu eu defnyddio er mwyn gwarchod y bywyd gwyllt hwn? (2)
(EDEX)

Adran Pedwar
Etifeddiad a detholiad

Yn yr adran hon byddwch yn darganfod beth sy'n gwneud aelodau o'r un rhywogaeth yn wahanol i'w gilydd.
Byddwch hefyd yn dysgu sut y mae pobl yn gallu datblygu anifeiliaid a phlanhigion â nodweddion arbennig.
Byddwch yn dysgu sut y mae rhyw yn cael ei etifeddu ac yn dysgu am glefydau etifeddol.
Byddwch yn darganfod sut y mae organebau byw wedi newid yn raddol dros filiynau o flynyddoedd.

PENNOD 14	Amrywiad
PENNOD 15	Etifeddiad
PENNOD 16	Atgynhyrchu ac atgenhedlu
PENNOD 17	Bridio detholus
PENNOD 18	Esblygiad

PENNOD 14 AMRYWIAD

▶▶▶ 14a Beth sy'n wahanol?

Os ydych yn defnyddio'r llyfr hwn yn yr ysgol, edrychwch o gwmpas eich ystafell ddosbarth. Fe welwch fod pryd a gwedd pobl yn wahanol – mae gan bawb nifer o wahanol **nodweddion**. Fe welwch fod rhai gwahaniaethau hyd yn oed rhwng pâr o efeilliaid unfath.

a) Edrychwch ar ddau neu ddwy o'ch ffrindiau. Nodwch dri gwahaniaeth rhyngddyn nhw.

Mae'r gwahaniaethau hyn yn bwysig oherwydd eu bod yn digwydd mewn aelodau o'r un rhywogaeth.

Rhywogaeth yw grŵp o blanhigion neu anifeiliaid o'r un math.

Er enghraifft, mae bodau dynol i gyd yn perthyn i'r un rhywogaeth.

b) Beth yw'r enw cywir ar y rhywogaeth y mae bodau dynol yn perthyn iddi?

Mae gan aelodau o'r un rhywogaeth lawer o nodweddion cyffredin. Ond mae nifer o wahaniaethau rhyngddyn nhw hefyd.

Mae **amrywiad** yn disgrifio'r gwahaniaethau rhwng aelodau o'r un rhywogaeth.

Mae yna ddau reswm dros amrywiad rhwng aelodau o'r un rhywogaeth.

Achos amrywiad **genetig** yw bod gwahanol bobl yn **etifeddu** gwahanol **enynnau**.
'Parseli' bach o wybodaeth sy'n cael eu trosglwyddo gan rieni i'w plant yw genynnau.
Mae'r wybodaeth hon i'w chael yng nghnewyll eich celloedd.
Mae'n rheoli eich holl nodweddion.
Mae pobl o'r un teulu yn edrych yn debyg i'w gilydd.
Mae hyn oherwydd eu bod yn rhannu llawer o'r un genynnau.

Faint o wahanol rywogaethau a welwch chi yma?

Mae teuluoedd yn debyg, ond nid yn unfath.

c) Pam y mae pobl o deuluoedd gwahanol yn edrych yn wahanol iawn i'w gilydd?

ch) Rhestrwch nodweddion sydd gan fodau dynol o ganlyniad i amrywiad genetig.

Os nad yw pobl yn perthyn i'w gilydd, mae llai o debygrwydd rhyngddyn nhw.

Nid ein genynnau sy'n gyfrifol am bob gwahaniaeth rhyngom ni.
Os daw disgybl newydd i'ch dosbarth o ran arall o'r wlad, efallai y bydd ganddo ef neu hi acen wahanol.
Nid ydych yn cael eich geni ag acen arbennig – rydych yn ei datblygu.
Mae'r ffordd y mae eich rhieni, eich ffrindiau a phobl leol eraill yn siarad yn dylanwadu ar eich acen chi.
Mewn geiriau eraill, eich amgylchedd sy'n achosi eich acen.

Mae amrywiad **amgylcheddol** yn digwydd oherwydd yr holl bethau sy'n dylanwadu arnoch chi wrth ichi fyw eich bywyd.
Yn aml iawn mae amrywiadau amgylcheddol yn amlwg iawn, er enghraifft steil eich gwallt neu eich synnwyr ffasiwn (neu ddiffyg synnwyr ffasiwn!).

Mae rhai nodweddion yn digwydd oherwydd eich genynnau *a'ch* amgylchedd.
Efallai fod eich tad a'ch mam yn denau. Ond os byddwch chi'n gwledda ar sglodion bob dydd mae'n debygol iawn y byddwch chi'n mynd yn ordew.

d) Allwch chi feddwl am nodweddion eraill a allai fod yn rhai genetig ac amgylcheddol?

Mae planhigion hefyd yn dangos amrywiad.
Er enghraifft, mae gan y blodau ar lwyni rhosod lawer o liwiau gwahanol.
Mae'r lliwiau yn ganlyniad i etifeddu genynnau.
Efallai y bydd rhai llwyni yn tyfu'n dalach na'i gilydd.
Mae'n debyg mai'r amgylchedd fydd yn gyfrifol am y gwahaniaeth hwn.
Bydd faint o olau y mae'r rhosod yn ei gael neu faint o faeth sydd yn y pridd yn dylanwadu arnyn nhw.

Y teulu Tenau a'u mab Twm Trwm.

dd) Mae blodau planhigyn yr enfys yn gallu bod yn las neu'n binc. Beth sy'n penderfynu pa liw fydd y blodau?

I'ch atgoffa!

1 Copïwch a chwblhewch:

Mae planhigion ac anifeiliaid yn perthyn i wahanol ...... Bydd pob aelod o un rhywogaeth yn debyg ond ni fyddant yn ...... Yr enw ar y gwahaniaethau yw ...... Mae amrywiad yn cael ei achosi yn rhannol gan ein ...... ac yn rhannol gan yr ......

2 Beth yw ystyr y termau:

a) amrywiad genetig

b) amrywiad amgylcheddol?

3 Pa acen fydd yn datblygu mewn plant sydd wedi eu geni yn Abertawe ond sydd â'u rhieni yn dod o Ddyffryn Clwyd?

Eglurwch eich ateb.

14b Cromosomau a genynnau

Ydych chi erioed wedi clywed pobl yn dweud 'Mae'n rhaid bod rhywbeth yn y genynnau'? Pan fydd pobl yn dweud hyn, fe fyddan nhw fel arfer yn golygu bod rhywbeth wedi cael ei etifeddu. Ond beth yn hollol yw genynnau, a ble maen nhw yn y corff?

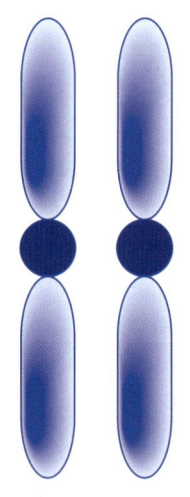

> Rhannau bach o adeileddau mwy o'r enw **cromosomau** yw genynnau. Mae cromosomau i'w cael yng nghnewyllyn celloedd.

Pâr o gromosomau.

a) Beth yw gwaith y cnewyllyn? (Awgrym: edrychwch eto ar Bennod 1.)

Mae cromosomau yn digwydd mewn parau, ac mae 23 o'r parau hyn ym mhob corffgell ddynol.

b) Sawl cromosom sydd yna ym mhob cell?

Nid oes gan bob rhywogaeth yr un nifer o gromosomau. Dim ond 19 o barau sydd gan gath, a dim ond 4 pâr sydd gan bryf ffrwythau syml.

Mae cromosomau wedi eu gwneud o gemegyn arbennig iawn.
Ei enw yw **asid deocsiriboniwcleig**, neu **DNA** yn fyr.

Edrychwch ar y llun gyferbyn: **caryoteip** dynol sydd yma. Mae'n arddangos pob un o'r cromosomau o gorffgell normal.

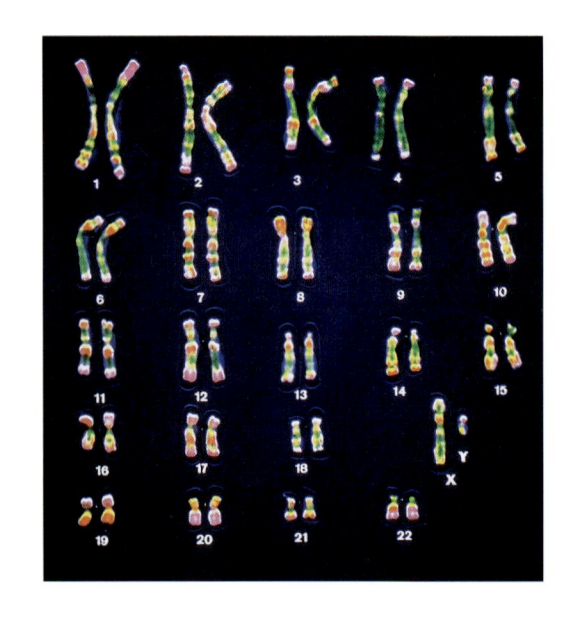

Sylwch fod pob pâr yn wahanol.
Mae maint y parau'n mynd yn llai ac yn llai, ac nid ydyn nhw i gyd yr un siâp.

Trwy gynhyrchu siart fel hwn, mae meddygon yn gallu chwilio am arwyddion fod cromosomau yn ddiffygiol. Mae diffyg ar gromosomau yn gallu achosi cyflyrau fel syndrom Down.
Bod ag un cromosom yn unig yn ychwanegol sy'n achosi'r cyflwr hwn.

c) Beth yw ystyr y llythrennau DNA?

ch) Enwch gyflwr sy'n cael ei achosi gan gromosomau diffygiol.

Mae celloedd rhyw yn wahanol

Mae llai o gromosomau mewn celloedd rhyw (**gametau**). Yn hytrach na 23 o **barau**, y cyfan sydd ganddyn nhw yw 23 o gromosomau **unigol**.

Er mwyn gwneud bod dynol newydd rhaid i'r ddwy gell ryw uno â'i gilydd.
Mae hyn yn digwydd yng nghorff y fenyw, a'r enw ar y broses yw **ffrwythloniad**.

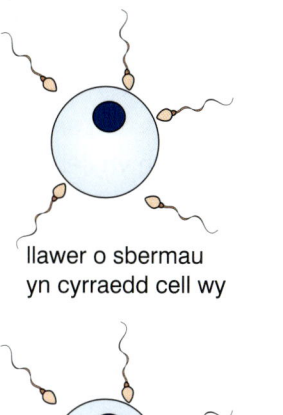

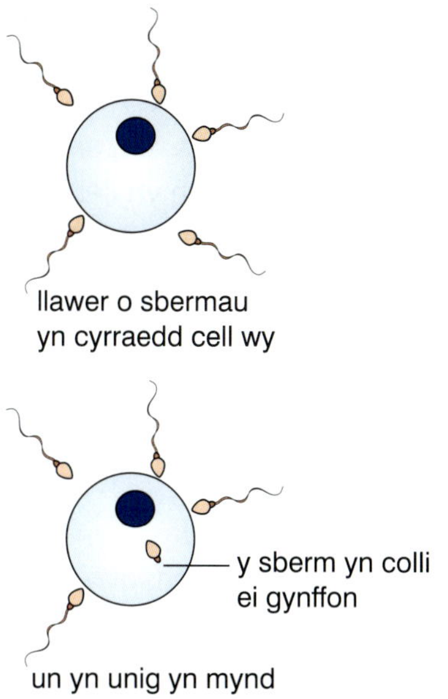

llawer o sbermau yn cyrraedd cell wy

y sberm yn colli ei gynffon

un yn unig yn mynd i'r wy i'w ffrwythloni

Ffrwythloniad.

> **d)** Petai gan y sberm a'r wy *23 phâr* o gromosomau yr un, sawl pâr a fyddai gan yr unigolyn newydd?
> (Awgrym: dwywaith yr hyn a ddylai fod ganddo.)

Ond oherwydd mai 23 chromosom unigol sydd gan y ddwy gell ryw, bydd gan yr unigolyn newydd 23 o barau. Yr union nifer cywir!

Genynnau ar gromosomau

Mae pob cromosom yn cynnwys cannoedd o enynnau.

> Mae pob genyn yn cludo'r wybodaeth ar gyfer nodwedd benodol.

Er enghraifft, mae yna enynnau gwahanol ar gyfer lliw gwallt, llygaid a chroen.
Oherwydd bod cromosomau yn digwydd mewn parau, mae genynnau hefyd yn digwydd mewn parau.
Felly, mewn gwirionedd, **pâr o enynnau** sy'n rheoli pob nodwedd.
Gall yr wybodaeth fod ychydig yn wahanol ym mhob pâr o enynnau.
Er enghraifft, gallai un genyn mewn pâr fod ar gyfer gwallt golau tra bo'r llall ar gyfer gwallt tywyll.

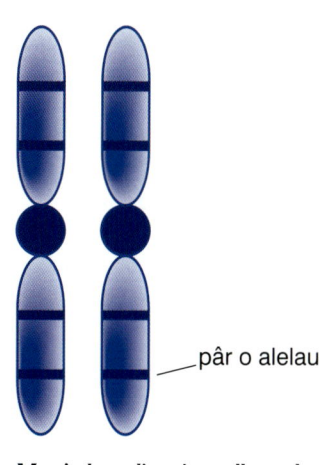

pâr o alelau

Mae'r bandiau tywyll yn dangos safle'r genynnau.

> **Alelau** yw'r enw ar bâr o enynnau, y naill yn cludo gwybodaeth wahanol i'r llall.

I'ch atgoffa!

1 Copïwch a chwblhewch:

Mae cromosomau i'w cael yng ...... y gell. Maen nhw wedi eu gwneud o ...... Mae ...... o barau yn y rhan fwyaf o gelloedd dynol. Dim ond 23 o gromosomau ...... sydd mewn celloedd rhyw. Mae pob cromosom yn dal cannoedd o ......

2 Beth yw alel?

3 Ewch ati i ddarganfod mwy am y diwrnod cenedlaethol '*Jeans for genes*'.

Ysgrifennwch adroddiad am yr ymgyrch hon.

▶▶▶ 14c Glasbrint bywyd!

Edrychwch pa mor fach yw 1 mm ar eich pren mesur.
Mae rhai celloedd 100 gwaith yn llai na hyn.
Dychmygwch gell mor fach â hyn yn cynnwys rhywbeth sydd â'i hyd yn **2.5 m**!

a) Sut y mae rhywbeth mor hir yn gallu ffitio mewn cell ficrosgopig?

Dyma'n union beth sy'n digwydd yn achos DNA.
Fel y gwelsom eisoes, o'r cemegyn DNA y mae cromosomau wedi eu gwneud.
Mae gennym DNA yng nghnewyllyn pob un o'n celloedd.

Yn aml, mae DNA yn cael ei alw yn 'lasbrint bywyd'.
Yn y dyddiau cyn bod cyfrifiaduron, byddai peirianwyr yn lluniadu eu cynlluniau ar ddalennau mawr o bapur glas.
Cafodd yr enw 'glasbrintiau' ei ddefnyddio i ddisgrifio'r cynlluniau hyn.

Mae'r holl DNA sydd mewn cell yn cynnwys y cynllun cyflawn ar gyfer yr organeb y mae'r gell yn perthyn iddi.
Mae copi union o'r cynllun hwn ym mhob cell.

Rydym yn gwybod mai rhannau bach o gromosomau yw genynnau.
Felly os yw cromosomau wedi eu gwneud o DNA, mae'n rhaid mai darnau byr o DNA yw genynnau.

Mae moleciwlau DNA wedi eu dirdroi i ffurfio siâp sy'n cael ei alw'n 'helics dwbl'.
Mae hyn yn union fel ysgol sydd wedi cael ei dirdroi.

b) Meddyliwch am air arall sy'n disgrifio helics.

Roedd darganfod adeiledd DNA yn ddigwyddiad pwysig iawn yn hanes gwyddoniaeth.
Cafodd y rhan fwyaf o'r gwaith ei wneud gan grŵp o wyddonwyr ym Mhrifysgol Caergrawnt yn y 1950au.

Llwyddodd y gwyddonwyr hyn i ddatrys y cod, sef darganfod sut y mae cemegyn yn gallu cludo'r cyfarwyddiadau ar gyfer ein holl nodweddion.

c) Pam yr oedd darganfod adeiledd DNA yn ddigwyddiad mor gyffrous i wyddonwyr?

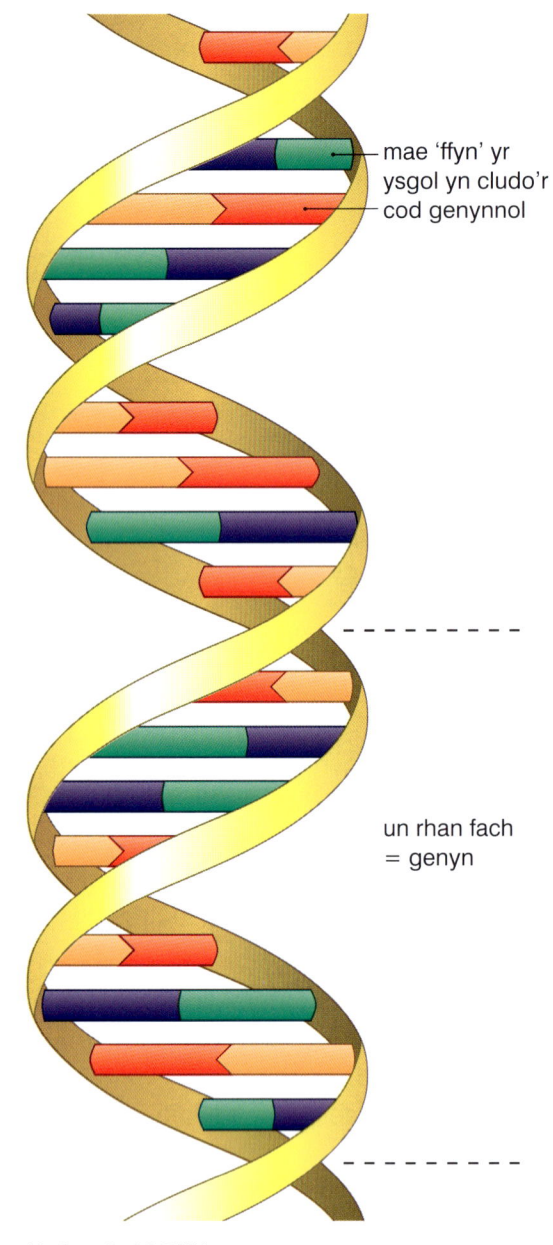

mae 'ffyn' yr ysgol yn cludo'r cod genynnol

un rhan fach = genyn

Helics dwbl DNA.

Copïo'r cod

Bob tro y bydd cell yn ymrannu i wneud dwy gell newydd, rhaid copïo'r DNA.
Mae hyn yn sicrhau bod gan bob cell yr holl gyfarwyddiadau angenrheidiol er mwyn gweithio'n iawn.
Mae'r helics DNA yn dad-ddirdroi ac agor fel sip.
Yna mae'n cael ei gopïo ac yn cau a dirdroi yn ei ôl eto.

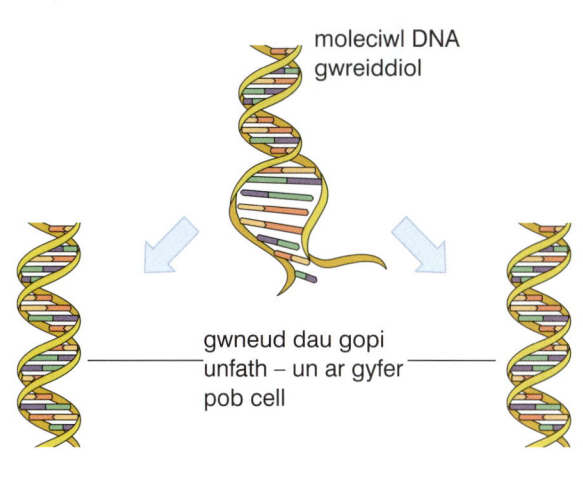

Prosiect y Genom Dynol

Ers i adeiledd DNA gael ei ddarganfod mae gwyddonwyr wedi bod yn awyddus i adnabod pob genyn unigol.
Nid yw hon yn dasg hawdd.
Yr amcangyfrif yw bod tua 30 000 o enynnau ar y 23 chromosom.
Ym 1990 cychwynnwyd prosiect y Genom Dynol.

moleciwl DNA gwreiddiol

gwneud dau gopi unfath – un ar gyfer pob cell

Mae DNA yn gallu copïo ei hun.

> Y **genom dynol** yw'r holl enynnau sydd ym mhob cell.

Erbyn 2001 roedd y prosiect fwy neu lai wedi ei gwblhau.
Roedd gwyddonwyr yn gwybod pa enynnau oedd i'w cael ar ba gromosomau.
Bydd yr wybodaeth hon yn arbennig o werthfawr wrth drin **cyflyrau a chlefydau genetig**.
Problemau sy'n cael eu hachosi gan enynnau diffygiol yw'r rhain, e.e. clefyd Huntington a ffibrosis codennog.

ch) Pam y cymerodd prosiect y genom dynol gymaint o amser?

Bellach mae gwyddonwyr yn gallu dweud pa enynnau sy'n achosi'r cyflyrau hyn.
Felly mae ganddyn nhw well siawns o wella'r broblem.
Un ateb posibl yw rhoi genyn newydd i gymryd lle genyn diffygiol.
Yr enw ar hyn yw **therapi genynnol**.
Ar hyn o bryd techneg arbrofol yw hon, ond ryw ddydd, pwy a ŵyr beth fydd yn bosibl?

Gallai llawer o fanteision ddod o astudio DNA.

I'ch atgoffa!

1. Copïwch a chwblhewch:

   Mae DNA yn cludo'r ...... cyflawn ar gyfer organeb fyw. Mae DNA yn bresennol yng ...... pob cell. Mae'n foleciwl ...... iawn, wedi ei ddirdroi ar ffurf helics ......

2. Beth yw ystyr y term 'Y genom dynol'?

3. Mae DNA pawb yn wahanol. Ym mha ffordd y mae'r wybodaeth hon yn ddefnyddiol i'r heddlu?

▶▶▶ 14ch Mwtaniadau

Edrychwch ar y llun gyferbyn.
Mae'n dangos dyn â chyflwr o'r enw **albinedd**.

> **a)** Ym mha ffordd y mae'r dyn hwn yn ymddangos yn wahanol i ddyn nodweddiadol?

Mae'r dyn hwn yn **albino**, ac mae'r cyflwr hwn yn cael ei achosi gan fwtaniad.

> **Mwtaniad** yw newid mewn genyn neu gromosom.

Nid oes gan bobl ag albinedd gemegyn arbennig o'r enw **melanin** yn eu croen.
Melanin sy'n rhoi lliw i'r croen ac oherwydd y melanin rydym ni'n cael lliw haul.
Mae melanin hefyd yn gwarchod ein croen rhag goleuni uwchfioled niweidiol.

Mae melanin yn cael ei gynhyrchu yn y croen.
Genyn sy'n rhoi'r cyfarwyddiadau ar gyfer cynhyrchu melanin.
Mewn albino mae'r genyn hwn wedi cael ei newid ac felly nid oes melanin yn cael ei gynhyrchu.

> **b)** Pam y mae'n rhaid i bobl â'r cyflwr albinedd osgoi golau haul cryf?

Mae'r cyflwr hwn hefyd yn digwydd mewn anifeiliaid gwyllt.
Fe welwch lun draenog albino ar waelod y dudalen hon.

> **c)** Pam y gallai hi fod yn anfantais i ddraenog fod yn wyn?

Mae'n annhebygol eich bod chi wedi gweld albino.
Mae hyn oherwydd bod albinedd yn gyflwr prin iawn.
Yn Ewrop a Gogledd America mae llai na 5 o bobl ym mhob 100 000 wedi eu heffeithio.

Yn ffodus, er bod llawer o fwtaniadau yn niweidiol, maen nhw hefyd yn gymharol brin.

Dyn albino.

Mae gan bobl o Affrica fwy o felanin na phobl o Ewrop.

Draenog albino.

Sut y mae mwtaniadau yn digwydd?

Mae mwtaniadau'n gallu digwydd yn naturiol. Byddwn yn galw'r mwtaniadau hyn yn **ddigymell**. Ond gwyddom fod rhai pethau yn gwneud mwtaniadau yn llawer mwy tebygol o ddigwydd.

- Mae pelydriad ac ymbelydredd fel pelydrau X a phelydrau gama yn gallu achosi mwtaniadau. Ydych chi wedi cael prawf pelydr X erioed? Os cawsoch chi, efallai eich bod wedi sylwi nad yw'r radiograffydd yn aros yn yr ystafell wrth dynnu'r llun.

ch) Pam nad yw'n aros, yn eich barn chi? (Ystyriwch sawl llun pelydr X y bydd y radiograffydd yn ei dynnu bob dydd!)

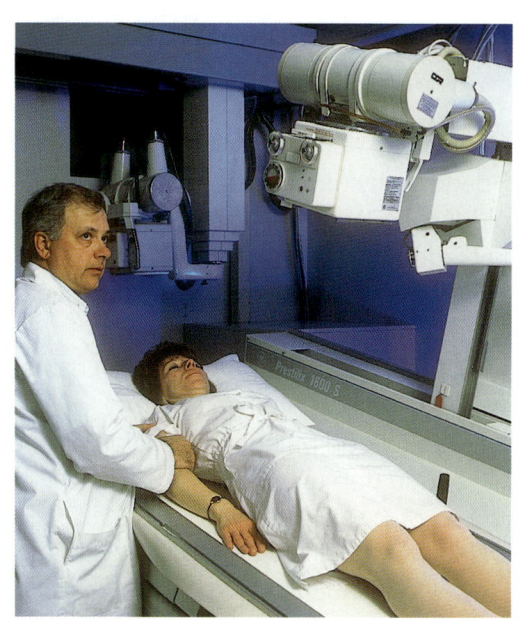

Nid yw prawf pelydr X achlysurol yn achosi mwtaniad.

- Mae ffrwydradau bomiau niwclear neu ymbelydredd yn gollwng o orsafoedd pŵer niwclear yn gallu achosi mwtaniadau. Ar ddiwedd yr Ail Ryfel Byd cafodd llawer o fabanod â mwtaniadau eu geni yn Japan. Roedd hyn o ganlyniad i ddefnyddio bomiau atomig ym 1945.
- Gwyddom fod llawer o gemegau yn achosi mwtaniadau. Er enghraifft, tar mewn mwg tybaco. Mae cemegau mewn mwg tybaco yn gallu achosi canser.

Mae canser yn digwydd pan fydd cellraniad yn mynd allan o reolaeth. Mae hyn oherwydd bod y genyn sy'n atal cellraniad wedi cael ei newid. Mae canser yn achosi tyfiannau mawr o gelloedd o'r enw **tiwmorau**. Weithiau bydd tiwmorau yn ddiniwed ond pan fyddan nhw'n **falaen** mae'n anodd iawn eu trin. Mae'r llun hwn yn dangos ysgyfant afiach wedi ei dynnu o'r corff mewn llawdriniaeth.

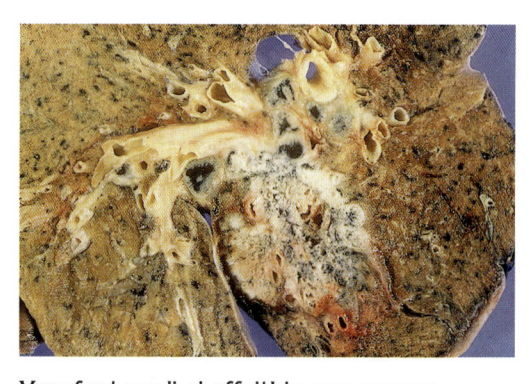

Ysgyfant wedi ei effeithio gan ganser.

d) Beth yw prif achos canser yr ysgyfaint?

I'ch atgoffa!

1 Copïwch a chwblhewch:

Yr enw ar newid mewn genyn yw ...... Mae'r newidiadau hyn yn aml yn digwydd yn ...... Fodd bynnag, mae ...... a rhai ...... yn eu gwneud yn fwy tebygol o ddigwydd. Os bydd y genyn sy'n atal cellraniad yn newid yna bydd ...... yn digwydd.

2 Pam y mae melanin mor bwysig ar gyfer ein croen?

3 Ewch ati i gasglu gwybodaeth am yr ymgyrch *'Slip! Slop! Slap!'* yn Awstralia.

14d Gregor Mendel – arloeswr ym maes etifeddiad

Mynach o Awstria oedd Gregor Mendel. Cafodd ei eni ym 1822. Roedd yn cyfuno ei waith o dyfu bwyd ar gyfer y mynachod â diddordeb mewn darganfod sut roedd nodweddion yn cael eu hetifeddu.

- Cymerodd Mendel ddwy isrywogaeth o blanhigion pys, rhai tal a rhai byr.
- Croesfridiodd y planhigion hyn a chasglu'r hadau a oedd yn dod ohonyn nhw.
- Pan dyfodd Mendel blanhigion newydd o'r hadau hyn, tyfodd pob un yn **dal**.

> Daeth Mendel i'r casgliad fod y planhigion tal yn cynnwys cyfarwyddiadau sy'n trechu rhai'r planhigion byr.

- Roedd Mendel yn chwilfrydig, felly aeth ati i groesfridio dau o'r planhigion tal hyn.
- Casglodd a phlannu'r hadau eto. Y tro hwn gwelodd fod $\frac{3}{4}$ y planhigion yn **dal** a'u $\frac{1}{4}$ yn **fyr**.

> O'r canlyniadau hyn, daeth Mendel i'r casgliad fod y cyfarwyddiadau yn digwydd mewn parau.

Rhaid bod y planhigion tal o'r arbrawf cyntaf wedi etifeddu cyfarwyddyd tal a chyfarwyddyd byr. Fodd bynnag, y cyfarwyddyd tal yn unig a oedd yn dod i'r amlwg.

Yn yr ail arbrawf etifeddodd rhai o'r planhigion ddau gyfarwyddyd byr.
Dyma pam roedd y planhigion hyn yn fyr ac nid yn dal.

> Er nad oedd yn sylweddoli hynny, roedd Mendel mewn gwirionedd yn sôn am **enynnau**.

Ar ôl i Mendel farw ym 1884 y dechreuodd pobl sylweddoli pa mor bwysig yr oedd ei waith. Un rheswm am hyn oedd mai ar ffurf adroddiad gwyddonol disylw nad oedd llawer o wyddonwyr yn ei ddarllen y cafodd gwaith Mendel ei gyhoeddi gyntaf.
Hefyd, roedd Mendel wedi defnyddio llawer o ystadegau clyfar yn ei waith, ac ar y pryd nid oedd biolegwyr yn deall y rhain yn arbennig o dda.

Gregor Mendel.

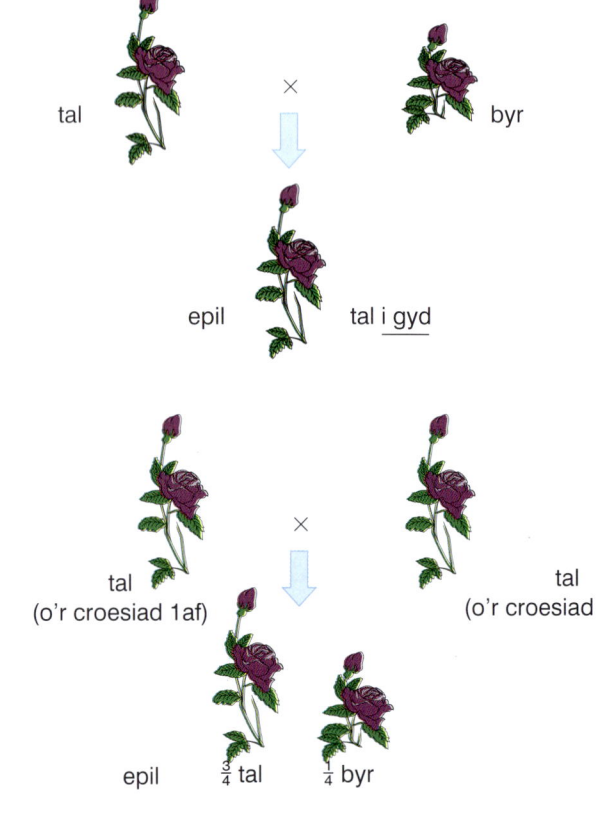

Crynodeb

Mae anifeiliaid neu blanhigion o'r un math yn aelodau o'r un **rhywogaeth**.

Mewn rhywogaeth, mae gan wahanol aelodau wahanol **nodweddion**.
Yr enw ar y gwahaniaethau hyn yw **amrywiad**.
Mae dau beth yn achosi amrywiad:
Amrywiad genetig sy'n cael ei achosi gan y **genynnau** y mae unigolyn yn eu hetifeddu.
Amrywiad amgylcheddol sy'n cael ei achosi gan yr amodau lle mae'r unigolion yn datblygu.
Weithiau bydd y genynnau *a'r* amgylchedd yn gyfrifol am amrywiad.

Rhannau bach o **gromosomau** yw genynnau.
Mae pob genyn yn cludo'r cyfarwyddiadau ar gyfer nodwedd benodol.
Cemegyn o'r enw **DNA** sydd mewn cromosomau.
Mae **parau** o gromosomau yng nghnewyllyn y gell.
Ym mhob corffgell ddynol mae yna 23 o **barau** ond mewn celloedd rhyw mae yna 23 o gromosomau **unigol**.

Fel cromosomau, mae genynnau yn digwydd mewn parau hefyd.
Yr enw ar bâr o enynnau yw **alelau**.
Bydd y ddau alel mewn pâr yn cludo cyfarwyddiadau ychydig yn wahanol,
e.e. un ar gyfer gwallt golau a'r llall ar gyfer gwallt tywyll.

Newidiadau i enynnau a chromosomau yw **mwtaniadau**.
Mae mwtaniadau'n gallu digwydd yn naturiol ond mae ymbelydredd, pelydriad a chemegau yn gallu eu hachosi'n aml hefyd.
Mae'r rhan fwyaf o fwtaniadau yn niweidiol ac yn gallu arwain at glefydau fel canser.

Gregor Mendel oedd y gwyddonydd cyntaf i egluro sut y mae nodweddion yn cael eu hetifeddu.

Cwestiynau

1 Copïwch a chwblhewch:

   Mae ...... yn cludo'r cyfarwyddiadau ar gyfer pob un o'n nodweddion. Maen nhw wedi eu lleoli ar ...... yng nghnewyllyn cell. Mae cromosomau yn digwydd mewn ......, ond mewn celloedd ...... maen nhw'n digwydd yn unigol. Cemegyn o'r enw ...... sydd mewn cromosomau a genynnau. Mae gan aelodau o'r un ...... wahanol .... Yr enw ar hyn yw ...... Mae amrywiad yn cael ei achosi gan ...... sy'n cael eu hetifeddu a hefyd gan yr ...... Mae genynnau a'r amgylchedd yn gallu effeithio ar rai nodweddion, er enghraifft ...... person.

2 Pam, yn eich barn chi, nad oedd Mendel yn gwybod am enynnau na chromosomau ym 1866?

3 Pam y mae'n rhaid i gelloedd rhyw fod â dim ond hanner nifer normal y cromosomau?

4 Pam y mae'n beryglus torheulo heb unrhyw fath o amddiffyniad rhag yr haul?

5 Pam nad yw planhigion cnwd sydd yn agos at goed yn tyfu cystal â'r rhai yng nghanol cae?

6 Os bydd yn llwyddiannus, pam y bydd therapi genynnol yn driniaeth feddygol bwysig?

PENNOD 15 ETIFEDDIAD

▶▶▶ 15a Cromosomau a rhyw

Faint o ferched a bechgyn sydd yn eich dosbarth?
A yw eu niferoedd yn gyfartal, fwy neu lai?
Os ydyn nhw, ddylai hyn ddim ein synnu.
Cyfrannedd y gwrywod i'r benywod yn y boblogaeth
ddynol yw tua 50:50.

Y rheswm dros hyn yw'r ffordd y mae rhyw yn
cael ei etifeddu.

Edrychwch ar y llun gyferbyn.
Mae'n dangos pâr o gromosomau o wryw.

a) Pa wahaniaeth a welwch chi rhyngddyn nhw?

Hwn yw pâr rhif 23 o gromosomau'r gwryw.
Maen nhw'n cael eu galw'n **gromosomau rhyw**.
Yr un mawr yw'r cromosom **X** a'r un bach
yw'r cromosom **Y**.

> Mae'r cromosomau rhyw yn cludo'r genynnau sy'n
> pennu ai gwryw ai benyw yw pob un ohonom ni.

Nawr edrychwch ar y llun hwn.
Mae'n dangos y cromosomau rhyw benywol (pâr rhif 23 eto).

b) Beth sy'n tynnu eich sylw ynglŷn â'r cromosomau hyn?

Y gwahaniaeth mawr pwysig rhwng y gwryw a'r fenyw yw
presenoldeb cromosom Y.
Cafodd y genyn gwryw ei ddarganfod gan wyddonwyr ym 1990.
Wyddoch chi ble roedd hwn?
Ie wir, ar gromosom Y!

c) Pam nad oes ond nifer fach o enynnau i'w cael ar gromosom Y?

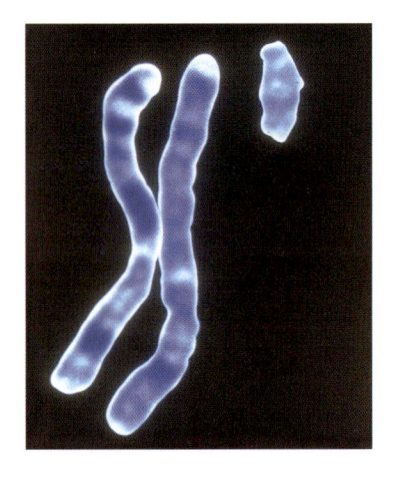

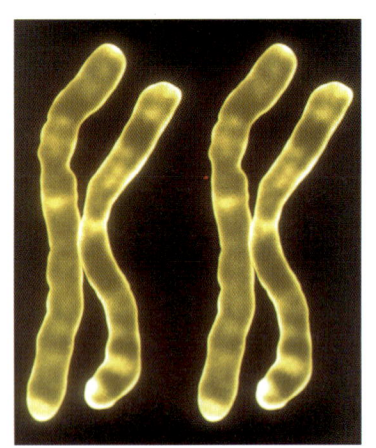

Falle mod i'n fach, ond mae gen i lawer o bŵer!

Sut y mae rhyw yn cael ei etifeddu?

Ym Mhennod 14 fe wnaethom ni ddysgu bod gan gelloedd rhyw hanner y nifer o gromosomau sydd gan gelloedd normal y corff.

- Pan fydd celloedd rhyw yn cael eu gwneud, mae'r parau o gromosomau yn rhannu'n ddau.
- Mae hyn yn golygu y bydd hanner y celloedd sberm sy'n cael eu cynhyrchu yn cynnwys cromosom X a'r hanner arall yn cynnwys cromosom Y.
- Pan fydd benywod yn cynhyrchu wyau, un cromosom X yn unig fydd ym mhob wy.

ch) Pam mai cromosom X yn unig sydd mewn wyau?

Er mwyn gwneud bod dynol newydd mae'n rhaid i un wy uno ag un gell sberm.

d) Beth yw'r enw ar y broses hon?

Dyma **ddiagram genetig** sy'n defnyddio'r wybodaeth hon i egluro sut y mae rhyw yn cael ei etifeddu.

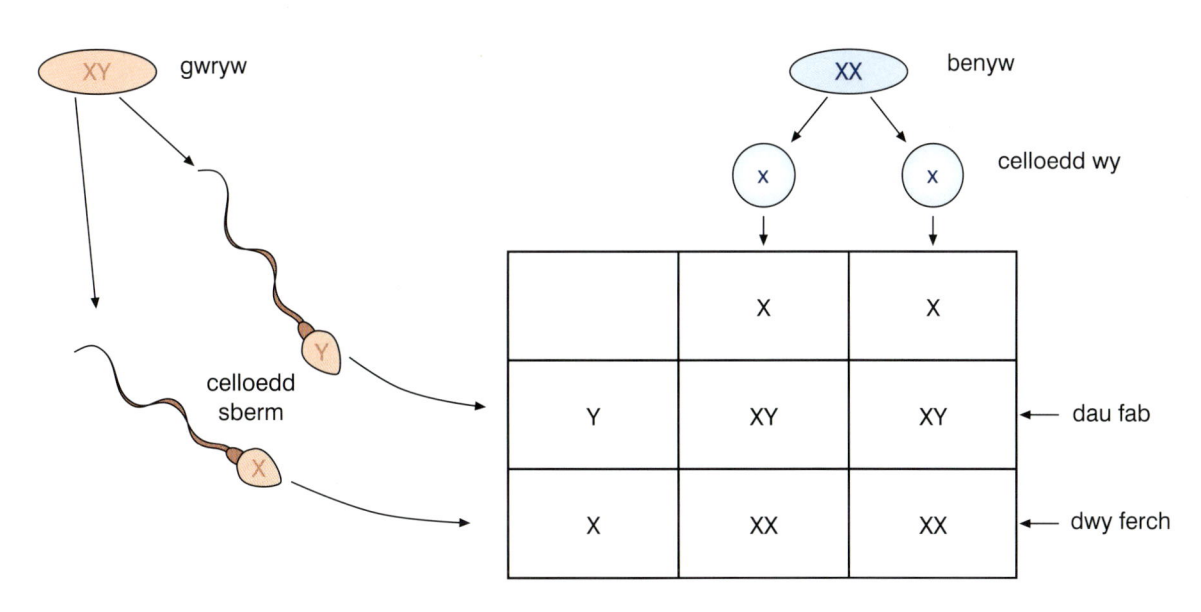

	X	X
Y	XY	XY
X	XX	XX

← dau fab

← dwy ferch

I'ch atgoffa!

1 Copïwch a chwblhewch:

Yr enw ar y pâr olaf o gromosomau yw'r cromosomau ...... Mae gan wrywod gromosomau ...... ac ...... Mae gan fenywod ddau gromosom ......

Mae nifer y sbermau X yn ...... i nifer y sbermau Y. Felly mae gan bob plentyn siawns ...... o fod yn wryw neu'n fenyw.

2 Ar ba gromosom y mae'r genyn gwryw?

3 Mae yna bron ddwywaith cymaint o hen wragedd ag o hen wŷr.

Pam mae hyn, yn eich barn chi?

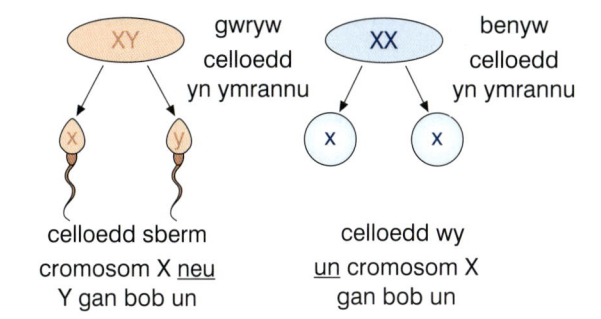

▶▶▶ 15b Etifeddiad nodweddion

Ydych chi erioed wedi sylwi sut y mae
lliw gwallt yn amrywio mewn teuluoedd?
Nid yw lliw gwallt brodyr a chwiorydd yr un fath bob amser.
Mae plant yn gallu bod â lliw gwallt sydd hyd yn
oed yn wahanol i liw gwallt eu dau riant.

a) Sawl lliw gwallt gwahanol sydd
yna yn eich teulu chi?

Ym Mhennod 14 fe wnaethom ni ddysgu
mai genynnau sy'n rheoli nodweddion.
Mae lliw gwallt yn enghraifft dda o hyn.

Ar un o'n 23 phâr o gromosomau bydd genyn
sy'n rheoli lliw gwallt.
Ond cofiwch fod genynnau'n digwydd mewn
parau o'r enw **alelau**.

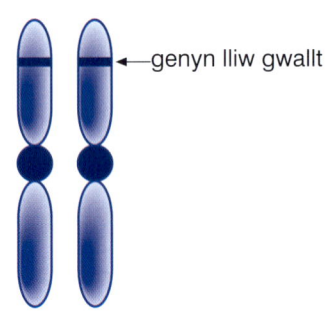

b) Beth yw alel?

← genyn lliw gwallt

Pâr o gromosomau yn cynnwys y genyn ar gyfer lliw gwallt.

Mae gan bawb ddau alel ar gyfer lliw gwallt.
Gallai'r ddau alel hyn fod yr un fath, e.e. gallai'r ddau gludo'r
cyfarwyddiadau ar gyfer gwallt tywyll neu wallt golau.
Yn yr achos hwn byddai gan y person **naill ai** gwallt
tywyll neu wallt golau.

Ond gallai'r ddau alel fod yn wahanol i'w gilydd.
Gallai un gludo'r cyfarwyddiadau ar gyfer gwallt tywyll
a'r llall y cyfarwyddiadau ar gyfer gwallt golau.

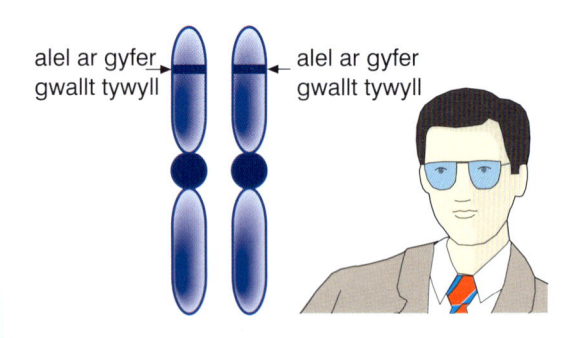

c) Pa liw gwallt a fyddai gan y person y tro hwn?

alel ar gyfer gwallt tywyll → ← alel ar gyfer gwallt tywyll

Yn sicr nid lliw cymysg, beth bynnag.
A dweud y gwir, bydd gan y person wallt tywyll.
Pam?
Oherwydd bod gwallt tywyll yn enghraifft o
nodwedd **drechol**.

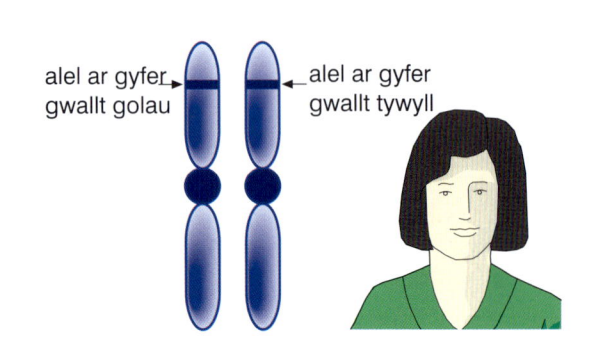

alel ar gyfer gwallt golau → ← alel ar gyfer gwallt tywyll

> Ar gyfer pob pâr o alelau, os bydd un yn drechol, y
> nodwedd honno fydd bob amser yn ymddangos.

Dywedwn fod gwallt golau yn nodwedd **enciliol**.

> Dim ond pan fo'r **ddau** alel yn enciliol y mae nodweddion enciliol yn ymddangos.

Yn yr enghreifftiau nesaf, T yw'r symbol ar gyfer yr alel gwallt tywyll, a t yw'r symbol ar gyfer yr alel gwallt golau.

Mae gwallt golau yn enciliol.

Enghraifft 1
Mae gan y tad wallt golau a'r fam wallt tywyll.

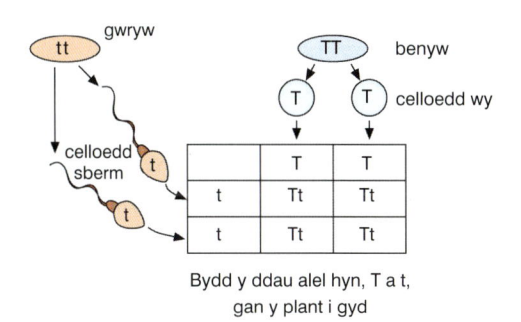

ch) Beth sy'n tynnu eich sylw ynglŷn â lliw gwallt y plant?

Bydd y ddau alel hyn, T a t, gan y plant i gyd

Enghraifft 2
Mae gwallt tywyll gan y fam a'r tad, ond mae alel gwallt golau gan y ddau.

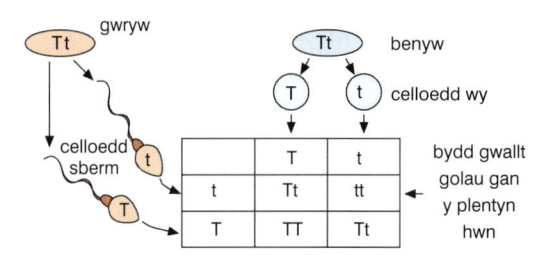

d) Eglurwch sut y mae'n bosibl i'r cwpl hwn gael plentyn â gwallt golau.

Mae 1 siawns mewn 4 y bydd y cwpl hwn yn cael plentyn â gwallt golau

Dyma drydedd enghraifft i chi roi cynnig arni eich hun. Y tro hwn mae gwallt tywyll gan y tad ond mae alel gwallt golau ganddo hefyd. Gwallt golau sydd gan y fam. Defnyddiwch siart i ddangos eich gwaith, fel yn enghreifftiau 1 a 2.

dd) Beth yw'r siawns y bydd y cwpl hwn yn cael plentyn â gwallt golau?

I'ch atgoffa!

1 Copïwch a chwblhewch:

Mae rhai nodweddion yn ...... a rhai yn ...... Dim ond pan fydd y ddau ...... yn enciliol y bydd nodweddion enciliol yn ymddangos. Os bydd alel trechol yn bresennol bydd y nodwedd honno bob amser yn ymddangos.

2 Mae llygaid brown yn drechol dros lygaid glas.

Lluniwch **ddiagram genetig** (fel y rhai ar y dudalen hon) i ddangos sut y gallai dau riant â llygaid brown gael plentyn â llygaid glas.

3 Mae'r gallu i rolio'r tafod yn nodwedd drechol. Faint o ddisgyblion eich dosbarth chi sy'n gallu rholio eu tafodau?

▶▶▶ 15c Clefydau etifeddol

Nid cael eu dal, fel y ffliw, y mae rhai clefydau, ond cael eu hetifeddu gan eich rhieni.
Fel arfer, canlyniad mwtaniad yw hyn.

a) Beth yw mwtaniad?

Yn aml, yr alel enciliol sy'n cael ei effeithio.
Mae hyn yn golygu bod yn rhaid i chi gael dau o'r alelau hyn i ddatblygu'r clefyd.
Rhaid i un o'r ddau alel ddod oddi wrth eich tad a'r llall oddi wrth eich mam.
Yn ffodus mae hwn yn ddigwyddiad annhebygol iawn.
Felly mae llawer o'r clefydau etifeddol yn rhai prin.

Ffibrosis codennog

Clefyd sy'n effeithio ar yr ysgyfaint a'r system dreulio yw ffibrosis codennog.
- Mae'r ysgyfaint a'r system dreulio yn cynnwys **mwcws** gludiog.
- Mae'r mwcws yn llawer mwy trwchus nag arfer mewn pobl sydd â'r clefyd hwn.
- Mae'r mwcws hwn yn cau'r pibellau aer i'r ysgyfaint, a thiwbiau yn y system dreulio.
- Mae cleifion yn cael trafferthion anadlu a threulio ac amsugno bwyd.
- Mae'r pibellau aer sydd wedi cau yn gallu cael eu heintio'n hawdd.
- Mae'r heintiau hyn yn niweidio'r ysgyfaint ac yn gwneud anadlu'n fwy anodd byth.

Mae ffibrosis codennog yn effeithio ar oddeutu 1 plentyn mewn 2000. Ar hyn o bryd nid yw'n bosibl ei wella, ond mae'n bosibl ei drin.

Alel enciliol sydd yn achosi'r clefyd hwn.
Os yw'r ddau riant yn cludo un alel, nid yw'r clefyd arnyn nhw ond maen nhw'n cael eu galw'n **gludyddion**.

Mae'r diagram gyferbyn yn dangos sut y gallai'r cwpl hwn gynhyrchu plentyn â ffibrosis codennog.

b) Beth yw'r siawns y bydd plentyn yn etifeddu ffibrosis codennog?

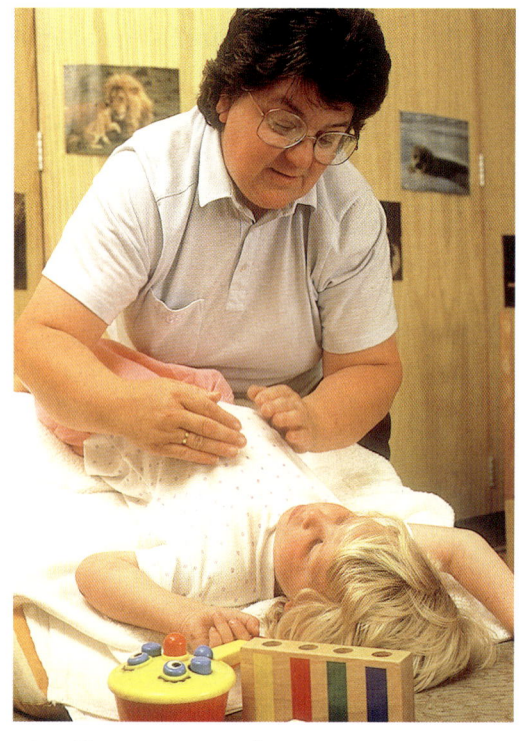

Mae ffisiotherapi egnïol rheolaidd yn rhan hanfodol o driniaeth ffibrosis codennog.

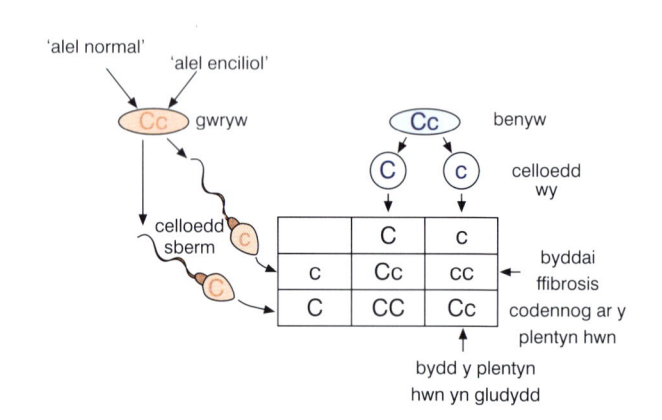

Clefyd Huntington

Clefyd sy'n effeithio ar y system nerfol yw hwn. Mae'n digwydd pan fydd celloedd yr ymennydd yn dechrau dadfeilio. Symptomau'r clefyd hwn yw:
- symudiadau trwsgl, herciog
- iselder ysbryd a thuedd i fod â thymer ddrwg
- mynd yn anghofus
- anabledd llwyr yn datblygu.

Mae hwn hefyd yn glefyd etifeddol.
Ond y tro hwn, **alel trechol** sy'n ei achosi.

Mae hyn yn golygu mai gan un rhiant yn unig, yn hytrach na'r ddau, y mae angen i'r plentyn etifeddu'r alel.

Mae'r diagram gyferbyn yn dangos sut y mae'r clefyd hwn yn cael ei etifeddu.

Yn anffodus, nid yw clefyd Huntington yn dod i'r amlwg nes y bydd y claf tua 40 mlwydd oed. Mae hyn yn achosi problem fawr. Erbyn i rywun fod yn 40 oed mae'n bosibl iawn fod plant ganddo ef neu hi. Os felly mae'n debygol iawn ei fod ef neu hi wedi trosglwyddo alel Huntington heb wybod.

Yn ffodus, mae clefyd Huntington yn brin. Mae'n effeithio ar 1 mewn 20 000 yn unig. Mae gwyddonwyr wedi datblygu profion newydd fel bod pobl ifanc yn gallu darganfod a yw'r alel diffygiol ganddyn nhw. Mae hyn yn gadael iddyn nhw benderfynu a ydyn nhw am fentro cael plant ai peidio.

Mae clefyd Huntington yn effeithio ar bobl dros 40 oed.

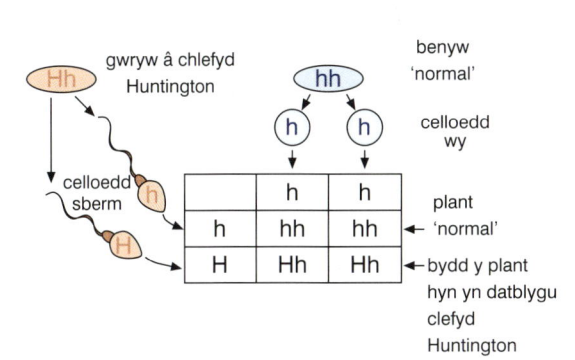

H = alel Huntington   h = 'alel normal'

	h	h
h	hh	hh
H	Hh	Hh

gwryw â chlefyd Huntington (Hh) → celloedd sberm (h, H)
benyw 'normal' (hh) → celloedd wy (h, h)
hh ← plant 'normal'
Hh ← bydd y plant hyn yn datblygu clefyd Huntington

Bod yn ofalwyr

Mae clefydau fel Huntington a ffibrosis codennog yn gallu golygu bod angen llawer o ofal gan aelodau eraill y teulu ac mae hyn yn eu rhoi dan bwysau. Er enghraifft, mae gofynion **corfforol** i helpu'r dioddefwyr i fwydo a gwisgo.
Hefyd mae pwysau **emosiynol** sy'n dod o weld rhywun sy'n agos atoch yn dioddef.
Yn aml iawn mae'r pwysau hyn yn gwneud drwg i iechyd y gofalwyr eu hunain.

I'ch atgoffa!

1 Copïwch a chwblhewch:

Alel ...... sy'n achosi ffibrosis codennog. Rhaid iddo gael ei drosglwyddo gan .... riant. Alel ...... sy'n achosi clefyd Huntington. Gellir ei etifeddu gan ...... rhiant yn unig.

2 Beth yw ystyr dweud bod rhywun yn gludydd ffibrosis codennog?

3 Ar ba oedran y bydd pobl fel arfer yn dechrau dangos symptomau clefyd Huntington?

Pam y mae hyn yn broblem?

▶▶▶ 15ch Anaemia cryman-gell

Mae anaemia cryman-gell yn gyflwr etifeddol arall.

Roedd Pennod 4 yn sôn am gelloedd coch y gwaed.

a) Beth yw siâp celloedd coch normal y gwaed?

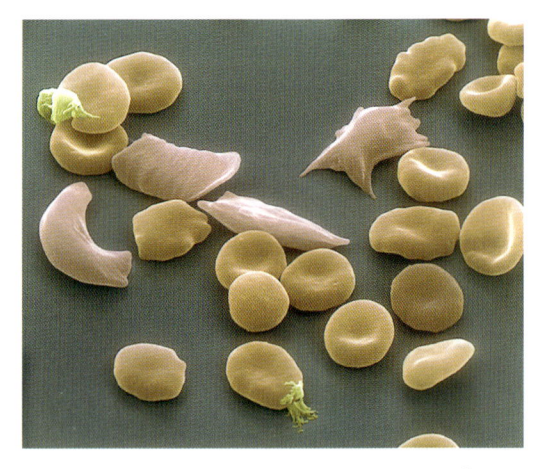

Mae gan bobl sydd ag anaemia cryman-gell
gelloedd coch anarferol.
Edrychwch ar y llun gyferbyn.
Mae'n dangos celloedd coch normal a rhai siâp cryman.
Nid yw'r celloedd siâp cryman yn llifo'n rhydd
trwy bibellau gwaed cul.
Maen nhw'n gallu achosi rhwystrau mewn capilarïau.
Mae'r rhwystrau hyn yn gallu achosi chwyddo poenus,
a hynny'n gallu arwain at farw'n ifanc.

Problem arall yw nad yw celloedd siâp cryman yn
cludo ocsigen gystal ag y mae celloedd coch normal.
O ganlyniad bydd pobl â'r cyflwr hwn yn
blino'n hawdd iawn.

Fel ffibrosis codennog, **alel enciliol** sy'n achosi
anaemia cryman-gell.
Felly os yw person yn dioddef gan y cyflwr rhaid
ei fod wedi etifeddu'r alel hwn gan ei ddau riant.

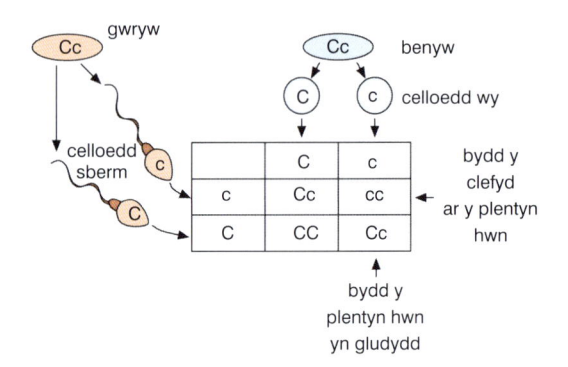

Edrychwch ar y diagram genetig gyferbyn.
Mae'n dangos sut y mae anaemia cryman-gell
yn cael ei etifeddu.
Yn yr enghraifft hon mae'r fam a'r tad yn **gludyddion** y cyflwr.

Mae **C** yn cynrychioli'r alel normal
Mae **c** yn cynrychioli'r alel enciliol

Celloedd coch normal y gwaed a rhai siâp cryman.

b) Beth yw'r siawns y bydd y cwpl hwn yn cael plentyn ag anaemia cryman-gell?

c) Beth yw'r prif wahaniaeth rhwng anaemia cryman-gell a chlefyd Huntington, o safbwynt etifeddiad?

Nid yw anaemia cryman-gell yn gyffredin yng
ngwledydd Prydain.
Os bydd meddyg yn dweud wrthych chi fod diffyg gwaed
neu anaemia arnoch, ystyr hyn fel arfer yw bod nifer y
celloedd coch yn eich gwaed yn isel, neu eu bod yn ddiffygiol.
Y driniaeth ar gyfer hyn fel arfer yw tabledi neu foddion
yn cynnwys haearn.

Anaemia cryman-gell a malaria

Mae clefydau a chyflyrau etifeddol fel arfer yn eithaf prin. Mae hyn yn wir yn achos anaemia cryman-gell. Fodd bynnag, mewn rhannau o Affrica mae anaemia cryman-gell yn eithaf cyffredin.

Edrychwch ar y map gyferbyn. Mae'n dangos y rhannau o Affrica lle mae anaemia cryman-gell yn eithaf cyffredin.

Nawr edrychwch ar yr ail fap hwn o Affrica. Mae'n dangos y rhannau lle mae'r clefyd **malaria** yn gyffredin.

■ = ardaloedd lle mae anaemia cryman-gell fwyaf cyffredin

ch) Beth sy'n tynnu eich sylw ynglŷn â'r ddwy ardal hyn?

Creadur bychan ungellog a elwir yn **barasit** sy'n achosi malaria.
Mae'r parasit hwn yn gallu cael ei drosglwyddo i bobl trwy bigiad **mosgito**.
Mae wedyn yn meddiannu celloedd coch y gwaed ac yn atgynhyrchu.
Mae malaria yn achosi twymyn ddifrifol sy'n gallu bod yn ddigon drwg i ladd pobl.

- **Celloedd coch normal y gwaed** yn unig sy'n cael eu meddiannu ganddo, nid rhai siâp cryman.
- Mewn rhai rhannau o Affrica mae'n fantais bod yn gludydd anaemia cryman-gell.
- Os yw'r bobl hyn yn cael eu heintio gan y parasit bydd eu celloedd coch yn newid yn siâp cryman.
- Mae hyn yn eu hamddiffyn rhag malaria. Felly mae'r bobl hyn yn fwy tebygol o oroesi a chael plant.
- O ganlyniad mae anaemia cryman-gell yn cael ei drosglwyddo o genhedlaeth i genhedlaeth.

Mae'r cyflwr yn parhau oherwydd ei fod yn amddiffyn pobl rhag malaria.

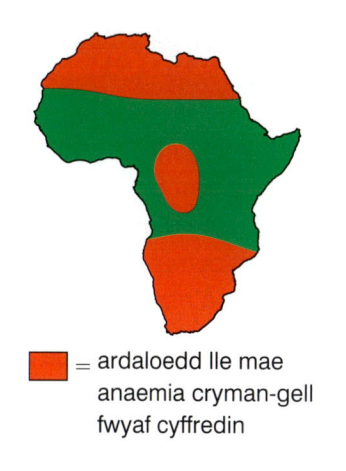

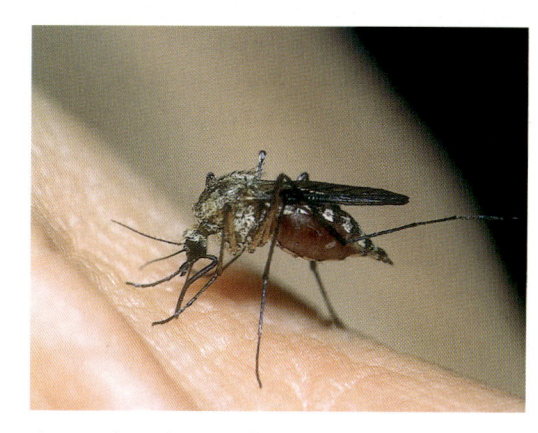

■ = ardaloedd lle mae malaria i'w gael

Amser bwydo ar gyfer y mosgito!

I'ch atgoffa!

1 Copïwch a chwblhewch:

Alel ...... sy'n achosi anaemia cryman-gell. Mae celloedd gwaed ...... siâp cryman yn achosi rhwystrau mewn ...... Hefyd, nid ydyn nhw'n gallu cludo llawer o ...... Mewn rhannau o ...... mae'r cyflwr hwn yn eithaf cyffredin.

2 Eglurwch pam y mae'n fantais bod yn gludydd anaemia cryman-gell mewn rhannau o Affrica.

3 Pam y mae pobl ag anaemia cryman-gell yn aml yn teimlo'n flinedig?

▶▶▶ 15d Cynghori genetig

Sut y byddech chi'n teimlo petai rhywun yn dweud wrthych eich bod yn cludo clefyd neu gyflwr genetig?
A fyddech chi am gael plant a mentro ei drosglwyddo iddyn nhw?
Beth petaech chi neu'ch cymar yn feichiog,
a fyddech chi am barhau â'r beichiogrwydd?

Mae'r rhain yn gwestiynau anodd y mae'n rhaid i nifer o bobl eu hwynebu bob dydd.

Mae technoleg fodern yn ein galluogi i adnabod mwy a mwy o glefydau a chyflyrau etifeddol yn gynnar.

Gwaith **cynghorydd genetig** yw helpu i ateb cwestiynau pobl.

Mae gwaith cynghorydd genetig yn anodd.

Bydd y cynghorydd yn astudio hanes meddygol teulu.
Yna bydd yn egluro:
- beth yw'r siawns y bydd plentyn yn etifeddu cyflwr arbennig
- sut y gallai'r plentyn gael ei effeithio
- beth yw dewisiadau'r rhieni.

Yna dewis y rhieni yw beth i'w wneud nesaf.

Byddai cynghorydd genetig yn gallu egluro beth yw achos **syndrom Down**.
- Achosir y cyflwr hwn pan fydd gan blentyn un cromosom ychwanegol.
- Mae'n bosibl adnabod y cyflwr trwy ddefnyddio'r math o siart cromosomau a welsom ym Mhennod 14.
- Mae'r llun gyferbyn yn dangos y cromosomau o blentyn â syndrom Down.

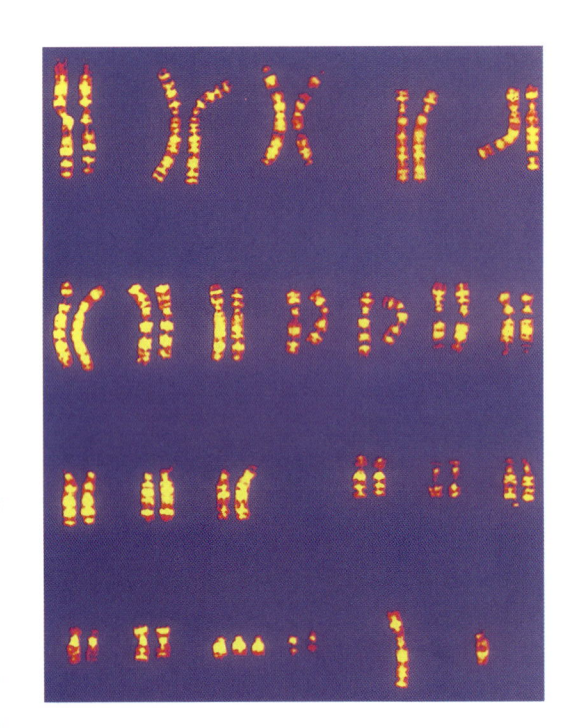

Edrychwch yn ofalus:

a) Pa 'bâr' o gromosomau sydd mewn gwirionedd yn dri?

Mae'r cromosom ychwanegol hwn yn rhoi trafferthion corfforol a meddyliol i blentyn.

b) Trafodwch â ffrind sut y byddech chi'n teimlo petaech chi'n gwybod bod gan eich plentyn, sydd heb ei eni eto, glefyd etifeddol.

c) Petai profion ar gael i adnabod pob clefyd genetig, a fyddech chi am eu cael ai peidio?
Eglurwch eich ateb.

Crynodeb

Mae rhyw bodau dynol yn cael ei bennu gan y cromosomau rhyw.
Mae gan wrywod gromosom **X** a chromosom **Y**.
Mae gan fenywod ddau gromosom **X**.
Mae'r genyn 'gwryw' yn cael ei gludo ar gromosom **Y**.
Bydd hanner sbermau dyn yn cludo cromosom **X** a'r hanner arall yn cludo cromosom **Y**.

Mae llawer o nodweddion yn cael eu rheoli gan barau o alelau.
Mae rhai alelau yn **drechol**.
Mae'r nodwedd y maen nhw'n ei rheoli yn ymddangos hyd yn oed os ar **un** pâr o gromosomau yn unig y mae'r alel hwnnw i'w gael.
Mae rhai alelau yn **enciliol**.
Dim ond os gwelwn ni fod yr alelau i'w cael ar y **ddau** gromosom mewn pâr y mae'r nodweddion hyn yn ymddangos.

Mae rhai clefydau'n cael eu **hetifeddu**.
Alelau **enciliol** sy'n achosi **ffibrosis codennog** ac **anaemia cryman-gell**.
Mewn gwledydd lle mae malaria yn broblem, mae anaemia cryman-gell yn cynnig rhywfaint o amddiffyniad rhag y clefyd hwn.
Rhaid i'r **ddau** riant fod yn **gludyddion** yr alel os yw'r plentyn i ddatblygu'r cyflwr.
Alel **trechol** sy'n achosi **clefyd Huntington**.
Mae'n ddigon i **un** rhiant fod â'r alel hwn i drosglwyddo'r clefyd i blentyn.

Cwestiynau

1 Copïwch a chwblhewch:

Mae llawer o nodweddion yn cael eu rheoli gan ...... o alelau. Mae rhai alelau yn ...... ac mae'r rhain bob amser yn dod i'r golwg. Mae alelau eraill yn ...... Dim ond os byddan nhw'n bresennol ar ...... gromosom pâr y bydd yr alelau hyn yn ymddangos. Mae rhai clefydau yn ...... Rhaid bod clefyd sy'n cael ei achosi gan alel ...... yn cael ei drosglwyddo gan y ...... Dywedir bod y ddau riant yn ...... Os yw clefyd yn cael ei achosi gan alel ...... yna mae ...... rhiant yn unig yn gallu ei drosglwyddo.

2 Eglurwch pam nad yw pobl yn gallu bod yn **gludyddion** clefyd Huntington.

3 Pam y mae pobl â ffibrosis codennog yn fwy tebygol o ddatblygu heintiau ar y frest?

4 Copïwch a chwblhewch y diagram genetig hwn i ddangos sut y mae rhyw yn cael ei etifeddu mewn bodau dynol:

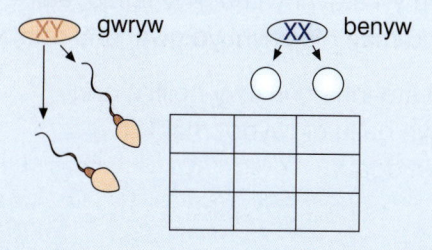

XY gwryw   XX benyw

5 Nid oes gan bob anifail gromosomau rhyw.

Ewch ati i ddarganfod sut y mae rhyw yn cael ei bennu mewn crocodiliaid.

PENNOD 16

Atgynhyrchu ac atgenhedlu

▶▶▶ 16a Atgynhyrchu anrhywiol

Ystyr atgynhyrchu yw cynhyrchu unigolion newydd.
Welsoch chi rywun yn cymryd toriadau o blanhigion erioed?
Mae'n ffordd o dyfu planhigion newydd yn rhad.
Rhaid torri darn o goesyn y planhigyn
gwreiddiol a'i blannu mewn compost.
Cyn bo hir bydd planhigyn newydd yn tyfu.
Mae cymryd toriadau yn enghraifft o atgynhyrchu anrhywiol.

> Un rhiant yn unig sydd yna mewn **atgynhyrchiad anrhywiol**, ac nid oes celloedd rhyw yn uno.

Dyma'r math o organebau sydd yn atgynhyrchu'n anrhywiol:
- llawer o blanhigion
- microbau fel burum a bacteria
- organebau ungellog fel amoeba
- anifeiliaid syml, fel Hydra.

Anifail bach iawn sy'n byw mewn pyllau yw **Hydra**.
Mae Hydra yn atgynhyrchu trwy dyfu anifail
newydd ar ffurf 'eginyn' ar ei ochr.
Pan fydd yr 'eginyn' hwn wedi datblygu digon
bydd yn torri'n rhydd ac yn tyfu i fod yn oedolyn.

Mae **burum** hefyd yn atgynhyrchu trwy ffurfio 'egin'.
Pan fydd yn barod mae'r 'eginyn' yn gwahanu oddi wrth ei 'riant'.

Mae **Amoeba** yn atgynhyrchu trwy hollti'n ddau.
Cyn y bydd hyn yn gallu digwydd, rhaid i'r
cnewyllyn rannu'n ddau.

Mae'r anifail syml hwn yn cynhyrchu 'eginyn'.

a) Pam y mae'n rhaid i'r cnewyllyn rannu'n ddau?

Mae'r broses hon yn cymryd oddeutu awr o amser
ac ar y diwedd mae yna ddau amoeba unfath.

Mae **bacteria** hefyd yn atgynhyrchu trwy hollti'n ddau.
O dan amodau delfrydol mae pob cell yn gallu
gwneud hyn unwaith bob 20 munud.

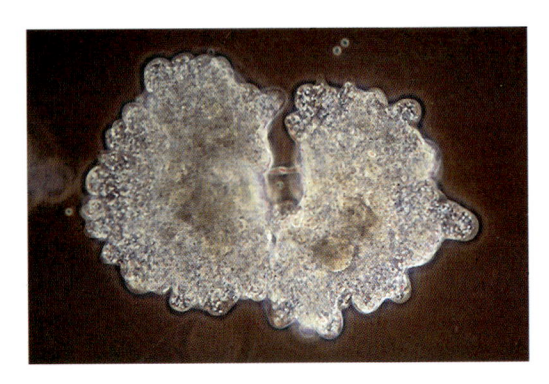

Mae'r amoeba hwn yn rhannu'n ddau.

Atgynhyrchu anrhywiol mewn planhigion

Mae llawer o blanhigion yn gallu atgenhedlu'n rhywiol yn ogystal ag atgynhyrchu'n anrhywiol. Mae'r dull anrhywiol yn ddefnyddiol iawn i blanhigyn os nad oes planhigion eraill yn agos ato.

Coesynnau wedi chwyddo, o'r enw cloron, yw **tatws** mewn gwirionedd. Mae cyffion newydd yn tyfu o'r cloron hyn ac mae'r rhain yn cynhyrchu planhigyn tatws newydd.

hen daten
taten newydd – coesyn wedi chwyddo (cloronen)

Mae gan blanhigion **mefus** 'ganghennau' ochrol o'r enw ymledyddion. Mae'r rhain yn tyfu dros y pridd ac yn cynhyrchu blagur. Bydd y blagur hyn yn cynhyrchu gwreiddiau ac yn tyfu i fod yn blanhigion newydd.

Edrychwch ar y llun hwn o blanhigyn tŷ o'r enw **Bryophyllum**.

b) Ble mae'r planhigion newydd yn cael eu gwneud?
c) Sut y maen nhw'n datblygu i fod yn blanhigion ar wahân?

Beth sy'n arbennig ynglŷn ag atgynhyrchu anrhywiol?

Un rhiant yn unig, ac felly un set o enynnau, sy'n cyfrannu at y broses.

Mae atgynhyrchu anrhywiol yn cynhyrchu unigolion sydd ag union yr un wybodaeth enetig â'r rhiant.

Yr enw ar unigolion sy'n unfath yn enetig yw **clonau**.

ch) Beth yw'r enw ar y math o atgynhyrchu lle mae un rhiant yn unig yn cyfrannu?
d) Yn y math hwn o atgynhyrchu, beth allwch chi ei ddweud am enynnau'r epil o'u cymharu â genynnau'r rhiant?

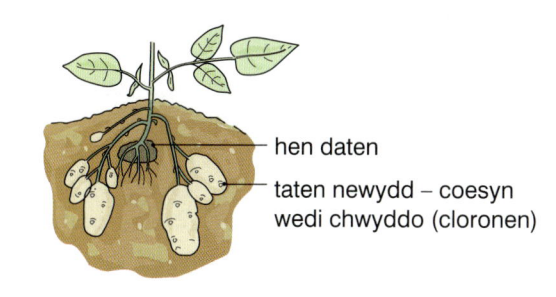

I'ch atgoffa!

1 Copïwch a chwblhewch:

Mae llawer o organebau ......-gellog yn atgynhyrchu yn ...... Yn aml, proses syml yw hon lle mae'r organeb yn ...... yn ddau. Mae rhai organebau yn tyfu ...... newydd sy'n gwahanu oddi wrth y rhiant yn y pen draw. Mae atgynhyrchu anrhywiol yn cynhyrchu unigolion sy'n ...... yn enetig, ac sy'n cael eu galw'n ......

2 Eglurwch pam nad yw planhigion mefus sydd wedi eu cynhyrchu o **un** rhiant o reidrwydd yn edrych yr un fath.
(Awgrym: edrychwch eto ar Bennod 14.)

3 Mewn atgynhyrchu anrhywiol, pam y mae'r epil **yn unfath yn enetig**?

16b Atgenhedlu rhywiol

Mae'r rhan fwyaf o anifeiliaid a phlanhigion yn gallu atgenhedlu'n **rhywiol**.

> Yn ystod atgenhedlu rhywiol mae **gametau** (celloedd rhyw) gwryw a benyw yn uno.

Mewn anifeiliaid y **sberm** a'r **wy** yw'r celloedd rhyw.

a) Pa un yw'r gamet gwryw a pha un yw'r un benyw?

Ym Mhennod 14, wrth drafod etifeddiad, clywsoch sôn am gametau.
Beth sy'n gwneud sbermau ac wyau yn arbennig?

Mewn anifail, cell sberm yw'r unig fath o gell sydd â'r gallu i nofio. Mae ganddi gynffon hir ac mae'n edrych ychydig yn debyg i benbwl. Mae ganddi gnewyllyn mawr sy'n llawn o'r cromosomau o'r rhiant gwrywol.

b) Mewn bod dynol, sawl cromosom fydd ym mhob cell sberm?

Mae cell wy yn fwy na chell sberm.
Mae ganddi gnewyllyn mawr.

c) Beth fydd cynnwys y cnewyllyn hwn?

Mae llawer o fwyd wedi ei storio yn yr wy hefyd.
Bydd angen hwn os yw'r wy yn cael ei ffrwythloni.

> Mae **ffrwythloniad** yn digwydd pan fydd sberm ac wy yn **ymasio** (uno â'i gilydd).

Yr enw ar yr wy sydd wedi'i ffrwythloni yw **sygot**.
Bydd yn dechrau ymrannu a chychwyn y broses o wneud unigolyn newydd.
Mae dwy set wahanol o enynnau yn cyfrannu at atgenhedlu rhywiol, un set yr un gan y ddau riant.

> Mewn atgenhedlu rhywiol, mae gan yr epil lawer mwy o amrywiad nag sydd gan epil atgynhyrchu anrhywiol.

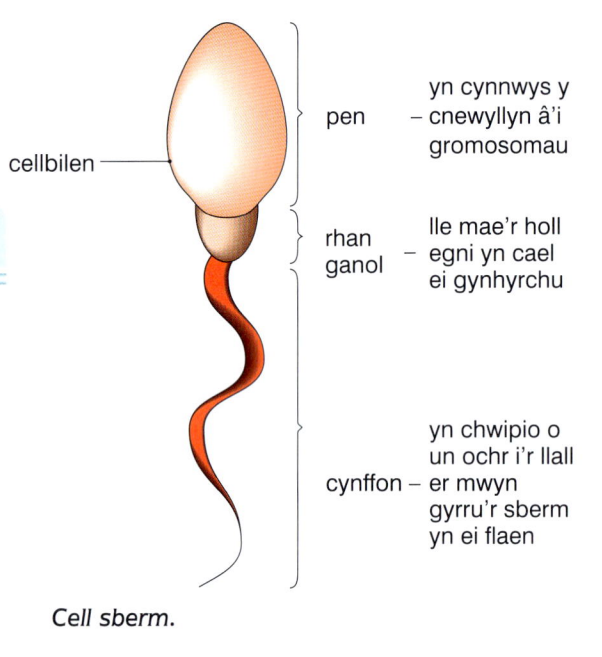

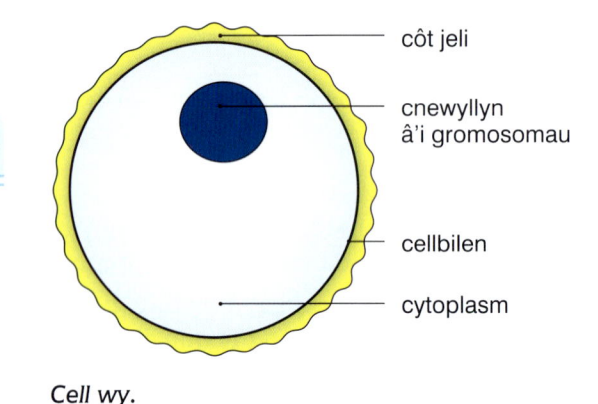

Cell sberm.

- cellbilen
- pen — yn cynnwys y cnewyllyn â'i gromosomau
- rhan ganol — lle mae'r holl egni yn cael ei gynhyrchu
- cynffon — yn chwipio o un ochr i'r llall er mwyn gyrru'r sberm yn ei flaen

Cell wy.

- côt jeli
- cnewyllyn â'i gromosomau
- cellbilen
- cytoplasm

Ble mae gametau yn cael eu gwneud?

Mae gametau'n cael eu cynhyrchu yn yr organau rhyw.

Yr enw ar yr organau rhyw gwrywol yw **ceilliau**.

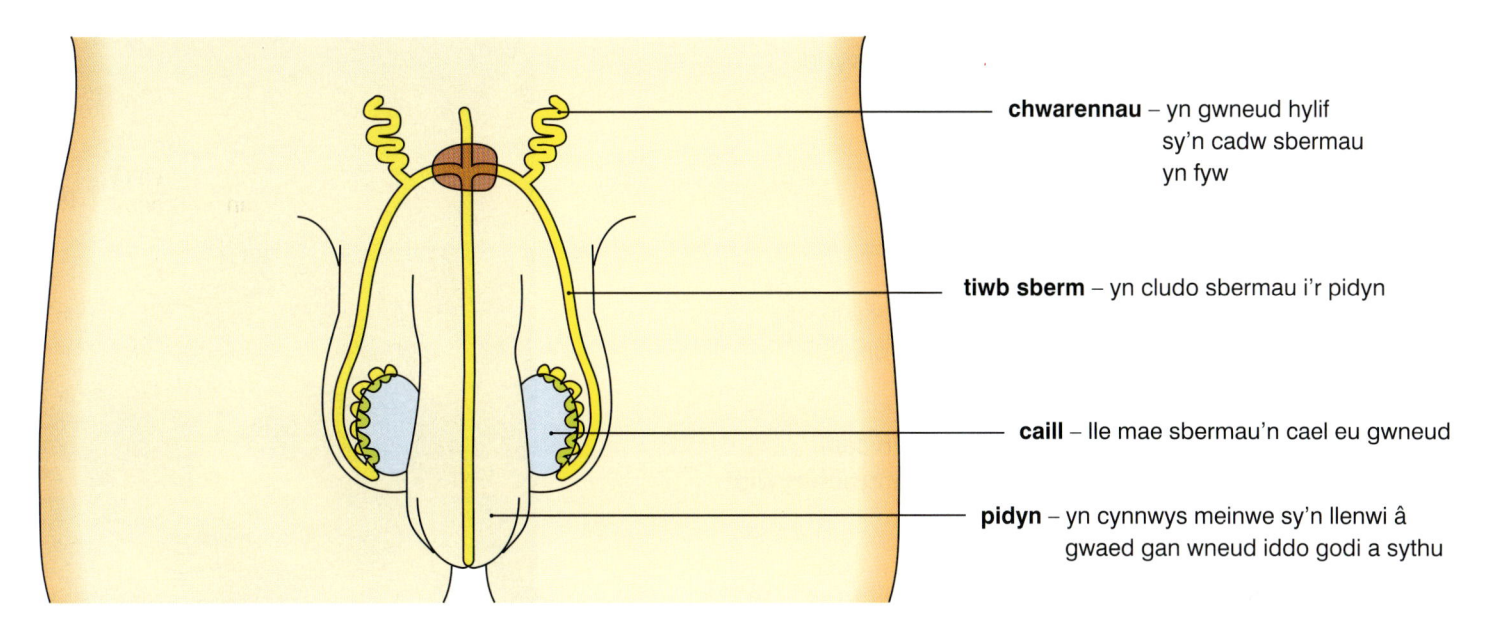

chwarennau – yn gwneud hylif sy'n cadw sbermau yn fyw

tiwb sberm – yn cludo sbermau i'r pidyn

caill – lle mae sbermau'n cael eu gwneud

pidyn – yn cynnwys meinwe sy'n llenwi â gwaed gan wneud iddo godi a sythu

Yr enw ar yr organau rhyw benywol yw **ofarïau**.

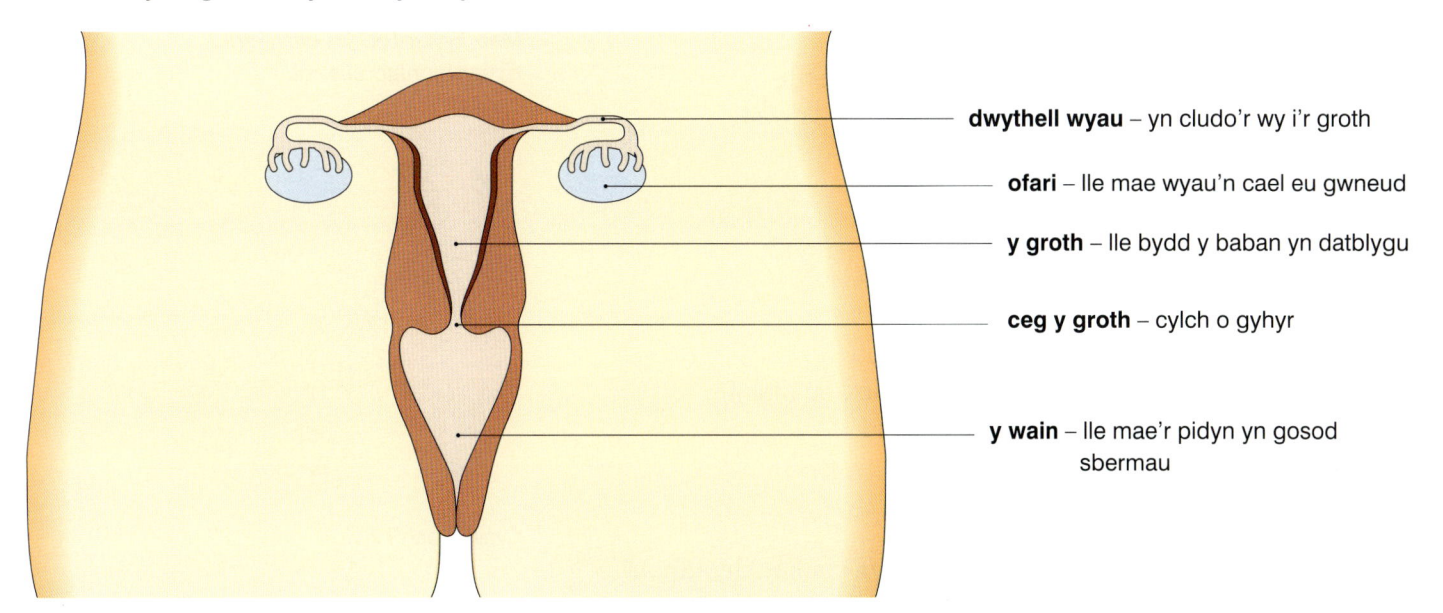

dwythell wyau – yn cludo'r wy i'r groth

ofari – lle mae wyau'n cael eu gwneud

y groth – lle bydd y baban yn datblygu

ceg y groth – cylch o gyhyr

y wain – lle mae'r pidyn yn gosod sbermau

I'ch atgoffa!

1 Copïwch a chwblhewch:

   Mewn atgenhedlu rhywiol mae ...... yn uno. Yr enw ar hyn yw ...... Mae celloedd sberm yn cludo'r cromosomau ...... ac mae ganddyn nhw ...... sy'n eu helpu i allu nofio. Mae gan y gamet benyw storfa fawr o ......

2 Copïwch a chwblhewch y tabl hwn i ddangos y gwahaniaethau rhwng sberm ac wy.

Sberm	Wy
llawer yn cael eu cynhyrchu	
	mae ganddo storfa fwyd
mae'n defnyddio cynffon i nofio	
	mawr

179

16c Ffrwythloniad

Mewn bodau dynol, mae ffrwythloniad yn digwydd yng nghorff y fenyw.
Mewn rhai anifeiliaid, mae ffrwythloniad yn digwydd y tu allan i gorff y fenyw – mewn dŵr fel arfer.
Yr enw ar hyn yw **ffrwythloniad allanol**.

a) Enwch anifail sy'n atgenhedlu fel hyn.

Nid yw ffrwythloniad yn broses ddibynadwy iawn.
Dyna pam mai nifer fach o gelloedd wy sy'n cael eu gwneud, ond miliynau o sbermau!

Mewn bodau dynol, mae'r celloedd sberm yn cael eu gosod yng nghorff y fenyw yn ystod **cyfathrach rywiol**.
- Pan fydd dyn wedi ei gynhyrfu'n rhywiol mae gwaed yn llifo i'r pidyn.
- Mae hyn yn gwneud i'r pidyn galedu a sythu, fel ei bod yn bosibl ei roi yng ngwain y fenyw.
- Yna bydd y dyn yn llithro ei bidyn i mewn ac allan o'r wain.
- Mae'r weithred hon yn gwneud i gelloedd sberm mewn hylif o'r enw **semen** gael eu rhyddhau i'r wain.
- **Alldafliad** yw'r gair am ryddhau'r semen.
- Fel arfer bydd yr alldafliad yn rhoi teimlad pleserus sy'n cael ei alw'n **anterth**.

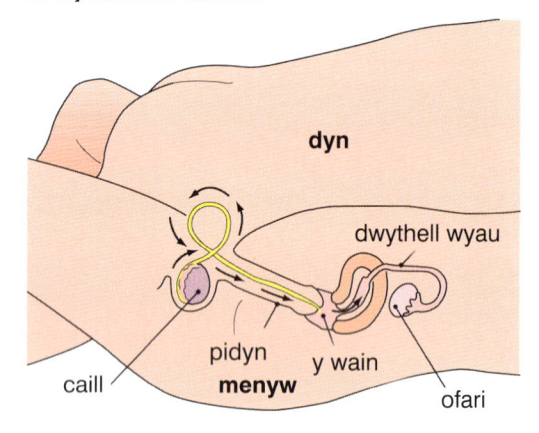

Bydd y celloedd sberm yn cyrraedd croth y fenyw wrth nofio trwy geg y groth.
Mae celloedd sberm iach yn nofio ar gyflymder o tua 5 mm y munud, sy'n gyflym iawn o ystyried eu maint!
Mae'r tu mewn i gorff y fenyw yn amgylchedd anghyfeillgar iawn i gelloedd sberm.

Mae llyffantod yn defnyddio ffrwythloniad allanol.

Cyfathrach rywiol.

b) Pam y mae miliynau o gelloedd sberm yn cael eu rhyddhau?

c) Cyfrifwch pa mor bell y gallai celloedd sberm nofio mewn awr.

Mae ffrwythloniad fel arfer yn digwydd yn y **ddwythell wyau**.
- Bydd yr wy wedi cael ei ryddhau o'r ofari.
- Nid yw wyau'n gallu nofio, ond mae blew mân yn y ddwythell wyau yn eu symud nhw trwyddi. Mae'r blew hyn yn siglo'n ôl ac ymlaen fel y blew bach yn ein pibellau anadlu.
- Pan fydd yr wy yn cyfarfod â chelloedd sberm, bydd un sberm yn mynd i mewn i'r wy.
- Bydd ei gynffon yn dod yn rhydd a'i gnewyllyn yn uno â chnewyllyn yr wy.
- Dyma foment ffrwythloniad.
- Ni fydd rhagor o sbermau yn gallu mynd i'r wy.
- Mae'r wy yn dechrau ymrannu a chyn bo hir bydd yn belen o gelloedd o'r enw **embryo**.

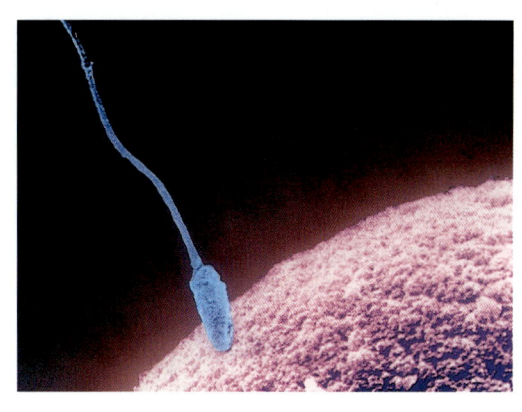

Moment ffrwythloniad.

ch) Faint o gromosomau fydd ym mhob cell yn yr embryo?

Bydd y belen hon o gelloedd yn cymryd 9 mis i ddatblygu'n llawn.
Yn ystod y cyfnod hwn bydd yn aros yng nghroth y fam.
Yn y groth bydd yn cael bwyd ac ocsigen a'i amddiffyn rhag niwed.
- Nid yw rhai bach pob anifail yn datblygu yng nghroth y fam.
- Mae ymlusgiaid ac adar yn dodwy wyau.
- Mae wyau yn cynnwys storfa fwyd – y melynwy. Mae hwn yn darparu'r holl fwyd y mae ei angen ar yr anifail sy'n datblygu.
- Mae'r wyau yn cael eu cadw'n gynnes naill ai trwy gael eu claddu, neu bydd y rhieni yn eistedd ar yr wyau – yn gori.

d) Ar wahân i'w cadw'n gynnes, am ba reswm arall y mae wyau crwbanod môr yn cael eu claddu?

Crwban môr yn dodwy wyau yn y tywod er mwyn eu hamddiffyn a'u cadw'n gynnes.

I'ch atgoffa!

1 Copïwch a chwblhewch:

Weithiau bydd sbermau yn ...... wyau y tu allan i gorff y fenyw. Yr enw ar hyn yw ffrwythloniad ...... Mewn bodau dynol mae'r sbermau yn cael eu gosod yng nghorff y fenyw yn ystod cyfathrach ...... Yna bydd y sbermau yn nofio hyd at y ...... lle mae'n bosibl y byddan nhw'n cwrdd ag ......

2 a) Beth sy'n gwneud i'r pidyn fynd yn galed ac yn syth?
b) Pam y mae angen i hyn ddigwydd?

3 Ewch ati i ddarganfod sut y mae
i) gefeilliaid unfath, a
ii) gefeilliaid annhebyg yn cael eu ffurfio.

▶▶▶ 16ch Y gylchred fislifol

- Rhaid i gell sberm gwrdd â chell wy er mwyn i ffrwythloniad ddigwydd.
- Mewn bodau dynol, dim ond yn ystod ychydig ddiwrnodau ym mhob mis y mae hyn yn gallu digwydd.
- Y rheswm dros hyn yw dilyniant o ddigwyddiadau yn y fenyw. Yr enw ar y dilyniant yw'r **gylchred fislifol**.
- Mae cylchredau mislifol yn dechrau digwydd pan fydd merch yn cyrraedd y **glasoed**.
- Dyma'r adeg pryd y bydd bechgyn a merched yn dod yn aeddfed yn rhywiol.
- Mewn merched mae hyn yn aml yn digwydd pan fyddan nhw tua 12 oed.
- Wedyn bydd y cylchredau yn parhau hyd nes bydd y fenyw yn cyrraedd tua 50 oed. Yr enw ar y cyfnod hwn yw **diwedd y mislif** (neu'r **newid bywyd**).

Merch sy'n cyrraedd ei glasoed.

Menyw sydd wedi cyrraedd oedran diwedd y mislif neu'r newid bywyd.

Mae'r diagram hwn yn dangos prif ddigwyddiadau'r gylchred fislifol.

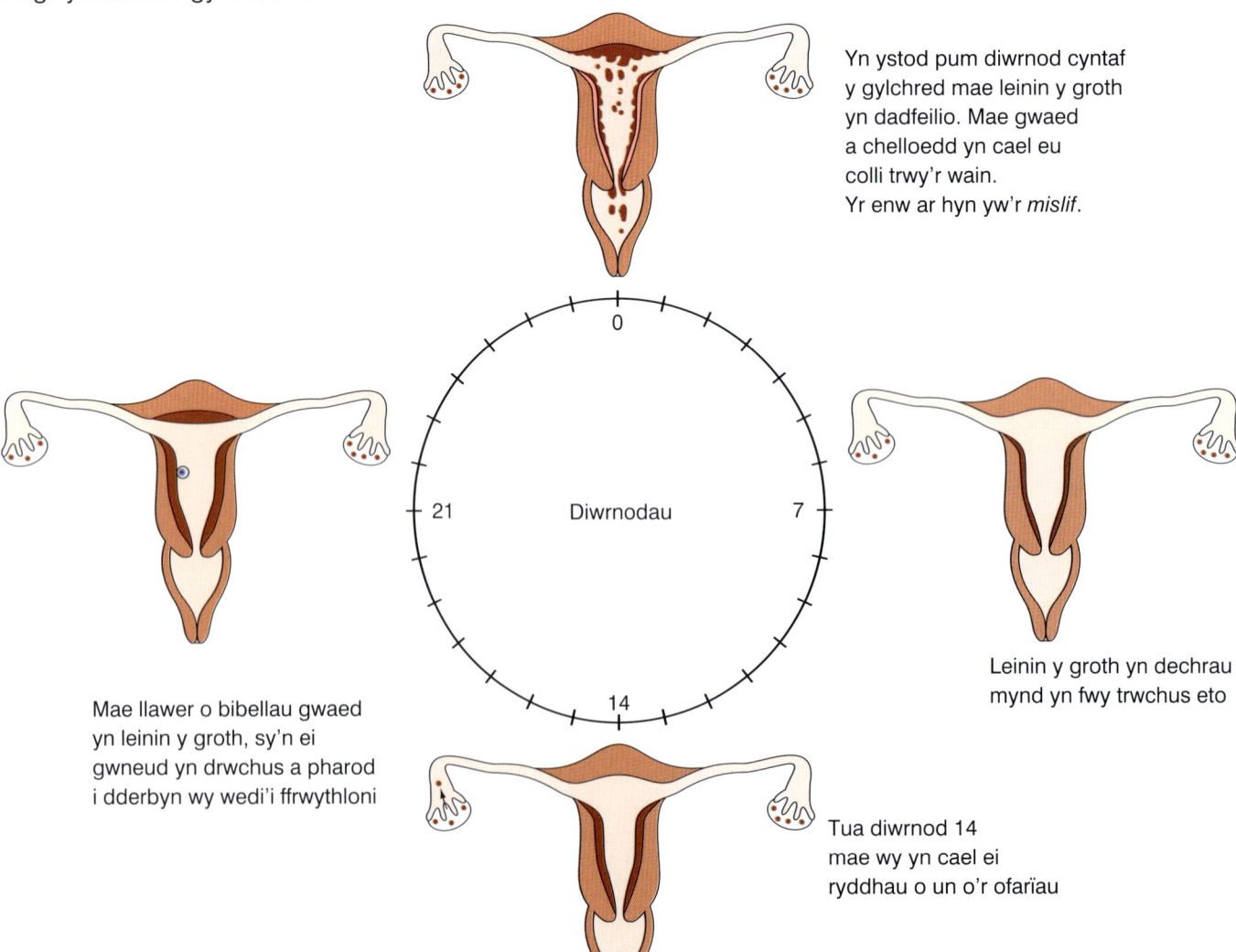

Yn ystod pum diwrnod cyntaf y gylchred mae leinin y groth yn dadfeilio. Mae gwaed a chelloedd yn cael eu colli trwy'r wain. Yr enw ar hyn yw'r *mislif*.

Mae llawer o bibellau gwaed yn leinin y groth, sy'n ei gwneud yn drwchus a pharod i dderbyn wy wedi'i ffrwythloni

Leinin y groth yn dechrau mynd yn fwy trwchus eto

Tua diwrnod 14 mae wy yn cael ei ryddhau o un o'r ofarïau

Rheoli'r gylchred fislifol

Mae'r gylchred fislifol yn cael ei rheoli gan nifer o hormonau.

a) Beth yw hormonau?

Mae dwy **chwarren** yn rhyddhau'r hormonau hyn. Enw un yw'r **chwarren bitwidol** sy'n gorwedd wrth waelod yr ymennydd.

b) Sut y mae hormonau yn teithio o'r chwarren bitwidol i'r organau rhyw?

Y ddwy **ofari** yw'r chwarennau eraill.

Unwaith y mis mae'r chwarennau rhyw yn gwneud y gwaith canlynol:
- ysgogi wy yn un o'r ofarïau i aeddfedu
- ysgogi leinin y groth i fynd yn drwchus eto ar ôl y mislif
- gwneud i wy gael ei ryddhau tua chanol pob mis.

Os bydd wy yn cael ei ffrwythloni, yna bydd y gylchred yn peidio hyd nes bod y baban wedi ei eni. Mae hyn yn digwydd oherwydd nad yw'r hormonau sy'n aeddfedu a rhyddhau'r wy bellach yn cael eu cynhyrchu. Mae leinin y groth yn cadw ei drwch fel bod y groth yn gallu cynnal y baban sy'n datblygu ynddi.

Os nad yw'r wy yn cael ei ffrwythloni yna bydd yr hormonau yn gwneud i'r gylchred ailgychwyn.

Diwrnod / trwch wal y groth

- mislif – wal y groth yn dadfeilio
- 5
- wy yn aeddfedu yn un o'r ofarïau
- wal y groth yn mynd yn drwchus eto
- 10
- 14 — ofwliad (rhyddhau wy)
- 15
- 20
- yr wy yn mewnblannu yn wal y groth (yn glynu wrth y wal) *os* yw wedi ei ffrwythloni
- 25
- 28

c) Pam y mae'r gylchred fislifol yn peidio unwaith y mae menyw yn beichiogi?

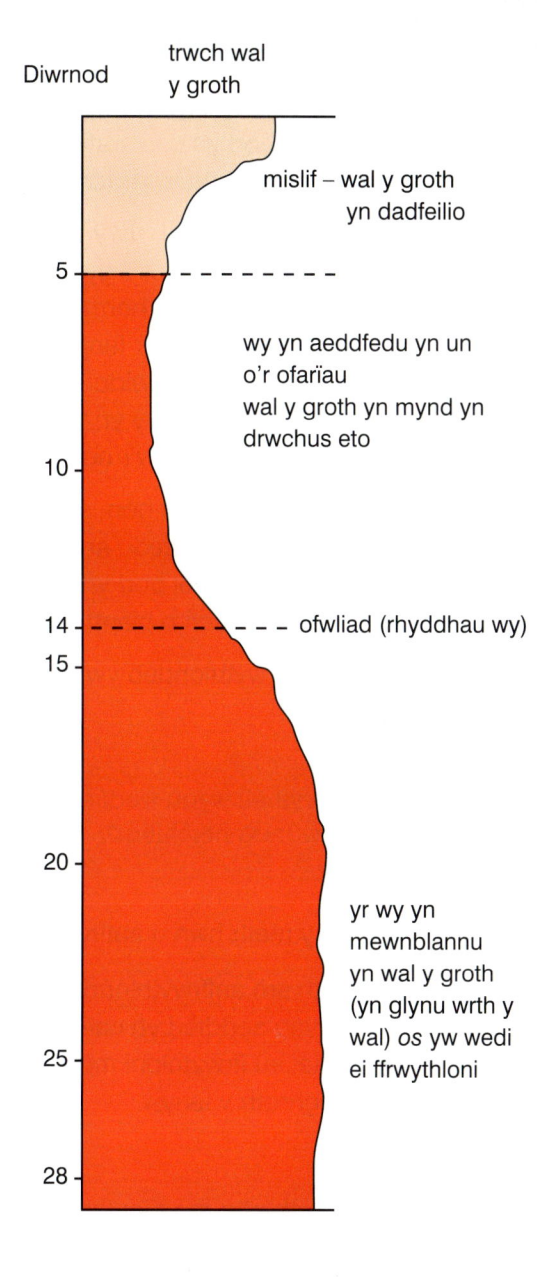

I'ch atgoffa!

1 Copïwch a chwblhewch:

Ar ddechrau'r gylchred fislifol mae leinin y ...... yn cael ei golli trwy'r ...... Tua phythefnos yn ddiweddarach mae ...... yn cael ei ryddhau o un o'r ofarïau. Nawr mae leinin y groth yn .... eto. Os na fydd yr wy yn cael ei ...... yna bydd y leinin hwn yn ......, a bydd y gylchred yn ailgychwyn.

2 Faint o amser yw hyd y gylchred fislifol fel arfer?

3 Ym mhle y mae'r hormonau sy'n rheoli'r gylchred yn cael eu cynhyrchu?

4 Beth yw'r 'mislif'?

16d Rheoli ffrwythlondeb

Nid yw rhai menywod yn cynhyrchu wy bob mis.
Mae hyn yn golygu eu bod yn cael trafferth beichiogi.
Yr enw ar y cyflwr hwn yw **anffrwythlondeb**.

Mae'n bosibl trin anffrwythlondeb trwy ddefnyddio yr un hormonau â'r rhai sy'n rheoli'r gylchred fislifol. Bydd meddygon yn rhoi pigiad o hormon o'r enw **hormon ysgogi ffoliglau** (HYFf) i'r fenyw.
Un o'r hormonau o'r chwarren bitwidol yw hwn.
Ei waith yw gwneud i'r celloedd wy yn yr ofari aeddfedu.
Triniaeth am anffrwythlondeb yw'r enw ar hyn.

Rhaid bod yn ofalus â'r driniaeth hon.
Os bydd llawer o wyau yn aeddfedu ar yr un pryd efallai y bydd y fenyw yn darganfod ei bod yn disgwyl pedwar, pump neu hyd yn oed chwech o blant!

Rheswm arall dros anffrwythlondeb yw fod y ddwythell wyau wedi ei chau.

a) Sut y byddai dwythell wyau wedi ei chau yn rhwystro menyw rhag beichiogi?

Nid yw'n bosibl trin y math hwn o anffrwythlondeb â hormonau.

Math arall o driniaeth am anffrwythlondeb yw **ffrwythloniad** *in vitro*.
Ar gyfer hyn mae wyau aeddfed yn cael eu tynnu o'r ofari.
Yna maen nhw'n cael eu ffrwythloni mewn labordy a'u rhoi yn ôl yng nghroth y fenyw.

Y teulu Walton – canlyniad triniaeth am anffrwythlondeb.

b) Beth yw'r enw cyffredin am blentyn sy'n cael ei greu o ganlyniad i ffrwythloni *in vitro*?

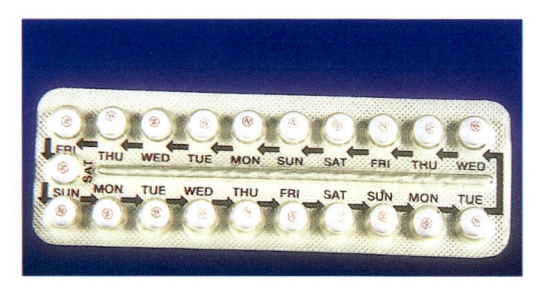

Mae'n bosibl defnyddio hormonau hefyd er mwyn rhwystro beichiogi (i atal cenhedlu).
Mae **tabledi atal cenhedlu** yn aml yn cynnwys hormon o'r enw **oestrogen**.
Mae'r hormon hwn yn atal y chwarren bitwidol rhag cynhyrchu HYFf.
Mae hyn yn golygu nad oes wyau yn cael eu haeddfedu yn yr ofari.
Os nad yw menyw yn cynhyrchu wyau aeddfed, nid yw'n gallu beichiogi.

Mae'r 'bilsen' yn cynnwys hormonau.

c) Beth yw'r enw cyffredin ar dabledi atal cenhedlu?

Crynodeb

Gwaith atgenhedlu ac atgynhyrchu yw gwneud organebau byw newydd.

Mewn **atgynhyrchu anrhywiol** nid oes ond un rhiant, ac nid oes **gametau** (celloedd rhyw) yn ymasio.
Mae hyn yn cynhyrchu clonau (epil sydd â'r un genynnau â'r rhiant).
Mewn **atgenhedlu rhywiol** mae dau gamet gwahanol yn ymasio.
Mae hyn yn cynhyrchu epil sydd â llawer o amrywiadau.

Mewn bodau dynol, y **sbermau**, sy'n cael eu gwneud yn y **ceilliau**, yw'r gametau gwryw.
Yr **wyau**, sy'n cael eu gwneud yn yr **ofarïau**, yw'r gametau benyw.
Yr enw ar ymasiad gametau yw **ffrwythloniad**.

Bob mis mae newidiadau yn digwydd yng nghorff menyw.
Yr enw ar y newidiadau hyn yw'r gylchred fislifol.
Mae wy aeddfed yn cael ei ryddhau o un o'r ofarïau.
Gallai'r wy hwn gael ei ffrwythloni gan sberm.
Os yw'n cael ei ffrwythloni, mae'n aros yn y groth ac yn datblygu i fod yn faban.
Os nad yw'n cael ei ffrwythloni, mae'n cael ei golli trwy'r wain ynghyd â leinin y groth.
Y **mislif** yw'r enw ar y golled hon.
Mae digwyddiadau'r gylchred fislifol yn cael eu rheoli gan **hormonau**.

Mae'n bosibl defnyddio'r hormonau hyn hefyd i wella ffrwythlondeb neu i atal beichiogi.

Cwestiynau

1. Copïwch a chwblhewch:

   Un rhiant yn unig sydd yna mewn atgynhyrchiad ...... Mae'n cynhyrchu epil sydd â'r ...... genynnau â'r rhiant. Yr enw ar yr epil hyn yw ...... Mewn atgenhedliad rhywiol mae dau ...... gwahanol yn asio. Yr enw ar hyn yw ...... Y tro hwn mae'r epil yn arddangos llawer o ......

2. a) Beth yw ystyr ffrwythloniad allanol?

   b) Rhowch ddwy enghraifft o anifeiliaid sy'n ffrwythloni'n allanol.

3. Eglurwch pam y mae atgenhedlu rhywiol yn cynhyrchu epil â llawer o amrywiadau. Defnyddiwch y gair 'genynnau' yn eich ateb.

4. Rhowch ddau reswm pam y gallai menyw fod yn anffrwythlon.

5. Pa broblem sy'n gallu datblygu o ganlyniad i driniaeth am anffrwythlondeb â hormonau?

6. Ewch ati i gasglu gwybodaeth am chwe phlentyn (chwephledi) y teulu Walton.

7. a) Rhowch dair enghraifft o blanhigion sy'n atgynhyrchu yn anrhywiol.

   b) Rhowch dair enghraifft o bethau byw eraill sy'n atgynhyrchu yn anrhywiol.

8. Ewch ati i ddarganfod am y newidiadau sy'n digwydd i fechgyn a merched yn ystod y glasoed.

PENNOD 17
Bridio detholus

▶▶▶ 17a Dethol artiffisial

Dyma lun ci tarw – mae'n perthyn i dras arbennig.

a) Beth yw ei nodwedd fwyaf amlwg?

Mae cŵn fel y ci tarw hwn wedi eu bridio dros flynyddoedd lawer er mwyn cynhyrchu'r olwg nodweddiadol sydd arnyn nhw. Mae cŵn eraill yn cael eu bridio oherwydd eu galluoedd arbennig:
- daeargwn sydd â'r gallu i ganfod a dilyn trywydd
- cŵn defaid yr Almaen sy'n gyflym a heini.

Mae'r rhain i gyd yn enghreifftiau o ddethol artiffisial (**bridio detholus**).

> Dethol artiffisial yw bridio planhigion neu anifeiliaid er mwyn cynhyrchu nodweddion sy'n ddefnyddiol i bobl.

Sut y mae'r nodweddion detholus yn cael eu datblygu?
- Sicrhau bod yr anifeiliaid (neu'r planhigion) sydd â'r nodweddion rydym ni'n chwilio amdanyn nhw yn cael llonydd i fridio.
- Yna trefnu bod y rhai gorau o blith eu hepil yn cael bridio â'i gilydd.
- Ailadrodd y broses hon dro ar ôl tro.

Mae llawer o enghreifftiau eraill o fridio detholus:
- Bridio gwartheg Henfford er mwyn cael cig o ansawdd da.
- Bridio gwartheg Jersey ar gyfer eu llaeth hufennog.
- Bridio ceffylau a cholomennod rasio i gael rhai cyflym sydd â stamina.

Mae'r gwartheg Henffordd hyn yn cynhyrchu cig da.

b) Beth yw stamina?

- Rydym yn bridio defaid Merino ar gyfer eu gwlân, ond ar gyfer eu cig y byddwn ni'n bridio defaid mynydd Cymreig.

c) Pa nodweddion y byddai ffermwr yn hoffi eu cael yn ei ieir?

Rydym hefyd yn bridio planhigion yn ddetholus. Mae'r rhan fwyaf o'r planhigion rydym yn eu bwyta wedi cael eu bridio'n ddetholus.

- Mae planhigion ffrwythau, e.e. mefus, yn cael eu bridio er mwyn cael ffrwythau mawr, llawn sudd.
- Mae rhai planhigion cnwd, e.e. gwenith, yn cael eu bridio er mwyn cynhyrchu niferoedd mawr o hadau.
- Rydym yn bridio rhai planhigion fel bod ganddyn nhw wrthiant i afiechyd.

Mae ffermydd ffrwythau yn llawn planhigion sydd wedi eu bridio'n ddetholus.

Anfanteision dethol artiffisial

Mae dethol artiffisial yn cyfyngu ar yr **amrywiad** mewn poblogaeth. Mae hyn oherwydd bod mewnfridio yn rhan o'r broses.

> Ystyr **mewnfridio** yw bridio o anifeiliaid neu blanhigion sy'n perthyn yn agos i'w gilydd.

O ganlyniad i hyn, nid oes gan yr epil lawer o alelau gwahanol.
Efallai nad yw hyn yn broblem ar y dechrau, ond yn y dyfodol efallai y byddai angen rhai nodweddion arbennig er mwyn ymdopi â newid yn yr amodau.
Yn anffodus, y perygl yw y gallai'r alelau sy'n rheoli'r nodweddion hynny fod wedi diflannu.

Pam roedd yn rhaid inni golli'n cnu trwchus braf?

ch) Petai'r hinsawdd yn mynd yn llawer oerach, pa nodwedd y byddem yn hoffi i'n holl anifeiliaid fferm ei chael?

Yn aml iawn mae anifeiliaid fel cŵn yn cael eu bridio er mwyn eu harddangos.
Yn anffodus nid yw'r nodweddion y mae eu heisiau ar y bridwyr bob amser yn llesol i'r cŵn.
- Mae cŵn tarw â thrwynau byrion yn cael trafferthion anadlu.
- Mae gan gŵn baset gefnau hirion sy'n mynd yn wan.

Mae gan y ci baset gefn hir.

I'ch atgoffa!

1. Copïwch a chwblhewch:

    Yr enw ar fridio organebau sydd â nodweddion defnyddiol yw dethol ...... Mae'r dechneg yn cael ei defnyddio'n aml wrth feithrin planhigion ac anifeiliaid ar gyfer .... Mae dethol artiffisial yn cyfyngu ar nifer yr ...... yn y boblogaeth. Mae hyn yn golygu y gallai rhai ...... defnyddiol ddiflannu.

2. Pa nodweddion sy'n cael eu bridio mewn anifeiliaid er mwyn iddyn nhw allu cymryd rhan mewn chwaraeon?

3. Pam y mae mewnfridio weithiau'n achosi problemau mewn cŵn o dras?

17b Clonio

Roedd Pennod 16 yn sôn am **atgynhyrchu anrhywiol**.
Mae epil y math hwn o atgynhyrchu i gyd yn **glonau**.

> Organebau sy'n union yr un fath yn enetig yw clonau.
> Mewn geiriau eraill, mae eu genynnau yn unfath.

Ym myd y planhigion mae llawer o enghreifftiau o glonau naturiol:
- yr holl datws sy'n dod o un math o blanhigyn
- planhigion mefus sy'n datblygu o un mamblanhigyn
- blodau saffrwm yn tyfu o goesynnau tanddaearol.

a) Beth yw'r fantais i blanhigyn os oes ganddo organ storio tanddaearol?

Mae cymryd **toriadau o blanhigion** yn un ffordd o gynhyrchu clonau. Gan fod y toriadau i gyd yn dod o'r un planhigyn, mae'n rhaid bod ganddyn nhw yr un genynnau.
Er mwyn cymryd toriad o blanhigyn rhaid:
- darganfod cyffyn ar y mamblanhigyn
- ei dorri yn union o dan y pwynt lle mae deilen yn uno â'r cyffyn
- 'trochi' y pen sydd wedi'i dorri mewn powdr gwreiddio
- plannu'r toriad mewn compost
- gorchuddio potyn y planhigyn er mwyn cadw'r aer o'i amgylch yn llaith.

b) Pam y mae'n rhaid cadw'r cyffyn newydd yn llaith yn y cyfnod cynnar?

c) Pam y byddwn ni'n trochi'r cyffyn mewn powdr gwreiddio? (Awgrym: edrychwch eto ar Bennod 8.)

Gallwn gymryd nifer o doriadau o un planhigyn.
Mae'n ffordd hawdd o dyfu rhagor o'ch hoff blanhigion.

Mae'n bosibl defnyddio rhannau eraill o blanhigion i wneud toriadau. Er enghraifft, gallwn dyfu fioled Affrica o **doriadau dail**.

Yn ogystal â bod ein planhigion newydd yn rhad a hawdd eu tyfu, byddwn hefyd yn gwybod sut olwg fydd arnyn nhw.

Math o glonio yw cymryd toriadau.

ch) Rhestrwch dair mantais o dyfu planhigion o doriadau.

Mae clonio'n gallu bod yn broses soffistigedig iawn hefyd.

Gallwn dyfu llawer o blanhigion unfath gan ddefnyddio techneg o'r enw **meithriniad meinwe**. Ychydig gelloedd yn unig o'r mamblanhigyn sy'n cael eu defnyddio.

- Y cam cyntaf yw torri darn bach o feinwe o'r mamblanhigyn.
- Wedyn diheintio hwn heb niweidio'r celloedd.
- Yna gosod y meinwe ar wyneb jeli agar di-haint.

Labeli'r diagram:
- caead aerglos er mwyn cadw microbau allan
- potel wydr yn gadael golau i mewn
- planhigyn newydd yn gallu tyfu o glwstwr bach o gelloedd
- jeli agar yn cynnwys popeth sydd ei angen ar y planhigyn er mwyn tyfu

d) Beth yw jeli agar?

- Bydd y meinwe yn ymrannu ac yn tyfu. Os yw'r maetholynnau a'r hormonau cywir yn yr agar, bydd cyffion, dail a gwreiddiau yn tyfu.
- Mae hyn yn cynhyrchu **allblaniad**.

dd) Pam y mae angen amodau di-haint ar gyfer y broses hon?

- Cyn hir bydd yr allblaniadau yn ddigon mawr i gael eu tyfu mewn compost.

Mae gan y dechneg hon nifer o fanteision:
- mae'n gyflym
- nid oes angen llawer o le
- mae'n bosibl cynhyrchu planhigion trwy'r flwyddyn
- mae'n cynhyrchu llawer o blanhigion o un rhiant
- mae'r holl blanhigion yn unfath yn enetig
- mae'n ffordd dda o gynhyrchu niferoedd mawr o blanhigion â nodweddion sydd wedi eu dewis.

Meithriniad meinweoedd ar raddfa eang.

I'ch atgoffa!

1 Copïwch a chwblhewch:

Yr enw ar organebau sy'n unfath yn enetig yw ...... Mae tatws yn enghraifft o glonau ...... Clonau wedi eu cynhyrchu gan bobl yw ...... planhigion. Enw ar dechneg glonio fodern yw meithriniad ......

2 Pam nad yw microbau yn tyfu ar y jeli agar sy'n cael ei ddefnyddio mewn meithriniad meinwe?

3 Pa faetholynnau defnyddiol y byddai eu hangen yn y jeli agar?

▶▶▶ 17c Rhagor am glonio

Ydych chi'n cofio Dolly'r ddafad, a fu farw yn 2003?
Roedd Dolly yn enwog gan mai'r ddafad hon
oedd yr anifail fferm cyntaf i gael ei glonio.
Yr hyn oedd yn gwneud Dolly'n arbennig oedd ei bod
hi wedi ei chynhyrchu o un rhiant yn unig.
Felly sut y cafodd hi ei chynhyrchu?
Dafad Finn Dorset oedd Dolly.

- Tynnodd gwyddonwyr y cnewyllyn o un o gelloedd mam Dolly.
- Yn y labordy, cafodd y cnewyllyn hwn ei roi mewn wy oedd heb ei ffrwythloni o ddafad wynebddu'r Alban.
- Pan ddechreuodd y gell newydd hon ymrannu, cafodd ei rhoi yng nghroth y ddafad wynebddu.
- Cafodd Dolly ei geni 148 o ddiwrnodau yn ddiweddarach.
- Roedd hi'n unfath yn enetig â'i mam.

Er bod dwy ddafad yn rhan o'r broses, genynnau **un** ohonyn nhw'n unig a gafodd eu defnyddio gan y gwyddonwyr.

> **a)** Pam y gallai ffermwyr fod yn awyddus i glonio eu hanifeiliaid?

Mae clonio anifeiliaid yn golygu y gallwn ni
gadw nodweddion defnyddiol.
Efallai fod buwch yn cynhyrchu llawer o laeth.
Petai'r fuwch hon yn cael ei chlonio, gallai'r ffermwr gynhyrchu
llawer o wartheg, pob un ohonyn nhw'n rhoi llawer o laeth.

Clonio dynol – realiti?

Os yw'n bosibl clonio anifeiliaid, yna mae'n bosibl
clonio bodau dynol.
Ond, yng ngwledydd Prydain, mae arbrofion ar
embryonau dynol wedi eu rheoli'n hynod o ofalus.
Mae pobl yn gofidio y gallai'r dechnoleg hon
gael ei defnyddio gan bobl ag amcanion amheus.
Mae arbenigwyr crefyddol a gwyddonol yn credu
nad yw'n iawn ceisio copïo bodau dynol.
Dylai fod yn bosibl creu bod dynol sy'n edrych yn
union yr un fath ag un arall.
Fodd bynnag, nid genynnau yn unig sy'n rheoli personoliaeth.
Felly ni fyddai bod dynol wedi'i glonio yn hollol
unfath â'i 'riant'.

> **b)** Beth yw'r gwahaniaeth rhwng clonio dynol a gwaith y cymeriad ffuglennol Dr Frankenstein?

Dolly'r ddafad – anifail fferm wedi ei glonio.

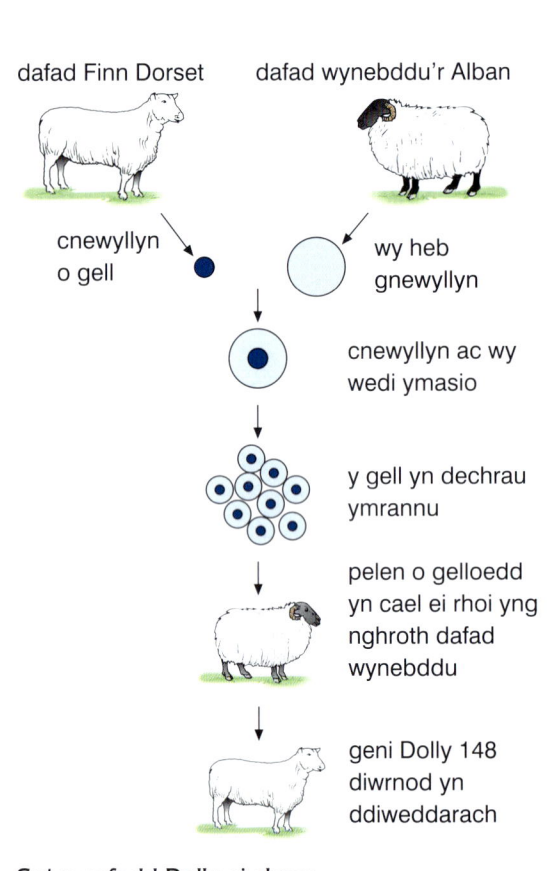

Sut y cafodd Dolly ei chreu.

Y ffordd fwyaf cyffredin o glonio anifeiliaid yw dull o'r enw **trawsblannu embryonau**. Mae pobl wedi bod yn defnyddio'r dull hwn i gynhyrchu llawer o anifeiliaid fferm unfath.

Yn aml un epil yn unig y bydd dafad neu fuwch yn ei gynhyrchu ar y tro.
Bydd clonio embryonau yn cael ei ddefnyddio er mwyn helpu ffermwyr i gynyddu nifer eu hanifeiliaid yn gyflym.
Sut y mae trawsblannu embryonau yn gweithio?

- Cymysgu wyau o'r anifail benyw gorau â sbermau o'r anifail gwryw gorau.
- Ffrwythloni wy, sydd wedyn yn dechrau ymrannu gan gynhyrchu embryo.
- Hollti'r embryo hwn yn ofalus gan ffurfio nifer o embryonau unfath.
- Gosod yr embryonau hyn mewn gwahanol anifeiliaid benyw, sy'n cael eu galw'n **famau benthyg** neu **famau lletyol**.
- Mae'r embryonau yn datblygu ac yn cael eu geni yn y ffordd naturiol.

Bydd gan yr anifeiliaid newydd hyn nodweddion defnyddiol eu rhieni.

Nid copïau union o'r naill riant na'r llall fyddan nhw, ond clonau o'i gilydd.

Mae bridwyr yn gallu defnyddio'r dull hwn i fridio anifeiliaid prin neu rai drud.
Er enghraifft, maen nhw'n casglu sbermau ac wyau o eifr angora.
Mae'r geifr hyn yn cynhyrchu gwlân gwerthfawr ac felly'n ddrud i'w prynu.
Mae'n bosibl rhoi'r embryonau mewn geifr cyffredin, sy'n costio llai.
Ymhen amser bydd y mamau geifr benthyg hyn yn rhoi genedigaeth i fynnod angora.

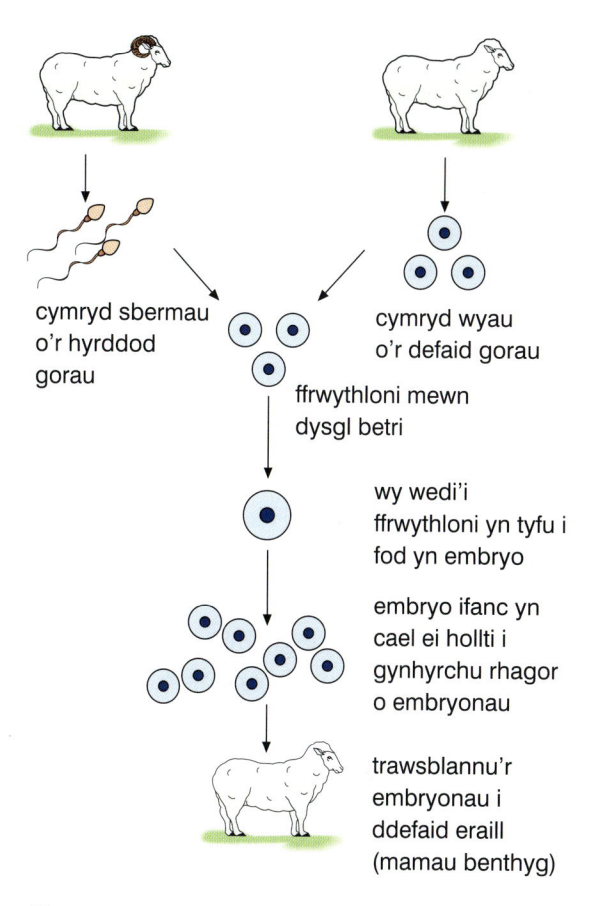

cymryd sbermau o'r hyrddod gorau
cymryd wyau o'r defaid gorau
ffrwythloni mewn dysgl betri
wy wedi'i ffrwythloni yn tyfu i fod yn embryo
embryo ifanc yn cael ei hollti i gynhyrchu rhagor o embryonau
trawsblannu'r embryonau i ddefaid eraill (mamau benthyg)

Y camau wrth glonio embryonau.

Gafr angora.

c) Byddwn yn clywed newyddion weithiau am fenywod yn bod yn famau benthyg. Beth y mae hyn yn ei olygu?

I'ch atgoffa!

1 Copïwch a chwblhewch:

Mae'n bosibl clonio anifeiliaid trwy drawsblannu ...... Mae'r ...... yn cael ei hollti yn nifer o gelloedd unfath. Yna mae pob embryo yn cael ei roi mewn mam ...... Bydd yn datblygu'n normal yma hyd nes iddo gael ei ......

2 Nodwch ddau reswm pam y mae clonio anifeiliaid fferm yn ddefnyddiol.

3 Beth yw eich barn chi am glonio dynol?

Trafodwch â'ch ffrindiau y pwyntiau o blaid ac yn erbyn.

17ch Peirianneg genetig

Roedd Pennod 8 yn sôn am sut y mae eich corff yn rheoli lefel y siwgr yn eich gwaed. Er mwyn gwneud hyn mae eich corff yn gwneud hormonau. **Inswlin** yw un o'r hormonau hyn.

a) Pa glefyd sy'n cael ei achosi gan ddiffyg yn yr hormon hwn?
(Awgrym: edrychwch eto ar Bennod 8.)

Mae ar rai pobl sydd â'r clefyd siwgr angen pigiadau inswlin yn rheolaidd. Hyd at yn weddol ddiweddar roedd y rhan fwyaf o'r hormon hwn yn dod o foch, a rhywfaint ohono o wartheg.

Roedd hyn yn achosi ambell broblem:
- nid yw inswlin o rywogaeth arall yn gweithio cystal ag inswlin dynol
- mae rhai pobl yn adweithio'n wael tuag at inswlin moch.

Erbyn heddiw mae'r rhan fwyaf o inswlin yn cael ei wneud trwy **beirianneg genetig**.

> Mae peirianneg genetig yn golygu trosglwyddo genynnau o un math o gell i fath arall.

Mae genynnau yn cludo'r holl gyfarwyddiadau ar gyfer y ffordd y mae eich corff yn gweithio.
Y dechneg sy'n cael ei defnyddio yw gwneud i gelloedd o **ficrobau** gynhyrchu cemegau defnyddiol.
- Mae genynnau dynol yn cael eu torri o gelloedd trwy ddefnyddio ensymau arbennig.
- Yna eu rhoi mewn celloedd bacteria.
- Wedyn bydd y celloedd hyn yn ymrannu gan wneud copïau unfath o'u hunain – ac o'r genyn dynol.

b) Beth yw'r gair mewn bioleg am gopïau unfath?

Mae bacteria yn ymrannu'n gyflym iawn a chyn bo hir bydd yna filoedd ohonyn nhw, pob un â'r genyn dynol. Os bydd yr amodau'n addas, bydd y bacteria yn gwneud inswlin, a gellir casglu hwn.
Manteision y dechneg hon yw:
- mae'r inswlin yn unfath ag inswlin dynol
- mae llawer yn cael ei gynhyrchu ar y tro
- mae'n cael ei gynhyrchu'n rhad.

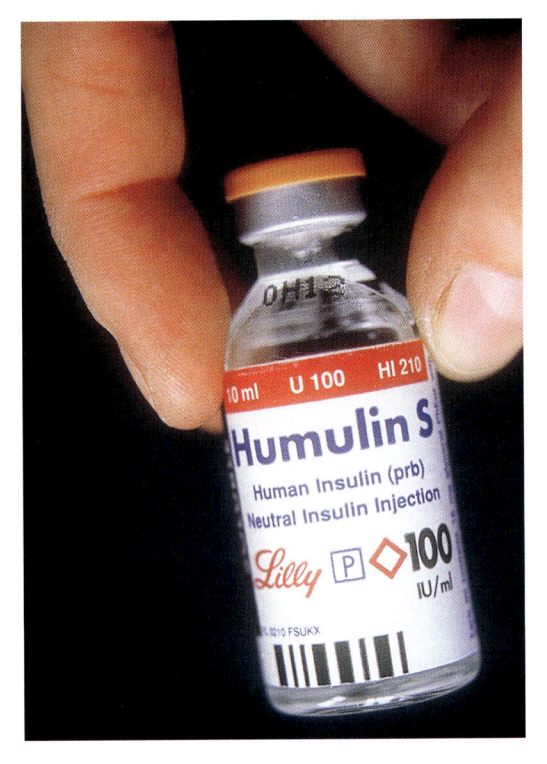

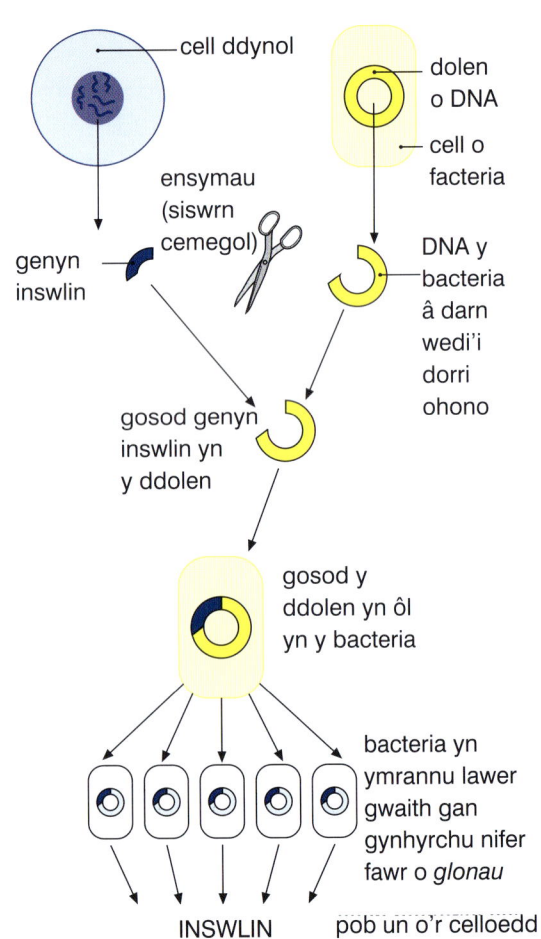

Enghraifft ddiddorol arall o beirianneg genetig yw gwneud **ffactor VIII** (wyth).
Mae gennym ffactor VIII yn ein gwaed.
Hebddo ni fydd ein gwaed yn ceulo pan fyddwn yn torri'r croen.
Diffyg ffactor VIII yw achos y cyflwr o'r enw **haemoffilia**.

c) Beth arall sydd ei angen er mwyn i'n gwaed geulo?

Mae gwyddonwyr wedi llwyddo i drosglwyddo'r genyn ar gyfer ffactor VIII i wyau defaid wedi'u ffrwythloni.
Mae'r celloedd wyau hyn yn ymrannu gan ffurfio embryo.
Bob tro y mae'r celloedd yn ymrannu mae'r genyn yn cael ei gopïo.
Yn y pen draw bydd oen newydd yn cael ei eni,
a bydd pob un o'i gelloedd yn cynnwys y genyn.
Yna bydd y ffactor VIII yn cael ei ryddhau yn llaeth y ddafad.
Yr enw ar anifeiliaid â genynnau newydd fel hyn yw **anifeiliaid trawsenynnol**.
Mae inswlin dynol hefyd wedi cael ei gynhyrchu trwy'r dull hwn.

Bydd y ddafad hon yn cynhyrchu ffactor VIII yn ei llaeth.

Beth am y dyfodol?

Y cam nesaf i wyddonwyr yw ceisio rhoi genynnau newydd mewn bodau dynol.
Pam, yn eich barn chi, y bydden nhw am wneud hyn?
Meddyliwch am y clefydau etifeddol ym Mhennod 15.
Mae ffibrosis codennog, er enghraifft, yn cael ei achosi gan enyn diffygiol.
Mae gwyddonwyr yn arbrofi â ffyrdd o roi genyn normal yn lle'r un diffygiol hwn.
Y broblem fawr yw gallu rhoi'r genyn newydd mewn digon o gelloedd y claf.
Ar hyn o bryd mae gwyddonwyr yn arbrofi â phympiau anadlu.
Bob tro y bydd y claf yn mewnanadlu trwy'r pwmp bydd yn derbyn miliynau o gopïau o'r genyn cywir.
Bydd rhai o'r rhain yn mynd i'r celloedd sy'n leinio'r ysgyfaint.
Enw'r dechneg hon yw **therapi genynnol**.

Petai therapi genynnol yn llwyddiannus efallai mai'r driniaeth ar gyfer ffibrosis codennog fydd pwmp anadlu syml.

I'ch atgoffa!

1 Copïwch a chwblhewch:

Mae peirianneg genetig yn golygu trosglwyddo ...... rhwng gwahanol gelloedd. Mae'r dechneg yn cael ei defnyddio i wneud ...... dynol ar gyfer trin pobl sydd â'r clefyd siwgr. Gosodir y ...... inswlin mewn ...... Yna mae'r bacteria hyn yn gallu gwneud inswlin sy'n ...... ag inswlin dynol.

2 Pam y mae bacteria yn gallu cynhyrchu cymaint o inswlin?

3 Ble yn y corff y mae gwyddonwyr yn cael y genyn inswlin dynol?

4 Os bydd yn llwyddiannus, pam y bydd therapi genynnol mor bwysig?

17d Bwydydd GM

Edrychwch ar y llun gyferbyn.
Mae'n dangos aelodau o fudiad *Greenpeace* yn difrodi cnwd o India corn yn Swydd Norfolk.

a) Pwy neu beth yw *Greenpeace*?

Roedd y cnwd hwn o India corn wedi cael ei dyfu o hadau wedi eu haddasu'n enetig.

> Mae genynnau planhigion sydd **wedi eu haddasu'n enetig** yn rhai a gafodd eu newid gan bobl.

Mae gwyddonwyr wedi newid neu addasu genynnau llawer o blanhigion trwy ddefnyddio peirianeg genetig.
Er enghraifft, maen nhw wedi cynhyrchu:
- India corn sy'n gwrthsefyll plâu
- ffa soya sy'n gwrthsefyll chwynleiddiaid
- caws llysieuol
- tomatos sy'n cadw'n ffres am fwy o amser.

Mae gan y **bwydydd GM** hyn (a rhai eraill) fanteision posibl.
Er enghraifft:
- ni fyddai angen i ffermwyr ddefnyddio cymaint o gemegau ar eu tir
- byddai'n bosibl cynyddu cynnyrch bwyd, gan gyfrannu at ddatrys problem newyn y byd
- gallai siopwyr brynu bwydydd ffres o ansawdd gwell trwy'r flwyddyn

Felly beth yw pryderon mudiadau fel *Greenpeace*?
Pryderon arbennig yw:
- perygl trosglwyddo genynnau wedi'u haddasu i anifeiliaid neu blanhigion gwyllt
- maen nhw'n anhapus mai nifer fach o gwmnïau mawr iawn sy'n berchen ar y dechnoleg hon.
- byddai'n rhaid i ffermwyr tlawd y 'trydydd byd' brynu eu hadau bob blwyddyn gan y cwmnïau hyn. Oherwydd y gost, byddai hyn yn peryglu eu bywoliaeth. Maen nhw fel arfer yn cadw had o gnwd un flwyddyn ar gyfer y flwyddyn ganlynol, ond mae hadau GM yn anffrwythlon, felly ni fyddai'n bosibl parhau i wneud hyn.

Hefyd, mae'r cyhoedd yn gyffredinol yn amheus ynglŷn â phrynu bwydydd GM.
Mae hyn oherwydd adroddiadau yn y cyfryngau, efallai heb ddigon o ymchwil. Roedd yr adroddiadau hyn yn sôn am fwydydd 'Frankenstein', ac yn awgrymu y gallai'r rhain fod yn niweidiol i bobl, ond heb roi llawer iawn o dystiolaeth.

Mae tomatos GM yn cadw'n ffres am fwy o amser.

b) Gofynnwch i'ch teulu beth yw eu barn nhw am fwydydd GM. Ydyn nhw yn eu prynu nhw, neu'n eu hosgoi?

Crynodeb

Rydym yn defnyddio **detholiad artiffisial** er mwyn cynhyrchu amrywiadau newydd o organebau.
Mae organebau â nodweddion defnyddiol yn cael eu dethol a'u defnyddio ar gyfer bridio.
Enw arall ar ddetholiad artiffisial yw **bridio detholus**.
Mae bridio detholus yn lleihau nifer yr alelau mewn poblogaeth.
Mae hyn yn golygu bod llai o amrywiad a llai o siawns y bydd poblogaethau yn gallu ymaddasu i newidiadau amgylcheddol yn y dyfodol.

Organebau sy'n **unfath yn enetig** yw **clonau**.
Mae clonau yn digwydd yn naturiol ac y mae hyn yn enghraifft o **atgynhyrchu anrhywiol**.
Mae cymryd toriadau yn enghraifft o glonio.
Mae rhai enghreifftiau modern yn cynnwys:

- **meithriniad meinwe**
- **trawsblannu embryonau**

Mae **peirianneg genetig** yn golygu trosglwyddo genynnau rhwng celloedd.
Mae'n bosibl gosod genynnau dynol mewn organebau eraill.
Mae genyn inswlin dynol wedi cael ei drosglwyddo i facteria.
Mae'r bacteria hyn yn awr yn gwneud inswlin dynol.
Mae genynnau dynol hefyd wedi cael eu trosglwyddo i rywogaethau eraill, e.e. defaid.
Mae hyn yn galluogi'r anifeiliaid i wneud cemegau sy'n ddefnyddiol i bobl.

Mae genynnau **bwydydd GM** wedi cael eu haddasu.
Mae hyn yn cynhyrchu nodweddion defnyddiol fel atal dirywiad neu wrthsefyll plâu, ond mae yna anfanteision hefyd.

Cwestiynau

1 Copïwch a chwblhewch:

Mae amrywiadau newydd o organebau yn cael eu cynhyrchu trwy ddetholiad ...... Enw arall ar hyn yw bridio ...... Mae'r organebau sydd â'r ...... gorau yn cael eu ...... â'i gilydd. Mae bridio detholus yn lleihau nifer yr ...... mewn poblogaeth. Mae hyn yn golygu efallai na fydd y boblogaeth yn gallu ...... i newidiadau amgylcheddol yn y dyfodol.

2 Pam y mae'n syniad da cadw ychydig enghreifftiau o anifeiliaid prin ac anarferol, neu hadau planhigion prin?

3 Pam y mae'r ensymau sy'n cael eu defnyddio mewn peirianneg genetig yn cael eu galw'n 'siswrn cemegol'?

4 Ewch ati i wneud rhywfaint o ymchwil i fwydydd GM. Paratowch adroddiad neu boster yn egluro beth yw eu manteision a'u hanfanteision.

5 Beth yw ystyr 'bridio ar gyfer eu harddangos'? Sut y mae bridio detholus wedi achosi problemau i rai cŵn sydd o dras arbennig?

6 Beth yw manteision cynhyrchu planhigion newydd trwy feithriniad meinwe?

PENNOD 18

ESBLYGIAD

▶▶▶ 18a Beth yw esblygiad?

Newid sy'n digwydd dros gyfnod o amser yw esblygiad.
Edrychwch ar y beiciau hyn.
Beic peni-ffardding o'r 19eg ganrif yw un ohonyn nhw, a beic mynydd o'r 21ain ganrif yw'r llall.
Mae beiciau wedi esblygu oherwydd bod technoleg wedi newid.
Mae yna ddefnyddiau cryfach ac ysgafnach ar gael nawr.
Mae breciau a theiars yn fwy datblygedig.

Mae llawer o blanhigion ac anifeiliaid wedi **esblygu** er mwyn gallu gweddu i'w hamodau amgylcheddol.
Os nad yw rhywogaeth o anifeiliaid neu blanhigion yn ymaddasu i'w hamgylchedd, bydd yn darfod.

> Newid graddol yn nodweddion rhywogaeth yw esblygiad.

Beth yw rhywogaeth?

Byddwn yn clywed y gair rhywogaeth yn aml, ond nid yw pobl bob amser yn deall ei ystyr.

Dywedwn fod dau anifail yn perthyn i'r un rhywogaeth os:

> '...... gallant fridio â'i gilydd a chynhyrchu epil ffrwythlon'.

Os yw'r epil yn ffrwythlon mae hyn yn golygu y bydd yr epil hyn hefyd yn gallu bridio yn eu tro. Y gwrthwyneb i ffrwythlon yw **anffrwythlon**.

Mae **mulod** yn enghraifft dda o hyn.
Mae mulod yn ganlyniad bridio **asynnod** gyda **cheffylau**.
Ond oherwydd bod asynnod a cheffylau yn ddwy rywogaeth wahanol, mae mulod yn anffrwythlon.
Yr unig ffordd i gael rhagor o fulod yw trwy fridio rhagor o asynnod gyda rhagor o geffylau.

Mul – canlyniad bridio ceffyl gydag asyn.

Damcaniaeth esblygiad

Yn ôl y ddamcaniaeth hon:

> Mae pob rhywogaeth o bethau byw sy'n bod heddiw wedi esblygu o ffurfiau symlach ar fywyd.

Ymddangosodd y ffurfiau bywyd syml hyn gyntaf 3 biliwn o flynyddoedd yn ôl.

Bacteria, planhigion ac anifeiliaid syml yn y môr oedd yr organebau byw cyntaf.
Dros filiynau o flynyddoedd esblygodd y creaduriaid hyn yn organebau llawer mwy cymhleth – bodau dynol, er enghraifft!

Diflaniad

Rhwng 3 biliwn o flynyddoedd yn ôl a heddiw mae llawer o rywogaethau o blanhigion ac anifeiliaid wedi **diflannu**.
Maen nhw wedi darfod o'r tir (a'r môr).

> **a)** Enwch grŵp enwog o anifeiliaid sydd wedi diflannu.

Gweithgareddau pobl sy'n bygwth yr anifeiliaid sydd mewn perygl ar hyn o bryd, fel y panda.
Ond diflannodd creaduriaid eraill am resymau gwahanol.

Beth ddigwyddodd i'r dinosoriaid?

Mathau o ymlusgiaid oedd y dinosoriaid.

> **b)** Pa nodweddion arbennig sydd gan ymlusgiaid?

Diflannodd y dinosoriaid ymhell cyn i fodau dynol ymddangos gyntaf.
Mae'n bosibl bod eu cyflenwad bwyd wedi darfod.
Neu efallai fod effeithiau meteorynnau enfawr yn taro'r ddaear wedi eu lladd.

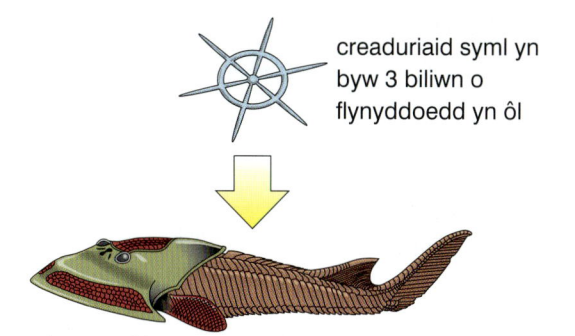

creaduriaid syml yn byw 3 biliwn o flynyddoedd yn ôl

↓

pysgod yn ymddangos gyntaf 400 miliwn o flynyddoedd yn ôl

↓

amffibiaid yn ymddangos gyntaf 300 miliwn o flynyddoedd yn ôl

↓

ymlusgiaid yn ymddangos gyntaf 250 miliwn o flynyddoedd yn ôl

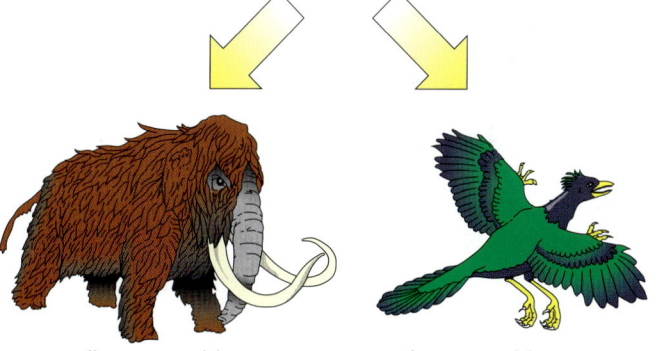

↙ ↘

mamolion yn ymddangos gyntaf 200 miliwn o flynyddoedd yn ôl

adar yn ymddangos gyntaf 150 miliwn o flynyddoedd yn ôl

I'ch atgoffa!

1 Copïwch a chwblhewch:

Newid ...... yn nodweddion ...... yw esblygiad. Mae'r newidiadau hyn yn galluogi rhywogaethau i ...... i amgylchedd .... Bydd rhywogaeth sy'n methu ymaddasu yn ......

2 O ba fath o greaduriaid yr esblygodd mamolion?

3 Ewch ati i wneud gwaith ymchwil i ddinosoriaid. Paratowch sgwrs fer i'w chyflwyno i weddill eich dosbarth.

18b Ffosiliau

Mae llawer o'n gwybodaeth am esblygiad wedi dod o astudio ffosiliau.

> Ffosiliau yw gweddillion anifeiliaid a phlanhigion oedd yn byw filiynau o flynyddoedd yn ôl, sydd wedi eu cadw a'u diogelu hyd heddiw.

Mae tair prif ffordd o ffurfio ffosiliau:

- Nid yw rhannau caled organebau byw, sef eu hesgyrn, cregyn ac ati, yn pydru'n hawdd.
  Mae'r rhannau hyn yn cael eu claddu o dan y ddaear trwy gael eu gorchuddio â gronynnau mân o'r enw **gwaddod**.
  Yn y pen draw bydd y gwaddod yn newid yn graig, a bydd mwynau caled yn cymryd lle rhannau caled y cyrff. Y canlyniad yw copi perffaith mewn carreg o rannau caled y creadur.

- Weithiau nid yw'r rhannau meddal yn pydru chwaith. Mae hyn yn digwydd pan na fydd yr amodau byw yn addas ar gyfer microbau: er enghraifft, pan fydd y creadur yn cael ei gladdu mewn iâ neu mewn tir mawnog asidig. Yn aml, fe welwch bryfed hynafol wedi eu dal a'u cadw mewn **ambr**.
  Nodd o goeden yw hwn, sydd wedi ffurfio côt wydn o gwmpas y pryfyn.

- Os bydd y rhannau meddal yn pydru'n ddigon araf mae mwynau'n gallu cymryd eu lle. Cafodd ffosiliau llawer o blanhigion hynafol eu ffurfio fel hyn.
  Maen nhw i'w gweld yn aml mewn glo.

Yr archeopterycs – aderyn cynnar.

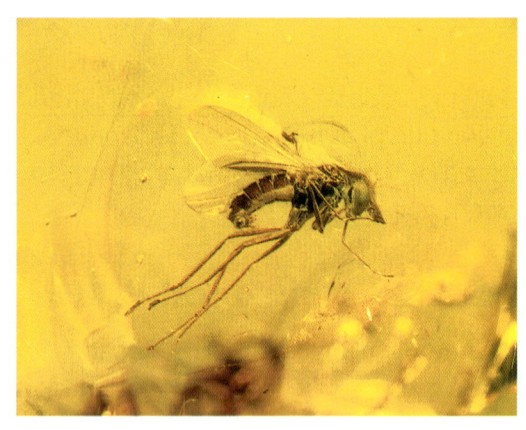

Mae ambr yn caledu i ffurfio solid gan ddal pryfed y tu mewn iddo.

a) Pam nad yw anifeiliaid yn pydru os ydyn nhw'n cael eu claddu mewn iâ?

Yn ogystal â phlanhigion ac anifeiliaid eraill, mae'n bosibl i bobl gael eu ffosileiddio hefyd. Enghraifft dda yw'r dyn Lindow enwog a gafodd ei ddarganfod mewn tir mawnog ger Wilmslow yn Swydd Caer.

Pam y mae ffosiliau yn bwysig?

Mae ffosiliau yn gallu dangos sut y mae gwahanol organebau wedi newid dros amser.

Mae **daearegwyr** yn astudio'r Ddaear a sut y cafodd ei ffurfio. Maen nhw'n gallu cyfrifo pa mor hen yw creigiau. Wrth wybod hyn, maen nhw hefyd yn gwybod beth yw oedran y ffosiliau sydd yn y creigiau. Maen nhw wedi gallu dyddio'r **cofnod ffosiliau** trwy ddefnyddio'r wybodaeth hon.

Chwilio am ffosiliau.

Mae'r cofnod ffosiliau yn dangos ym mha drefn y mae anifeiliaid a phlanhigion wedi esblygu. Mae'r Grand Canyon yn America yn lle da ar gyfer astudio'r cofnod ffosiliau. Ceunant dwfn yw hwn lle mae creigiau sydd tua 2 biliwn o flynyddoedd oed. Mae daearegwyr wedi darganfod llawer o ffosiliau yma. Yr anifeiliaid sydd 'ar goll' yw'r rhai mwyaf diweddar, er enghraifft adar a mamolion.

Y Grand Canyon.

Mamolion yn ymddangos

Mae bodau dynol yn enghreifftiau o famolion.

> **b)** Beth yw nodweddion mamolion?

Ymddangosodd mamolion modern gyntaf tua 70 miliwn o flynyddoedd yn ôl.
(Ychydig wedi diflaniad y dinosoriaid.)
Bodau dynol yw'r mamolion mwyaf diweddar.
Tua 2.5 miliwn o flynyddoedd yn ôl yn unig y gwnaethom ni ymddangos, a hyd yma rydym wedi profi ein bod yn anifeiliaid llwyddiannus iawn.

> **c)** Beth, yn eich barn chi, yw'r prif fygythiad i'n goroesiad ni, fodau dynol, ar y Ddaear?

I'ch atgoffa!

1. Copïwch a chwblhewch:

   Gweddillion planhigion ac anifeiliaid hynafol wedi eu .... yw ffosiliau. Maen nhw'n dangos sut y mae organebau gwahanol wedi ...... dros amser. Mae'r cofnod ...... yn dangos pa ...... yr oedd pa organebau yn byw.

2. Pa rannau o blanhigion ac anifeiliaid sy'n pydru yn gyflym?

3. Sut y mae'r rhannau hyn yn cael eu newid yn ffosiliau?

4. Pam y mae angen i ddaearegwyr wybod beth yw oedran creigiau?

199

▶▶▶ 18c Esblygiad a detholiad naturiol

Mae'r penfras yn bysgodyn cyfarwydd iawn.
Mae'r penfras benywol yn dodwy miliynau o wyau.
Ond weithiau byddwn yn clywed yn y newyddion
fod cyflenwad penfras Môr y Gogledd bron â darfod.
Beth sydd wedi mynd o'i le?
Pam nad oes gormodedd o benfras?

Y gwir yw nad yw llawer o'r wyau yn dod yn bysgod llawn dwf.
Yn aml iawn, maen nhw'n cael eu bwyta.
Bydd bywyd llawer o'r rhai sydd yn tyfu i'w llawn dwf yn
dod i ben fel rhan o blatiad o bysgod a sglodion!

a) Mae llyffantod yn dodwy miloedd o wyau, felly pam nad
oes gormodedd o lyffantod?

Mae llawer o anifeiliaid a phlanhigion yn cynhyrchu
llawer o epil.
Ond nid yw niferoedd mawr o'r rhain yn goroesi.

b) Ar wahân i gael eu bwyta, pam nad yw llawer o
anifeiliaid eraill yn goroesi?

Mae'r rhan fwyaf o bysgod yn dodwy nifer fawr o wyau. Yma fe welwch wyau yn cael eu casglu o bysgodyn. Yr enw ar y broses yw 'godro' neu 'stripio'.

> Yr unigolion sy'n goroesi yw'r rhai sydd
> wedi **ymaddasu orau** i'w hamgylchedd.

Mae'r unigolion hyn yn goroesi'n ddigon hir i allu bridio.
Yna maen nhw'n trosglwyddo eu halelau ar gyfer eu
'nodweddion goroesi' i'w hepil.
Nawr bydd gan yr epil hyn siawns dda o oroesi hefyd.

Yn raddol, dros lawer o genedlaethau, bydd nifer mwy
a mwy o unigolion sydd wedi ymaddasu'n dda.

c) Pa nodwedd(ion) fyddai'n gallu helpu'r penfras i oroesi?

'Trechaf treisied' neu 'goroesiad y cymhwysaf' yw'r enw
ar y syniad mai yr organebau sydd wedi ymaddasu
orau yw'r unig rai sy'n goroesi.

Mae glas y dorlan wedi ymaddasu'n dda ar gyfer bwydo o afonydd.

Term mwy cywir am hyn yw **detholiad naturiol**.

Cafodd y ddamcaniaeth detholiad naturiol ei chyflwyno gan **Charles Darwin** (a hefyd tua'r un pryd gan Gymro o Frynbuga, Alfred Russel Wallace). Gwyddonydd o Amwythig a deithiodd y byd yn astudio bywyd gwyllt oedd Darwin.

Roedd ei ddamcaniaeth wedi ei seilio ar yr arsylwadau hyn:
- mae organebau yn cynhyrchu llawer o epil
- mae yna bob amser amrywiad rhwng aelodau rhywogaeth
- mae yna bob amser frwydr rhwng aelodau rhywogaeth i oroesi
- mae unigolion â nodweddion defnyddiol yn fwy tebygol o oroesi
- bydd y rhai sy'n goroesi yn bridio
- bydd gan y genhedlaeth nesaf nodweddion goroesi gwell.

Defnyddiodd Darwin y syniad hwn er mwyn egluro'r newidiadau sy'n digwydd yn ystod esblygiad.

Charles Darwin.

Y jiráff a detholiad naturiol

Ydych chi erioed wedi meddwl sut y cafodd y jiráff goesau a gwddf mor hir?
- Yn y boblogaeth wreiddiol byddai yna *rai* jiraffod tal iawn.
- Byddai gan yr unigolion hyn fantais dros jiraffod byrrach.
  Byddai'r rhain yn gallu cyrraedd dail coed yn haws er mwyn bwydo.
- Felly fe fydden nhw wedi goroesi'n well na'r rhai byr.
- Byddai'r jiraffod llwyddiannus hyn wedi bridio a throsglwyddo'r genynnau ar gyfer gyddfau hir i'w hepil.
- Dros gyfnod maith, cafodd mwy a mwy o jiraffod eu geni â choesau a gyddfau hir.

I'ch atgoffa!

1 Copïwch a chwblhewch:

Yr organebau sydd wedi ymaddasu ...... i'w ...... sydd fwyaf tebygol o oroesi. Mae organebau sy'n goroesi yn fwy tebygol o ...... a throsglwyddo eu ...... i'w hepil. Dyma'r hyn sy'n cael ei alw'n ddamcaniaeth ....

2 Yn eich barn chi, pam nad oedd Darwin yn sôn am enynnau wrth ysgrifennu am ei ddamcaniaeth?

3 Mae gan afrewigod yn Affrica guddliw da.

Pam na fyddwch chi'n gweld gafrewigod â rhesi llachar a lliwgar ar eu cyrff?

18ch Detholiad peryglus

Bydd presgripsiwn meddyg yn aml yn cynnwys gwrthfiotigau. Cyffuriau yw'r rhain ar gyfer lladd bacteria.

a) Pa un oedd y gwrthfiotig cyntaf?

Y dyddiau hyn mae llawer o bobl yn gofidio bod gwrthfiotigau yn cael eu defnyddio'n rhy aml. Mewn poblogaeth o facteria efallai fod un neu ddau o unigolion **gwrthiannol**. Ystyr hyn yw na fydd y gwrthfiotig yn eu lladd. Bydd y goroeswyr hyn yn atgynhyrchu'n gyflym a throsglwyddo eu gwrthiant. Yn fuan iawn bydd yna filiynau o facteria, a phob un yn wrthiannol i'r cyffur. Y mwyaf o wrthfiotigau sy'n cael eu defnyddio, y mwyaf tebygol yw hi y bydd gwrthiant yn datblygu.

O ganlyniad:
- ni ddylai gwrthfiotigau gael eu defnyddio oni bai bod hynny'n hollol angenrheidiol
- dylai cleifion bob amser gwblhau cwrs o dabledi
- dylai ffermwyr ddefnyddio llai o wrthfiotigau wrth fagu eu hanifeiliaid.

Wnewch chi byth fy nal i – dw i'n wrthiannol

Nid effaith gwrthfiotigau yn unig sy'n cael ei drysu gan wrthiant.
Yn y 1950au, cafodd gwenwyn llygod mawr o'r enw **warffarin** ei ddatblygu. Ar y dechrau, roedd yn effeithiol iawn ac fe laddodd lawer o lygod mawr. Ond roedd rhai llygod mawr yn wrthiannol i warffarin.
Trosglwyddodd y llygod mawr hyn eu gwrthiant i'w hepil.
Erbyn heddiw mae warffarin yn llai effeithiol ac ni fydd dosiau mawr hyd yn oed yn lladd rhai llygod mawr.

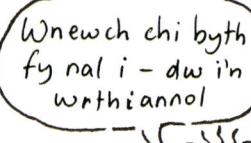

Mae llygod mawr yn peryglu iechyd.

b) Pam y mae pobl yn ystyried bod llygod mawr yn bla?
c) Pam y mae hi'n mynd yn fwy anodd cael gwared â llygod mawr?

Crynodeb

Newid graddol yn nodweddion rhywogaeth yw **esblygiad**.
Mae pob peth byw sy'n bodoli heddiw wedi esblygu o organebau symlach.
Datblygodd yr organebau syml cyntaf hyn tua 3 biliwn o flynyddoedd yn ôl.

Mae rhai organebau wedi diflannu.
Mae **diflaniad** yn digwydd pan fydd rhyw ran o amgylchedd organeb yn newid, a'r organeb yn methu ymaddasu i hynny.

Mae'r **cofnod ffosiliau** yn rhoi tystiolaeth o esblygiad.
Gweddillion planhigion ac anifeiliaid hynafol wedi eu cadw hyd heddiw yw **ffosiliau**.
Mae rhannau caled organebau yn gallu cael eu diogelu a'u cadw mewn creigiau.
Weithiau nid yw'r meinweoedd meddal yn pydru oherwydd eu bod wedi eu claddu mewn iâ neu mewn tir mawnog asidig.
Cafodd pryfed bach eu darganfod wedi eu dal a'u cadw mewn ambr, sef nodd coed wedi caledu i ffurfio solid.
Mae daearegwyr yn cyfrifo oedran creigiau ac felly'n gallu cyfrifo pa mor hen yw ffosiliau.
Mae ffosiliau yn arddangos y newidiadau sydd wedi digwydd mewn organebau byw dros filiynau o flynyddoedd.

Defnyddiodd **Charles Darwin** ei ddamcaniaeth **detholiad naturiol** i egluro esblygiad.
Mae organebau sydd wedi ymaddasu i'w hamgylchedd yn fwy tebygol o oroesi.
Bydd yr organebau hyn yn bridio ac yn trosglwyddo eu nodweddion defnyddiol yn eu genynnau.

Cwestiynau

1 Copïwch a chwblhewch:

   Newid ...... yn ...... rhywogaeth yw ......
   Os nad yw rhywogaeth yn esblygu bydd yn
   ...... Mae damcaniaeth detholiad ...... yn helpu i
   egluro esblygiad.

   Mae organebau sydd wedi ymaddasu i'w ......
   yn goroesi ac yn ...... Maen nhw'n trosglwyddo
   eu ...... defnyddiol i'w ...... Cafodd y
   ddamcaniaeth hon ei chyflwyno gan ....
   Galwodd hyn yn oroesiad y ......

2 Ar ba arsylwadau yr oedd Darwin wedi seilio ei ddamcaniaeth detholiad naturiol?

3 Mae'r dodo yn enghraifft enwog o anifail diflanedig.
   Ewch ati i gasglu gwybodaeth am y dodo ac ysgrifennwch adroddiad amdano.

4 Clefyd yw teiffoid sydd fel arfer yn cael ei reoli gan wrthfiotig.

   Ym 1972 bu farw 14 000 o bobl yn México o'r teiffoid gan nad oedd y gwrthfiotig arferol yn gweithio.

   Eglurwch pam nad oedd y gwrthfiotig yn gweithio. (Awgrym: darllenwch dudalen olaf y bennod hon eto.)

5 Ewch ati i wneud ychydig o waith ymchwil ac ysgrifennwch adroddiad am adwaith y cyhoedd pan gyhoeddodd Darwin ei ddamcaniaeth detholiad naturiol am y tro cyntaf.

Rhagor o gwestiynau am Etifeddiad a detholiad

▶ **Amrywiad**

1. Mae nodweddion pobl naill ai wedi eu hetifeddu neu yn cael eu hachosi gan ddylanwadau amgylcheddol.

   colli braich   mewn damwain   grŵp gwaed

   lliw llygaid   rhyw y person   màs

   (a) O'r nodweddion sydd wedi eu rhestru yma dewiswch:
   - (i) un sy'n cael ei rheoli gan ddylanwadau amgylcheddol yn unig (1)
   - (ii) un sy'n cael ei rheoli gan etifeddiad yn unig (1)
   - (iii) un sy'n cael ei rheoli gan ddylanwadau amgylcheddol yn ogystal ag etifeddiad. (1)

   (b) Pa ran o gnewyllyn y gell sydd yn galluogi trosglwyddo nodweddion o un genhedlaeth i'r nesaf? (1)

   (c) Beth yw ystyr y term **alel trechol**? (1)

   (OCR)

2. Mae gwyddonydd yn awyddus i ddarganfod y genynnau sy'n pennu pa liw fydd y blodyn ar blanhigyn.
   Dewiswch air o bob rhestr er mwyn cwblhau'r brawddegau sy'n eu dilyn.

   (a) **oer   llaith   sych   poeth**
   Yn gyntaf, mae llawer o'r planhigion yn cael eu tyfu o doriadau. Er mwyn i'w gwreiddiau ddatblygu, rhaid eu tyfu mewn awyrgylch ......

   (b) **cellfur   cytoplasm   pilen   cnewyllyn**
   Yna bydd y gwyddonydd yn tynnu cromosomau o gelloedd dail.
   Yn y ...... y mae'r cromosomau.

   (c) **corffgelloedd   cloroplastau   gametau   celloedd rhyw**
   Mae'r cromosomau yn digwydd mewn parau. Mae hyn yn golygu mai ...... yw celloedd dail.

   (ch) **alelau   clonau   enciliol   amrywiadau**
   Gwahanol ffurfiau ar yr un genyn sy'n achosi gwahanol liwiau blodau.
   Yr enw ar wahanol ffurfiau ar yr un genyn yw ...... (4)

   (AQA 2001)

3. Mae'r diagramau yn dangos pedair ffordd o ffurfio gefeilliaid dynol.

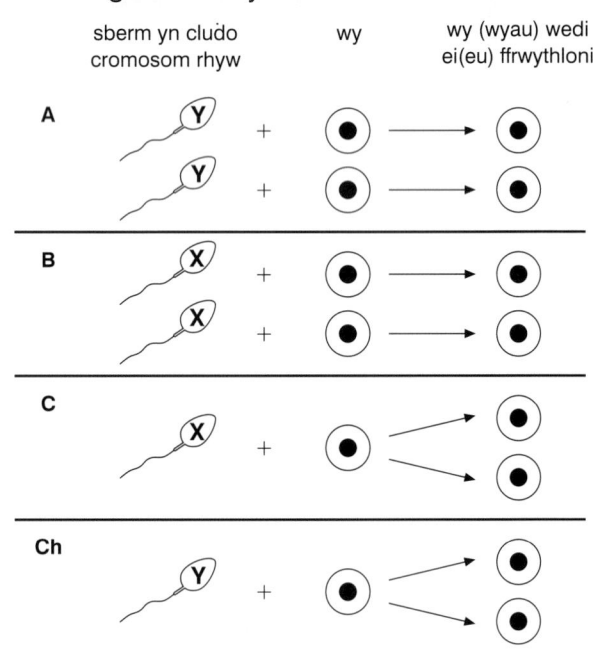

   Pa ddiagram, **A**, **B**, **C** neu **Ch**, sy'n dangos y broses a fydd yn cynhyrchu gefeilliaid gwryw sy'n unfath yn enetig?
   Eglurwch y rheswm dros eich dewis. (3)

   (AQA 2001)

4. (a) Defnyddiwch eiriau o'r rhestr i gwblhau'r brawddegau.

   alelau   cromosomau   gametau

   genynnau   mwtaniadau

   Mae cnewyllyn cell yn cynnwys ffurfiadau fel edafedd o'r enw ......

   Yr hyn sy'n rheoli nodweddion person yw ...... sy'n gallu bodoli fel gwahanol ffurfiau o'r enw ...... (3)

   (b) Mae'r dyluniad yn dangos rhai camau yn atgenhedliad ceffylau.

Rhagor o gwestiynau am Etifeddiad a detholiad

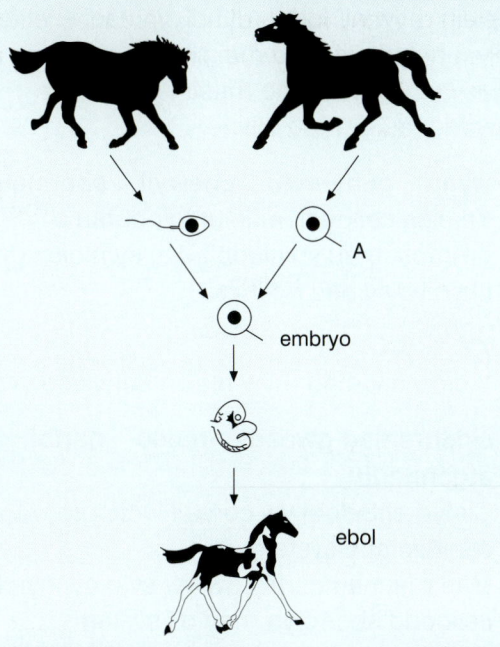

(i) Pa fath o atgynhyrchiad neu atgenhedliad sydd yma? (1)

(ii) Enwch y math o gell sydd wedi ei labelu'n **A**. (1)

(c) Pan fydd yr ebol yn tyfu bydd yn edrych yn debyg i'w rieni ond **ni fydd** yn unfath â'r naill riant na'r llall.

(i) Eglurwch pam y bydd yn edrych yn debyg i'w rieni. (1)

(ii) Eglurwch pam **na fydd** yn unfath â'r naill riant na'r llall. (2)

(AQA (NEAB) 1999)

5 Cymerodd garddwr bedwar toriad o'r un planhigyn a'u rhoi mewn compost. Cadwodd nhw o dan amodau gwahanol. Mae'r diagramau yn dangos pob toriad bythefnos yn ddiweddarach.

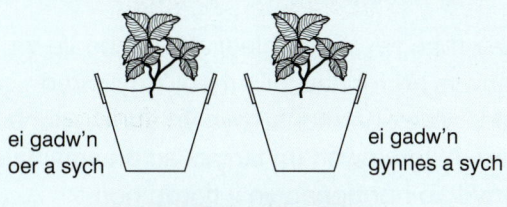

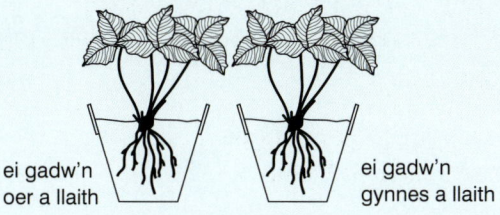

(a) Defnyddiwch wybodaeth o'r diagramau i ateb y rhan hon.

(i) Yr amod bwysicaf er mwyn i doriadau ddatblygu yw bod angen eu cadw'n ...... (1)

(ii) Eglurwch pam yr ydych wedi dewis yr amod hon. (2)

(b) Mae garddwyr yn aml yn tyfu planhigion newydd o doriadau yn hytrach na'u tyfu o hadau. Rhowch reswm dros hyn. (1)

(AQA (NEAB) 2000)

6 Mae'r dyluniad hwn yn dangos y cromosomau o gell ddynol.

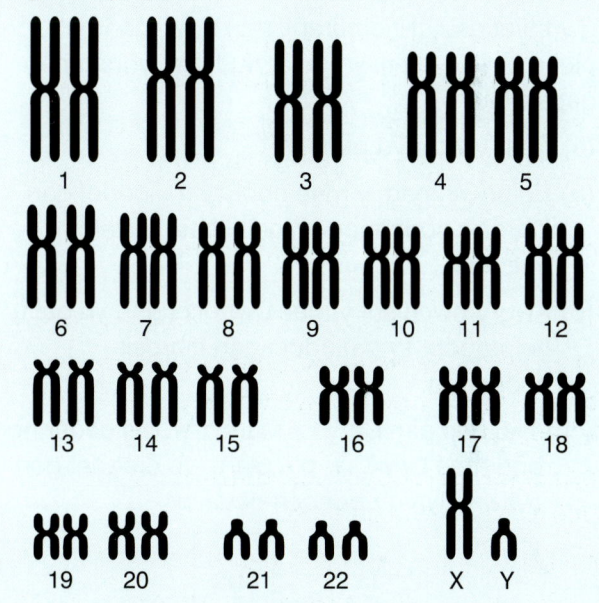

(i) Mae'r gell ddynol hon yn dod o wryw. Sut y gallwch chi ddweud bod y cromosomau yn dod o wryw? (1)

(ii) Sut y gallwch chi ddweud **nad yw** y cromosomau yn dod o gell ryw? (1)

(AQA (NEAB) 2000)

Rhagor o gwestiynau am Etifeddiad a detholiad

▶ **Etifeddiad**

7 Darllenwch y paragraff hwn ac atebwch y cwestiynau sy'n ei ddilyn:

Clefyd genetig sy'n effeithio ar y pancreas yw ffibrosis codennog. Mae dwythellau'r pancreas yn cael eu cau gan fwcws gludiog. Mae'r clefyd hefyd yn effeithio ar chwarennau'r bronciolynnau sy'n cynhyrchu mwcws, ac y mae'r rhain yn cynhyrchu llawer iawn o fwcws gludiog a thrwchus. Mae hyn yn ei gwneud yn anodd anadlu ac yn gwneud drwg i allu'r system anadlu i gael gwared â microbau.

Nid yw'n bosibl gwella'r clefyd ond mae'n bosibl trin rhai o'i symptomau trwy ddefnyddio gwrthfiotigau, ffisiotherapi, rhoi sylw manwl i'r diet a chymryd ensymau ar ffurf gronynnau neu gapsiwlau.

(a) Beth yw clefyd genetig? (1)

(b) Eglurwch pam y mae pobl sy'n dioddef gan ffibrosis codennog yn gallu cael trafferth anadlu. (1)

(c) Awgrymwch sut y mae gwrthfiotigau yn gallu helpu pobl sy'n dioddef gan ffibrosis codennog. (1)

(ch) Nid oes gan Carys a Marc ffibrosis codennog ond mae Dewi, un o'u plant, yn dioddef gan y cyflwr. Dyma'r goeden deuluol:

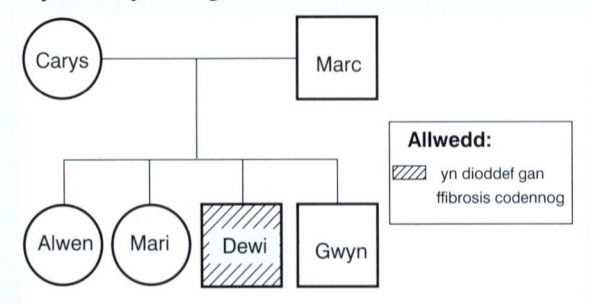

[Coeden deuluol: Carys (○) — Marc (□); plant: Alwen (○), Mari (○), Dewi (■ yn dioddef gan ffibrosis codennog), Gwyn (□)]

Defnyddiwch y llythrennau canlynol: **N** = normal (trechol) ac **n** = ffibrosis codennog (enciliol).

Beth yw genoteipiau:
(i) Carys (1)
(ii) Marc (1)
(iii) Dewi (1)
(iv) Pa **ddau** genoteip sy'n bosibl ar gyfer Gwyn? (2)

(d) Enwch unrhyw glefyd genetig arall. (1)

(CBAC)

8 Mae ein rhyw ni, fodau dynol, yn cael ei etifeddu. Gallwn hefyd etifeddu rhai clefydau gan ein rhieni. Dewiswch eiriau o bob rhestr i gwblhau'r brawddegau sy'n eu dilyn.

(a) wyau genynnau cnewyll sbermau

Yn eich cellgyrff, mae un o'r parau o gromosomau yn cludo'r ...... sy'n eich gwneud chi'n wryw neu'n fenyw.

(b) XY XX YY

Y cromosomau rhyw mewn benywod yw ......

(c) cylchrediad gwaed treulio nerfol atgenhedlu

Clefyd etifeddol yw corea Huntington. Mae'n effeithio ar y system ......

Mae rhannau corff y gwryw sy'n cynhyrchu celloedd sberm yn rhan o'i system ...... (4)

(AQA (NEAB) 2000)

▶ **Atgynhyrchu ac atgenhedlu**

9 Mae'r cwestiwn hwn yn ymwneud â'r gylchred fislifol.

Yn ystod y gylchred mae trwch leinin y groth yn newid ac wy yn cael ei ryddhau o'r ofari. Hormonau sy'n rheoli'r gylchred.

(a) Pa ran o'r system atgenhedlu fenywol sy'n rhyddhau un o'r hormonau hyn? (1)

(b) Dewiswch air o'r rhestr hon i gwblhau'r frawddeg sy'n ei dilyn.

iau/afu pancreas chwarren bitwidol chwarren boer

Y rhan arall o'r corff sy'n rhyddhau hormonau i reoli'r gylchred hon yw'r ...... (1)

(c) Mae'r rhan fwyaf o dabledi atal cenhedlu yn cynnwys hormonau sy'n rheoli'r gylchred fislifol. Mae'r hormonau hyn yn atal rhyddhau wyau. Awgrymwch **un** fantais ac **un** anfantais defnyddio hormonau yn y ffordd hon. (2)

(AQA 2001)

Rhagor o gwestiynau am Etifeddiad a detholiad

10 Mewn menywod, mae dau hormon yn rheoli ofwliad (rhyddhau wyau o'r ofarïau).

   (a) (i) Beth yw hormon? (1)

   (ii) Sut y mae hormonau yn cael eu cludo o amgylch y corff? (1)

   (b) Gellir defnyddio hormonau i reoli ffrwythlondeb bodau dynol. Disgrifiwch y manteisiion a'r problemau a allai ddeillio o ddefnyddio hormonau i'r pwrpas hwn. (4)
   (AQA (NEAB) 1998)

▶ Bridio detholus

11 Flynyddoedd lawer yn ôl roedd gan bron i bob planhigyn gwenith goesyn hir iawn. Yna cafodd gwelliannau mawr eu gwneud yn nifer y grawn sy'n cynnwys hadau, a'u maint.

- Roedd coesynnau hirion yn gwneud pennau'r planhigion yn drwm ac yn gwneud iddyn nhw blygu.
- Er mwyn datrys y broblem hon, defnyddiodd gwyddonwyr ddetholiad naturiol er mwyn datblygu planhigion â choesynnau byrion.

   (a) Gosodwch y brawddegau **A–Ch** isod yn y drefn gywir i ddweud wrthych sut i ddatblygu planhigion gwenith â choesynnau byrion.

   A Ailadrodd hyn am sawl cenhedlaeth.

   B Dethol planhigion â choesynnau byrrach.

   C Tyfu'r hadau yn blanhigion newydd.

   Ch Bridio'r rhain â'i gilydd er mwyn cynhyrchu hadau. (4)

   (b) Awgrymwch reswm pam yr oedd ar ffermwyr eisiau planhigion gwenith â choesynnau byrion yn hinsawdd gwledydd Prydain. (1)
   (AQA (NEAB) 1999)

12 Mae bridio cŵn tywys i'r deillion yn enghraifft o ddethol artiffisial.

   Pan ddechreuwyd hyfforddi cŵn tywys:
   - roedd pobl yn dewis cŵn oedd yn effro a gwyliadwrus, ac yn gallu meddwl drostynt eu hunain;
   - yna cafodd y cŵn hyn eu hyfforddi a'u rhoi ar brawf;
   - y canlyniad: 2/10 ci yn llwyddiannus yn y prawf.

   Wrth hyfforddi'r cŵn heddiw:
   - defnyddio cŵn tywys sydd wedi cael eu hyfforddi'n llwyddiannus;
   - hyfforddi eu cŵn bach nhw a rhoi'r rhain ar brawf;
   - y canlyniad: 9/10 ci yn llwyddiannus yn prawf.

   Mae'r brawddegau **A–Ch** yn y drefn anghywir. Ysgrifennwch nhw eto mewn diagram llif tebyg i'r un o dan y rhestr fel eu bod yn dangos sut y cafodd detholiad ei ddefnyddio er mwyn datblygu cŵn tywys modern.

   A Defnyddio cŵn a oedd wedi llwyddo yn y profion ar gyfer eu bridio.

   B Dewis cŵn effro ac sy'n meddwl yn gyflym ar gyfer eu hyfforddi.

   C Hyfforddi 9 o bob 10 ci bach yn llwyddiannus.

   Ch Rhoi profion anodd i'r cŵn (4)

   ☐
   ↓
   ☐
   ↓
   2/10 ci yn llwyddo yn y profion
   ↓
   ☐
   ↓
   ☐
   (4)
   (AQA 2001)

13 Mae'r lluniau yn dangos mochyn gwyllt a Mochyn Gwyn Mawr Lloegr. Mae'r ddau lun wedi eu tynnu wrth yr un raddfa.

mochyn gwyllt

Mochyn Gwyn Mawr

Rhagor o gwestiynau am Etifeddiad a detholiad

(a) Cafodd y Mochyn Gwyn Mawr ei gynhyrchu o'r mochyn gwyllt trwy fridio detholus. Defnyddiwch wybodaeth o'r lluniau er mwyn rhestru **dwy** nodwedd y mae ffermwyr wedi eu dewis wrth fridio'r Mochyn Gwyn Mawr. (2)

(b) Rhestrwch **ddwy** o fanteision cynhyrchu bridiau newydd o anifeiliaid. (2)

(AQA (NEAB) 1998)

▶ Esblygiad

14 Mae'r lluniad yn dangos rhai o'r ffosiliau a gafodd eu darganfod yn yr haenau craig mewn dau glogwyn. Mae'r ddau glogwyn ar ochrau cyferbyn dyffryn mawr. Barn y daearegwyr yw bod y dyffryn wedi cael ei gerfio o'r graig gan afonydd, ac nad yw trefn yr haenau craig wedi newid.

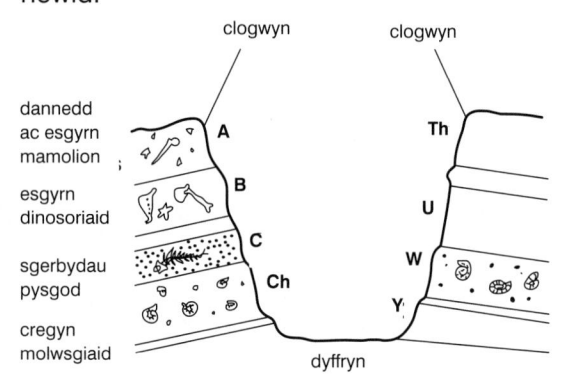

(a) (i) Pa un o'r haenau craig, **A**, **B**, **C** neu **Ch**, yw'r hynaf? (1)

(ii) Rhowch lythrennau **dwy** o'r haenau craig ar ochr gyferbyn y dyffryn sydd o'r un oedran. (1)

(b) Sut y mae ffosiliau yn rhoi tystiolaeth o blaid damcaniaeth esblygiad? (2)

(AQA (NEAB) 1998)

15 Mae'r diagram yn dangos dau fath o wyfyn brith sydd i'w cael ar foncyffion coed mewn ardaloedd trefol ac ardaloedd gwledig.

gwyfyn brith tywyll   gwyfyn brith golau

Darllenwch y paragraff hwn am y gwyfyn brith.

> Yn aml, mae hanes y gwyfyn brith yn cael ei ddefnyddio'n dystiolaeth o blaid esblygiad. Cyn y Chwyldro Diwydiannol roedd y gwyfynod yn olau eu lliw. Roedd yn fwy anodd i adar eu gweld ar foncyffion coed golau. Os yw'r gwyfynod wedi eu cuddio'n dda, nid oes cymaint ohonyn nhw'n cael eu bwyta gan adar. Yn ystod y Chwyldro Diwydiannol, roedd huddygl (parddu) yn newid lliw llawer o goed yn y trefi a'r dinasoedd mawrion yn ddu. Yn ystod y dydd bydd y gwyfynod yn gorffwys ar foncyffion coed. Roedd gwyfynod tywyll eu lliw yn cael eu cuddio'n well ar y coed na rhai lliw golau. Dangosodd cofnodion mai ychydig o wyfynod lliw golau oedd wedi goroesi mewn trefi a dinasoedd, ac ychydig o wyfynod lliw tywyll oedd wedi goroesi mewn ardaloedd gwledig. Ym 1956 daeth y Ddeddf Aer Glân i rym, ac yn raddol roedd llygredd mwg yn lleihau. Wedi 1956, roedd niferoedd y gwyfynod golau yn yr ardaloedd trefol yn cynyddu'n raddol.

(a) Defnyddiwch yr wybodaeth hon i ateb y cwestiynau canlynol.

(i) Ym mha ardal yr oedd y nifer mwyaf o wyfynod golau ar ôl y Chwyldro Diwydiannol? (1)

(ii) Disgrifiwch ac eglurwch effaith y Ddeddf Aer Glân ar niferoedd y ddau fath o wyfyn mewn ardaloedd trefol. (4)

(iii) Enwch y broses esblygu sy'n cael ei disgrifio yn y paragraff. (1)

(OCR)

▶▶▶ Gwneud eich gwaith cwrs

Mae 20% o'r marciau yn yr arholiadau TGAU am waith cwrs. Rhaid i'ch athrawon asesu eich sgiliau ymarferol. Cewch farciau am waith mewn 4 o sgiliau:

- **C** **Cynllunio** dulliau arbrofi
- **G** Dod o hyd i **wybodaeth**
- **D** **Dadansoddi** gwybodaeth
- **GG** **Gwerthuso gwybodaeth**

Bydd eich athrawon yn rhoi marciau i chi trwy gymharu eich gwaith â rhestr o feini prawf arbennig. Cewch weld y meini prawf hyn yn yr adrannau sy'n dilyn. Wrth wneud eich gwaith, ceisiwch roi sylw i bob maen prawf sy'n berthnasol. Mae 2 farc am y maen prawf cyntaf. Wedyn mae'r marciau am bob un yn cynyddu wrth i'r gwaith fynd yn fwy cymhleth.

C Cynllunio

Dewis cyfarpar

Mae'n bwysig dewis y cyfarpar mwyaf addas. Er enghraifft, os byddwch yn mesur 50 cm^3 o ddŵr, dylech ddefnyddio silindr mesur. Nid yw defnyddio bicer â marc 50 cm^3 arno yn syniad da. Pam?

Penderfynu sawl darlleniad y bydd ei angen

Bydd yn rhaid i chi feddwl faint o fesuriadau neu arsylwadau i'w gwneud yn eich arbrofion. Os ydych yn bwriadu dangos eich canlyniadau ar ffurf graff llinell, anelwch at gasglu 5 o fesuriadau gwahanol. Os yw'r mesuriadau yn rhai anodd eu gwneud, dylech eu hailadrodd hefyd. Bydd cyfrifo cyfartaledd y mesuriadau yn eu gwneud yn fwy **dibynadwy**.

Diogelwch

Gwnewch yn siŵr fod eich arbrofion yn rhai diogel. Rhaid i chi ddarganfod ymlaen llaw a yw'r cemegau rydych yn bwriadu eu defnyddio neu eu cynhyrchu yn rhai peryglus. Fyddwch chi'n defnyddio cyllyll miniog i dorri meinwe planhigol?

Help, Allwch chi roi stop ar y swigod 'ma?

Mae sgiliau ymarferol yn bwysig!

Meini prawf ar gyfer sgìl C CYNLLUNIO'R GWAITH	
Mae'r disgyblion yn:	Marciau a roddir
• cynllunio dull syml ar gyfer casglu tystiolaeth	2
• cynllunio i gasglu tystiolaeth a fydd yn ateb y cwestiynau • cynllunio i ddefnyddio cyfarpar addas neu ddulliau eraill o gasglu tystiolaeth	4
• defnyddio gwybodaeth wyddonol: – i gynllunio a chyflwyno eu dull – i nodi pa ffactorau allweddol sydd i gael eu hamrywio neu eu rheoli – i ragfynegi'r canlyniad os yw'n bosibl • penderfynu ar nifer ac amrediad addas i'r darlleniadau (neu'r arsylwadau) sydd i'w casglu	6
• defnyddio gwybodaeth wyddonol fanwl: – i gynllunio a chyflwyno eu strategaeth (y cynllun sydd wedi ei ddewis) – i anelu at gael tystiolaeth fanwl a dibynadwy – i gyfiawnhau'r rhagfynegiad, os oedd un • defnyddio gwybodaeth o ffynonellau eraill, neu o waith rhagarweiniol, yn eu cynllun	8

G Dod o hyd i **wybodaeth**

Mesur ac arsylwi yn fanwl gywir

Mae'n bwysig bod yn fanwl gywir, a gwirio pob canlyniad yn ofalus.

Dyma rai camgymeriadau cyffredin:
- peidio â sicrhau bod eich clorian ar sero cyn mesur màs,
- colli powdr cyn, yn ystod neu ar ôl darganfod ei fàs,
- peidio â darllen **gwaelod** y menisgws (y llinell grom) wrth fesur cyfaint hylif.

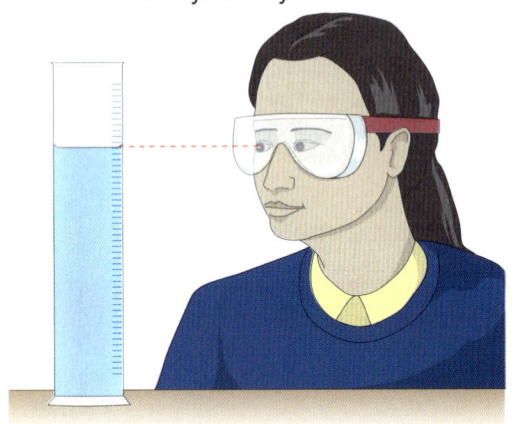

Meini prawf ar gyfer sgìl G **DOD O HYD I WYBODAETH**	
Mae'r disgyblion yn:	Marciau a roddir
• defnyddio cyfarpar syml yn ddiogel i gasglu canlyniadau	2
• casglu digon o arsylwadau neu fesuriadau i ateb y cwestiynau • cofnodi'r canlyniadau	4

• arsylwi neu fesur
  – gan gasglu digon o ddarlleniadau
  – yn fanwl gywir
  – gan wirio ac ailadrodd os bydd angen
• cofnodi'r canlyniadau yn eglur ac yn fanwl gywir
	6

• gwneud y gwaith ymarferol
  – yn fanwl gywir ac yn fedrus
  – er mwyn casglu a chofnodi tystiolaeth ddibynadwy
  – gan gasglu nifer ac amrediad da o ddarlleniadau
	8

Dylech ystyried a fyddai defnyddio **peiriant cofnodi data** yn gwella ansawdd y dystiolaeth yr ydych yn ei chasglu.

Os yw un o'ch canlyniadau yn ymddangos yn anarferol, cofiwch ei ailadrodd. Os gwelwch mai camgymeriad oedd hwn, ni fydd rhaid i chi ei gynnwys yn eich canlyniadau terfynol. (Ond cofiwch sôn amdano pan fyddwch yn gwerthuso eich gwaith!)

Cofnodi eich canlyniadau

Byddwch yn aml yn cofnodi eich canlyniadau mewn tabl. Yng ngholofn gyntaf y tabl dylech roi'r hyn oedd yn cael ei newid yn eich arbrawf (y newidyn annibynnol). Yn yr ail golofn dylech roi'r hyn oedd yn cael ei fesur neu ei wylio'n newid (y newidyn dibynnol).
Edrychwch ar yr enghreifftiau hyn:

Mathau o ymarfer corff	Cyfradd curiad y galon yn ystod yr ymarfer
Eistedd	60
Camu i fyny ac i lawr	75
Loncian yn yr unfan	85
Neidio seren	105
Gwibio	130

Rydych chi'n dewis yr ymarfer.
Rydych chi'n mesur cyfradd curiad eich calon

Cryfder cymharol goleuni	Cyfaint y nwy sy'n cael ei ryddhau (cm^3)
5	1.5
10	2.5
15	3.0
20	3.5
25	4.0

Rydych chi'n newid cryfder y goleuni.
Rydych chi'n mesur faint o nwy sy'n cael ei ryddhau mewn 5 munud.

D Dadansoddi gwybodaeth

Llunio graffiau a siartiau bar

Wedi i chi gofnodi eich canlyniadau ar ffurf tabl, bydd llunio graff yn dangos unrhyw batrymau i chi.

Mae'r dewis rhwng siart bar a graff llinell yn dibynnu ar yr ymchwiliad dan sylw.
Dyma ffordd gyflym o benderfynu pa un i'w lunio:

> Os yw'r hyn rydych yn ei newid (y newidyn) yn cael ei ddisgrifio mewn geiriau, yna lluniwch **siart bar**.
> Os yw'r hyn rydych yn ei newid (y newidyn) yn cael ei fesur, yna lluniwch **graff llinell**.

Gadewch i ni edrych ar y canlyniadau o'r tablau ar y dudalen flaenorol:

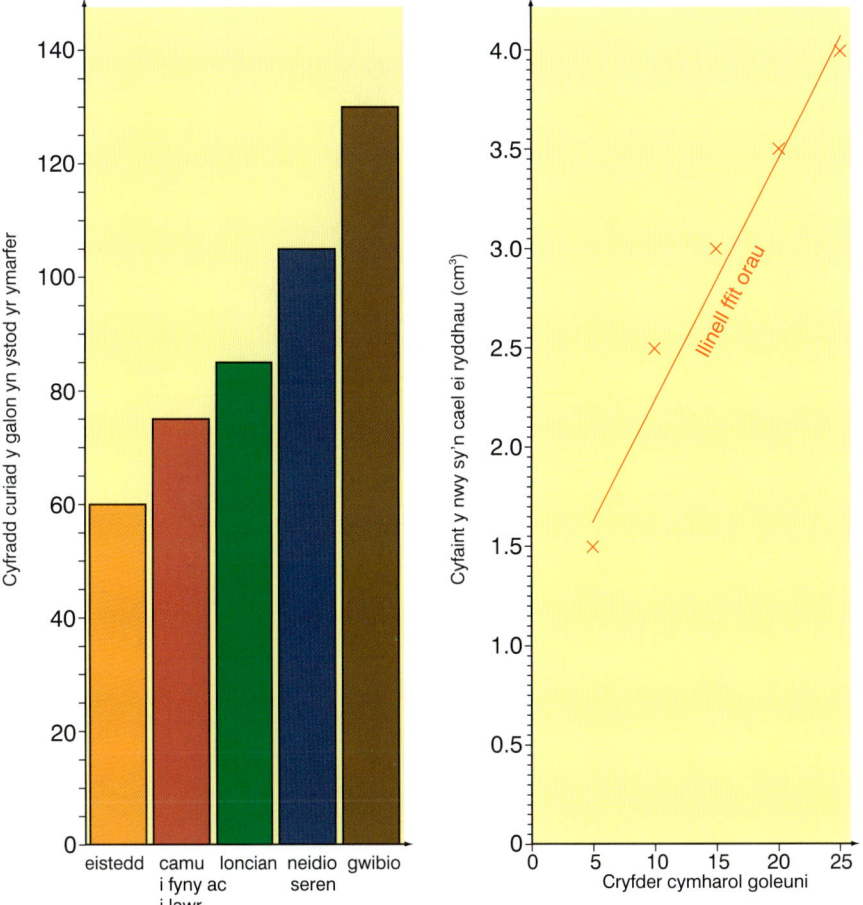

Meini prawf ar gyfer sgìl D DADANSODDI GWYBODAETH	
Mae'r disgyblion yn:	Marciau a roddir
• nodi'n syml beth a gafodd ei ddarganfod	2
• egluro'r dystiolaeth trwy ddefnyddio'r canlyniadau sy'n cael eu dangos gan ddiagramau syml, siartiau neu graffiau • sylwi ar unrhyw dueddiadau a phatrymau sydd yn y canlyniadau	4
• defnyddio eu canlyniadau i lunio diagramau, siartiau, graffiau (â llinell ffit orau) neu i gyfrifo atebion • dod i gasgliad sy'n cytuno â'u tystiolaeth, a'i egluro gan ddefnyddio eu gwybodaeth wyddonol	6
• defnyddio gwybodaeth wyddonol fanwl er mwyn egluro casgliad dilys (a gafodd ei wneud trwy ddadansoddi'r dystiolaeth) • egluro i ba raddau y mae'r canlyniadau yn cytuno neu'n anghytuno ag unrhyw ragfynegiad a gafodd ei wneud cyn dechrau	8

Sylwch fod yr hyn rydych yn ei newid bob amser (y newidyn) yn cael ei osod ar hyd gwaelod eich graff. Mae'r hyn rydych yn ei fesur (y newidyn) yn cael ei osod i fyny'r ochr.

Wedyn gallwch weld a oes yna gysylltiad rhwng y ddau newidyn. Er enghraifft, edrychwch ar y graff llinell – y mwyaf yw cryfder y goleuni, y mwyaf o nwy sy'n cael ei ryddhau.

Yna ceisiwch egluro unrhyw batrymau a welwch yn eich graffiau gan ddefnyddio'r syniadau rydych wedi eu dysgu yn eich gwersi gwyddoniaeth.

GG Gwerthuso gwybodaeth

Ar ôl i chi ddod i'ch casgliadau, dylech ystyried pa mor dda y gwnaethoch chi'r ymchwiliad.

Gofynnwch y cwestiynau hyn er mwyn gweld a allech chi fod wedi gwella eich ymchwiliad:

- A oedd fy nghanlyniadau yn fanwl gywir?

- A oedd rhai yn ymddangos yn 'rhyfedd' o'u cymharu â'r lleill?
  Yr enw ar y rhain yw canlyniadau **afreolaidd**.

- A ddylwn i fod wedi ail-wneud rhai arbrofion er mwyn cael canlyniadau mwy dibynadwy?
  A ddylwn i wella'r dull a ddefnyddiais?

- Wrth gasglu canlyniadau, a oedd fy newis o amrediad gwerthoedd yn addas?

  Er enghraifft:
  petaech chi am weld sut y mae tymheredd yn effeithio ar rywbeth, fyddai dewis gwneud yr arbrofion ar 20 °C, 21 °C a 22 °C ddim yn rhoi amrediad da i chi!

- Os oes patrwm i'w weld yn fy nghanlyniadau, ai ar gyfer yr amrediad gwerthoedd a ddewisais i yn unig y mae'r patrwm yn bodoli?
  A fyddai'r patrwm yn parhau y tu hwnt i'r amrediad hwn?

- A fyddai'n werth i chi wirio eich graff trwy gasglu darlleniadau *rhwng* pwyntiau?

  Er enghraifft:
  os gwelwch chi fod yna newid sydyn rhwng dau bwynt, pam na wnewch chi arbrawf arall er mwyn cael pwynt hanner ffordd rhyngddyn nhw?
  Byddai hyn yn gwirio siâp eich llinell.

- Sut y byddai'n rhaid i mi newid fy ymchwiliad er mwyn cael atebion ar gyfer y cwestiynau uchod?

Meini prawf ar gyfer sgil GG GWERTHUSO GWYBODAETH	
Mae'r disgyblion yn:	Marciau a roddir
• gwneud sylwadau perthnasol ynglŷn â'r dull a gafodd ei ddefnyddio neu'r canlyniadau a gafodd eu casglu	2
• trafod pa mor fanwl gywir yw'r canlyniadau, gan dynnu sylw at unrhyw ganlyniadau afreolaidd • trafod a oedd y dull yn un da, ac yn awgrymu sut i'w newid er mwyn ei wella	4
• edrych ar y dystiolaeth ac yn: – trafod pa mor ddibynadwy yw hi, – egluro unrhyw ganlyniadau afreolaidd, – egluro a oes digon o dystiolaeth wedi ei chasglu i gefnogi casgliad pendant • disgrifio, yn fanwl, waith pellach a fyddai'n rhoi rhagor o dystiolaeth i gefnogi'r casgliad	6

Dyfal donc ...

▶▶▶ Sgiliau Allweddol

Wrth astudio gwyddoniaeth, bydd angen i chi ddefnyddio rhai sgiliau cyffredinol.
Mae'r sgiliau dysgu cyffredinol hyn yn bwysig iawn, pa bynciau bynnag y byddwch chi'n eu hastudio a pha swydd bynnag y byddwch chi'n ei gwneud yn y pen draw.

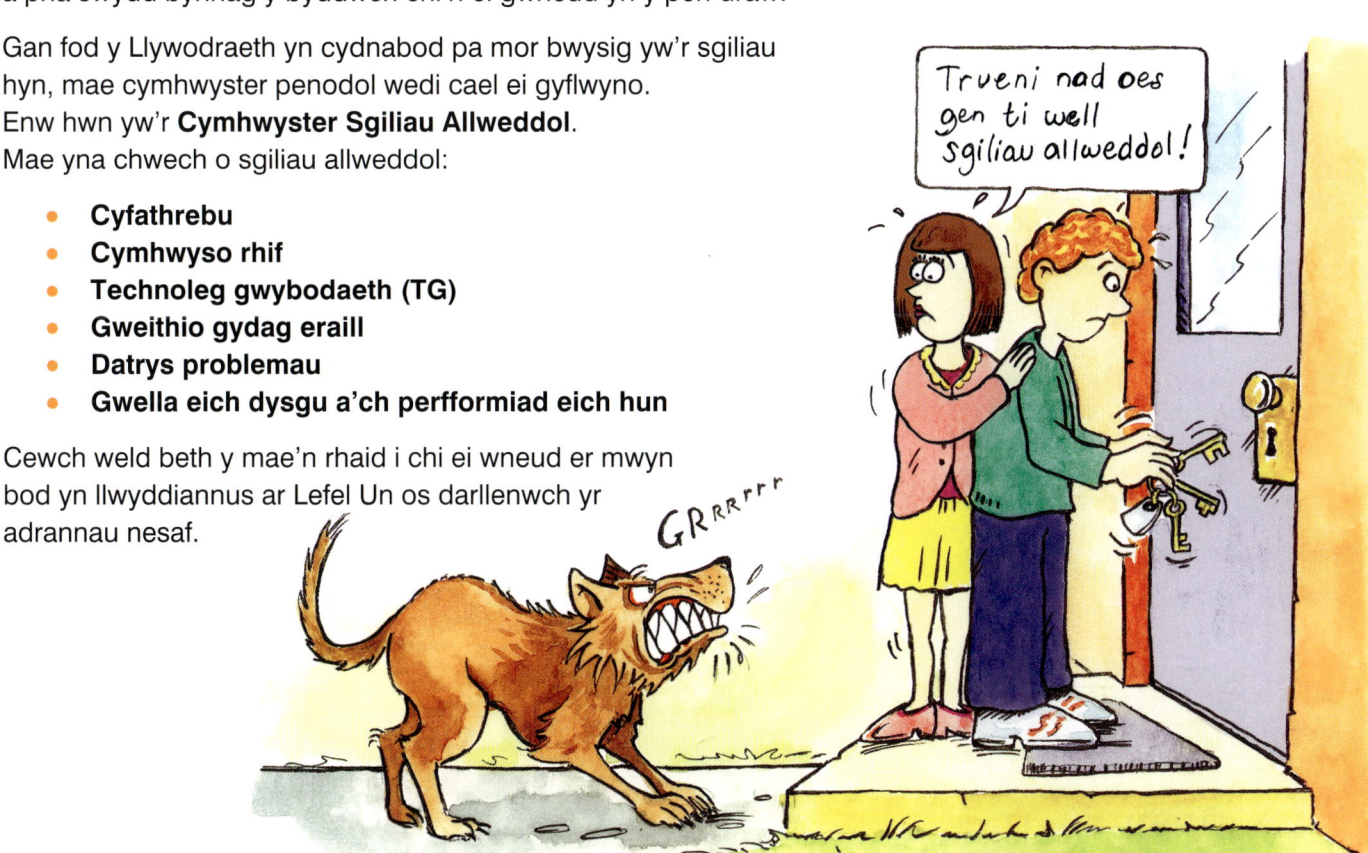

Gan fod y Llywodraeth yn cydnabod pa mor bwysig yw'r sgiliau hyn, mae cymhwyster penodol wedi cael ei gyflwyno. Enw hwn yw'r **Cymhwyster Sgiliau Allweddol**.
Mae yna chwech o sgiliau allweddol:

- **Cyfathrebu**
- **Cymhwyso rhif**
- **Technoleg gwybodaeth (TG)**
- **Gweithio gydag eraill**
- **Datrys problemau**
- **Gwella eich dysgu a'ch perfformiad eich hun**

Cewch weld beth y mae'n rhaid i chi ei wneud er mwyn bod yn llwyddiannus ar Lefel Un os darllenwch yr adrannau nesaf.

Cyfathrebu

Yn y sgìl allweddol hon bydd disgwyl i chi allu:

- **Cynnal trafodaethau**
- **Rhoi cyflwyniad**
- **Darllen a chrynhoi gwybodaeth**
- **Ysgrifennu dogfennau**

Byddwch yn gwneud hyn wrth weithio trwy eich cwrs a bydd cynhyrchu eich gwaith cwrs yn help.

Edrychwch ar y meini prawf hyn ar gyfer cyfathrebu:

Bydd y disgyblion yn ...
Cymryd rhan mewn trafodaethau.
Darllen a chasglu gwybodaeth.
Ysgrifennu gwahanol fathau o ddogfennau.

Cymhwyso rhif

Yn y sgìl allweddol hon bydd disgwyl i chi allu:

- **Casglu gwybodaeth a'i dehongli**
- **Gwneud gwaith cyfrifo syml**
- **Dehongli a chyflwyno canlyniadau eich gwaith cyfrifo**

Bydd y disgyblion yn ...
Dehongli gwybodaeth syml o ffynonellau gwahanol.
Gwneud gwaith cyfrifo syml.
Dehongli canlyniadau a chyflwyno eu casgliadau.

Trueni i mi anghofio dod â chyfrifiannell!

CYFANSWM BIOMAS
250+150=400g

Technoleg gwybodaeth

Yn y sgìl allweddol hon bydd disgwyl i chi allu:

- **Defnyddio'r rhyngrwyd a CD-ROMau i gasglu gwybodaeth**
- **Defnyddio TG i gynhyrchu dogfennau yn effeithiol**

Bydd y disgyblion yn ...
Darganfod, archwilio a datblygu gwybodaeth.
Cyflwyno gwybodaeth, yn cynnwys testun, rhifau a delweddau.

Wedi gorffen Bioleg! Ymchwil am y pizza gorau nawr!

▶▶▶ Adolygu a sefyll eich arholiadau

Erbyn i chi gyrraedd ystafell eich arholiad Gwyddoniaeth, bydd marciau eich gwaith cwrs eisoes wedi eu sicrhau. Os ydych chi'n astudio Gwyddoniaeth Fodylol, byddwch hefyd wedi cael marciau eich profion. Ond, er hynny, yr arholiad terfynol yw rhan fwyaf eich TGAU. Felly mae'n bwysig eich bod yn paratoi'n drylwyr ac yn teimlo'n barod ar y diwrnod.

Cynlluniwch eich adolygu yn ystod yr wythnosau sy'n arwain at yr arholiadau. Peidiwch â gadael pethau'n rhy hwyr!

Mae'r cwestiwn cyntaf ar ddiwedd pob pennod yn y llyfr hwn yn ffordd dda o adolygu'r Crynodebau. Mae'r rhain yn cynnwys y nodiadau hanfodol y bydd arnoch eu hangen.
Yna rhowch gynnig ar y cwestiynau sy'n perthyn i'r un bennod yn yr adran papurau arholiad (ar y tudalennau lliw).
Os cewch chi drafferth, gofynnwch i ffrind neu un o'ch athrawon am help.

Penderfynwch beth yw'r ffordd orau i chi ddysgu!

Nid yw eistedd yn llonydd (yn enwedig o flaen y teledu!) yn darllen nodiadau ysgol yn ddigon ar gyfer y rhan fwyaf o bobl. Mae ymarfer eich gwybodaeth a rhoi profion i'ch hunan wrth adolygu yn ffordd well o wneud pethau.
Peidiwch â cheisio adolygu am oriau heb gael egwyl. Gweithiwch am 25 munud, yna gorffwyswch am 10 munud. Mae hyn yn well na cheisio adolygu'n ddi-dor.

Felly dyma ni ar ddiwrnod yr arholiad, a chithau wedi gorffen eich gwaith adolygu (o leiaf, mae hi bellach yn rhy hwyr i boeni am hynny!). Beth fydd ei angen arnoch chi?
Cofiwch ddod â'r rhain:
- Dau bin ysgrifennu (rhag ofn i'r inc ddarfod yn un ohonyn nhw!).
- Pensil ar gyfer llunio diagramau.
- Rhwbiwr a phren mesur.
- Oriawr er mwyn rhannu eich amser yn ystod yr arholiad. (Gallai fod yn anodd i chi weld y cloc yn yr ystafell arholiad.)
- Cyfrifiannell (â batri da ynddo).

Byddwch yn teimlo'n well os byddwch yn gwybod yn union beth i'w ddisgwyl. Felly casglwch gymaint â phosibl o wybodaeth am eich papurau arholiad ymlaen llaw. Gallwch ddefnyddio tabl fel hwn:

Dyddiad, amser ac ystafell	Pwnc, rhif y papur a pha haen	Hyd y papur (oriau)	Mathau o gwestiynau: – strwythuredig? – atebion un gair? – atebion hirach? – traethodau?	Sawl adran?	Unrhyw ddewisiadau?	Tua faint o amser i bob tudalen (munudau)
4 Mehefin 9.30 Y Neuadd	Gwyddoniaeth (Ddwyradd) Papur 1 (Bioleg) Haen Sylfaenol	$1\frac{1}{2}$	Cwestiynau strwythuredig (ag atebion un gair ac atebion hirach)	1	dim dewis	4–6

Yn yr arholiad

Cofiwch ddarllen y manylion sydd ar glawr blaen y papur arholiad yn ofalus. Edrychwch ar yr enghraifft gyferbyn.

Ym mha ffyrdd y mae eich papur arholiad chi yn wahanol i hwn?

Dyma rai awgrymiadau ar sut i ateb cwestiynau yn yr arholiad:

> **Ateb cwestiynau 'strwythuredig':**
>
> - Darllenwch yr wybodaeth ar ddechrau pob cwestiwn yn ofalus. Gwnewch yn siŵr eich bod yn deall beth yw ystyr y cwestiwn, a beth y mae disgwyl i chi ei wneud.
>
> - Defnyddiwch eich oriawr i rannu eich amser yn addas fel nad ydych yn brin o amser ar y diwedd. Os bydd gennych chi amser dros ben, defnyddiwch hwnnw'n ddoeth.
>
> - *Pa mor fanwl y bydd disgwyl i chi fod?*
>   Mae'r cwestiwn yn rhoi cliwiau i chi:
>   – Rhowch atebion byr i gwestiynau sy'n cychwyn fel hyn: '**Nodwch** . . .' neu '**Rhestrwch** . . .' neu '**Enwch** . . .'.
>   – Rhowch atebion hirach pan welwch chi '**Eglurwch** . . .' neu '**Disgrifiwch** . . .' neu '**Pam mae** . . .?'.
>
> - Peidiwch ag egluro unrhyw beth os yr unig reswm dros roi'r eglurhad yw eich bod yn gwybod sut i wneud hynny! Cewch farciau am roi yr union ateb y mae'r cwestiwn yn gofyn amdano, a dim rhagor.
>
> - Edrychwch i weld faint o farciau sy'n cael eu rhoi am bob rhan o'r cwestiwn. Fel arfer, bydd hyn mewn cromfachau, e.e. [2]. Mae hyn yn rhoi gwybod i chi faint o farciau y gallai'r arholwr eu rhoi i chi am eich ateb.
>
> - Hefyd mae nifer y llinellau gwag sydd wedi eu cynnwys ar gyfer yr ateb yn rhoi syniad o faint y mae disgwyl i chi ei ysgrifennu.
>
> - Wrth i chi gyfrifo unrhyw ateb, dangoswch y camau bob tro. Os gwnewch chi hyn, cewch farciau am y ffordd y byddwch chi wedi ceisio datrys y broblem, hyd yn oed os bydd eich ateb terfynol yn anghywir.
>
> - Ceisiwch ysgrifennu rhywbeth ar gyfer pob rhan o bob cwestiwn.
>
> - Dilynwch y cyfarwyddiadau sy'n cael eu rhoi yn y cwestiwn. Os bydd yn gofyn am un ateb, yna rhowch un ateb yn unig. Weithiau fe gewch chi restr o atebion posibl gan ofyn i chi ddewis nifer penodol o'u plith. Os rhowch chi fwy na'r nifer hwnnw o atebion, bydd unrhyw atebion anghywir yn canslo'r atebion cywir!

Y Bwrdd Arholi

GWYDDONIAETH:

BIOLEG
Haen Sylfaenol

4 Mehefin, 9.30 a.m.

Amser: 1 awr 30 munud

Atebwch **BOB** cwestiwn.

Wrth gyfrifo, dangoswch yn eglur sut y cawsoch eich ateb.

Cewch ddefnyddio cyfrifiannell.

Dangosir sawl marc sydd am bob rhan o gwestiwn ar ymyl dde'r tudalennau.

Ym mha ffyrdd y mae eich papur arholiad chi yn wahanol i hwn?

Geirfa

Alelau Gwahanol ffurfiau ar yr un genyn.
Amrywiad amgylcheddol Gwahaniaethau mewn organeb oherwydd dylanwad ei hamgylchedd.
Amrywiad genetig Gwahaniaethau sy'n dod trwy etifeddu genynnau gwahanol.
Asid lactig Un o gynhyrchion gwastraff resbiradaeth anaerobig.
Asidau amino Y moleciwlau bach y mae proteinau wedi eu gwneud ohonyn nhw.
Asidau brasterog Un o'r ddau foleciwl y mae braster wedi ei wneud ohonyn nhw.
Atgynhyrchu anrhywiol Atgynhyrchu heb gelloedd rhyw.
Awcsinau Grŵp o hormonau sy'n rheoli twf planhigion.
Bioddiraddadwy Defnyddiau y mae microbau yn gallu eu dadelfennu.
Biomas Màs y defnyddiau byw.
Brechlyn Bacteria neu firysau marw neu rai wedi eu gwanhau, sy'n gallu ysgogi cynhyrchu gwrthgyrff.
Bustl Cemegyn sy'n niwtralu asid y stumog ac yn helpu i chwalu globylau mawr o fraster yn ddefnynnau llai.
Canser Clefyd sy'n digwydd pan fydd cellraniad yn mynd allan o reolaeth.
Celloedd gwarchod Celloedd sy'n agor a chau'r stomata mewn dail.
Clefyd/cyflwr genetig Clefyd neu gyflwr sy'n cael ei achosi gan enynnau diffygiol ac sy'n cael ei drosglwyddo o un genhedlaeth i'r nesaf.
Clefyd siwgr (diabetes) Clefyd lle mae'r corff yn methu â rheoli lefel y siwgr yn y gwaed.
Clonau Unigolion sy'n unfath (yn union yr un fath â'i gilydd) yn enetig.
Cloroffyl Sylwedd gwyrdd sy'n amsugno egni goleuni.
Cloroplastau Y ffurfiadau yng nghelloedd planhigion sy'n cynnwys cloroffyl.
Cyffuriau ffrwythloni Hormonau sy'n ysgogi rhyddhau wyau.
Cymuned Yr holl organebau byw sy'n byw mewn un lle.
Cynefin Lle mae anifail neu blanhigyn yn byw.
Cynhyrchwyr Planhigion gwyrdd sy'n gwneud eu bwyd eu hunain.
Chwarren bitwidol Chwarren ar waelod yr ymennydd sy'n cynhyrchu hormonau.
Dadelfenyddion Microbau sy'n dadelfennu organebau marw.
Datblygiad cynaliadwy Defnyddio adnoddau'r Ddaear heb eu dinistrio.
Datgoedwigo Torri ardaloedd eang o goedwigoedd.
Derbynyddion Grwpiau o gelloedd sy'n canfod symbyliadau.
Detritysyddion Organebau (fel abwydod) sy'n torri defnyddiau marw yn ddarnau mân.
Detholiad artiffisial Bridio organebau byw sydd â nodweddion defnyddiol i bobl.
Detholiad naturiol Y ffordd y mae organebau sydd wedi ymaddasu orau ar gyfer eu hamgylchedd yn goroesi a bridio.
Dibyniaeth Y corff wedi arfer cymaint â chyffur fel nad yw'r person yn gallu gwneud hebddo.
DNA Asid deocsiriboniwcleig, y cemegyn y mae cromosomau a genynnau wedi eu gwneud ohono.
Dyled ocsigen Yr ocsigen sydd ei angen er mwyn dadelfennu asid lactig.
Ecosystem Grŵp o organebau byw a'u hamgylchedd.
Effaith tŷ gwydr Y Ddaear yn cynhesu wrth i wres gael ei ddal yn yr atmosffer.
Ensymau Catalyddion biolegol sy'n cyflymu adweithiau mewn planhigion ac anifeiliaid.
Esblygiad Y newidiadau sy'n digwydd mewn rhywogaethau dros gyfnodau hir o amser.
Ewtroffigedd Llygru dŵr croyw oherwydd bod gormodedd o nitradau ynddo.
Ffactor gyfyngol Rhywbeth sy'n arafu ffotosynthesis.
Ffermio dwys Ffermio o dan amodau sy'n cael eu rheoli'n ofalus iawn.
Ffloem Y pibellau sy'n cludo siwgrau mewn planhigyn.
Ffotosynthesis Dull planhigion o wneud bwyd trwy ddefnyddio carbon deuocsid a dŵr.
Gametau Celloedd rhyw (e.e. sbermau ac wyau).
Genom dynol Yr holl enynnau mewn cell ddynol.
Genoteip Yr alelau sydd gan organeb ar gyfer unrhyw nodwedd benodol.
Genynnau Rhannau bach o gromosomau sy'n rheoli nodweddion.
Glasoed Y cyfnod pryd y bydd bechgyn a merched yn dod yn aeddfed yn rhywiol.
Glaw asid Glawiad sydd â nwyon, e.e. sylffwr deuocsid, wedi hydoddi ynddo.
Glwcagon Hormon sy'n helpu i reoli lefelau siwgr y gwaed.
Glwcos Y siwgr symlaf.
Glycogen Moleciwl tebyg i startsh, sy'n cynnwys glwcos ac sy'n ffordd o'i storio yn y corff.
Glyserol Y moleciwl arall sydd yn ffurfio braster.
Gweithred atgyrch Gweithred gyflym nad ydych yn meddwl amdani cyn ei gwneud.
Gwrteithiau Cemegau sy'n cael eu rhoi ar gnydau er mwyn gwella eu twf.
Gwrthfiotigau Cyffuriau sy'n lladd bacteria.
Gwrthgyrff Proteinau y mae celloedd gwyn y gwaed yn eu cynhyrchu er mwyn dinistrio bacteria a firysau.
Gwrthwenwynau Cemegau sy'n cael eu cynhyrchu gan gelloedd gwyn y gwaed er mwyn dinistrio'r gwenwynau y mae microbau yn eu gwneud.
Hormonau Cemegau sy'n helpu i gyd-drefnu prosesau'r corff.
Inswlin Hormon sy'n helpu i reoli lefelau siwgr y gwaed.

Meithriniad meinwe Clonio planhigion newydd o samplau bach o feinwe.
Methan Nwy 'tŷ gwydr' sy'n cael ei ryddhau gan wartheg a chaeau reis.
Mislif Colli leinin y groth bob mis trwy wain y fenyw.
Mwtaniadau Newidiadau sy'n digwydd i enynnau.
Nitradau Cemegau sy'n cynnwys nitrogen, sy'n aml yn cael eu defnyddio mewn gwrteithiau.
Niwron echddygol Cell sy'n cludo ysgogiadau o'r brif system nerfol i gyhyrau a chwarennau.
Niwron synhwyraidd Cell sy'n cludo ysgogiadau o dderbynyddion i'r brif system nerfol.
Niwronau Nerfgelloedd.
Nwy tŷ gwydr Nwy (e.e. carbon deuocsid) sy'n dal a chadw gwres yn yr atmosffer.
Ofwliad Rhyddhau wy o ofari menyw.
Osmosis Trylediad dŵr o hydoddiant gwanedig i hydoddiant mwy crynodedig, trwy bilen ledathraidd.
Peirianneg genetig Trosglwyddo genynnau o un math o gell i fath arall.
Pilen ledathraidd Pilen a fydd yn gadael i rai moleciwlau fynd trwyddi ond yn atal rhai eraill.
Plaleiddiaid Cemegau sy'n lladd plâu.
Poblogaeth Grŵp o organebau yn perthyn i'r un rhywogaeth.
Prif System Nerfol Yr ymennydd a madruddyn y cefn.
Resbiradaeth aerobig Rhyddhau egni o fwyd trwy ddefnyddio ocsigen.
Resbiradaeth anaerobig Resbiradaeth sy'n digwydd heb ocsigen yn bresennol.
Rheolaeth fiolegol Rheoli plâu gan ddefnyddio anifeiliaid y maent fel arfer yn ysglyfaeth iddynt.
Rhywogaeth Poblogaeth o bethau byw sy'n gallu bridio a chynhyrchu epil ffrwythlon.
Stomata Tyllau mân ar ochr isaf dail.
Sylem Y pibellau sy'n cludo dŵr a mwynau mewn planhigyn.
Symbyliadau Newidiadau yn yr amgylchedd.
Symptomau diddyfnu Sgil effeithiau rhoi'r gorau i gymryd cyffuriau.
Tanwyddau ffosil Tanwyddau wedi eu cynhyrchu o ganlyniad i gyrff anifeiliaid a phlanhigion yn pydru filiynau o flynyddoedd yn ôl.
Tawelydd Cyffur sy'n arafu'r system nerfol.
Trawsblannu embryonau Clonio anifeiliaid trwy hollti embryonau a'u rhoi mewn mamau benthyg (mamau lletyol).
Treulio Dadelfennu bwyd yn foleciwlau bach, hydawdd.
Trydarthiad Colli anwedd dŵr o ddail.
Tryledi ad Symudiad gronynnau o ardal lle mae eu crynodiad yn uchel i ardal lle mae eu crynodiad yn isel.
Therapi genynnol Gosod genynnau iach yn lle rhai diffygiol.
Wrea Mae'n cael ei wneud yn yr iau/afu wrth i asidau amino sydd dros ben gael eu dadelfennu.
Ymateb Adwaith i symbyliad.
Ymgarthu Cael gwared â defnyddiau gwastraff o'r corff.
Ysglyfaeth Anifail sy'n cael ei ddal a'i ladd gan ysglyfaethwr.
Ysglyfaethwr Anifail sy'n dal ac yn lladd ei fwyd ei hunan.
Ysyddion Anifeiliaid sy'n bwyta pethau byw eraill.

Mynegai

A

acenion 157
adar 112
adeiladu tai 137, 139
addasiadau 106–9, 118
ailgylchu 131, 134
albinedd 162
alcohol 94–5, 97
alelau 159, 165, 168, 170–2, 175
alelau enciliol 170, 172, 175
alelau trechol 171, 175
alfeoli 30
algâu 144
allblaniadau 189
alldafliad 180
ambr 198
amgylchedd 103–19, 136–48
    addasiadau 106–9, 118
    amgylchedd byw 104
    amgylchedd ffisegol (*anfyw*) 104
    amgylcheddau eithafol 106–7
    ac amrywiad 157, 165
    cadwraeth 146–7, 148
    cymunedau 105, 114
    cynefinoedd 105, 114
    cystadleuaeth 110–13, 118
    ecosystemau 104–5
    llygredd 140–5, 148–9
    rheoli poblogaethau 114–17
    twf poblogaethau 138–9, 148
    ysglyfaethau 116–17, 118
    ysglyfaethu 114
    ysglyfaethwyr 116–17, 118, 145
amoeba 12, 176
amrantu 72
amrywiad 156, 157, 165
amrywiad genetig 156, 165
amsugniad 18, 23, 24
anadlu 26–33
    cyfnewid nwyon 30
    resbiradaeth aerobig 26, 33
    resbiradaeth anaerobig 32, 33
anadlu ceg wrth geg 31
anaemia cryman-gell 172–3, 175
anffrwythlondeb 184
anifeiliaid gwaed cynnes 80
anifeiliaid trawsenynnol 193
anifeiliaid y diffeithdir 106
anterth 180
anwedd dŵr 30
anweddiad 64, 65, 109
anws 19
apendics 19

arennau 78, 79, 89
asennau 28–9
asid lactig 32
asidau amino 21, 24, 79
asidau brasterog 21, 24
asynnod 196
atal cenhedlu 184
atal cenhedlu, tabledi 184
atgenhedlu rhywiol 178–9, 185
    cylchred fislifol 182–3, 185
    ffrwythloniad 159, 178, 180–1, 184–5
    triniaeth am anffrwythlondeb 184
atgynhyrchu anrhywiol 176–7, 185, 188
atgyrch cilio 73
atria 36, 37, 40
awcsin 86–7

B

babanod tiwbiau profi 6
bacteria 42–3, 47, 130, 176, 192, 202
bilsen, y 184
biomas 125
blew 44
bomiau atomig 163
brasterau 16, 21, 24, 55
brechu, brechiadau 46, 47
bridio detholus 186–95
    clonio 177, 188–91, 195
    dethol artiffisial 186–7, 195
    peirianneg genetig 192–3, 194, 195
bronciolyn 28
broncitis 93
broncws 28
bronfraith 112
Bryophyllum 177
burum 176
bustl 22
bwyd 13, 16–17, 21, 110
    bwydo effeithlon 127
    bwydydd GM 194, 195
    ar gyfer planhigion 58–9, 131
    gweler hefyd treuliad
bwydydd garw 16
bwydydd wedi eu haddasu'n enetig (GM) 194, 195

C

cactws 109
cadwraeth 145–8
cadwynau bwydydd 120–1, 127, 128
caeau gwenith 113
calon 12, 28, 34–7
camdreuliad, tabledi 22
camelod 106, 107
canser 92, 163
capilarïau 35, 40
carbohydradau 16, 24
carbohydrasau 21, 24
carbon deuocsid 13, 26, 28, 30–1, 89
    ailgylchu 134
    mewn ffotosynthesis 57
    a llygredd aer 140–3
carbon monocsid 93
carthffrwd 133
carthion 133, 144
caryoteip 158
ceffylau 196
ceffylau rasio 186
ceg 19, 20
ceilliau 179
cellbilen 8, 13
cellfur 8
celloedd 6–14
    celloedd goleusensitif 68, 74–5
    celloedd gwarchod 63
    derbynyddion 68–9
    a thrylediad 13
celloedd anifeiliaid 8–10
celloedd chwydd-dynn 64
celloedd coch y gwaed 38, 40, 172–3
celloedd gwyn y gwaed 39, 40, 45, 47
celloedd rhyw 159, 167, 178–9
cellwlos 55
cigysyddion 120, 121
cilia 31, 93
cilojouleau 17
clefyd siwgr 84–5, 192
clefydau 42–7, 114
    etifeddol 170–3, 175
    iau/afu 95
    ysgyfaint 92–3
clonio 177, 188–91, 195
cloroffyl 54, 58
cloroplastau 8, 54
clustiau 69
clwy'r traed a'r genau 42
cnewyllyn y gell 8
coden y bustl 22

coed collddail 111
coed conwydd 109, 111
Coedwig Ddu 141
coluddion 19, 21, 23
colli gwres 107
coma 94
compost, gwneud 132
cornbilen 75
croen
    albinedd 162
    atal heintiau 44
    colli dŵr 79
    colli gwres 80, 81, 89, 107
    derbynyddion (ynddo) 69
    impio 6
cromosomau 158–9, 165, 174
    cromosomau rhyw 166–7, 175
cromosom X 166–7, 175
cromosom Y 166–7, 175
crynu 81
cwningod 115
cyd-drefnu 70–1
cyfathrach rywiol 180–1
cyflyrau/clefydau genetig 161, 170–5
cyfradd genedigaethau 139
cyffuriau 90–7
    alcohol 94–5, 97
    dibyniaeth 90, 97
    gwrthfiotigau 202
    hydoddyddion 96, 97
    moddion 91
    tawelyddion 90, 94, 97
    tybaco 92–3, 97, 163
    steroidau 85
    symbylyddion 90, 97
cynghori genetig 174
cyhyrau 10, 27, 29, 70
cyhyrau rhyngasennol 28, 29
cylchred fislifol 182–3, 185
cylchred garbon 134, 135
cylchrediad, system 34–40
cymunedau 105, 118
cynefinoedd 105, 114
cynhesu byd-eang 143, 148
cyrch-organau 82
cystadlu, cystadleuaeth 110–13, 118
cytoplasm 8

Ch

chwareli 137
chwarennau 45, 70, 82–3, 183
chwarennau poer 19, 21
chwarren bitwidol 183
chwyn 88, 113
chwynleiddiaid 88
chwysu 81

D

dadelfennu 130–3, 135
dadhydradu 79
dail 11, 60, 62–3, 65, 126
Darwin, Charles 201, 203
datblygiad cynaliadwy 146–7, 148
datgoedwigo 142, 146, 148
Deddf Aer Glân (1956) 140
derbynyddion 68–9
detritysyddion 130, 135
detholiad artiffisial 186–7, 195
detholiad naturiol 200–1, 203
detholiad peryglus 202
diagramau genetig 167
dialysis, peiriannau 78
dibyniaeth 90, 97
diet 16
diflaniad 197, 203
dinosoriaid 197
diwedd y mislif 182
DNA (asid deocsiriboniwcleig) 158, 160–1
Dolly'r ddafad 190
dŵr
    cynnwys yn y corff 16, 77–9
    a chystadleuaeth 110
    dadhydradu 79
    llygredd 144–5, 148
    osmosis 61, 66
    a threuliad 16, 23
    trydarthiad 63–5
dwythell wyau 181
dyled ocsigen 32

E

ecosystemau 104–5
ecstasy 90
egni 13, 17, 27
    cemegol 126
    goleuni 54, 56, 126
    trawsnewid 126–7, 128
egni solar 54
eirth gwyn 107
embryonau 6, 181, 191
emffysema 93
emwlseiddio 22
ensymau 20–2, 24, 81
esblygiad 196–203
etifeddiad 164, 166–75
ewtroffigedd 144

F

falfiau 35, 37, 40
fentriglau 36, 37, 40

filysau 23
firysau 42–3, 47
fitaminau 16

Ff

ffactor VIII 193
ffermio 137, 145
ffermio organig 59
ffibr 16
ffibrau nerfol 71
ffibrosis codennog 161, 170, 193
ffosffadau 58
ffosiliau 198–9, 203
ffotosynthesis 54–7, 62, 65, 66, 126
    ffactorau cyfyngol 56–7, 66
ffrwythau aeddfed 88
ffrwythau anaeddfed 88
ffrwythloniad 159, 178, 180–1, 184–5
ffrwythloniad *in vitro* 184
ffyngau 42, 130
ffyrdd osgoi 136

G

gaeafgysgu 108
gametau 159, 178–9
geifr angora 191
Genom Dynol, prosiect 161
genynnau 156–7, 158–9
glasoed 182
glaw asid 141, 148
glwcagon 84
glwcos 26, 54–6, 66
    lefelau yn y gwaed 84–5, 89
glyserol 21
golchwyr 143
gorbysgota 146
Greenpeace 194
gwaddod 198
gwaed 10, 34–35, 38–9
    celloedd coch 38, 40, 172–3
    celloedd gwyn 39, 40, 45, 47
    ceulo 39, 44, 193
    diocsigenedig 36
    glanhau 79
    glwcos, lefelau 84–5, 89, 192
    ocsigenedig 36
    plasma 39, 40
    platennau 39, 40
    siwgr, lefelau 84–5, 89, 192
    ymladd afiechyd 45
gwagolyn 8
gwain 180
gwartheg Henffordd 186
gwartheg Jersey 186
gwe fwydydd Antarctica 122–3

gweithredoedd anwirfoddol 72
gweithredoedd atgyrch
 (atgyrchoedd) 72–3, 76
gweithredoedd gwirfoddol 72
gwenwyn llygod mawr 202
gwenwynau 95
gweoedd bwydydd 122–3, 128
gwiwerod 111
gwreiddiau planhigion 11, 61, 86–7
gwreiddio, powdr 88
gwrteithiau 58–9
gwrthfiotigau 91, 202
gwrthgyrff 45
gwrthwenwynau 45
gwythiennau 35, 40
gwywo, planhigion 64

H

haemoffilia 193
halwynau mwynol 131
hollysyddion 120
Hooke, Robert 7
hormon ysgogi ffoliglau (HYFf) 184
hormonaidd, systemau
 mewn anifeiliaid 82–5, 89
 mewn planhigion 86–9
Huntington, clefyd 161, 171
hydoddyddion 96, 97
hydra 176
hypothermia 80

I

iau/afu 19, 22, 77, 79, 95
 clefydau 95
inswlin 84, 85, 192
ïonau 77, 79

J

jeli agar 189
jiraffod 201

L

larynes 28
lipasau 21, 22, 24
lynes 117

Ll

llengig 28, 29
llid yr iau/afu 95
lliw gwallt 168–9
lloches 114
llwnc 19

Llychlyn, Gwledydd 141
llygaid 68, 74–5, 76
 amrantu 72
llygredd 140–5, 148
llygredd aer 140–3, 148
llygredd olew 144
llygredd sylffwr deuocsid 140–1
llysieuwyr 127
llysysyddion 120, 121, 126

M

madruddyn y cefn 70
maetholynnau 16–17, 21, 58–9, 131
magnesiwm 58
malaria 42, 173
mamau benthyg (lletyol) 191
mamolion 199
meinweoedd 12
meithriniad meinwe 189
melanin 162
Mendel, Gregor 164–5
mêr esgyrn 38
merddwr 144
methan 142, 148
mewnfridio 187
microbau 42, 45, 130, 192
microsgop electron 7
microsgopau 7
moddion 91
morfilod 123
mosgito 173
mudo 108
mulod 196
mwcws 31, 93, 170
mwtaniadau 162–3, 165, 170
mwyalchen 112
mwynau 16, 55, 58
mycsomatosis 115

N

nerf optig 74–5
nerfgelloedd 10, 71, 76
nerfol, system 86–76, 82
 clefyd Huntington 161, 171
 cyd-drefnu 70–1
 gweithredoedd atgyrch
 (atgyrchoedd) 72–3, 76
 organau synhwyro 68–9
nicotin 92, 97
nitradau 58, 131, 144
nitrogen 30
niwronau 10, 71, 76
niwronau echddygol 71
niwronau synhwyraidd 71
nodweddion 168–9

nodweddion enciliol 169, 175
nodweddion trechol 168, 175

O

ocsigen 13, 26, 28, 30, 130
oesoffagws 19
oestrogen 184
ofarïau 179, 183
olewau 55
organau 12
 cyrch-organau 82
 organau rhyw 179
 organau synhwyro 68–9
osmosis 61, 66

P

pabi 113
pancreas 19, 21, 84
parasitiaid 173
parciau cenedlaethol 147
pathew 108
peirianneg genetig 192–3, 194, 195
pelydrau X 163
pelydriad 163
penfras 200
pengwiniaid 108
Penisilin 91
pesychu 72
pibell wynt 28
pibellau ffloem 60
pibellau sylem 60, 65
pidyn 179–80
pilenni lledathraidd 61
plaleiddiaid 145
plancton 123
planhigion 54–66
 addasiadau 109
 wedi eu haddasu'n enetig (GM) 194
 ac amrywiad 157
 atgynhyrchu (anrhywiol) 176–7
 bridio detholus 187
 bwyd 58–9, 131
 celloedd 8, 9, 11, 63, 64
 clonio 188–9
 cyffion yn ymateb i olau 86–7
 cystadleuaeth 113
 dail 11, 60, 62–3, 65, 126
 ffotosynthesis 54–7, 62, 65, 66, 126
 gwywo 64
 maetholynnau 58–9, 131
 resbiradaeth 55
 symbyliadau 86
 system gludiant 60–1

system hormonaidd   86–9
system wreiddiau   11, 61, 86–7
toriadau   88, 176, 188
trydarthiad   63–5, 66
tyfu o gelloedd   6
ymateb i ddisgyrchiant   86–7
planhigion mefus   177
plasma   39, 40
platennau   39, 40
poblogaeth ddynol, twf   138–9, 148
poblogaethau, rheoli   114–17
pori   114
potasiwm   58
proteasau   21, 22, 24
proteinau   16, 21, 24
pyramidiau biomas   125, 128
pyramidiau niferoedd   124, 128
pysgod, cyflenwadau   146

R

rectwm   19
resbiradaeth   26, 31, 32, 33, 55
resbiradaeth aerobig   26, 33
resbiradaeth anaerobig   32, 33
resbiradaeth artiffisial   31
retina   74–5

Rh

rheolaeth fiolegol (plâu)   145
rhydwelïau   35, 40
rhywogaethau   156, 165, 196
rhywogaethau mewn perygl   147

S

Safleoedd o Ddiddordeb Gwyddonol Arbennig (SoDdGA)   147
safleoedd gwaredu gwastraff   137, 139
safleoedd tir llwyd   139
sbermau   10, 167, 178, 180–1
semen   180
sirosis   95
siwgrau   21, 24, 84–5, 89
startsh   21, 54–5
steroidau   85
steroidau anabolig   85
stomata   63, 66
stumog   12, 19, 22, 44
swatio/cwtsio   108
sygot   178
symbylyddion   90, 97
syndrom Down   158, 174
system dreulio   18, 20, 22, 23

T

tafod   69
tail   59
tanwyddau ffosil   140, 148
tar   92, 163
tarwden y traed (troed y campwr)   42
tatws, planhigion   177
tawelyddion   90, 94, 97
testosteron   85
tiriogaethau   110, 114
tiwmorau   163
tocsinau (gwenwynau)   43
tomennydd sbwriel   137, 139
toriadau o blanhigion   88, 176, 188
trawsnewid egni   126–7, 128
treuliad   18–24
treulio, system   18, 20, 22, 23
troed y campwr (tarwden y traed)   42
troeth   79
trwyn   31, 69
trydarthiad   62–5, 66
trylediad   13, 61, 63
tybaco   92–3, 97, 163
tymheredd
    y corff   27, 77, 80–1
    a ffotosynthesis   57
tŷ gwydr, effaith   142

Th

therapi genynnol   161, 193
thermostat   77
thoracs   28

W

warffarin   202
wrea   77, 79, 89
wyau   167, 178, 180–1, 183, 184

Y

ymbelydredd   163
ymbelydredd niwclear   163
ymennydd   12, 70
ymgarthion   23, 24, 133
ysglyfaeth   116–17
ysglyfaethu   114
ysglyfaethwr   116–18, 145
ysgogiadau   71
ysgyfaint   28, 30–1, 44
    clefydau   92-3
    a cholli dŵr   79
ysmygu   31, 92–3, 97, 163
ysyddion   120–1

▶▶▶ Cydnabyddiaeth

Hoffwn ddiolch i Jane, fy ngwraig, ac i weddill fy nheulu am eu cefnogaeth a'u hanogaeth tra oeddwn i'n ysgrifennu'r llyfr hwn.

Diolchaf yn arbennig i Gareth Williams am ei gyngor a'i anogaeth, ac am f'ysgogi i ysgrifennu TGAU Gwyddoniaeth *Haen Sylfaenol : Bioleg*.

Hoffwn gydnabod cyfraniad Gareth Williams yn cytuno i rai o luniau'r llyfr *Biology for You* gael eu cynnwys yn y llyfr hwn.

Diolch arbennig hefyd i Lawrie Ryan am ei awgrymiadau gwerthfawr a'i anogaeth trwy gydol ysgrifennu'r testun.

Diolch hefyd i Michael Cotter, Beth Hutchins, Susannah Wills a Sarah Coulson am eu sylwadau a'u hawgrymiadau.

Yn olaf, hoffwn gyflwyno'r llyfr hwn er cof am fy nhad Barrie, y mae atgofion ohono'n parhau i'm hysbrydoli.

Cydnabyddir caniatâd y Byrddau Arholi canlynol i ailargraffu cwestiynau o hen bapurau arholiad:

AQA	Y Cynghrair Asesu a Chymwysterau
AQA (NEAB)	Y Cynghrair Asesu a Chymwysterau (NEAB)
AQA (SEG)	Y Cynghrair Asesu a Chymwysterau (SEG)
CBAC	Cyd-bwyllgor Addysg Cymru
CGP	Cyhoeddiadau'r *Coordination Group*
EDEXCEL	London Qualifications Ltd yn masnachu fel *Edexcel*
OCR	Bwrdd Arholiadau Rhydychen, Caergrawnt ac RSA

Noder nad yw cwestiynau AQA yn dod o arholiadau 'byw' y fanyleb gyfredol. Cyflwynwyd manyleb newydd yn 2003.

Cydnabyddiaeth lluniau

Ardea: 88g, 180; **Archifau Lluniau'r BBC**: 184t; **Biophotos**: 71, 176g; **Bruce Coleman Collection**: 56g, 64, 86t, 108t, c, 111 y cyfan, 113, 114g, 115, 130, 136g, 155, 162g, 173, 186t, 187g, 198 y ddau, 200 y ddau; **Collections**: 6t, 68 y ddau, 75g, 77, 187t; **Corbis UK Ltd**: 194t; **Ecoscene**: 61, 132g, 134, 177; **Eye Ubiquitous**: 34, 53, 80, 88t, 120, 137t, 162c; **Getty Images/Image Bank**: 143g; **Robert Harding Picture Library**: 15, 90t, 139t; **Hulton Getty**: 164; **Image State**: 133t, 136t, 156, 182g, 199g; **Impact Photos**: 16, 94t, 146t; **Jeff Moore** (jeff@jmal.co.uk): 58, 59g, 94g; **Natural Visions/B Rogers**: 141t; **NHPA**: 86g, 176c, 186g, 191, 196; **Oxford Scientific Films**: 110g; **PA News Photos**: 32g; **Photos for Books**: 13, 17, 22, 26g, 60t, 91, 176t, 182t, 188; **Popperfoto**: 32t, 42t, 72 y ddau, 110t, 136c, 181g, 190; **Science & Society Picture Library**: 7t, 140t; **Science Photo Library**: 6g, 7g, 9 y ddau, 10 y ddau, 11, 12, 20, 23, 26t, c, 30, 31, 38, 39, 42g, 46, 54 y ddau, 56t, 59t, 60g, 63, 65, 69 y ddau, 75t, 78, 82, 85, 90g, 92 y ddau, 93 y cyfan, 96, 103, 104, 105, 106, 108g, 114t, 116 y ddau, 123, 127, 132t, 133g, 137g, 139g, 140g, 141g, 142, 143t, 144 y ddau, 145, 146g, 147, 157, 158, 161, 162t, 163 y ddau, 166 y ddau, 170, 171, 172, 174 y ddau, 181t, 184g, 189, 192, 193, 194g, 199t, 201.

Ymdrechwyd yn ddyfal i gysylltu â phob deiliad hawlfraint, ac mae'r cyhoeddwyr yn ymddiheuro am unrhyw ddiffygion; byddant yn falch o'u cywiro pan ddaw'r cyfle cyntaf.

Sicrhawyd y caniatâd i gynnwys yr holl ddeunydd uchod yn addasiad Cymraeg y llyfr gan Zooid Pictures Ltd.